BIBLIOTHÈQUE SCIENTIFIQUE INTERNATIONALE

HERBERT SPENCER

LA

SCIENCE SOCIALE

BIBLIOTHÈQUE
SCIENTIFIQUE INTERNATIONALE

Le premier besoin de la science contemporaine, — on pourrait même dire d'une manière plus générale des sociétés modernes, — c'est l'échange rapide des idées entre les savants, les penseurs, les classes éclairées de tous les pays. Mais ce besoin n'obtient encore aujourd'hui qu'une satisfaction fort imparfaite. Chaque peuple a sa langue particulière, ses livres, ses revues, ses manières spéciales de raisonner et d'écrire, ses sujets de prédilection. Il lit fort peu ce qui se publie au delà de ses frontières, et la grande masse des classes éclairées, surtout en France, manque de la première condition nécessaire pour cela, la connaissance des langues étrangères. On traduit bien un certain nombre de livres anglais ou allemands ; mais il faut presque toujours que l'auteur ait à l'étranger des amis soucieux de répandre ses travaux, ou que l'ouvrage présente un caractère pratique qui en fait une bonne entreprise de librairie. Les plus remarquables sont loin d'être toujours dans ce cas, et il en résulte que les idées neuves restent longtemps confinées, au grand détriment des progrès de l'esprit humain, dans le pays qui les a vues naître. Le libre échange industriel règne aujourd'hui presque partout ; le libre échange intellectuel n'a pas encore la même fortune, et cependant il ne peut rencontrer aucun adversaire ni inquiéter aucun préjugé.

Ces considérations avaient frappé depuis longtemps un certain nombre de savants anglais. En venant en France pour chercher à réaliser cette idée, ils devaient naturellement s'adresser à la *Revue scientifique*, qui marchait dans la même voie, et qui projetait au même moment, après les désastres de la guerre, une entreprise semblable destinée à étendre en quelque sorte son cadre et à faire connaître plus rapidement en France les livres et les idées des peuples voisins.

La *Bibliothèque scientifique internationale* n'est donc pas une entreprise de librairie ordinaire. C'est une œuvre dirigée par les auteurs mêmes, en vue des intérêts de la science, pour la populariser sous toutes ses formes, et faire connaître immédiatement dans le monde entier les idées originales, les directions nouvelles, les découvertes importantes qui se font jour dans tous les pays. Chaque savant exposera les idées qu'il a introduites dans la science et condensera pour ainsi dire ses doctrines les plus originales.

La *Bibliothèque scientifique internationale* ne comprendra point seulement des ouvrages consacrés aux sciences physiques et naturelles ; elle abordera aussi les sciences morales comme la philosophie, l'histoire, la politique et l'économie sociale, la haute législation, etc. ; mais les livres traitant des sujets de ce genre se rattacheront encore aux sciences naturelles, en leur empruntant les méthodes d'observation et d'expérience qui les ont rendues si fécondes depuis deux siècles.

Cette collection paraît à la fois en français, en anglais, en allemand, en russe et en italien ; à Paris, chez Germer Baillière ;

EN VENTE : *Volumes cartonnés avec luxe.*

J. TYNDAL. **Les glaciers et les transformations de l'eau**, avec figures. 1 vol. in-8.   6 fr.

MAREY. **La machine animale**, locomotion terrestre et aérienne, avec de nombreuses figures. 1 vol. in-8.   6 fr.

BAGEHOT. **Lois scientifiques du développement des nations** dans leurs rapports avec les principes de la sélection naturelle et de l'hérédité. 1 vol. in-8.   6 fr.

BAIN. **L'esprit et le corps.** 1 vol. in-8.   6 fr.

PETTIGREW. **La locomotion chez les animaux**, marche, natation, vol. 1 vol. in-8 avec figures.   6 fr.

HERBERT SPENCER. **Introduction à la science sociale.** 1 vol. 6 fr.

O. SCHMIDT. **Descendance et darwinisme.** 1 vol. in-8 avec fig. 6 fr.

H. MAUDSLEY. **Le crime et la folie**, 1 vol. in-8 cartonné.   6 fr.

VAN BENEDEN. **Les commensaux et les parasites** dans le règne animal, 1 vol. in-8 avec 83 figures, cartonné.   6 fr.

BALFOUR STEWART. **La conservation de l'énergie** suivie d'une étude sur la nature de la force, par L. de Saint-Robert. 1 vol. in-8 avec figures.   6 fr.

Liste des principaux ouvrages qui sont en préparation :

AUTEURS FRANÇAIS

CLAUDE BERNARD. Phénomènes physiques et métaphysiques de la vie.

HENRI SAINTE-CLAIRE DEVILLE. Introduction à la chimie générale.

ÉMILE ALGLAVE. Principes des constitutions politiques.

A. DE QUATREFAGES. Les races nègres.

LÉON DUMONT. Physiologie psychologique du plaisir et de la douleur.

A. WURTZ. Atomes et atomicité.

SCHUTZENBERGER. Les fermentations.

BERTHELOT. La synthèse chimique.

H. DE LACAZE-DUTHIERS. La zoologie depuis Cuvier.

FRIEDEL. Les fonctions en chimie organique.

TH. RIBOT. Les physiologistes psychologues en Angleterre et en Allemagne.

TAINE. Les émotions et la volonté.

ALFRED GRANDIDIER. Madagascar.

DEBRAY. Les métaux précieux.

P. BERT. Les êtres vivants et les milieux cosmiques.

P. LORAIN. Les épidémies modernes.

AUTEURS ANGLAIS

HUXLEY. Mouvement et conscience.

RAMSAY. Structure de la terre.

SIR J. LUBBOCK. Premiers âges de l'humanité.

CHARLTON BASTIAN. Le cerveau comme organe de la pensée.

NORMAN LOCKYER. L'analyse spectrale.

W. ODLING. La chimie nouvelle.

LAUDER LINDSAY. L'intelligence chez les animaux inférieurs.

STANLEY JEVONS. La monnaie et le mécanisme de l'échange.

MICHAEL FOSTER. Protoplasma et physiologie cellulaire.

AMOS. La science des lois.

ED. SMITH. Aliments et alimentation.

K. CLIFFORD. Les fondements des sciences exactes.

W. B. CARPENTER. Géographie physique des mers.

AUTEURS ALLEMANDS

VIRCHOW. Physiologie pathologique.

ROSENTHAL. Physiologie générale des muscles et des nerfs.

BERNSTEIN. Physiologie des sens.

HERMANN. Physiologie de la respiration.

O. LIEBREICH. La toxicologie.

LEUCKHART. L'organisation animale.

REES. Les plantes parasites.

COHN. Les algues, les lichens et les champignons.

KUNDT. Le son.

STEINTHAL. La linguistique.

VOGEL. Chimie de la lumière.

AUTEURS AMÉRICAINS

J. DANA. Échelle et progrès de la vie.

S. W. JOHNSON. Nutrition des plantes.

J. COOKE. La chimie nouvelle.

A. FLINT. Les fonctions du système nerveux.

WHITNEY. La linguistique moderne.

AUTEURS RUSSES

KOSTOMAROF. Les chansons populaires et leur rôle dans l'histoire de Russie

MAÏNOF. Les hérésies socialistes en Russie.

PODCOWING. Histoire de la morale.

LOUTSCHITZEY. Le développement de la philosophie de l'histoire.

JACOBY. L'hygiène publique.

KAPOUSTINE. Les relations internationales.

BIBLIOTHÈQUE

SCIENTIFIQUE INTERNATIONALE

VI

BIBLIOTHÈQUE SCIENTIFIQUE INTERNATIONALE

Volumes in-8° reliés en toile anglaise.

Prix : 6 fr.

VOLUMES PARUS.

J. Tyndall. LES GLACIERS et les transformations de l'eau, suivis d'une étude de M. *Helmholtz* sur le même sujet, avec la réponse de M. Tyndall, avec 8 planches tirées à part sur papier teinté et nombreuses figures dans le texte.................... 6 fr.

W. Bagehot. LOIS SCIENTIFIQUES DU DÉVELOPPEMENT DES NATIONS dans leurs rapports avec les principes de l'hérédité et de la sélection naturelle.................................... 6 fr.

J. Marey. LA MACHINE ANIMALE, locomotion animale et aérienne, avec 117 figures dans le texte .... 6 fr.

A. Bain. L'ESPRIT ET LE CORPS considérés au point de vue de leurs relations, suivis d'études sur les erreurs généralement répandues au sujet de l'esprit.......................... 6 fr.

J. A. Pettigrew. LA LOCOMOTION CHEZ LES ANIMAUX, avec 130 figures dans le texte.............................. 6 fr.

Herbert Spencer. INTRODUCTION A LA SCIENCE SOCIALE....... 6 fr.

Oscard Schmidt. DESCENDANCE ET DARWINISME.............. 6 fr.

H. Maudsley. LE CRIME ET LA FOLIE...................... 6 fr.

P. J. Van Beneden. LES COMMENSAUX ET LES PARASITES dans le règne animal, avec 83 figures dans le texte............... 6 fr.

Balfour Stewart. LA CONSERVATION DE L'ÉNERGIE, suivie d'une étude sur LA NATURE DE LA FORCE, par *M. P. de Saint-Robert*, avec figures..................................... 6 fr.

VOLUMES SUR LE POINT DE PARAITRE.

Schutzenberger. LES FERMENTATIONS.

Émile Alglave. LES PRINCIPES DES CONSTITUTIONS POLITIQUES.

Berthelot. LA SYNTHÈSE CHIMIQUE.

Léon Dumont. PHYSIOLOGIE PSYCHOLOGIQUE DU PLAISIR ET DE LA DOULEUR.

Friedel. LES FONCTIONS EN CHIMIE ORGANIQUE.

COULOMMIERS. — Typ. A. MOUSSIN.

INTRODUCTION

A LA

SCIENCE SOCIALE

PAR

HERBERT SPENCER

DEUXIÈME ÉDITION

PARIS

LIBRAIRIE GERMER BAILLIÈRE

17, RUE DE L'ÉCOLE-DE-MÉDECINE, 17

1875

PRÉFACE

Ce petit ouvrage a été écrit à l'instigation de mon ami d'Amérique, le professeur Youmans. Lors du séjour qu'il fit en Angleterre, il y a environ deux ans, pour prendre ses dispositions en vue de la publication de cette *Bibliothèque Scientifique Internationale*, dont il a eu l'idée et qu'il a réussi à organiser, il me pressa d'y contribuer par un volume sur l'étude de la science sociale. Je résistai longtemps, sentant que l'entreprise dans laquelle je suis engagé est assez vaste pour absorber toutes mes forces; à la fin je cédai; mais la proposition fut modifiée en ce sens que je devais fournir les idées et les matériaux et laisser le soin de les mettre en œuvre à un collaborateur. Ainsi qu'on pouvait s'y attendre, il n'était pas facile d'en trouver un qui convînt sous tous les rapports, et je me chargeai éventuellement du travail.

Après m'être engagé de la sorte, il me vint à l'esprit qu'au lieu d'écrire simplement un volume pour la *Bibliothèque Scientifique Internationale*, il serait bon de le faire paraître d'abord sous la forme périodique, à la fois en Angleterre et aux États-Unis. Par suite de cette idée, je pris des arrangements avec la *Contemporary Review* pour qu'elle publiât successivement les différents chapitres, qui paraissaient en même temps en Amérique dans le *Popular Science Monthly*. Commencée en mai 1872, cette publication n'a subi depuis que deux courtes interruptions, et elle a pris fin le 1er octobre dernier.

Depuis que j'ai commencé ce travail, je n'ai pas regretté d'avoir été amené à l'entreprendre. Diverses considérations paraissant une introduction nécessaire aux *Principes de Sociologie* — que je vais écrire très-prochainement — et que cependant il ne convenait pas de faire entrer dans un ouvrage de ce genre, ont trouvé leur place naturelle dans ce volume préliminaire. De plus j'ai eu ainsi l'occasion d'utiliser des matériaux considérables, consistant en faits justificatifs amassés antérieurement, et demeurés sans emploi. Enfin, c'était encore pour moi une occasion de traiter certaines questions spéciales qui auraient été déplacées dans les *Principes de Sociologie*, et de les traiter sous une forme inadmissible dans un ouvrage purement philosophique — forme que j'espère cependant être propre à intéresser assez au sujet pour donner le désir de l'étudier sérieusement.

J'ai revu soigneusement, en vue de la publication définitive, les chapitres parus d'abord séparément, et j'ai de plus renforcé çà et là l'argumentation par quelques exemples nouveaux. Ces additions se réduisent cependant à peu de chose ; les seules qui aient de l'importance sont contenues dans les notes.

Juillet 1873.

HERBERT SPENCER.

P. S. — Cet ouvrage était intitulé dans l'édition ang'aise *Study of Sociology*, littéralement l'*Étude de la Science sociale*. Il était utile d'indiquer cette modification de titre pour expliquer certains passages, notamment dans le premier et le dernier chapitre.

LA
SCIENCE SOCIALE

CHAPITRE PREMIER

NÉCESSITÉ DE LA SCIENCE SOCIALE

Au cabaret du village, l'ouvrier qui pérore en fumant sa pipe, décide quelles mesures le Parlement devrait prendre pour arrêter la propagation d'une épizootie. A la ferme, le maître discourt sur la peste bovine tout en arrosant un marché; il frappe la table du poing et jure qu'on lui a donné une indemnité moitié trop faible pour les bestiaux qu'on lui a fait abattre pendant l'épidémie. Ce ne sont point là des opinions hésitantes. Pour tout ce qui touche à l'agriculture, les opinions sont restées à l'état de dogmes comme au temps de l'agitation contre la loi sur les grains; on entendait alors répéter dans tous les cercles ruraux que la nation était ruinée si l'on permettait à l'étranger, qui ne paie que peu d'impôts, de faire concurrence sur nos marchés à l'Anglais, qui en est surchargé : proposition tenue pour si évidentes en soi, qu'on ne pouvait la rejeter sans passer pour un sot ou un fripon.

Aujourd'hui comme alors, on entend constamment, parmi d'autres classes de la société, émettre des opinions tout aussi tranchantes et tout aussi peu justifiées. Des hommes que l'on appelle éclairés, défendent encore les dépenses folles. « Cela fait aller le commerce, » répètent-ils, convaincus qu'ils ont tout dit. C'est à peine si l'idée fausse que tout ce qui fait travailler est utile commence à perdre du terrain : on ne tient point compte de la valeur que peuvent avoir les produits du travail pour un emploi ultérieur; on ne se demande pas ce qui serait arrivé si le capital affecté à ce travail s'était détourné dans un canal différent pour aller rémunérer un autre travail. Ni critique ni raisonnement ne modifient sensiblement ces idées. A chaque occasion, elles s'affirment avec une assurance imperturbable.

Ces sortes d'erreurs en entraînent nombre d'autres. Des gens qui trouvent si simples les relations existant entre la dépense et la production, jugent naturellement fort simples aussi les relations qui existent entre les autres phénomènes sociaux? Y a-t-il de la misère quelque part? Ces gens supposent qu'il suffit de faire une souscription pour la soulager. D'un côté ils ne suivent jamais la réaction que les donations charitables produisent sur l'encaisse des banques, sur les capitaux inoccupés que les banquiers tiennent à la disposition des emprunteurs, sur l'activité productrice que le capital distrait aurait donné, sur le nombre de travailleurs qui auraient ainsi reçu des salaires et qui n'en auront pas ; ils ne voient pas qu'on a ôté certains objets de première nécessité à un homme qui les aurait échangés contre un travail utile, pour les donner à un autre qui se refuse peut-être opiniâtrement à travailler. D'un autre côté ils ne voient pas plus loin que l'adoucissement immédiat d'une misère. Ils ferment volontairement les yeux, pour ne pas reconnaître que l'augmentation des ressources affectées à ceux qui vivent sans travailler entraîne une augmentation proportionnelle du nombre de ces parasites, et qu'à mesure que le chiffre des aumônes grossit, on entend grandir aussi continuellement une clameur de détresse qui demande plus d'aumônes. De même pour leurs idées politiques. Ils ne voient que la cause prochaine et le résultat prochain; c'est à peine s'ils soupçonnent que les causes réelles sont souvent nombreuses et très-différentes de la cause apparente, et que le résultat immédiat se ramifiera à l'infini en un nombre prodigieux de résultats éloignés, presque tous incalculables.

Des esprits chez lesquels les conceptions des actions

sociales sont aussi rudimentaires, sont aussi des esprits disposés à nourrir des espérances insensées sur les bienfaits à attendre de l'action administrative. Ils semblent tous partir de ce postulatum sous-entendu, que chaque plaie sociale peut être guérie, et que la guérison dépend de la loi. — « Pourquoi ne surveille-t-on pas mieux la marine marchande? » demandait récemment un correspondant du *Times*, oubliant apparemment qu'en un an le pouvoir qu'il invoque vient de perdre deux de ses propres navires et a failli en perdre un troisième. — « Les constructions laides blessent et attristent les yeux, dit un autre; il faut les interdire. » Cet ami de l'éducation esthétique ignore que l'agent officiellement chargé de développer le bon goût chez le peuple anglais a produit une série de monuments et d'édifices publics dont le plus charitable est de ne rien dire, et qu'il vient d'adopter pour le Palais de Justice un plan qui est presque unanimement réprouvé. « Pourquoi l'autorité a-t-elle souffert d'aussi mauvaises conditions hygiéniques? » demandait-on partout après l'épidémie de fièvre qui régna chez Lord Londesborough. Aucun de ceux qui répétaient cette question ne réfléchissait que les conditions hygiéniques dont il s'agit et les résultats qu'elles produisaient, étaient la résultante des soins officiels donnés à la santé publique, et que si l'on avait pu introduire dans nos maisons des gaz délétères, c'était grâce à l'hygiène légale [1]. — « L'État devrait acheter les chemins de fer, » disent avec assurance des personnes lisant tous les matins dans leur journal que le chaos règne à l'amirauté et le désordre dans nos arsenaux, que notre armée est mal organisée, que notre diplomatie commet des bévues compromettant la paix, ou encore que nous paralysons

---

1. Parmi différents témoignages à l'appui de ce fait, un des plus frappants a été fourni par M. Charles Mayo, M. B., du *New College* d'Oxford. Ayant eu à examiner le drainage de Windsor, il a découvert que « dans une épidémie antérieure de typhoïde, le quartier bas et pauvre de la ville avait été presque entièrement préservé, tandis que le beau quartier avait beaucoup souffert. Cette différence était venue de ce que toutes les maisons bien installées étaient reliées aux égouts, tandis que le quartier pauvre, qui n'avait pas de système de drainage, se servait de puits perdus installés dans les jardins. Cet exemple est loin d'être isolé. »

l'action de la justice par des difficultés de forme, des frais et
des délais. Ils lisent tout cela et leur foi en l'autorité n'est
pas même ébranlée. « Les Actes qui réglementent les constructions de bâtiments devraient pourvoir à une meilleure
ventilation des petits logements; » dit un personnage oubliant — s'il l'a jamais su — que MM. Reid et Barry ont
dépensé inutilement 5,000,000 pour ventiler la salle des
séances du Parlement , après quoi le Premier commissaire
des travaux proposa de s'adresser « à des ingénieurs compétents, à l'abri du soupçon de partialité, qui examineraient ce
qu'il y avait à faire [1]. » De même on trouve continuellement
dans les journaux, on entend émettre dans les meetings ou les
conversations, des idées de ce genre : l'Etat peut diminuer
la valeur de l'argent au moyen d'un tour de passe-passe;
l'Etat devrait instituer des inspecteurs de la boulangerie [2]; il
est du devoir de l'Etat de fonder un asile pour tous les enfants
illégitimes [3]. Il doit y avoir chez nous des hommes persuadés, comme M. Lagenevais en France, que le gouvernement
devrait fournir de bonne musique et exclure par là la mauvaise, telle que celle d'Offenbach [4]. L'histoire de la princesse
française s'étonnant ingénument de ce que des gens se
laissent mourir de faim quand le remède est si simple, nous
fait sourire. De quel droit sourions-nous? La plupart des
idées politiques qui ont cours chez nous dans les masses,
ne dénotent pas des notions beaucoup plus rationnelles de
ce qui est ou non praticable.

Il suffit de remarquer les rapports bizarres établis par
bien des personnes entre des phénomènes de l'ordre le plus
simple, pour ne pas s'étonner que la connexité existant
entre les phénomènes sociaux soit généralement si peu
comprise. L'homme qui ignore l'existence d'un principe de
causalité dans l'ordre physique, a bien des chances de ne
comprendre que fort confusément cette autre causalité, plus
subtile et plus complexe, qui détermine les actes d'une société
d'hommes constitués en corps politique. Dans presque tous
les ménages, maîtres et serviteurs croient fermement qu'un

1. V. le *Times* du 12 février 1852. Débats des Chambres.
2. Lettre publiée dans le Daily-News du 28 novembre 1851.
3. *Times* du 26 mars 1850. Recommendation of a Coroner's jury.
4. *Revue des Deux-Mondes*, du 15 février 1872.

fourgon [1] placé debout contre la grille ou posé dessus, fait prendre le feu; ils vous diront avec conviction que l'expérience est là pour le prouver. Le fait est que nombre de fois on a mis le fourgon dans le feu et que nombre de fois le feu s'est allumé; on n'a jamais vérifié si, toutes conditions égales d'ailleurs, le feu aurait pris sans fourgon. Dans les mêmes sphères, le vieux préjugé contre le nombre treize à table subsiste encore. Des femmes élevées dans les meilleures pensions, et un certain nombre d'hommes passant pour intelligents, sont réellement persuadés qu'un convive de plus ou de moins peut influer sur leur destinée. Un préjugé encore plus répandu est celui de la chance au jeu : grâce à certaines influences occultes, telle personne a toujours meilleur jeu que telle autre. Il faut s'attendre à ce que des gens, qui, dans des questions à la portée de tout le monde, ont un sentiment aussi vague des rapports de cause à effet, aient les notions les plus extravagantes sur la causalité en matière sociale. Quiconque croit faire aller le feu en mettant le fourgon dans la cheminée, montre qu'il n'a aucune idée, ni qualitative ni quantitative, du principe de causalité dans l'ordre physique. Si les mille expériences de la vie journalière n'ont pu lui inculquer une idée aussi simple, il est peu probable qu'elles lui aient ouvert des aperçus sur les rapports qualitatifs et quantitatifs de cause à effet existant dans tout le corps social. Rien ne le garantira donc des interprétations illogiques et des espérances exagérées. Où fleurissent d'autres superstitions, les superstitions politiques prendront racine. Une conscience dans laquelle vit l'idée que la chute d'une salière amène infailliblement un malheur, est proche parente de la conscience du sauvage qui croit aux présages et aux amulettes; elle accueille d'autres idées semblables à celles du sauvage. Ces gens-là ne croiront peut-être ni aux fétiches ni aux idoles et s'étonneront même qu'il y ait des êtres assez crédules pour adorer des dieux façonnés de leurs propres mains; mais le même sentiment se retrouvera chez eux sous une forme moins grossière. En effet, les modes de penser examinés plus haut, impliquent essentiellement l'idée qu'un gouvernement qu'on a soi-même façonné pos-

1. Instrument de boulanger pour remuer le feu

sède une certaine vertu spécifique, supérieure à celle qui appartient naturellement à un groupe de citoyens subventionnés par les autres citoyens. Mis au pied du mur, ils auront peut-être la prudence de se tenir sur la réserve et de ne pas déclarer formellement qu'un appareil législatif ou administratif peut déployer plus de puissance morale ou matérielle qu'il n'en reçoit de la nation. Ils seront obligés de convenir que la force motrice d'une machine gouvernementale ferait défaut si les citoyens cessaient de l'alimenter par leur travail. Leurs projets n'en impliquent pas moins la croyance à une provision de force indépendante du chiffre des impôts. Quand ils vous demandent : « Pourquoi le gouvernement ne fait-il pas telle et telle chose à notre place? » ne croyez pas qu'ils ajoutent mentalement : « Pourquoi le gouvernement ne met-il pas la main dans notre poche et n'y prend-il pas de quoi payer des fonctionnaires pour faire telle et telle chose à notre place? »Non ; ils ajoutent mentalement : « Pourquoi le gouvernement, dont les ressources sont inépuisables, ne nous fait-il pas ce cadeau? »

De telles idées en politique vont naturellement de pair avec les conceptions des phénomènes physiques qui sont généralement répandues. De même que l'inventeur du mouvement perpétuel, croit pouvoir, par une ingénieuse disposition des pièces, faire rendre à sa machine plus de force qu'elle n'en a reçu, de même, l'inventeur politique s'imagine ordinairement qu'une machine administrative bien montée, et adroitement maniée, marchera sans dépenser. Il croit obtenir d'un peuple stupide les effets de l'intelligence, et de citoyens inférieurs une qualité de conduite supérieure.

Comment s'étonner que des gens aussi ignorants des choses les plus simples n'aient, en politique, que des notions très-imparfaites? Mais nous avons le droit d'être surpris que les classes douées d'une culture scientifique ne fassent pas preuve de beaucoup plus d'esprit de méthode que les autres, dans la manière dont elles interprètent les phénomènes sociaux. Tous les savants admettent maintenant que le principe de l'équivalence et de la transformation des forces s'applique aussi bien aux corps organiques qu'aux corps inorganiques; il est même reconnu que tous les actes de l'intelligence correspondent à des modifications du cerveau. Le corollaire nécessaire de ces deux propositions est que tous les actes qui s'accomplissent dans la société sont les effets d'énergies antérieurement existantes, qui disparaissent en les produisant, tandis qu'eux-mêmes deviennent à leur tour des énergies en acte ou en puissance d'où surgiront des actions postérieures. — Il est étrange qu'on ne soit pas arrivé à comprendre qu'il faut étudier ces phénomènes d'ordre supérieur comme on a étudié les phénomènes d'ordre inférieur — non certes par les mêmes méthodes pratiques, mais d'après les mêmes principes. Cependant, les hommes de science eux-mêmes montrent rarement qu'ils ont conscience de cette vérité.

Un mathématicien, qui accepte ou qui repousse les vues du Professeur Tait sur la valeur des quaternions dans les recherches relatives à la physique, ouvrirait de grands yeux si une personne dépourvue de toute instruction mathématique venait exprimer une opinion arrêtée sur la question. Prenons un autre exemple : Helmholtz soutient qu'on peut concevoir des êtres hypothétiques, occupant un espace de deux dimensions et construits de telle sorte que pour eux les axiomes de notre géométrie seraient faux; un mathématicien s'étonnerait à bon droit que cette hypothèse fût niée ou affirmée par un homme qui ne connaît les propriétés de l'espace que par ses rapports quotidiens avec les objets qui l'entourent, et les principes du raisonnement que par le cours de ses affaires. Pourtant, si nous prenons ces membres de la Société Mathématique qui se sont voués à la recherche des lois de la quantité, qui savent que, toutes simples qu'elles soient au fond, il faut toute une vie d'études pour les connaître à fond, — et si nous leur demandons leur opinion individuelle sur un point de politique sociale, ils répondront avec une promptitude supposant que dans ces questions, où les facteurs des phénomènes sont si nombreux et si complexes, un examen superficiel des hommes et des choses suffit pour porter des jugements sérieux.

Pour mieux faire ressortir la différence qui sépare le mode de raisonnement employé par l'homme de science dans son propre domaine et celui qu'il regarde comme suffisant quand il s'agit de politique, nous allons nous adresser à une science concrète et poser la question suivante : que sont les taches solaires, et quelle constitution du soleil supposent-elles ?

Parmi les réponses qu'on a essayé de faire à cette question, il faut mentionner d'abord celle de Wilson, adoptée par Sir William Herschel, d'après laquelle la surface visible du soleil serait une enveloppe lumineuse, au dedans de laquelle une enveloppe nuageuse recouvrirait un corps central obscur. Lorsque, par suite de quelque accident, l'enveloppe lumineuse est rompue, des portions de l'enveloppe nuageuse et du corps central obscur deviennent visibles et constituent ce que nous appelons l'ombre et la pénombre. Cette hypothèse a été d'abord accueillie avec faveur, parce qu'elle s'accordait avec une idée téléologique d'après laquelle le soleil devait être habitable; elle expliquait d'ailleurs suffisamment certaines apparences, particulièrement l'aspect concave présenté par les taches quand elles arrivent au bord du disque. Sir John Herschel a défendu l'hypothèse de son père et a fait remarquer que l'action des cyclones devait contribuer aux dispersions locales de la photosphère. Mais une objection décisive a été soulevée, et, dans ces dernières années, est devenue de plus en plus pressante : c'est que l'origine de la lumière et de la chaleur reste sans explications. On a beau supposer des aurores boréales, on ne fait que reculer la difficulté; à moins que la lumière et la chaleur ne puissent perpétuellement s'engendrer de rien, il faut une provision de force qui s'épuise pour les produire.

D'après une hypothèse contraire, qui se rattache naturellement à la supposition d'une origine nébulaire, la masse du soleil serait incandescente; cette incandescence serait produite et entretenue par l'agrégation progressive d'une matière autrefois très-diffuse; au-dessus de la surface en fusion il existerait une atmosphère formée de gaz métalliques qui s'élèvent d'une façon continue, se condensent pour former la photosphère visible, puis se précipitent. Dans ce cas, que seraient les taches solaires? Kirchoff, prenant pour point de départ cette hypothèse déjà émise antérieurement aux découvertes qu'il a faites à l'aide du spectroscope, a prétendu que les taches solaires étaient des nuages formés par ces gaz métalliques condensés, et assez épais pour devenir relativement opaques ; il s'est efforcé d'expliquer, à ce point de vue, comment leur forme change à mesure que la rotation du soleil les entraîne.

Mais les apparences observées par les astronomes sont tout à fait inconciliables avec l'idée que les taches sont simplement des nuages errants dans l'atmosphère. Ces apparences indiquent-elles donc, conformément à la supposition de M. Faye, que la photosphère contient une matière entièrement gazeuse et non lumineuse, en sorte que les taches se produisent quand des éruptions accidentelles se font jour à travers la photosphère ? Cette supposition rend fort bien compte de certains caractères des taches ; elle est fortifiée par ce fait bien constaté qu'il y a réellement des éruptions de gaz, mais elle est sujette à des difficultés dont il n'est pas aisé de triompher. Elle n'explique pas la rotation manifeste de la plupart des taches ; elle ne rend pas bien compte de l'obscurité qui est leur caractère principal ; car un noyau gazeux non-lumineux devrait être perméable à la lumière émanée de l'autre bord de la photosphère, et par conséquent, les trous qui se produisent dans le bord de cette photosphère le plus rapprochés de nous ne devraient pas paraître obscurs. Mais il y a une autre hypothèse qui serre de plus près les faits. Il faut commencer par admettre une surface incandescente en fusion, l'ascension des gaz métalliques, la formation d'une photosphère à la limite extérieure où les gaz se condensent ; il faut supposer avec Sir John Herschell, ce qui semble du reste prouvé, qu'il y a de violents cyclones dans les zones Nord et Sud de l'équateur solaire. L'hypothèse consiste en ceci : lorsqu'un cyclone se produit dans l'atmosphère des gaz métalliques entre la surface en fusion et la photosphère, son centre devient une région de raréfaction, de refroidissement : donc les gaz se précipitent. Il s'y forme un nuage épais qui s'étend très-loin dans la direction du globe solaire, et intercepte la plus grande partie de la lumière qui en émane. Nous avons là une cause adéquate pour la formation d'une masse vaporeuse opaque, cause qui rend compte également du mouvement vertical qu'on a souvent observé, de l'obscurité qui devient plus intense au centre de l'ombre, de la formation d'une pénombre dans le voisinage de la photosphère, de l'élongation des masses lumineuses qui forment la photosphère et qui tournent leurs grands axes vers le centre de la tache ; et de leur passage accidentel au-dessus de la partie centrale de cette même tache.

Mais une difficulté subsiste ; c'est que le mouvement vertical n'est pas toujours observable, et il reste à examiner si dans bien des cas ce fait n'est pas inconciliable avec l'hypothèse. En ce moment aucune des explications avancées ne peut être regardée comme certaine.

Voyez avec quelle rigueur on a procédé dans cette recherche. On commence par hasarder diverses suppositions; l'homme de science les contrôle par des observations et par les conséquences qu'il en tire. Il rejette celles qui sont indubitablement en désaccord avec des vérités indubitables. En continuant à éliminer les hypothèses insoutenables, il attend pour se décider entre les plus acceptables, que des preuves ultérieures viennent les confirmer ou les détruire. Il vérifie chacun des faits observés et chacune des conclusions qu'on en tire ; il tient son jugement en suspens jusqu'à ce qu'il ne reste plus aucune anomalie à expliquer. Non-seulement il prend ses précautions contre toutes les erreurs qui peuvent provenir d'une inexactitude de nombre ou de date; mais encore il se tient en garde contre les erreurs qui peuvent résulter de son propre tempérament. Dans toutes les observations astronomiques où le temps est un élément important, il tient compte de la durée de ses actions nerveuses. Pour déterminer le moment précis où s'opère une certaine modification, il a besoin de corriger sa perception à cause de son équation personnelle. Comme la vitesse du courant nerveux varie, suivant les constitutions, de trente à quatre-vingt-dix mètres par seconde, comme elle est un peu plus grande en été qu'en hiver, comme entre le moment où l'observateur voit le phénomène et celui où il l'enregistre avec le doigt, il s'écoule un intervalle qui diffère d'une façon appréciable suivant les personnes, il faut tenir compte de l'étendue particulière de cette erreur dans chaque observateur.

Supposons maintenant que nous posions une question de sociologie à un de ces savants si soigneux de vérifier toutes les hypothèses possibles et de supprimer toutes les causes d'erreurs. Demandons-lui, par exemple, si certaine institution projetée sera bienfaisante. Il répondra sans hésiter et presque toujours en tranchant la question. Inutile à ses yeux de procéder prudemment par induction, d'examiner ce qui s'est produit chez les nations qui ont fondé des institutions identiques ou analogues. Inutile de rechercher, dans notre propre histoire, si des établissements de même nature ont donné ce qu'on attendait d'eux. Inutile de généraliser la question, et de se demander jusqu'à quel point les institutions de tous les temps et de tous les pays ont justifié les théories de leurs fondateurs. Inutile de chercher à inférer, de l'examen des cas analogues, ce qui arriverait si l'on renonçait à la création projetée, de s'assurer par voie d'induction si, dans ce cas, il ne surgirait pas quelque équivalent. Inutile, par-dessus tout, d'étudier quelle action ou quelle réaction indirecte pourra exercer l'institution, dans quelle mesure elle retardera d'autres agents sociaux, et dans quelle mesure elle empêchera le développement spontané de nouveaux agents tendant aux mêmes fins.

Nous ne prétendons pas que personne ne reconnaisse là des questions à examiner; mais nous soutenons que personne ne s'occupe, d'une manière scientifique, de rassembler des éléments pour les résoudre. Il est vrai qu'on a recueilli quelques données dans les journaux, les revues, les correspondances étrangères et les récits de voyage, qu'on a lu plusieurs de ces histoires abondant en longs récits des débauches royales, en minutieux détails sur toutes les campagnes militaires et les intrigues diplomatiques. C'est d'après une enquête ainsi faite qu'on se forme une opinion arrêtée. Le plus remarquable, c'est qu'on ne tient aucun compte de l'équation personnelle. Pour observer et pour juger les questions politiques les qualités individuelles et naturelles acquises sont de beaucoup les facteurs les plus importants. Les préjugés d'éducation, de caste, de nationalité, les préjugés politiques et théologiques — toutes ces choses, jointes aux sympathies et aux antipathies innées, contribuent bien plus à déterminer nos opinions sur les questions sociales, que les quelques renseignements glanés çà et là. Vous voyez cependant ce même

savant, qui lorsqu'il s'agissait d'une recherche physique tenait si grand compte des plus petites erreurs de perception
dues à sa constitution particulière, négliger absolument, dès
qu'il s'agit de politique, les prodigieuses erreurs dont ses
perceptions sont entachées par sa nature propre, modifiée
et faussée par les conditions de sa vie. C'est précisément
dans le cas où il serait le plus nécessaire d'introduire une
correction à cause de l'équation personnelle, qu'il ne songe
même pas qu'il y a une équation personnelle dont il faut
tenir compte.

Cette prodigieuse différence entre l'attitude avec laquelle
les esprits les plus disciplinés abordent les phénomènes
présentés par les sociétés et l'attitude avec laquelle ils
abordent les autres ordres de phénomènes naturels, sera
mise dans tout son jour par la série d'antithèses suivante :
Nous voyons les objets matériels à travers des milieux
qui les déforment toujours plus ou moins. Par exemple la
direction réelle d'une étoile n'est pas tout-à-fait la même
que sa direction apparente ; le poisson qu'on regarde à
travers l'eau est parfois si loin de la place où il paraît être,
qu'il faut tenir grand compte du phénomène de la réfraction
sous peine de s'exposer à des erreurs grossières. Il n'en
est point de même en sociologie. Les rayons lumineux tra-
versent la presse quotidienne sans dévier, et il est facile, en
étudiant le passé, de tenir compte de la réfraction due au
milieu historique.

Les mouvements des gaz, tout en obéissant à des lois mécaniques connues, sont si complexes, qu'on n'a pas encore
trouvé le secret de diriger et de mesurer les courants d'air
dans l'intérieur des habitations. Rien de plus aisé au contraire que de prévoir les courants et les contre-courants de
sentiments qui se forment dans une société, et par conséquent de calculer d'avance la direction et l'intensité des
activités sociales.
Bien que les molécules de la matière inorganique soient
très-simples, il faut de longues études pour connaître leurs
relations réciproques, et les savants eux-mêmes rencontrent
souvent des réactions qui produisent des résultats tout-à-fait

imprévus pour eux. Lorsque les corps en présence ne sont plus des molécules, mais des êtres vivants d'une nature très-complexe, il est facile de prévoir tous les résultats qui vont se produire. Telle est la connexion des phénomènes physiques entre eux, que la vérité diffère souvent beaucoup, même lorsque deux corps seulement sont en jeu, de ce qui semblait probable à première vue : par exemple, il serait naturel de croire que pendant l'été de notre hémisphère nord, la terre est plus près du soleil qu'en hiver, tandis que c'est justement le contraire de la vérité. Dans les phénomènes sociologiques, où les corps en présence sont innombrables, où les forces par lesquelles ils agissent les uns sur les autres sont si multiples, si multiformes et si variables, il va de soi que la probabilité et la réalité se correspondront exactement.

La matière se comporte souvent d'une façon paradoxale. Ainsi, deux liquides froids mêlés l'un à l'autre s'échauffent et se mettent à bouillir, ou bien deux liquides transparents mélangés donnent une matière opaque ; de l'eau versée dans de l'acide sulfureux se congèle sur du fer chaud ; mais ce que nous appelons Esprit n'engendre jamais de résultat paradoxal, particulièrement dans ces masses qui produisent l'action sociale — les effets réels sont toujours ce qu'ils semblaient devoir être.

Il est d'autant plus frappant de voir des hommes ayant reçu une éducation scientifique accepter implicitement des contradictions comme celles que nous venons de signaler, qu'il est surabondamment prouvé que la nature humaine est difficile à manier, que les méthodes en apparence les plus rationnelles ne répondent pas à ce qu'on attend d'elles, et que les meilleurs résultats viennent souvent de systèmes qui choquent le sens commun. La nature humaine individuelle nous offre elle-même de ces anomalies frappantes. Si une besogne inattendue se présente, il semblerait naturel d'en charger un homme de loisir ; mais votre homme de loisir ne trouve jamais le temps, et la personne par qui la chose a le plus de chance d'être faite est un homme occupé. Il semble rationnel que l'écolier qui consacre la plus grande somme de temps à son travail soit le plus fort, et que l'homme devienne éclairé en proportion de la somme de ses lectures. L'une et l'autre proposition sont pourtant absolument fausses. Il y a longtemps que Hobbes l'a découvert pour le lecteur, et nos professeurs sont en train de le découvrir pour l'écolier.

Ne paraît-il pas évident que, dans les cas d'aliénation mentale, le seul remède est de suppléer par une contrainte extérieure énergique au contrôle intérieur devenu trop faible? Le système de la liberté réussit cependant beaucoup mieux que celui de la camisole de force. Le Dr Batty Tuke, médecin aliéniste fort habile, affirme que l'instinct d'évasion est très-prononcé quand on a recours aux clefs et aux serrures, mais qu'il disparaît presque complètement dès qu'on les supprime : le système des portes ouvertes a réussi dans 95 cas sur cent (*Journal of Mental Science*, janvier 1872). Une autre autorité en pareille matière, le docteur Maudsley, nous fournit une nouvelle preuve du mal que font souvent les mesures soi-disant curatives, dans le passage où il parle des fous rendus « fous par l'hospice. »

Ne tombe-t-il pas aussi sous le sens, que la répression du crime sera d'autant plus efficace que la peine sera plus sévère? La grande réforme du code pénal anglais, commencée sans les auspices de Romilly, n'a pourtant pas été suivie d'une recrudescence de crimes. C'est le contraire qui s'est produit. Les témoignages des hommes les plus compétents, Maconochie dans l'île de Norfolk, Dickson dans l'Australie occidentale, Obermier en Allemagne, Montesinos en Espagne, s'accordent tous sur ce point — plus la pénalité infligée au criminel se réduit aux contraintes nécessitées par la sûreté sociale, plus le progrès est grand : il dépasse réellement toute attente.

Aux yeux des maîtres de pension français, on ne peut obtenir une bonne conduite des écoliers que par une discipline rigoureuse aidée d'un système d'espionnage; lorsqu'ils viennent en Angleterre, ils sont stupéfaits de voir que les écoliers à qui on laisse une certaine liberté se conduisent infiniment mieux que les autres. Je dirai plus : ainsi que l'a démontré le principal Arnold, la conduite de nos écoliers s'améliore en proportion de la confiance qu'on leur témoigne. La nature humaine constituée en corps présente les mêmes anomalies. Il est généralement admis que les entraves de la loi empêchent seules les hommes de se porter à des actes de violence contre leurs semblables; certains faits devraient cependant nous conduire à modifier notre supposition. Les dettes dites d'honneur sont regardées comme plus sacrées que les dettes reconnues et sanctionnées par la loi; à la Bourse, quelques notes au crayon sur les carnets de deux agents de change suffisent pour constater des transactions montant à des chiffres énormes, et ces contrats sont plus respectés que les conventions inscrites sur des parchemins scellés et paraphés.

Nous pourrions multiplier les exemples pour montrer que dans d'autres ordres de faits, les pensées et les sentiments de l'homme produisent des actes qui *a priori* auraient semblé très-improbables. Si, sortant de notre société et de notre temps, nous étudions l'enfance de notre race ou les races étrangères, nous trouvons à chaque pas que la nature humaine a produit des choses entièrement différentes de celles que nous lui supposons dans nos prophéties politiques.

Lequel d'entre nous, généralisant sa propre expérience de la vie journalière, aurait supposé que, pour être agréables à leurs divinités, des êtres humains resteraient plusieurs heures pendus par le dos à des crocs, ou tiendraient leurs mains fermées jusqu'à ce que les ongles eussent pénétré dans les chairs, ou que pour visiter des reliques, ils parcourraient des centaines de lieues en roulant sur eux-mêmes? Qui aurait cru à l'existence d'un sentiment public et de sentiments privés autorisant un condamné à mort à acheter un remplaçant? C'est pourtant ce qui se passe en Chine, où la famille du remplaçant touche la somme convenue.

Ou bien, — pour prendre des faits historiques qui nous touchent de plus près — qui se serait jamais douté que la croyance au purgatoire et à l'intercession des prêtres ferait tomber toute une moitié de l'Angleterre dans les mains de l'Église? Qui aurait prévu que par suite d'un vice de la loi de mainmorte, des propriétés entières seraient consacrées et léguées sous le nom de cimetière? A qui serait-il venu dans l'esprit que des rois voleurs de grand chemin, des barons brigands et des vassaux dignes de leurs maîtres, traverseraient l'Europe à travers des dangers et des fatigues inouis et iraient, génération après génération, exposer leur vie pour s'emparer du tombeau supposé de celui qui a dit : Si quelqu'un te frappe à la joue droite, présente-lui l'autre. Ou encore, qui se serait douté qu'après que ce même maître avait déclaré hautement à Jérusalem qu'il n'avait pas de visées politiques, et qu'il répudiait les menées politiques, ceux qui s'intitulent successeurs de ses disciples deviendraient insensiblement des potentats, commandant à tous les rois de l'Europe? On ne pouvait pas prévoir ce résultat, pas plus qu'on ne pouvait prévoir qu'un instrument de torture juif fournirait le plan des églises chrétiennes de l'Europe entière, et que le supplice de la croix, tel qu'il est raconté dans les évangiles, pourrait être pris pour une institution chrétienne; témoin ce chef malais, à qui on reprochait d'avoir crucifié des mutins et qui s'excusait en répondant qu'il suivait « l'usage anglais » tel qu'il l'avait vu exposé dans « le livre sacré des Anglais. » (Boyle, *Bornéo*, p. 116.)

En quelque lieu que nous étudiions la genèse des phénomènes sociaux, nous constaterons de même que jamais le but particulier proposé et poursuivi n'a été atteint que temporairement, quand il a été atteint, et que les transformations effectivement accomplies sont dues à des causes dont on ignorait l'existence même.

Comment en vérité un homme quelconque, et à plus forte raison un homme instruit, sachant à quelles influences multiples et complexes sont soumises la naissance, la croissance et la mort de chaque individu et à *fortiori* de chaque société, peut-il croire possible de calculer les conséquences de tel ou tel acte politique? La multiplicité des facteurs est démontrée même par la composition matérielle du corps d'un homme. Quiconque a observé attentivement le cours des choses a remarqué qu'en un seul repas il pouvait absorber du pain fait avec du blé de Russie, du bœuf d'Écosse, des pommes de terre du centre de l'Angleterre, du sucre de l'île Maurice, du sel de Cheshire, du poivre de la Jamaïque, du carry Indien, du vin de France ou d'Allemagne, du raisin sec de Grèce, des oranges d'Espagne, sans compter des épices et des condiments de toute provenance? S'il recherche l'origine du verre d'eau qu'il vient de boire, il remontera à travers le réservoir, le fleuve, le torrent et le ruisseau, jusqu'aux gouttes de pluie isolées, tombées à de grandes distances les unes des autres, et de là aux vapeurs incessamment divisées et confondues dans leur course à travers l'Atlantique ; le résultat final de ses investigations sera que cette seule gorgée d'eau contenait des molécules qui, quelque temps auparavant, étaient dispersées sur une surface de cent lieues carrées. Passant ensuite aux solides qu'il a observés et refaisant de même leur histoire, il trouvera que son corps est composé d'éléments venus de tous les points du globe.

Ce qui est vrai pour la substance du corps n'est pas moins vrai pour les influences, physiques ou morales, qui modifient ses actions. Si en mangeant des raisins secs vous vous êtes cassé une dent sur un caillou, c'est parce que les procédés industriels sont très-arriérés dans l'île de Zante. Votre mauvaise digestion provient de ce qu'un vignoble des bords du Rhin a été mal cultivé il y a dix ans, ou de ce que les négociants de Cette manquent de probité ! Un roi d'Abyssinie et un consul anglais ont eu maille à partir ensemble ; conclusion : l'*income-tax* a été augmentée et vous êtes obligé d'abréger vos vacances. Les propriétaires d'esclaves de l'Amérique du Nord ont tenté de propager « l'institution particulière » dans l'ouest : il en résulte une guerre civile qui vous coûte peut-être un ami. Si, de ces causes lointaines, vous passez aux causes fournies par votre propre pays, vous trouvez que vos actes sont régis par un entremêlement d'influences trop compliqué pour que vous puissiez remonter au-delà de la première maille. Nos heures d'affaires sont prédéterminées par les habitudes générales de la communauté, habitudes établies lentement, on ne sait par qui. Les heures de repas ne conviennent pas à votre estomac : les arrangements sociaux existants vous obligent de les adopter. Vous voyez vos amis à des heures et suivant des règles que chacun adopte et dont personne n'est responsable : force vous est de vous soumettre à une étiquette qui d'un plaisir fait une corvée. Votre entourage a pris la peine de vous façonner des opinions politiques et religieuses : elles sont toutes prêtes, et, à moins de posséder une individualité très-décidée, vous les adopterez malgré vous. L'é-

vénement le plus insignifiant, par exemple l'époque à laquelle les coqs de bruyère seront bons à chasser, influe
pendant toute votre vie sur vos allées et venues. Vous ne
nierez pas en effet que la date du 12 août n'ait une influence
directe sur la fermeture du Parlement? Ni que celle-ci ne
marque la fin de la saison de Londres? La saison de Londres
déterminant l'époque où l'on fera des affaires et celle où on
se reposera, n'influe-t-elle pas à son tour sur les arrangements pris pendant toute l'année?

Si des influences coexistantes nous passons à celles qui
agissent sur nous à travers les siècles, la même vérité
générale sera plus visible encore. Cherchez pourquoi les
Anglais ne travaillent pas le septième jour de la semaine :
il vous faudra remonter à des milliers d'années en arrière
pour en découvrir la cause première. Cherchez ensuite pourquoi en Angleterre, et encore plus en Ecosse, il y a non-
seulement cessation du travail, que la religion interdit, mais
encore cessation de la distraction, que la religion n'interdit
pas. Pour en trouver l'explication, il vous faudra remonter
des courants successifs d'ascétisme fanatique, qui ont traversé des générations disparues depuis des siècles. Ce qui
est vrai des idées et des coutumes religieuses est vrai de
toutes les idées politiques et sociales. Il n'est pas jusqu'à
l'activité industrielle des nations qui ne soit fréquemment
détournée de sa direction normale par l'influence persistante d'un état social disparu depuis des siècles : témoin
ce qui s'est passé en Orient et en Italie, où villes et villages
sont encore perchés sur les hauteurs que les nécessités de
la défense avaient fait choisir pour refuge dans des temps
troublés et où la vie des habitants est maintenant rendue
pénible par l'obligation de transporter si haut eux-mêmes
et toutes les choses nécessaires à la vie.

Cherchons tous les facteurs qui concourent à déterminer
un problème simple — la fixation du cours des cotons par
exemple. Ce sera le meilleur moyen de faire sentir la complexité extrême des actions sociales et par suite la difficulté de compter sur des résultats spéciaux. Un fabricant
de calicot doit décider si, au prix courant, il augmentera
son stock de matière première. Avant de prendre un
parti, il tâche de savoir si les manufacturiers et les mar-

chands en gros de son pays ont des approvisionnements
de calicot considérables; si une baisse récente n'a pas
engagé les détaillants à se monter en cotonnades; si les
marchés étrangers et le marché colonial sont encombrés
ou non ; enfin, quelle est actuellement et quelle semble
devoir être dans l'avenir la production des calicots étrangers. Quand notre manufacturier aura calculé approximativement la demande probable du calicot, il lui faudra
prendre des renseignements sur les achats de coton faits
par ses confrères, savoir si ceux-ci attendent la baisse ou
s'ils ont acheté en prévision d'une hausse. Il jugera par les
circulaires des courtiers de la situation des speculateurs de
Liverpool ; il devinera si les stocks sont considérables ou non
et s'il y a beaucoup de cargaisons en route. Il aura aussi
à prendre note du cours des cotons et de l'importance des
stocks à la Nouvelle-Orléans et dans tous les autres ports
cotonniers du globe. Viendront ensuite les questions sur l'apparence de la récolte dans les Etats-Unis du Sud, dans
l'Inde, en Egypte, etc. Voici déjà des facteurs assez nombreux ; mais il s'en faut que ce soit tout. La consommation du
calicot, par suite la consommation du coton, et par conséquent le prix du coton, dépendent en partie de la production
et des prix des autres fabriques textiles. Si le calicot augmente, parce que la matière première devient plus rare —
fait que nous avons vu se produire pendant la guerre de
sécession — le public se rejette sur les tissus de fil, et le
mouvement de hausse se trouve enrayé. Les fabriques de
lainage peuvent aussi, jusqu'à un certain point, entrer en
concurrence. A côté de la concurrence du bon marché, il y
a la concurrence de la mode qui peut à tout moment changer.

Avons-nous enfin nommé tous les facteurs? En aucune
façon. Nous n'avons pas tenu compte de l'opinion des
gens d'affaires. L'opinion des acheteurs et des vendeurs
sur les prix futurs n'est jamais qu'une approximation qui
se trouve souvent très-éloignée de la vérité. Le flot de
l'opinion monte et descend ; tantôt il dépasse la vérité,
tantôt il reste en dessous ; la fluctuation du jour forme
au bout de la semaine et du mois de larges vagues qui
apportent de temps à autre la folie ou la panique ; car il en
est des gens d'affaires comme des autres hommes ; ils hési-

tent, mais dès que l'un fait le saut, le troupeau entier le suit. Le manufacturier intelligent doit faire entrer en ligne de compte ces traits caractéristiques de la nature humaine, causes de ces perturbations — il doit évaluer dans quelle mesure les influences présentes ont fait dévier l'opinion de la vérité et dans quelle mesure les influences futures la feront dévier.

Quand il a considéré tout cela il lui reste à examiner les conditions commerciales du pays, et à rechercher quel sera demain l'état de la place, puisque le taux de l'escompte influe sur le cours des spéculations, de quelque marchandise qu'il s'agisse. On voit la complication prodigieuse des causes qui déterminent une chose aussi simple qu'une différence d'un liard sur le prix de la livre de coton !

Puisque la genèse d'un phénomène social est si obscure dans un cas comme celui-ci où l'effet produit n'a pas de persistance concrète et se dissipe très-rapidement, on comprend ce que cela doit être lorsqu'au lieu d'un résultat passager, on a devant soi un agent qui subsiste, grandit et se ramifie. Non-seulement une société prise en masse est douée de la faculté de croître et de se développer, mais chacune de ses institutions possède en propre la même faculté ; chacune d'elles attire à soi les unités de la société et ce qu'il faut pour les alimenter ; elle tend toujours à multiplier et à se ramifier. On peut dire que l'instinct de la conservation devient bientôt le sentiment dominant dans toute institution ; par lui, elle continue à vivre en remplissant une fonction tout autre que celle qu'on lui destinait, et même sans remplir aucune fonction quelconque. Voyez par exemple ce qu'est devenue la Société de Jésus fondée par Loyola ; ou ce qui est sorti de la compagnie de trafiquants qui prit un pied sur la côte de l'Hindoustan.

Nous avons cherché à montrer l'inconséquence de ceux qui pensent qu'à la différence des autres phénomènes, les phénomènes sociaux peuvent être prévus sans de sérieuses études préparatoires. On nous répondra sans doute que le défaut de temps ne permet pas de procéder à une enquête régulière. Savants et ignorants s'écrieront à la fois, qu'en qualité de citoyen l'homme doit agir, qu'il est obligé de

voter et de se décider avant de voter, qu'il lui faut conclure de son mieux d'après les informations dont il dispose.

Cet argument contient une part de vérité mêlée à beaucoup d'apparence de vérité. C'est un produit du « Il faut
faire quelque chose, » qui fait commettre tant de sottises
aux individus et aux sociétés. Un désir charitable d'empêcher ou de réparer un mal pousse souvent à agir étourdiment. Une personne tombe : un passant la ramasse brusquement, comme s'il y avait du danger à la laisser par
terre — ce qui n'est pas — et qu'il n'y en eût point à la relever sans précaution. Plus les gens sont ignorants, plus ils
ont foi aux panacées et plus ils insistent pour les faire
adopter. Vous avez mal au côté, à la poitrine, au ventre ?
Immédiatement, sans avoir fait une enquête sur la cause
probable du mal, on vous recommandera instamment un
remède infaillible, en ajoutant probablement que s'il ne fait
pas de bien il ne peut pas faire de mal. Les esprits qui ne
dépassent pas la moyenne ont conservé d'une manière
étonnante la conception fétichiste, telle qu'elle se révélait
clairement chez le domestique d'un de nos amis. Pris en
flagrant délit de boire des restes de médecines, il expliqua
que c'était dommage de perdre de si bons remèdes et que
ce qui faisait du bien à son maître lui en ferait aussi. Mais
à mesure qu'on s'éloigne de ces conceptions grossières des
maladies et des remèdes pour entrer dans le domaine de
la pathologie et de la thérapeutique, la prudence va en
augmentant et il devient de plus en plus prouvé qu'on
fait souvent du mal au lieu de bien. On peut observer ce
contraste, non pas seulement en passant de l'ignorance
populaire à l'instruction professionnelle, mais encore en
passant de l'instruction professionnelle d'autrefois, à l'instruction professionnelle supérieure de notre époque. Le
médecin d'aujourd'hui ne se demande pas tout d'abord
comme son confrère d'un autre siècle : Vais-je le saigner, le
purger ou le faire suer ? ou bien lui donnerai-je du mercure ?
Il y a maintenant la question préliminaire ; faut-il un autre
traitement qu'un bon régime ? Parmi les médecins d'aujour-
d'hui, plus le jugement est formé par l'étude, moins on cède
à l'impulsion du « il faut faire quelque chose. »

N'est-il pas possible alors, n'est-il pas même probable,

que cette obligation d'agir promptement, invoquée pour se
justifier par les personnes sujettes à conclure trop vite sur
des données imparfaites, accompagne une instruction insuffisante? N'est-il pas probable qu'en sociologie comme en
biologie, à mesure qu'on accumule les observations, qu'on
compare les faits selon les règles de la critique et qu'on
en tire des conclusions d'après la méthode scientifique,
on sent augmenter ses doutes quant à la bonté des résultats et ses craintes quant aux mauvais effets possibles?
N'est-il pas probable, que ce qui porte dans l'organisme
individuel le nom impropre mais commode de *vis medica-
trix naturæ*, a son analogue dans l'organisme social? N'y
a-t-il pas toute apparence qu'en constatant ce fait on verra
que, dans les deux cas, la seule chose nécessaire est de
maintenir les conditions dans lesquelles les agents naturels ont beau jeu? La conscience de ces vérités, qu'on
peut attendre d'un complément d'instruction, ôtera de sa
force à l'argument invoqué par ceux qui agissent vite sans
prendre beaucoup d'informations, puisqu'elle réprimera
la tendance à s'imaginer qu'un remède qui peut faire du
bien ne peut pas faire de mal.

Bien plus; l'étude de la science sociale, — poursuivie
méthodiquement en remontant des causes prochaines aux
causes éloignées, et en descendant des effets premiers aux
effets secondaires et tertiaires — cette étude dissipera l'illusion si répandue que les plaies sociales peuvent être radicalement guéries. Etant donnée une moyenne d'imperfection
chez les unités d'une société, aucun procédé ingénieux ne
pourra empêcher ce défaut de produire son équivalent en
mauvais résultats. Il est possible de changer la forme de
ces mauvais résultats ; il est possible de changer l'endroit où
ils se produisent : il n'est pas possible de s'en débarrasser.
La croyance qu'un caractère vicieux puisse s'organiser socia-
lement de façon à ne pas donner une conduite proportionnellement vicieuse, est une croyance dépourvue de fondement. On peut changer le point où se produira le mal, mais
quoi qu'on fasse la somme totale se retrouvera toujours quelque part. Le plus souvent le mal ne fait que changer de
forme. Ainsi en Autriche, où l'on empêche les gens qui n'ont
pas de quoi vivre de se marier, le nombre des enfants illégi-

times s'accroît d'autant; en Angleterre, la pitié a fait fonder des hospices spécialement destinés aux enfants trouvés et le nombre des enfants abandonnés a augmenté. Le *Building Act* a imposé, en vue de la solidité des bâtiments, un système de construction qui rend le prix de revient d'une maison de dimension médiocre trop élevé pour ce qu'elle rapporte : on ne construit plus de petits logements et les pauvres s'entassent dans ceux qui existent. Une loi sur les logements défend aux pauvres de s'entasser, et les vagabonds n'ont plus d'autre ressource que de passer la nuit sous les arches d'Adelphi, ou dans les Parcs, ou même, pour avoi moins froid, sur les fumiers des prisons.

Lorsque le mal qu'on croit avoir extirpé ne reparaît pas à côté ou sous une autre forme, il se fait nécessairement sentir sous la forme d'une privation diffuse. Car supposons qu'au moyen d'un rouage officiel vous supprimiez réellement un mal au lieu de le repousser d'un endroit à un autre ; supposons qu'au moyen d'un certain nombre de ces rouages vous réussissiez avec un certain nombre de ces maux. Croyez-vous que ces maux aient absolument disparu ? Pour voir que non, vous n'avez qu'à demander : — D'où vient la machine officielle ? Qui paie les frais de son fonctionnement ? Qui fournit les nécessités de la vie à ses membres de tout rang ? Qui, si ce n'est le travail des paysans et des artisans ? Quand un pays possède comme la France 600,000 fonction-naires, 600,000 hommes détournés des carrières industrielles et entretenus, eux et leurs familles, dans une aisance au-dessus de la moyenne, il est clair que les classes produc-trices ont à supporter une lourde surcharge. L'ouvrier fatigué est obligé de prolonger sa journée d'une heure ; sa femme de l'aider au travail des champs, tout en nourrissant ; l'ali-mentation des enfants devient encore plus mauvaise et l'augmentation du travail, jointe à une diminution du gain, amène une décroissance dans la somme de temps et de force que la famille peut consacrer aux rares jouissances d'une existence toujours digne de compassion. Comment donc supposer que le mal a été détruit ou évité ? La répres-sion a produit une réaction proportionnelle, et, au lieu d'une grande misère çà et là, vous avez une misère, moindre à la vérité, mais constante et universelle.

Quand on aura vu que, loin de supprimer les maux, on arrive tout au plus à en faire une nouvelle répartition et qu'il n'est même pas prouvé que cette nouvelle répartition soit toujours désirable, on comprendra la faiblesse de l'argument du « Il faut faire quelque chose. » Plus les hommes de science appliqueront à l'étude de cette classe de phénomènes, les plus compliqués de tous, les méthodes rigoureuses employées avec tant de succès pour les autres classes de phénomènes, plus ils se convaincront que, là moins qu'ailleurs, on ne peut conclure et agir sans avoir fait au préalable de longues recherches critiques.

Le même argument se reproduira cependant encore sous d'autres formes : « La conduite politique est affaire de compromis. » « Nos mesures doivent répondre aux besoins du moment et nous ne pouvons pas nous laisser arrêter par des considérations éloignées. » Les données nous manquent pour asseoir un jugement scientifique ; la plupart n'ont pas été conservées ; les autres sont difficiles à trouver, et, une fois trouvées, d'une exactitude douteuse. « La vie est trop courte et elle réclame une trop grande part de nos énergies pour nous permettre l'étude élaborée qui semble requise. Nous sommes donc obligés de prendre le simple bon sens pour guide et de nous en tirer comme nous pouvons. »

Ces réponses sont celles des gens relativement doués d'esprit scientifique. Viennent ensuite ceux dont l'avis, avoué ou non, est qu'aucune recherche ne peut fournir le fil conducteur signalé. Ils ne croient pas à l'existence parmi les phénomènes sociaux d'un ordre déterminable, — suivant eux il n'y a pas de science sociale. C'est ce que nous allons discuter dans le prochain chapitre.

CHAPITRE II

Y A-T-IL UNE SCIENCE SOCIALE?

Presque chaque année, au retour de l'automne, on entend dire que l'hiver sera rude, car les églantines sont abondantes. Cette remarque suppose la conviction que Dieu, ayant l'intention de nous envoyer beaucoup de neige et de givre, a voulu assurer la nourriture des petits oiseaux. Implicite ou avouée, cette façon de raisonner est de beaucoup la plus fréquente. Il y a quelques semaines, une personne qui avait reçu une dose ordinaire d'instruction, attribuait devant moi les innombrables essaims de coccinelles apparus en Angleterre peu d'années auparavant, à un dessein de la Providence, qui avait voulu protéger la récolte de houblon contre les aphides destructeurs. Cette théorie du gouvernement divin, appliquée ici à des choses qui n'ont qu'un rapport indirect, — si même il y en a un, — avec le bien-être des hommes, est naturellement appliquée avec bien plus de confiance encore à ce qui a sur nous une influence directe, au point de vue social ou au point de vue individuel. Les méthodistes sont logiques lorsque, tirant toutes les conséquences de cette théorie, ils ouvrent leur bible au moment d'entreprendre un voyage ou de changer de domicile, et voient dans le premier passage qui leur tombe sous les yeux, le signe de l'approbation ou de la désapprobation du ciel. En politique, le même principe mène à croire, par exemple, que la prospérité de l'Angleterre, relativement aux états du Continent, est la récompense de l'observation plus exacte du dimanche, ou qu'une invasion du choléra est le résultat de l'omission de la formule *Dei gratiâ* dans une émission de monnaie.

L'interprétation des événements historiques d'après la même méthode accompagne en général ces sortes d'explications des faits journaliers ; et même elle leur survit. Ceux à qui une instruction plus étendue a dévoilé la genèse naturelle des phénomènes relativement simples, croient encore à la genèse surnaturelle des phénomènes très-compliqués, pour lesquels l'enchaînement des causes ne se suit pas sans difficulté. On peut lire dans une dépêche officielle, « qu'il a plu au Dieu Tout-Puissant de bénir les armes britanniques, et d'accorder le plus heureux succès aux vastes combinaisons qui ont été nécessaires pour assurer le passage de la Chenaub [1]. » La forme d'esprit qui a dicté une pareille dépêche, est une forme d'esprit qui, dans l'histoire du passé, voit partout la divinité intervenir pour amener les événements paraissant le plus désirables à son interprète. Par exemple, M. Schomberg écrit ceci :

« Il a semblé bon au miséricordieux Dispensateur des « événements humains de renverser tous les obstacles ; et « au moyen de son instrument, Guillaume de Normandie, « d'ôter les maux du pays et de ressusciter sa grandeur « expirante [2]. »

Et ailleurs :

« Le temps était venu où le Maître Tout-Puissant, après « avoir sévèrement châtié la nation tout entière, avait résolu « de relever sa tête humiliée — de donner un élan plus rapide « à sa prospérité, et d'en faire plus que jamais un ÉTAT MO- « DÈLE. Dans ce but, il suscita un homme éminemment propre « à l'œuvre qu'il avait en vue (Henri VII) [3]. »

Et encore :

« Comme si Dieu avait voulu marquer avec plus de préci- « sion cette période historique, elle se clôt par la mort de

---

1. Daily Paper, 22 janvier 1819.
2. *The theocratic Philosophy of English History*, vol. I, p. 49.
3. *Ibid.*, vol. II, p. 681.

« George III, le GRAND et le BON, qui avait été suscité pour
« être le grand instrument de ce qui s'y est passé [1]. »

Les dernières catastrophes du Continent sont expliquées
de la même manière par un écrivain français, à la vérité
peu connu, qui prétend, comme l'écrivain anglais, avoir
regardé derrière le voile des choses, et qui nous raconte
les intentions de Dieu en châtiant les Français, son peuple
élu. Car, — remarquons-le en passant, — de même que
chez nous autres Anglais les évangélistes sont persuadés
que la bénédiction divine s'étend sur nous parce que nous
avons conservé la pureté de la foi; de même il semble
évident à l'auteur de *La Main de l'Homme et le Doigt
de Dieu*, et à d'autres Français, que la France est encore
destinée à diriger le monde, comme elle l'a fait jusqu'à
présent. Cet écrivain, dans les chapitres intitulés, « Causes
providentielles de nos malheurs, » « Les Prussiens et les
fléaux de Dieu » et « Justification de la Providence, » donne
à ses interprétations des développements où nous ne le
suivrons pas et termine son « Épilogue » par ces paroles :

« La Révolution modérée, habile, sagace, machiavélique,
diaboliquement sage, a été vaincue et confondue par la justice divine dans la personne et dans le gouvernement de
Napoléon III.

« La Révolution exaltée, bouillonnante, étourdie, a été
vaincue et confondue par la justice divine dans les personnes et dans les gouvernements successifs de Gambetta
et de Félix Pyat et compagnie.

« La sagesse humaine, applaudie et triomphante, person-
nifiée dans M. Thiers, ne tardera pas à être vaincue et confondue par cette même Révolution deux fois humiliée, mais
toujours renaissante et agressive.

« Ce n'est pas une prophétie : c'est la prévision de la philosophie et de la foi chrétiennes.

« Alors ce sera vraiment le tour du Très-Haut ; car il faut
que Dieu et son Fils règnent par son Évangile et par son
Église.

« Ames françaises et chrétiennes, priez, travaillez, souffrez et ayez confiance ! nous sommes près de la fin. C'est

---

1. *The theocratic Philosophy of English History*, vol. II, p. 289.

quand tout semblera perdu que tout sera vraiment sauvé.

« Si la France avait su profiter des désastres subis, Dieu lui eût rendu ses premières faveurs. Elle s'obstine dans l'erreur et le vice. Croyons que Dieu la sauvera malgré elle, en la régénérant toutefois par l'eau et par le feu. C'est quand l'impuissance humaine apparaît qu'éclate la sagesse divine. Mais quelles tribulations ! quelles angoisses ! Heureux ceux qui survivront et jouiront du triomphe de Dieu et de son Église sainte, catholique, apostolique et romaine [1] ».

Des conceptions de ce genre se rencontrent ailleurs que chez ces historiens dont les noms sont tombés dans l'oubli et chez ces hommes, qui, dans le drame des révolutions contemporaines, jouent le rôle du chœur antique et entreprennent de raconter aux spectateurs, c'est-à-dire au monde, quel a été le but de la divinité, et quels sont ses projets. Nous avons vu dernièrement un professeur d'histoire émettre des idées d'une nature essentiellement identique. Voici ses propres termes :

« Et maintenant, messieurs, est-ce qu'il n'y avait pas
« général pour diriger cette grande campagne (celle des Ger-
« mains contre les Romains)? Si la victoire de Trafalgar
« suppose l'intelligence d'un Nelson, et Waterloo celle d'un
« Wellington, n'y avait-t-il donc pas aussi une intelligence
« pour guider ces armées innombrables dont les succès
« allaient décider de l'avenir de toute la race humaine? N'y
« avait-il eu personne pour les ranger depuis l'Euxin jusqu'à
« la mer du Nord, sur cette ligne convexe inexpugnable ? Per-
« sonne pour les conduire vers ces deux grands centres stra-
« tégiques, la Forêt-Noire et Trieste? Personne pour forcer
« ces barbares aveugles qui n'avaient ni science ni cartes,
« à suivre ces règles de la guerre, sans lesquelles la victoire
« est impossible dans une lutte prolongée; ni pour lancer
« leurs masses hésitantes, au moyen de la pression des Huns,
« dans une entreprise que leur simplicité se figurait d'abord
« comme dépassant les forces humaines! Croira cela qui
« pourra! moi, je ne le puis pas. On peut me dire qu'ils obéis-

---

1. *La Main de l'Homme et le Doigt de Dieu dans les malheurs de la France*, par J. C., ex-aumônier dans l'armée auxiliaire. Paris, Douniol et Cie, 1871.

« saient à la gravitation, comme le font les pierres et les
« terres. Soit. Il va sans dire qu'ils se conformaient à des lois
« naturelles, comme le fait toute chose sur terre, lorsqu'ils
« se conformaient aux lois de la guerre; car celles-ci aussi
« sont des lois naturelles, explicables par des principes ma-
« thématiques très-simples. Mais je n'admets pas qu'un caillou
« ou qu'une poignée de sable obéisse·à la gravitation autre-
« ment que sur la volonté de Dieu; je crois qu'il a été décidé
« depuis des siècles que cette pépite d'or serait détachée
« de telle manière d'un rocher quartzeux d'Australie, et qu'un
« certain homme la trouverait à un moment déterminé et à
« une certaine époque critique de son existence; si je suis
« assez superstitieux pour conserver cette persuasion (et
« grâce à Dieu, je le suis) ne dois-je pas croire que lors
« de cette grande guerre, il y avait un général dans le ciel bien
« qu'il n'y en eût pas sur la terre et que les armées de nos
« ancêtres, en dépit de tous leurs péchés, étaient les armées
« de Dieu [1]. »

Ce n'est pas à nous de chercher à concilier les idées inco-
hérentes qui s'enchevêtrent dans ce paragraphe; — nous
n'avons pas à nous demander comment les effets de la gravitation, — force dont l'action s'exerce avec tant d'uniformité
qu'étant données certaines conditions, on peut calculer les
résultats avec certitude, — peuvent en même temps être considérés comme les effets d'une volonté, force que nous clas-
sons à part parce qu'elle agit d'une façon relativement irrégulière, ainsi que nous l'apprend notre propre expérience.
Nous n'avons pas non plus à nous demander comment, —
si le cours des choses humaines est providentiellement
déterminé, comme celui des phénomènes matériels, — il
est possible d'établir une distinction entre la prévision des
phénomènes matériels, qui constitue la science physique,
et la prévision historique. Nous pouvons laisser au lecteur le
soin de tirer cette conclusion évidente, qu'il faut renoncer
soit aux idées courantes sur la causalité physique soit aux
idées courantes sur la volonté. Il nous suffit d'appeler l'attention sur le titre du chapitre qui contient le passage cité;

1. *The Roman and the Teuton.*, pp. 339-40.

ce titre remarquable, qui révèle le caractère général de cette classe d'interprétations, est celui-ci : « La Stratégie de la Providence. »

Je ne suis pas seul à m'être souvent demandé avec étonnement ce qu'est l'univers pour ceux qui en désignent la Cause par des noms comme ceux-ci : « Le Grand Architecte, » ou « le Suprême Ouvrier; » et qui semblent penser que cette Cause devient plus admirable, quand on compare ses œuvres à celles d'un habile mécanicien. Mais cette expression, « la Stratégie de la Providence, » révèle une conception de cette Cause, qui à quelques égards est encore plus surprenante. Un titre comme « le Grand Architecte » nous représente simplement la mise en ordre des matériaux pré-existants; comme il laisse de côté la question de l'origine de ces matériaux, on peut dire qu'il ne contredit pas absolument l'idée que ces matériaux ont été créés par « le Grand Architecte » qui les emploie. « La Stratégie de la Providence, » au contraire, est une phrase qui laisse nécessairement supposer bien des difficultés à résoudre. Il faut que le Divin Stratégiste ait un habile adversaire pour qu'il y ait lieu à stratégie. Ainsi nous sommes inévitablement amenés à concevoir la Cause de l'Univers comme gênée par une cause indépendante dont elle a à triompher. Tout le monde ne voudrait pas remercier Dieu d'une croyance qui implique l'idée que Dieu est obligé d'employer des moyens ingénieux pour venir à bout des résistances qu'il rencontre.

Les déguisements que revêt la piété font en vérité penser souvent à des sentiments auxquels on donne volontiers un tout autre nom. Étudier l'Univers tel qu'il se manifeste à nous ; reconnaître par des investigations patientes l'ordre de ces manifestations; découvrir qu'elles sont liées l'une à l'autre d'une façon régulière à travers l'Espace et le Temps, et, après des échecs répétés, renoncer comme à une vaine tentative, à comprendre le Pouvoir qui se manifeste : voilà ce que l'on condamne comme une impiété. En même temps le titre d'homme religieux est réclamé par ceux qui se représentent un Créateur dirigé par des motifs analogues aux leurs, qui s'imaginent découvrir ses desseins et qui parlent de lui comme s'il était occupé à combiner des plans pour jouer le Diable.

Les citations et les réflexions qui précèdent ont pour but de caractériser l'état intellectuel et le caractère de ceux aux yeux de qui il ne peut exister une science sociale proprement dite. Dans les « D. V. » de l'affiche d'un meeting pour les missions, comme dans les phrases des dernières dépêches de l'empereur Guillaume, où des remerciements à Dieu suivent le compte des milliers d'hommes qui ont été massacrés, se révèle une façon de concevoir les affaires humaines, à laquelle l'idée d'une science sociale est absolument étrangère et même antipathique.

Une classe d'esprits voisine, qui n'est pas mieux préparée pour interpréter scientifiquement les phénomènes sociaux, est celle qui ne considère dans le cours de la civilisation que le souvenir des personnages remarquables et de leurs actions. Un de ceux qui ont exposé cette théorie avec le plus d'éclat a écrit ceci : — « Telle que je la conçois, l'histoire universelle, l'histoire de ce que l'homme a accompli dans le monde, est au fond l'histoire des grands hommes qui y ont agi. » C'est dans cette croyance, non pas peut-être nettement formulée, mais implicitement acceptée, que nous sommes presque tous élevés. Examinons d'où elle vient.

Réunis autour du feu de leur campement, des sauvages se racontent les événements de chasse de la journée; celui d'entre eux qui a donné quelque preuve d'adresse ou d'agilité reçoit le tribut de louanges qui lui est dû. Au retour d'une expédition guerrière, la sagacité du chef, la force et le courage de tel ou tel guerrier, sont les sujets auxquels on revient sans cesse. Lorsque la journée ou les événements récents ne fournissent pas de faits remarquables, on parle des exploits de quelque chef renommé mort récemment, ou bien d'un fondateur légendaire de la tribu; parfois on se livre à une danse qui représente d'une façon dramatique les victoires rappelées dans les chants. Ces récits, se rapportant à la prospérité et à l'existence même de la tribu, présentent le plus vif intérêt; nous y trouvons la souche commune de la musique, du drame, de la poésie, de la biographie, de l'histoire et de la littérature en général. La vie sauvage ne fournit guère d'autres événements qui méritent d'être notés ; la chronique des tribus ne contient guère autre chose valant la peine qu'on s'en souvienne.

Il en est de même des premières races historiques. Les fresques des Egyptiens, les peintures murales des Assyriens représentent les actions de leurs grands hommes ; les inscriptions comme celles de la pierre Moabite ne racontent que les exploits des rois ; c'est seulement par induction qu'on peut tirer d'autres renseignements de ces documents primitifs, peintures, hiéroglyphes et inscriptions. De même dans les épopées grecques. Bien qu'elles nous apprennent incidemment qu'il y avait des villes, des vaisseaux de guerre, des chariots de guerre, des matelots, des soldats à commander et à massacrer, cependant le but direct est de mettre en évidence les triomphes d'Achille, les prouesses d'Ajax, la sagesse d'Ulysse et autres choses analogues.

Les leçons données à tous les enfants civilisés impliquent, comme les traditions des barbares ou des demi-civilisés, que dans tout le passé de la race humaine, les actions des personnages remarquables sont les seules choses dignes de mémoire. Comment Abraham ceignit ses reins et s'en alla à tel ou tel endroit; comment Samuel transmettait les commandements divins auxquels Saül désobéissait ; comment David racontait ses aventures du temps où il était berger, et comment il fut repris pour ses méfaits comme roi : ces personnalités et d'autres analogues, voilà les faits qui intéressent le jeune lecteur de la Bible et relativement auxquels il est catéchisé; les indications relatives aux institutions juives, qui se sont inévitablement glissées dans la narration, sont sans importance à ses yeux comme à ceux de ses maîtres. De même lorsque debout et les mains derrière le dos, il récite sa leçon d'histoire, quelles sont les choses qu'on lui donne à apprendre? Il doit dire : — quand et par qui l'Angleterre fut envahie, quels chefs ont résisté à l'invasion et comment ils ont été tués, ce que fit Alfred et ce que dit Canut, qui combattit à Azincourt, et qui l'emporta à Flodden, quel roi abdiqua, et quel roi usurpa le trône, etc. Si, par un hasard quelconque, il vient à être reconnu qu'il y avait des serfs à cette époque, que les barons étaient des souverains locaux, que quelques-uns étaient vassaux des autres, que leur subordination au pouvoir central s'opérait peu à peu, ce sont là des faits qu'on traite comme secondaires.

La même chose arrive quand le jeune garçon passe entre les mains de son maître d'humanités, chez lui ou ailleurs. « Les armes et l'homme » sont la fin comme le commencement de l'histoire. Après la mythologie, qui naturellement est tout à fait essentielle, on passe aux mérites des gouvernements et des soldats, depuis Agamemnon jusqu'à César. La connaissance qu'on acquiert de l'organisation sociale, des mœurs, des idées, de la morale, ne s'étend guère au-delà de ce qui peut se dégager des renseignements biographiques. La valeur de la science est si singulièrement évaluée qu'il serait honteux de n'être pas instruit des amours de Zeus, ou de ne pouvoir nommer celui qui commandait à Marathon, tandis qu'il est permis d'ignorer absolument l'état social qui existait avant Lycurgue, ou bien l'origine et les fonctions de l'Aréopage.

Ainsi la théorie du grand homme en histoire trouve partout des esprits préparés à l'accepter — au fond elle n'est que l'expression précise de ce qui existe à l'état latent dans la pensée du sauvage, de ce qui est implicitement affirmé dans toutes les traditions primitives, et de ce qu'on enseigne à chaque enfant par des exemples sans nombre. La facilité avec laquelle on l'accepte a des causes plus spéciales.

Citons d'abord le goût si universel des personnalités, qui était une qualité active chez l'homme primitif, et qui domine encore. Dans l'enfant qui vous demande de lui raconter une histoire, c'est-à-dire, bien entendu, les aventures de quelqu'un, ce goût est manifeste; chez les adultes, il se satisfait au moyen des rapports de police, nouvelles de la cour, affaires de divorce, récits d'accidents et listes de naissances, de mariages et de décès; il se trahit même dans les conversations de la rue; les fragments de dialogues qu'on entend en passant, montrent que presque toujours entre hommes, et toujours entre femmes, les pronoms personnels reviennent à chaque instant. Si vous voulez apprécier la portée d'esprit d'une personne, vous n'avez pas de meilleur moyen que d'observer quelle est, dans ses discours, la proportion des généralités aux personnalités — dans quelle mesure les vérités simples concernant les individus sont remplacées par les vérités abstraites, déduites d'expériences nombreuses sur les hommes et sur les choses. Quand vous aurez ainsi examiné beaucoup d'hommes, vous n'en aurez trouvé qu'un bien petit nombre habitués à considérer les affaires humaines autrement qu'à un point de vue biographique.

En second lieu, cette théorie du grand homme se recommande en ce qu'elle promet de l'amusement en même temps que de l'instruction. Quand on aime à entendre raconter les actions et les paroles des gens, il est agréable de s'entendre dire que pour comprendre la marche de la civilisation, on n'a qu'à lire avec soin la vie des hommes distingués. Peut-il y avoir une doctrine plus séduisante que celle-là? Tout en donnant satisfaction à un instinct qui se rattache étroitement à celui de la commère de village, tout en vous informant par la lecture, comme vous le feriez par la conversation, des faits remarquables qui concernent des personnages remarquables, vous acquérez une science qui vous fait comprendre pourquoi les choses se sont passées dans le monde de telle et telle façon, et qui vous permet de vous former une opinion juste sur toutes les questions dont vous avez à vous occuper comme citoyen.

En troisième lieu, les explications auxquelles vous arrivez de cette manière sont admirablement simples et semblent fort aisées à comprendre! Pour peu que vous vous contentiez de conceptions en l'air, comme le font tant de gens, les solutions que vous obtenez ont l'air tout à fait satisfaisant. De même que la théorie du système solaire, d'après laquelle les planètes ont été lancées dans leurs orbites par la main du Tout-Puissant, paraît acceptable tant qu'on n'insiste pas pour savoir exactement ce qu'il faut entendre par la main du Tout-Puissant; de même que les créations spéciales des plantes et des animaux paraissent une hypothèse soutenable, tant qu'on n'essaie pas de se figurer avec précision le procédé par lequel une plante ou un animal peut être tout à coup appelé à l'existence, de même le développement des sociétés par l'action des grands peut parfaitement s'admettre tant qu'on s'en tient aux notions générales sans chercher à les particulariser.

Mais si, mécontents du vague, nous demandons que nos

idées soient serrées de près et définies avec exactitude,
nous découvrons que cette hypothèse est profondément in-
cohérente. Si, au lieu de nous en tenir à cette explication du
progrès social par l'action du grand homme, nous faisons
un pas de plus et demandons d'où vient le grand homme,
nous trouvons la théorie complètement en défaut. Il y a
deux réponses possibles à cette question : ou l'origine du
grand homme est surnaturelle, ou bien elle est naturelle.
Dans le premier cas, c'est un dieu en mission et nous retombons dans le principe théocratique — ou plutôt nous
n'y retombons pas du tout, car nous sommes obligés d'accorder à M. Schomberg, cité plus haut, que « la détermination
d'envahir la Bretagne » a été inspirée à César par la divinité,
et que depuis lui, jusqu'à « George III, le GRAND et le BON, »
nos maîtres successifs ont été choisis pour accomplir les
desseins successifs de Dieu. Cette solution est-elle inaccep-
table? Alors l'origine du grand homme est naturelle ; et cela
admis, il faut le classer sans hésiter avec tous les autres phénomènes de la société qui lui a donné naissance,
parmi les produits des états antérieurs de cette société. Au
même degré que toute la génération dont il forme une petite partie — au même degré que les institutions, la langue,
la science et les mœurs — au même degré que la multitude
des arts et que leurs applications, il n'est qu'une résultante
d'un énorme agrégat de forces qui ont agi ensemble pendant des siècles. Vous avez le droit, à la vérité, — s'il vous
plaît d'ignorer ce qu'enseigne l'observation la plus vulgaire
et ce que confirme la physiologie, si vous admettez que
de parents européens il puisse naître un enfant nègre ou
que deux Papous aux cheveux laineux soient capables de
produire un bel enfant de type caucasien, ayant les cheveux
lisses, — vous avez le droit d'admettre aussi que le grand
homme peut apparaître partout et dans n'importe quelles conditions. Si vous ne voulez pas tenir compte de ces résultats
accumulés de l'expérience, et exprimés dans les proverbes
populaires aussi bien que dans les généralisations des psy-
chologistes, si vous supposez qu'un Newton puisse naître
d'une famille Hottentote, qu'un Milton puisse surgir au milieu des Andamans, qu'un Howard ou un Clarkson puisse avoir
des Fidjiens pour parents, alors vous réussirez facilement

à expliquer le progrès social comme amené par les actions
du grand homme. Mais si toute la science biologique,
venant à l'appui de toutes les croyances populaires, finit
par vous convaincre qu'il est impossible qu'un Aristote
provienne d'un père et d'une mère dont l'angle facial mesure cinquante degrés, et qu'il n'y a pas la moindre chance
de voir surgir un Beethoven dans une tribu de cannibales
dont les chœurs, en face d'un festin de chair humaine,
ressemblent à un grognement rhythmique, vous êtes forcé
d'admettre que la genèse du grand homme dépend des longues séries d'influences complexes qui ont produit la race
au milieu de laquelle il apparaît, et l'état social auquel cette
race est lentement parvenue. S'il est vrai que le grand
homme peut modifier sa nation dans sa structure et dans ses
actions, il est vrai aussi qu'avant son apparition il y a eu
forcément des modifications antérieures qui ont constitué
le progrès national. Avant qu'il puisse refaire sa société, il
faut que sa société l'ait fait lui-même. Tous les changements
dont il est l'auteur immédiat ont leurs causes principales
dans les générations dont il descend. S'il existe une explication vraie de ces changements, il faut la chercher dans cet
agrégat de conditions dont sont sortis et les changements
et l'homme.

Quand même nous serions disposés à admettre l'absurde
supposition que la genèse du grand homme est indépendante de l'histoire antérieure de la société où il est né, il est
un fait indéniable et suffisant pleinement à notre thèse.
C'est que le grand homme ne pourrait exercer aucune
action, si la société n'avait hérité des richesses matérielles
et intellectuelles lentement accumulées dans le passé,
et s'il n'y avait autour de lui une population, des caractères,
des intelligences et une organisation sociale. Considérez
Shakespeare : quels drames aurait-il pu écrire sans les
innombrables traditions de la vie civilisée, — sans les expériences variées qui d'un passé lointain sont arrivées jusqu'à
lui et sont venues enrichir son esprit, sans cette langue que
des centaines de générations ont travaillé à développer et à
enrichir ? Prenez un Watt avec tout son génie d'invention, supposez qu'il vive dans une tribu à laquelle le fer est inconnu
ou qui ne possède de fer que ce qu'on peut en fabriquer dans

de petits foyers activés avec des soufflets à main; ou bien
supposez-le né chez nous, mais avant qu'on connût les tours
à tourner. Croyez-vous qu'il y aurait eu beaucoup de chances
pour qu'il créât la machine à vapeur? Imaginez un Laplace
privé du secours de ce système de mathématiques lentement perfectionné, dont nous pouvons suivre la trace depuis
ses origines chez les Egyptiens. Aurait-il été bien loin dans
sa *Mécanique Céleste?* Nous pourrions nous poser des questions semblables et y répondre de la même façon, quand
même nous nous bornerions à cette classe de grands hommes, dont les actions occupent plus particulièrement les ado-
rateurs de héros, — nous voulons parler des gouvernants et
des généraux. Xénophon n'aurait pas mené à bonne fin sa
célèbre retraite si ses Dix mille avaient été faibles, lâches
ou insubordonnés. César n'aurait pas accompli ses con-
quêtes s'il n'avait eu des troupes disciplinées, ayant reçu
des générations précédentes leur prestige, leur tactique et
leur organisation. Pour prendre un exemple moderne, le
génie stratégique d'un Moltke n'aurait pu triompher dans
de grandes guerres, s'il n'avait eu derrière lui une nation de
quarante millions d'hommes pour lui fournir des soldats, et
si ces soldats n'avaient eu un corps vigoureux, un caractère
résolu, un naturel docile, et n'avaient été capables d'exécuter ses ordres avec intelligence.

Si une personne s'émerveillait de la puissance d'un grain
de fulminate qui fait partir un canon, lance l'obus et coule
le vaisseau touché, — si cette personne s'étendait sur les
vertus miraculeuses du fulminate, sans tenir compte de la
charge de poudre, de l'obus, du canon, et de l'agrégat
énorme de travaux par lesquels toutes ces choses, y compris le fulminate, ont été produites, nous trouverions son interprétation assez peu rationnelle. Elle l'est pourtant à peu
près autant qu'une interprétation des phénomènes sociaux,
dans laquelle on insiste sur l'importance des changements
accomplis par le grand homme, en négligeant la vaste accumulation de force latente à laquelle il donne issue et le
nombre immense des faits antérieurs auxquels sont dus
cette force et le grand homme lui-même.

Nous devons reconnaître qu'il y a quelque chose de vrai
dans la théorie du grand homme. Si on la limite aux sociétés

primitives dont l'histoire ne consiste guère que dans les efforts faits par les hommes pour se détruire ou se subjuguer les uns les autres, nous pouvons admettre que cette théorie s'accorde assez bien avec les faits, lorsqu'elle représente le chef capable de diriger comme ayant une importance extrême, et pourtant, même dans ce cas, elle fait une trop petite part au nombre et à la qualité de ses partisans. Mais son erreur capitale consiste à supposer que ce qui a été vrai autrefois est constamment vrai, et que des relations entre gouvernants et gouvernés, possibles et utiles à une certaine époque, sont possibles et utiles dans tous les temps. A mesure que l'activité déprédatrice des tribus primitives diminue, à mesure que des agglomérations plus vastes se forment par la conquête ou par d'autres causes, à mesure que la guerre cesse d'être l'unique affaire de la population mâle tout entière, les sociétés commencent à se développer, à montrer des indices d'une organisation et de diverses fonctions qui antérieurement n'étaient pas possibles, elles acquièrent une complexité et une grandeur croissantes, elles donnent naissance à de nouvelles institutions, à de nouvelles activités, à de nouvelles idées, à de nouveaux sentiments et à de nouvelles habitudes, tout cela fait son apparition sans bruit ni fracas et sans l'intervention d'un roi ou d'un législateur. Si vous désirez arriver à comprendre ces phénomènes de l'évolution sociale, ce ne sera pas en lisant les biographies de tous les grands chefs d'état dont on a conservé le souvenir, y compris Frédéric le Rapace et Napoléon le Traître; non, quand même vous y useriez vos yeux.

Sur dix personnes il y en a neuf qui se rallient à l'une ou l'autre de ces deux doctrines étroitement unies, et qui par conséquent nient implicitement la science sociale. Mais en outre il y en a d'autres qui la nient expressément dans son ensemble ou dans quelqu'une de ses parties. On s'appuie sur certaines raisons pour nier la possibilité d'une telle science.

Il est impossible de montrer l'inanité de ces arguments avant d'avoir établi en quoi consiste la science sociale, dont la nature essentielle est méconnue par ses critiques; mais le faire maintenant, serait empiéter sur notre sujet. Quelques objections secondaires pourront cependant sans inconvénient précéder l'objection principale. Considérons d'abord la position prise par M. Froude :

« Quand des causes naturelles peuvent être écartées et
« neutralisées par ce qu'on appelle la volition, le mot de
« science ne saurait être prononcé. Si l'homme est libre
« de décider ce qu'il fera ou ce qu'il ne fera pas, l'homme
« ne peut être le sujet d'une science exacte. S'il y a une
« science de l'homme, il n'y a plus de libre arbitre ; l'éloge
« et le blâme que nous nous distribuons les uns aux autres
« n'ont pas de raison d'être et sont déplacés [1].

« De ce pouvoir merveilleux qu'a l'homme d'agir mal.....
« résulte l'impossibilité de calculer scientifiquement, avant
« l'événement, ce que feront les hommes, ou de donner,
« après l'événement, une explication scientifique de ce qu'ils
« ont fait [2].

« M. Buckle voudrait se débarrasser des particularités de
« tel ou tel individu par la doctrine des moyennes..... Mal-
« heureusement la moyenne d'une génération n'est pas né-
« cessairement celle de la suivante....., il n'y a jamais deux
« générations pareilles [3].

« Là (dans l'histoire) les phénomènes ne se répètent ja-
« mais. Là, nous nous fondons uniquement sur le récit de
« choses qu'on nous dit être arrivées une fois, mais qui
« n'arrivent jamais et ne peuvent pas arriver une seconde
« fois. Là il n'y a pas d'expérience possible ; nous ne pou-
« vons épier le retour d'un fait pour vérifier nos conjec-
« tures [4] ».

Ici M. Froude change le terrain de la discussion et la transporte sur le vieux champ de bataille où le libre arbitre est en conflit avec la nécessité ; il déclare qu'une science sociale est incompatible avec le libre arbitre. La première citation n'implique pas seulement que la volonté de l'individu ne peut être soumise au calcul, et qu'il n'existe pas « une science adéquate de l'homme » (que la psychologie

1. *Short-studies on Great subjects,* vol. I, p. 11.
2. *Ibid.,* vol. I, p. 22.
3. *Ibid.,* vol. I, p. 24.
4. *Ibid.,* vol. I, p. 15.

n'est pas une science) ; mais il affirme implicitement qu'il n'y a pas de relations de cause entre les états successifs de l'esprit car l'acte de volonté par lequel « les causes naturelles peuvent être écartées » est mis en opposition avec les choses naturelles, et par suite doit être considéré comme surnaturel. Par le fait, cela nous ramène à ce type primitif d'explication que nous avons examiné au début.

En outre, de ce que certains actes de volonté ne peuvent être prévus, M. Froude conclut qu'aucun acte de volonté ne peut l'être ; il ignore que les actes de volonté par lesquels notre conduite ordinaire est déterminée sont si réguliers, qu'il est facile de les prévoir avec une extrême probabilité.

Si, en traversant la rue, un homme voit une voiture se diriger sur lui, on peut hardiment assurer que dans neuf cent quatre-vingt-dix-neuf cas sur mille, il tâchera de ne pas se faire écraser. Si un homme, pressé d'arriver à une station pour prendre le train, sait que par une route il n'a qu'un mille à faire et que par l'autre route il en a deux, on peut affirmer avec confiance qu'il prendra la première ; et si cet homme est convaincu qu'en manquant le train il perdra une fortune et qu'il n'ait que dix minutes pour faire le mille dont il s'agit, il est presque certain qu'il se mettra à courir ou qu'il prendra un cab. S'il peut acheter à sa porte une marchandise de consommation journalière, et qu'à l'autre bout de la ville cette marchandise soit moins bonne et plus chère, il faudra, nous pouvons l'affirmer, qu'il existe entre lui et le marchand éloigné des relations d'un genre particulier, pour qu'il se décide à acheter la mauvaise marchandise qui lui coûte plus de peine et d'argent. S'il veut se défaire d'une propriété, il n'est pas tout-à-fait impossible qu'il la vende à A pour mille livres, bien que B lui en ait offert deux mille, cependant les raisons qui peuvent le pousser à agir de la sorte sont si insolites, qu'elles n'empêchent pas d'émettre ce principe général qu'un homme vend toujours à celui qui lui fait l'offre la plus élevée. Maintenant, puisque les actions les plus fréquentes des citoyens sont déterminées par des motifs si réguliers, il doit en résulter des phénomènes sociaux qui se produisent avec une régularité correspondante, — et même avec une régularité bien plus grande, car les effets des motifs exceptionnels se trouvent perdus au milieu des effets de la masse des motifs ordinaires.

On peut ajouter une autre observation. M. Froude exagère l'antithèse dont il se prévaut en se faisant de la science une conception trop étroite. Il s'exprime comme s'il n'y avait d'autres sciences que les sciences exactes. Les prévisions scientifiques, qu'elles soient qualitatives ou quantitatives, n'ont pas toutes le même degré de précision; bien que pour certaines classes de phénomènes les prévisions ne soient qu'approximatives, on ne peut pourtant pas dire qu'il n'existe pas une science de ces phénomènes ; dès qu'*il y a* prévision *il y a* science. Prenez par exemple la météorologie. On a vu courir le Derby au milieu d'un ouragan de neige, et on a quelquefois fait du feu en juillet; mais ces anomalies ne nous empêchent pas d'être parfaitement certains que l'été prochain sera plus chaud que l'hiver passé. En automne, nos vents du sud-ouest pourront survenir plus ou moins tard, être violents ou modérés, continus ou intermittents, mais nous sommes sûrs qu'à cette époque de l'année il y aura prédominance des vents du sud-ouest. Il en est de même pour les relations de la pluie et du beau temps avec la quantité de vapeur qui existe dans l'air et avec le poids de la colonne atmosphérique ; on peut émettre à ce sujet des prédictions approximatives, bien qu'on n'en puisse faire d'absolument vraies. Donc, quand même il n'y aurait pas entre les phénomènes sociaux des relations plus précises que celles-là (et les plus importantes sont beaucoup plus précises), il y aurait encore une science sociale.

M. Froude prétend encore que les faits historiques ne fournissent pas la matière d'une science parce que « ils ne se répètent jamais ; » parce que « nous ne pouvons épier le retour d'un fait pour vérifier la valeur de nos conjectures. » Je ne veux pas opposer à cette assertion, l'assertion opposée qui a été souvent reproduite; je ne veux pas répondre que les phénomènes historiques *se répètent* souvent ; mais je puis trouver une réplique satisfaisante tout en admettant que M. Froude a mis le doigt sur une des plus grandes difficultés de la science sociale, et en lui accordant que les phénomènes sociaux sont dans chaque cas bien différents de ce qu'ils ont été dans les cas précédents.

En effet, dans les sciences concrètes, il n'y a jamais répétition absolue des mêmes faits ; et dans quelques-unes cette répétition n'est pas plus caractérisée que dans la science sociale. Même dans la plus exacte de toutes, l'astronomie, les combinaisons ne sont jamais deux fois les mêmes ; les répétitions ne sont qu'approximatives. Si nous passons à la géologie, nous voyons, il est vrai, les dénudations, les alluvions, les soulèvements, les affaissements, s'opérer conformément à des lois dont la généralité est plus ou moins manifeste, mais les effets de ces lois sont toujours des effets nouveaux par leurs proportions et leurs combinaisons, bien qu'ils ne le soient pas assez pour nous interdire d'établir des comparaisons, de tirer des déductions et de fonder là-dessus des prévisions approximatives.

Si nous n'avions pu opposer aux arguments de M. Froude la réfutation qui précède, il nous en eût lui-même fourni une autre par ses interprétations historiques, qui montrent clairement que sa négation ne doit pas être entendue dans un sens absolu. En pratique, il n'est pas fidèle à la théorie qu'il professe, car il admet implicitement, à ce qu'il nous semble, qu'on peut expliquer certains phénomènes sociaux, sinon tous, par les relations de cause à effet. Ainsi, au sujet de la loi de 1547 sur le vagabondage, aux termes de laquelle les vagabonds déclarés étaient réduits en esclavage, M. Froude s'exprime ainsi : — « Dans l'état de choses qui commençait alors... ni cette pénalité ni aucune autre ne pouvait avoir d'effet pratique contre la paresse [1]. » N'est-ce pas dire que l'action d'un agent mis en jeu était neutralisée par l'action de forces naturelles coexistantes. M. Froude écrit ailleurs, à propos des communaux qu'on clôturait, des petites fermes qu'on fondait ensemble, etc. : — « Sous le règne précédent, on avait réussi, avec bien de la peine, à ralentir ces tendances ; mais, après la mort d'Henri elles acquirent une force et une activité nouvelles [2]. » En d'autres termes, certaines forces sociales, d'abord contre-balancées par d'autres forces, ont produit leurs effets naturels quand l'antagonisme est venu à cesser. M. Froude explique aussi

1. *History of England*, vol. V, p. 70.
2. *Ibid.*, vol. V, p. 108.

que « malheureusement, deux causes (l'altération des monnaies et un changement dans le système de fermage) con-
couraient à produire la hausse des prix [1]. » Tout le long de
l'*Histoire d'Angleterre* de M. Froude, on trouve, j'ai à peine
besoin de le dire, des endroits où il attribue certains changements sociaux à des causes tirées de la nature humaine.
Bien plus, dans sa leçon sur la *Science de l'Histoire*, il établit
nettement comme « une leçon de l'histoire » que « la loi
morale est inscrite sur les tablettes de l'éternité..... Seules
la justice et la vérité résistent et vivent. L'injustice et le
mensonge pourront vivre longtemps ; mais le jour du jugement arrive à la fin pour eux, sous la forme d'une révolution française ou de quelque autre catastrophe terrible. Il
dit aussi quelque part que « les misères et les horreurs
sous lesquelles succombe en ce moment l'empire chinois
sont le résultat direct et organique du dévergondage moral
de ses habitants [2]. » Par chacune de ces assertions, il affirme implicitement que certaines relations sociales, que
certaines sortes d'actions sont nécessairement bienfaisan-
tes tandis que d'autres sont nécessairement funestes —
induction historique qui fournit une base pour des déductions positives. Nous ne devons donc pas prendre trop
à la lettre les paroles de M. Froude, quand il proclame
« l'impossibilité de calculer scientifiquement, avant l'événement, ce que feront les hommes, ou de donner, après l'événement, une explication scientifique de ce qu'ils ont fait. »

Il est un autre écrivain qui conteste aussi la possibilité
d'une science sociale ; ou du moins cette science se rapporte suivant lui à des phénomènes tellement soumis à l'influence providentielle, qu'elle ne répond pas à la véritable
définition du mot science. C'est le chanoine Kingsley. Dans
son discours sur *Les limites de la science exacte appliquée
à l'histoire,* il s'exprime ainsi :

« Puisque les lois de la matière sont nécessaires, dites-
« vous, il en est probablement de même des lois auxquelles
« est soumise la vie humaine. Soit. Mais dans quel sens les
« lois de la matière sont-elles nécessaires ? Est-ce en puis-

1. *History of England,* vol. V, p. 109.
2. *Short studies on Great subjects,* p. 59.

« sance ou en acte ? Même dans la loi qui semble la plus
« uniforme et la plus universelle, où trouvons-nous la né-
« cessité et l'irrésistibilité ? N'y a-t-il pas dans la nature une
« lutte perpétuelle, loi contre loi, force contre force, et n'en
« résulte-t-il pas une variété infinie d'effets inattendus ?
« Chaque loi ne peut-elle pas à chaque instant être con-
« trariée par une autre loi, si bien que la première, tout en
« continuant à lutter pour l'emporter, peut être annihilée
« pour un temps indéfini ? La loi de la pesanteur est im-
« muable. Mais toutes les pierres tombent-elles réellement
« à terre ? Certainement non. Je puis en prendre une et la
« garder dans la main. C'est une loi qui fait qu'elle y reste ;
« la loi de la pesanteur fait qu'elle est lourde dans ma main ;
« mais elle n'est pas tombée à terre, et elle ne tombera pas
« jusqu'à ce que je la lâche. Il en est de la loi nécessaire de
« la pesanteur comme des autres. En puissance, elle est
« immuable ; en acte elle peut être vaincue par d'autres
« lois [1]. »

Ce passage a été sévèrement critiqué, si j'ai bon souvenir,
lorsque le discours a été publié pour la première fois ; et il
n'eût pas été généreux de le citer si le chanoine Kingsley
ne l'avait reproduit plus tard dans son ouvrage intitulé *Le
Romain et le Teuton*. Il suffit de signaler le sens inaccou-
tumé que l'auteur prête aux idées scientifiques. M. Kingsley
diffère profondément d'opinion avec les philosophes et les
hommes de science, en ce qu'il considère une loi comme
étant par elle-même une puissance ou une force, ce qui le
mène à se représenter une loi « vaincue par d'autres lois. »
La définition acceptée d'une loi est, au contraire, *l'ordre
régulier* auquel se conforment les manifestations d'une puissance ou d'une force. M. Kingsley se fait aussi de la gravitation une idée tout à fait particulière. La gravitation est
conçue par les physiciens et les astronomes comme une
force universelle et toujours agissante qui s'exerce entre les
portions de matière lorsqu'elles sont à des distances sensibles, et la *loi* de cette force est qu'elle varie en raison directe de la masse, et en raison inverse du carré des distances. M. Kingsley admet que la loi de la gravitation est

1. *The limits of exact science as applied to History*, p. 20.

« vaincue » si l'on empêche une pierre de tomber à terre ;
— que la loi (non la force) « est en lutte » et que, puisqu'elle
ne produit plus de mouvement, « l'action nécessaire des lois
de la pesanteur » (non pas l'action de la pesanteur) est suspen-
due : la vérité est que ni la loi ni la force ne sont le moins du
monde modifiées. En outre la théorie des phénomènes naturels auxquels M. Kingsley est arrivé, semble être que
lorsque deux forces ou un plus grand nombre (ou bien des
lois, s'il le préfère) entrent en jeu, elles sont suspendues
l'une par l'autre partiellement ou complétement. La doctrine
admise par les hommes de science est au contraire que les
forces conservent toute leur action, et que l'effet produit est
leur *résultante*. Ainsi, par exemple, lorsqu'un coup de canon
est tiré horizontalement, la force initiale produit dans un
temps donné précisément la même quantité de mouvement
horizontal que si la pesanteur n'existait pas, et la pesanteur produit dans le même temps une chute verticale précisément égale à celle qui se serait produite si on avait
laissé tomber le boulet de la bouche du canon. Du reste,
professant ces idées particulières sur la façon dont la causalité s'exerce dans les phénomènes physiques, le chanoine
Kingsley est logique en niant la causalité en histoire et en
affirmant que « tant que l'homme aura le pouvoir mysté-
rieux de transgresser les lois de sa propre existence, non
seulement cette causalité ne peut être reconnue, mais encore elle ne peut exister [1]. » En même temps il est évident
qu'on ne peut engager avec profit une discussion sur la
question dont il s'agit, jusqu'à ce que le chanoine Kingsley
soit arrivé à une entente quelconque avec les hommes de
science sur la conception de la force et de la loi, et sur la
façon dont les phénomènes produits par un concours de
forces peuvent être formulés par une loi.

Cependant, sans attendre que cette entente se soit faite,
ce qui serait probablement un peu long, on peut répondre
aux arguments du chanoine Kingsley, en plaçant en regard
certaines conclusions qu'il a lui-même avancées ailleurs.
Une édition d'*Alton Locke* publiée postérieurement à l'é-
poque où fut prononcé le discours que nous venons de citer,

---

1. *The limits of exact science as applied to History*, p. 21.

contient une nouvelle préface où se trouvent, entre autres, les passages suivants :

« Le progrès vers des institutions de plus en plus popu-
« laires peut être lent, mais il est sûr. Toutes les fois qu'une
« classe a conçu l'espoir d'être fidèlement représentée, elle
« est certaine de réaliser ses espérances, à moins qu'elle
« n'ait recours à des violences ou qu'elle n'en provoque, ce
« qui est impossible en Angleterre. La chose sera [1]........
« Si quelques jeunes gentlemen songent..... à une réaction
« conservatrice autre que celle-là... ou même à arrêter ce
« que le monde appelle le progrès, ce que je pourrais définir
« la mise en pratique des résultats de la science inductive,
« — ils ressemblent au roi Picrochole de Rabelais; ils rê-
« vent un royaume qui leur sera rendu le jour de l'arrivée
« des Coquecigrues [2]. »

Dans une préface, adressée aux ouvriers et publiée dans une précédente édition, il disait :

« Si vous êtes dans une meilleure situation qu'en 1848,
« vous le devez principalement à ces lois de l'économie po-
« litique (c'est le nom qu'on leur donne) que j'appelle les
« accidents naturels et brutaux de l'offre et de la de-
« mande, etc. [3]. »

Ces passages expliquent les changements présentement accomplis comme des effets de forces naturelles, agissant conformément à des lois naturelles, et ils en prédisent d'autres qui seront dus aux forces naturelles agissant actuellement.

En un mot on s'appuie sur des généralisations tirées de l'expérience pour expliquer les phénomènes du passé et prévoir ceux de l'avenir. C'est là reconnaître implicitement cette Science Sociale qu'on nie explicitement.

On peut imaginer une réponse à nos critiques. En cherchant à concilier des assertions qui semblent absolument contradictoires, nous sommes réduits à supposer que l'auteur veut dire que les explications et les prévisions générales sont possibles, mais non celles qui sont particu-

1. *Alton Locke*, nouvelle édition, préface, p. XXI.
2. *Ibid.*, p. XXIII, XXIV.
3. *Ibid.*, préface, 1854, p. XXVII.

lières. En nous rappelant que M. Froude explique les phénomènes historiques comme produits par des causes naturelles, nous devons conclure qu'il considère certaines
classes de faits sociologiques (ceux qui se rattachent à l'é-
conomie politique, par exemple) comme scientifiquement
explicables, tandis que les autres classes ne le sont pas. Si
telle est son idée, il n'est pas facile de comprendre que les
résultats des volitions humaines, considérées une à une
ou dans leur ensemble, soient incalculables, et que cependant les faits de l'économie politique puissent être traités
scientifiquement; car ces faits, aussi bien que les autres
faits sociaux, sont déterminés par des volontés agrégées.
De même le chanoine Kingsley reconnaît tout aussi clairement les lois économiques, et aussi certaines lois sur le
progrès — il va jusqu'à mettre ses auditeurs en garde contre
l'idée qu'il puisse nier l'application de la méthode inductive
aux phénomènes sociaux — il faut donc supposer qu'il considère cette méthode inductive comme n'étant que partiellement applicable. Il est en droit de s'appuyer sur le titre et sur
quelques passages de son discours, pour soutenir qu'il a
simplement voulu dire qu'il y avait des limites à l'explication
précise des faits sociaux. Cette attitude ne semble pas con-
ciliable avec la doctrine qu'il peut y avoir des dérogations
aux lois sociales, providentiellement ou autrement; mais
nous ne faisons qu'indiquer ces critiques secondaires, et
nous répliquons qu'en ce cas, sa réponse est en dehors
de la question. S'il veut dire simplement que les prévisions
sociologiques ne peuvent être qu'approximatives, — s'il
dénie seulement la possibilité de faire de la science sociale
une science exacte : nous disons que c'est là nier une chose
que personne n'a soutenue. La science exacte n'est qu'une
moitié de la science. Les phénomènes de certains ordres
ont seuls des relations quantitatives aussi bien que qualitatives. Dans les autres ordres, les facteurs qui produisent les
phénomènes sont si nombreux et si difficiles à mesurer,
qu'il devient très-difficile, sinon impossible, de développer
sous la forme quantitative la connaissance que nous en
avons. Ces ordres de phénomènes ne sont pas pour cela
exclus du domaine de la science. En géologie, en biologie,
en psychologie, la plupart des prévisions ne sont que qua-

litatives; lorsqu'elles sont quantitatives elles ne le sont
jamais avec une grande précision, et presque toujours
d'une manière très-vague. Néanmoins nous n'hésitons pas
à les considérer comme scientifiques. Il en est de même
dans la science sociale. Les phénomènes qu'elle présente,
plus complexes que tous les autres, sont moins que tous
les autres susceptibles d'être traités avec précision; ceux
d'entre eux susceptibles d'être généralisés ne peuvent
l'être que dans des limites assez vagues de temps et d'importance, et il en reste beaucoup qui ne peuvent pas l'être
du tout. Mais dès qu'il peut y avoir généralisation, et que
sur cette généralisation on peut baser une interprétation, il
y a une science. Quiconque exprime des opinions politiques
— quiconque affirme que telle ou telle direction donnée aux
affaires publiques sera avantageuse ou funeste, admet implicitement une science sociale, car il affirme implicitement
qu'il y a pour les actions sociales un ordre de succession
naturel, et que, puisque cet ordre est naturel, on peut en
prévoir les résultats.

Ramenée à une forme plus concrète, la question se po-
sera ainsi : — M. Froude et le chanoine Kingsley croient
tous deux à une grande efficacité de la législation; — et
même ils lui attribuent probablement plus d'efficacité que
ne le font plusieurs de ceux qui affirment l'existence
d'une science sociale. Croire à l'efficacité de la législation,
c'est croire que la perspective de certaines peines ou de
certaines récompenses agira pour détourner ou pour déterminer — qu'elle modifiera la conduite des individus et par
là l'action sociale. Il est impossible d'affirmer qu'une loi
donnée produira un effet prévu sur un certain individu;
mais on ne doute pas qu'elle ne doive produire un effet
prévu sur la masse des individus. Bien que M. Froude prétende, en argumentant contre M. Buckle, « qu'il se débar-
rasserait bien des particularités de tel ou tel individu par la
doctrine des moyennes » mais que « malheureusement la
moyenne d'une génération n'est pas nécessairement celle
de l'autre; » cela n'empêche que M. Froude croit tellement lui-même à la doctrine des moyennes, qu'il admet que
des défenses législatives, appuyées par des menaces de
mort et d'emprisonnement, retiendront la grande majorité

des hommes dans une mesure qui peut être déterminée à l'avance. Tout en soutenant que les résultats de la volonté individuelle sont incalculables, il affirme implicitement, lorsqu'il approuve certaines lois et qu'il en blâme d'autres, que les résultats de l'agrégat de volontés sont calculables. Et si l'on peut dire cela de la réunion des volontés en tant qu'elles sont influencées par la législation, on peut le dire de la réunion des volontés en tant qu'elles sont soumises aux influences sociales en général. Si l'on accorde que le désir d'éviter le châtiment agira sur la moyenne des hommes de façon à produire un résultat moyen prévu, il faut aussi accorder que, chez la moyenne des hommes, le désir d'obtenir la meilleure rémunération possible de leur travail, le désir de parvenir à un rang plus élevé, celui d'obtenir des louanges, et ainsi de suite, produiront chacun un certain résultat moyen. Et accorder cela c'est accorder qu'on peut dans une certaine mesure prévoir les phénomènes sociaux, et par conséquent qu'il existe une science sociale.

En résumé, les positions respectives sont celles-ci. D'un côté, s'il n'y a pas de causalité naturelle dans les actions des hommes réunis en société, un gouvernement et une législation sont choses absurdes. On peut, si l'on veut, faire dépendre les Actes du parlement d'un tirage au sort, ou les jouer à pile ou face ; ou mieux encore, on peut s'en passer : les conséquences sociales ne se déroulant pas dans un ordre assignable, on ne saurait compter sur aucun effet; — tout est dans le chaos. D'un autre côté, s'il y a une causalité naturelle, la combinaison des forces qui produit la combinaison des effets la produit conformément aux lois de ces forces. Et s'il en est ainsi, il est de notre devoir de faire tous nos efforts pour reconnaître la nature des forces, leurs lois, et leur action mutuelle et réciproque.

Tout cela s'éclaircira autant que possible quand nous discuterons la question à laquelle nous allons passer : — quelle est la nature de la science sociale? Lorsqu'on s'en sera fait une idée précise, on comprendra que la négation d'une science sociale est venue de la confusion qui s'est établie entre les deux classes de phénomènes que présentent les sociétés, classes qui sont essentiellement différentes. La première, presque ignorée par les historiens, constitue le sujet et la matière de la science sociale; l'autre, qui les occupe presque exclusivement, n'admet la coordination scientifique qu'à un très-faible degré, en supposant même qu'elle l'admette.

CHAPITRE III

NATURE DE LA SCIENCE SOCIALE

Donnez à un maçon des briques bien cuites, dures, aux arêtes vives, il pourra construire sans mortier un mur très-solide d'une assez grande hauteur. Au contraire, si les briques sont faites d'une mauvaise argile, si leur cuisson a été irrégulière, si elles sont gauchies, fendues, cassées, il sera impossible de construire sans mortier un mur égal au premier en élévation et en stabilité. Lorsqu'un ouvrier travaille dans un arsenal à empiler des boulets de canon, ces masses sphériques ne se comportent pas comme se comporteraient des briques. Il y a pour les piles de boulets des formes définies : le tétraèdre, la pyramide à base carrée et le solide à base rectangulaire terminé par une arête. Chacune de ces formes permet d'obtenir la symétrie et la stabilité qui sont incompatibles avec toutes les formes à faces verticales ou très-inclinées. Si encore, au lieu de boulets sphériques et de même volume, il s'agit d'empiler des galets irréguliers, à demi arrondis et de grosseur différente, force sera de renoncer aux formes géométriques définies. L'ouvrier ne pourra obtenir qu'un tas instable, dépourvu d'angles et de surfaces régulières. En rapprochant ces faits et en cherchant à en déduire une vérité générale, nous voyons que le caractère de l'agrégat est déterminé par les caractères des unités qui le composent.

Si nous passons de ces unités visibles et tangibles à celles que considèrent les physiciens et les chimistes et qui constituent les masses matérielles, nous constatons le même principe. Pour chacun de ces soi-disant éléments, pour chacun de leurs composés, pour chaque combinaison nouvelle de ces composés, il existe une forme particulière de cristallisation. Bien que ces cristaux diffèrent de grandeur, bien qu'on puisse les modifier en tronquant leurs angles et leurs arêtes, leur type de structure reste constant, comme le clivage en est la preuve. Toutes les espèces de molécules ont des formes cristallines particulières suivant lesquelles elles s'agrégent. Dans bien des cas, il est vrai, une substance, simple ou composée, a deux formes d'agrégation ou même davantage, mais on explique ce fait en admettant que cette diversité de formes provient d'une diversité qui s'est produite dans la structure même des molécules, par suite de changements allotropiques ou isomériques. La relation entre la nature des molécules et leur mode de cristallisation est tellement constante, qu'étant données deux sortes de molécules voisines l'une de l'autre par leurs réactions chimiques, on peut prévoir avec certitude que leurs systèmes de cristallisation seront très-rapprochés. En somme, on sera en droit d'affirmer sans hésitation, comme un résultat démontré par la physique et la chimie, que dans tous les phénomènes que présente la matière inorganique, la nature des éléments détermine certains caractères dans les agrégats.

Ce principe se vérifie également sur les agrégats qu'on rencontre dans la matière vivante. Dans la substance de chaque espèce de plante ou d'animal, il y a une tendance vers la structure de cette plante ou de cet animal, tendance constatée jusqu'à l'évidence dans tous les cas où les conditions de la persistance de la vie sont suffisamment simples, et où les tissus n'ont pas acquis une structure trop délicate pour se prêter à un arrangement nouveau. Parmi les animaux, l'exemple si souvent cité du polype fait ressortir cette vérité. Quand on le coupe en morceaux, chaque fragment se trouve être un polype doué de la même organisation et des mêmes facultés que l'animal entier. Parmi les plantes, l'exemple du *Begonia* est aussi frappant. Mettez en terre un morceau de feuille, vous verrez se développer une plante complète. Dans les *Begonia phyllomaniaca*, la nouvelle plante pourra provenir des écailles qui se détachent spontanément des feuilles et de la tige. Le cas du *Begonia*, comme celui du polype, en montrant que l'élément a toujours pour type d'agrégation le type de l'organisme auquel il appartient, nous rappelle cette vérité universelle, que les unités qui composent tous les germes des plantes ou des animaux ont une tendance à reproduire le type d'agrégat primordial.

Ainsi, étant donnée la nature des unités, celle des composés qu'ils forment est déterminée. Quand je dis la *nature*, j'entends les traits essentiels et non les traits accidentels. Les caractères des unités déterminent certaines limites que ne peuvent dépasser dans leurs variations les caractères du composé. Les circonstances dans lesquelles se produit l'agrégation peuvent considérablement modifier les résultats ; elles peuvent, dans certains cas, empêcher complètement l'agrégation, dans d'autres la contrarier, quelquefois la faciliter plus ou moins : elles ne peuvent jamais donner au composé des caractères incompatibles avec les caractères des unités. Il n'y a pas de conditions favorables qui puissent permettre à un ouvrier d'empiler les boulets de canon de façon à en former un mur vertical, — qui puissent faire cristalliser le sel de cuisine dans le système prismatique oblique, comme le sulfate de soude, au lieu du système cubique, — qui puissent faire prendre à un fragment de polype la structure d'un mollusque:

La même vérité se manifeste dans les sociétés plus ou moins définies que forment entre eux les êtres inférieurs. Soit que ces sociétés ne se composent que d'un assemblage confus, soit qu'elles constituent une sorte d'organisation avec division du travail entre leurs membres, — cas qui se présente fréquemment, — les propriétés des éléments sont encore déterminantes. Étant donnée la structure des individus avec les instincts qui en résultent, la communauté formée par ces individus présentera forcément certains traits, et aucune communauté présentant les mêmes traits ne pourra être formée par des individus doués d'une autre structure et d'instincts différents.

Ceux qui ont été élevés dans la croyance qu'il existe une

loi pour l'univers et une autre pour l'humanité éprouveront sans doute quelque surprise à la pensée de faire rentrer les agrégats d'hommes dans notre formule. Et cependant, dire que les propriétés des parties déterminent les propriétés du tout, c'est énoncer une vérité générale qui s'applique aussi bien aux sociétés qu'à tout le reste. Un coup d'œil général sur les tribus et les nations passées et présentes suffit pour en donner la preuve, et un rapide examen des conditions du problème montre non moins clairement qu'il ne saurait en être autrement.

Négligeons pour un instant les caractères qui sont particuliers aux races et aux individus; ne considérons que ceux qui sont communs à toute l'espèce et étudions l'influence qu'exerceront ces caractères sur les relations mutuelles des hommes réunis en société.

Tous les hommes ont des besoins de nourriture auxquels correspondent des désirs. Chez tous, l'activité est une dépense physiologique exigeant une compensation sous forme d'aliments, faute de quoi il y a détérioration; tous répugnent à cette activité quand elle est poussée à l'excès ou même auparavant. Tous sont sujets à des maux corporels, accompagnés de souffrances et provenant de diverses causes physiques; tous aussi sont sujets à des souffrances émotionnelles, positives ou négatives, causées par les actions des autres. Ainsi que le disait Shylock, insistant sur cette nature humaine que les juifs possèdent en commun avec les chrétiens :

« Est-ce qu'un juif n'a pas des yeux? Est-ce qu'un juif n'a pas, comme un chrétien, des mains, des organes, des dimensions, des sens, des affections, des passions? N'est-il pas nourri de la même nourriture, blessé par les mêmes armes, sujet aux mêmes maladies, guéri par les mêmes remèdes, réchauffé et glacé par le même été et le même hiver? Si vous nous piquez, ne saignons-nous pas? Si vous nous chatouillez, ne rions-nous pas? Si vous nous empoisonnez, ne mourons-nous pas? Et si vous nous faites du mal, ne nous vengerons-nous pas? Si nous sommes semblables à vous en tout le reste, nous vous ressemblerons aussi en cela. »

Bien qu'il soit évident qu'on retrouve chez tous les individus certaines qualités essentielles, on ne sait pas toujours en conclure qu'une réunion d'hommes possède des qualités propres qui résultent des qualités des individus; et que, suivant que les individus concourant à former une agglomération se rapprochent plus ou moins, par leurs qualités propres, des individus faisant partie d'une autre agglomération, les deux agglomérations seront plus ou moins semblables entre elles, de même que deux agglomérations différeront d'autant plus que les individus qui les composent seront plus dissemblables. Si l'on admet cette vérité qui est presque évidente, il est impossible de contester que, dans toute communauté, il existe un groupe de phénomènes qui est le résultat naturel des phénomènes présentés par les membres de la communauté, qu'en d'autres termes l'agrégat présente une série de propriétés déterminées par la série des propriétés de ses parties, et que les relations entre ces deux séries constituent la matière d'une science. Il suffit de se demander ce qui arriverait si les hommes avaient comme certaines créatures inférieures l'instinct de se fuir, pour comprendre que la possibilité même de la société dépend de l'existence chez l'individu d'une propriété émotionnelle. Il suffit de se demander ce qui arriverait si l'homme avait une préférence pour celui qui lui fait le plus de mal, pour voir que les relations sociales seraient entièrement différentes (en supposant même qu'il y en eût de possibles) des relations sociales établies par la tendance inhérente à tout homme de préférer celui qui lui procure le plus de plaisir. Il suffit de se demander ce qui arriverait, si, au lieu de rechercher les moyens les plus faciles d'atteindre un but donné, les hommes recherchaient les moyens les plus difficiles, pour deviner que la société (s'il pouvait en exister une dans ces conditions) ne ressemblerait en rien à aucune de celles que nous connaissons. Si, comme on le voit par ces cas extrêmes, les caractères principaux d'une société correspondent aux caractères principaux de l'homme, il est hors de question qu'il en sera de même pour les caractères secondaires, et qu'il existera toujours un *consensus* entre la structure et les actions de l'une et de l'autre.

Partant de ce principe, que les propriétés des unités déterminent les propriétés de l'agrégat, nous en concluons qu'il doit y avoir une science sociale exprimant les relations

réciproques de l'unité humaine et de l'agrégat humain,
avec toute la précision que comporte la nature des phénomènes à étudier. Cette science devra considérer d'abord les
types d'hommes qui forment des agrégats peu considérables
et sans cohésion, et démontrer de quelle façon les qualités
individuelles, intellectuelles et émotionnelles mettent obstacle aux progrès de l'agrégation. Elle expliquera comment
de légères modifications de la nature individuelle, produites
par un changement dans les conditions de la vie, rendent
possibles des agrégats plus étendus. Elle étudiera dans les
agrégats d'une certaine importance la genèse des relations
sociales, régulatrices aussi bien qu'opératives, qui s'établissent entre leurs membres. Elle montrera ensuite comment,
les parties continuant à se modifier sous l'action grandis-
sante et prolongée des influences sociales, il en résultera
une plus grande facilité d'agrégation, jointe à une plus grande
complication de la structure du corps social. Enfin, dans les
sociétés de tout ordre, depuis la plus rudimentaire et la plus
barbare jusqu'à la plus grande et la plus civilisée, elle aura
à établir quels sont les caractères communs à toutes et déterminés par les caractères communs à tous les hommes; quels
caractères moins généraux, propres à certains groupes de
sociétés, résultent de caractères propres à certaines races
d'hommes; enfin quelles sont, dans chaque société, les particularités qu'il convient d'attribuer aux particularités de ses
membres. Dans chacun de ces cas, elle aura pour matière
la croissance, le développement, la structure et les fonctions de l'agrégat social, en tant que produits par l'action
réciproque d'hommes dont la nature contient des traits
communs à toute l'humanité, des traits particuliers à une
race spéciale et des traits individuels.

En cherchant à expliquer le phénomène du développement social, il faudra naturellement tenir compte des conditions dans lesquelles est placée chaque société, c'est-à-
dire de son milieu et de ses relations avec les sociétés
voisines. C'est uniquement afin de prévenir les malentendus
que nous faisons ces observations, car pour nous la question n'est pas de démontrer que telle ou telle vérité résulte
de la science sociale, mais uniquement d'établir qu'étant
donnés des hommes possédant certaines propriétés, un

agrégat de ces hommes possédera des propriétés dérivées de celles des individus, et qui peuvent faire l'objet d'une science.

« Mais, objectera le lecteur, ne nous avez-vous pas dit plus haut que dans les sociétés les relations de cause à effet étaient d'une complication qui rendait souvent toute prévision impossible? Ne nous avez-vous pas mis en garde contre la tendance qui nous porte à prendre étourdiment des mesures en vue de tel ou tel but, lorsque l'histoire nous prouve que les moyens mis en œuvre produisent presque toujours des résultats absolument imprévus? Ne nous avez-nous pas cité des exemples d'événements majeurs amenés par des causes dont on aurait justement attendu l'effet contraire? Comment peut-il donc y avoir une science sociale? Louis-Napoléon n'a pas pu prévoir qu'en attaquant l'Allemagne pour l'empêcher de prendre de la cohésion, il faisait la chose du monde la plus propre à la consolider; M. Thiers, il y a vingt-cinq ans, aurait traité de lunatique celui qui lui eût annoncé qu'un jour on ferait feu sur lui du haut de ses propres fortifications; comment serait-il donc possible d'établir pour les phénomènes sociaux une classification scientifique ou quelque chose d'approchant? »

L'objection que nous venons de formuler aussi fortement que nous l'avons pu se présente plus ou moins clairement à l'esprit de presque toutes les personnes auxquelles on propose d'étudier la sociologie d'après des méthodes scientifiques, avec l'espoir d'arriver à des résultats ayant une certitude scientifique. Avant d'y faire une réponse précise, je demande la permission de présenter une considération d'ordre général qui sera déjà une réponse.

La science de la mécanique est arrivée à un développement qui ne le cède qu'à celui des sciences purement abstraites. Nous ne prétendons pas qu'elle ait atteint la perfection, mais elle s'en rapproche. On le voit à l'exactitude des prédictions que la rigueur de ses principes autorise de la part des astronomes, et les résultats qu'obtient un bon officier d'artillerie montrent que, dans son application aux mouvements qui ont lieu sur la terre, la mécanique comporte des prévisions très-précises. Prenons donc la mécanique pour type d'une science très-avancée, et cherchons ce qu'elle nous permettra de prévoir à l'égard d'un phénomène concret et qui devra rester en dehors de nos prévisions. Supposons qu'il s'agisse de faire sauter une mine et qu'on demande ce que deviendront les fragments de matière projetés dans les airs. Voyons jusqu'à quel point les lois connues de la dynamique nous autoriseront à répondre. Avant les observations de la science, nous savions par expérience qu'après avoir été projetés plus ou moins haut les fragments retomberaient ; qu'ils tomberaient sur le sol après des intervalles de temps inégaux et à des places différentes, mais situées dans un rayon circonscrit. La science nous a mis en état d'aller plus loin. Les mêmes principes qui nous permettent de prévoir la trajectoire d'une planète ou d'un boulet nous enseignent que chacun des fragments décrira une courbe ; que toutes ces courbes, bien que différentes entre elles, seront de la même espèce ; que (en supposant que l'on néglige les déviations dues à la résistance de l'air) ce seront des portions d'ellipses assez excentriques pour se confondre avec des paraboles, du moins lorsque la pression des gaz cessera d'accélérer le mouvement. Les principes de la mécanique nous permettent de prévoir tout cela avec certitude, mais nous interrogerions vainement la science sur le sort particulier de chacun des fragments. La partie gauche de la masse sous laquelle est placée la poudre sautera-t-elle en un seul morceau ou en plusieurs ? Ce morceau-ci sera-t-il lancé plus haut que celui-là ? Un des débris sera-t-il arrêté dans sa course par un obstacle contre lequel il viendra se heurter ? Quel sera le fragment arrêté ? Autant de questions que la mécanique laisse sans réponses. *Non qu'il puisse rien se passer qui ne soit conforme à des lois*, mais les données nous manquent pour établir nos prévisions.

On voit qu'au sujet d'un phénomène concret tant soit peu complexe la plus exacte des sciences ne nous permettra que des prévisions, ou *générales*, ou en partie *spéciales*. S'il en est ainsi, lorsque les rapports de cause à effet sont simples et parfaitement connus, à plus forte raison devons-nous nous attendre à ce qu'il en soit de même lorsqu'il s'agira de rapports de cause à effet compliqués, et sur lesquels nous ne possédons encore que les notions les plus élémentaires.

La marche générale d'un phénomène peut être prévue ; les détails ne peuvent l'être. Pour mieux faire saisir ce contraste, nous aurons recours à un autre exemple moins éloigné de la science qui nous occupe.

Un enfant vient de naître : pouvons-nous prévoir ce que l'avenir lui réserve? Mourra-t-il en bas âge ? vivra-t-il quelque temps pour être enlevé plus tard par la scarlatine ou la coqueluche? aura-t-il la rougeole ou la petite vérole et s'en remettra-t-il ? Personne ne le sait. Tombera-t-il un jour du haut d'un escalier? sera-t-il écrasé ? mettra-t-il le feu à ses vêtements ? sera-t-il tué ou estropié par l'un de ces accidents? On ne le sait pas davantage. Personne ne peut dire qu'en grandissant il ne deviendra pas épileptique, qu'il ne sera pas attaqué de la danse de Saint-Guy ou de quelque autre mal redoutable. Regardez-le dans les bras de sa nourrice et dites-nous avec certitude s'il sera intelligent ou borné, doux ou méchant. Vous ne le pouvez pas, pas plus que vous ne pouvez prévoir ce qui lui arrivera s'il parvient à l'âge d'homme. Les événements de sa vie seront déterminés en partie par sa nature propre, en partie par le milieu où il se trouvera. Demander s'il obtiendra le succès dû à la persévérance, si les circonstances permettront à ses facultés de prendre un libre essor, s'il sera favorisé par les circonstances, c'est poser des questions auxquelles il est absolument impossible de répondre. En un mot, les faits dits biographiques échappent à nos prévisions.

Si des faits absolument personnels à ce nouveau-né nous passons à d'autres que nous appellerons *quasi biographiques*, les conjectures deviendront permises. Bien que les enfants mettent un temps extrêmement variable à se développer, que les uns soient précoces et les autres retardés, leur développement obéit à des lois assez constantes pour que nous puissions prédire à coup sûr qu'à trois ans le baby ne sera ni un mathématicien ni un dramaturge ; qu'à dix ans il ne sera pas un psychologue et qu'il ne s'élèvera pas à de hautes conceptions politiques avant que sa voix ait mué. Dans un autre ordre d'idées, nous pourrons hasarder des prédictions du même genre. Personne ne peut dire qu'il se mariera, mais on peut avancer que, selon toute probabilité, il aura, à un certain âge, quelque envie de se marier. Aura-t-il des enfants? Personne n'en sait rien; mais, s'il en a, il est permis de prévoir que le sentiment de la paternité se développera chez lui à un degré quelconque.

Que si maintenant, prenant l'ensemble des faits qui peuvent se produire durant toute la vie de cet enfant, nous écartons les faits biographiques et quasi biographiques comme interdisant ou limitant les prévisions, il nous restera plusieurs classes de faits qu'on peut prévoir, les uns avec certitude, les autres avec une grande probabilité; tantôt avec précision, tantôt d'une façon plus ou moins vague. Nous voulons parler de ceux qui sont relatifs à la croissance, au développement, à la structure et aux différentes fonctions du corps humain.

Par une conséquence naturelle de cet amour de la personnalité humaine qui nous inspire un si vif intérêt pour les incidents de la vie, nous prenons l'habitude de négliger, comme indigne de notre attention, ce qu'il y a de constant dans l'existence de l'homme. De là vient qu'en examinant l'avenir d'un nouveau-né on laisse de côté tous les phénomènes vitaux dont son corps sera le siége, phénomènes qu'il est possible et qu'il importe de connaître. Tout le monde admet que l'anatomie et la physiologie, — nous entendons par là, non-seulement la structure et les fonctions de l'adulte, mais encore l'histoire de cette structure et de ces fonctions pendant l'évolution individuelle, — font l'objet d'une science. Bien que les principes généraux de coexistence et de succession sur lesquels s'appuie cette science ne soient pas d'une exactitude rigoureuse; bien que les individus mal conformés constituent des exceptions aux lois de la structure, et que le jeu des organes présente aussi parfois des anomalies impossibles à prévoir; bien que les phénomènes de croissance et de formation varient d'individu à ndividu dans une mesure assez considérable, et que nous constations les mêmes irrégularités dans l'époque à laquelle certains organes commencent à fonctionner et dans la manière dont ils fonctionnent; en dépit de tout cela, personne ne met en doute que l'étude des phénomènes biologiques présentés par le corps humain ne nous fournisse une série de notions ayant la précision nécessaire pour constituer ce qu'on entend par « une science ».

Par conséquent, si une personne absolument ignorante de ce que nous appellerons, pour le moment, anthropologie (bien que le sens où l'on prend maintenant ce mot ne nous permette guère de l'employer ici), se fondant sur l'impossibilité de prévoir l'avenir d'un nouveau-né, vient nous déclarer qu'un enfant ne peut pas fournir la matière d'une science, cette personne tombera dans une erreur manifeste — et ce qui rendra son erreur frappante, c'est que nous n'avons qu'à jeter les yeux autour de nous pour observer combien il est différent d'expliquer un corps vivant, ou d'expliquer sa conduite et les événements qui se rapportent à lui.

Sans aucun doute, le lecteur aperçoit l'analogie. Ce que la biographie est à l'anthropologie, l'histoire, telle qu'on la comprend généralement, l'est à la science sociale. Il y a le même rapport entre la biographie vulgaire, se bornant à raconter les faits et gestes d'un homme, et l'exposé raisonné de l'évolution physique, intellectuelle, organique et fonctionnelle de ce même individu, qu'entre l'histoire qui enregistre les faits et gestes d'une nation et la science qui nous fait connaître les institutions régulatrices et opératives d'un peuple, et la manière dont il a acquis graduellement sa structure et ses fonctions. Si l'on se trompe en disant que la science de l'homme n'existe pas puisqu'on ne peut prévoir les événements de la vie, on ne se trompe pas moins en disant que la science sociale n'existe pas puisqu'il est impossible de prévoir les faits qui font la matière de l'histoire ordinaire.

Nous ne prétendons naturellement pas que l'analogie soit absolue entre un organisme individuel et un organisme social, et que la distinction que nous venons d'établir soit aussi nette dans un cas que dans l'autre. La structure et les fonctions de l'organisme social sont évidemment moins spécifiques, plus modifiables, plus dépendantes de conditions perpétuellement variables. Nous voulons dire seulement que dans les deux cas, derrière les phénomènes dont l'ensemble constitue la conduite, et qui ne fournissent pas la matière d'une science, se trouvent certains phénomènes vitaux susceptibles d'une coordination scientifique. De même que l'homme possède une structure et des fonctions qui lui permettent d'accomplir les actes enregistrés par son biographe, de même la nation possède à son tour une structure et des fonctions qui lui permettent d'accomplir les actes enregistrés par son historien : dans les deux cas, c'est de la structure et des fonctions, considérées dans leur origine, leur développement et leur déclin, que la science devra s'occuper.

Nous devons ajouter, pour donner plus de justesse à notre comparaison, et mieux faire comprendre la nature de la science sociale, que la morphologie et la physiologie de la société correspondent à la morphologie et à la physiologie générales, plutôt qu'à la morphologie et à la physiologie purement humaines. Les organismes sociaux doivent être, exactement comme les organismes individuels, divisés en classes, subdivisées elles-mêmes en ordres. Il est certain qu'ils n'admettent pas une classification aussi précise et aussi régulière ; mais néanmoins ils présentent des ressemblances et des dissemblances assez marquées pour qu'on ait le droit de les grouper d'après leurs différences principales, et de subdiviser ces groupes d'après les différences moins tranchées. De même que la biologie découvre des lois de développement, de structure et de fonction qui s'appliquent à tous les organismes en général, et d'autres qui ne sont applicables qu'à certaines classes ou à certains ordres ; de même, en ce qui concerne le développement, la structure et les fonctions du corps social, la science sociale devra établir des principes qui tantôt seront universels, tantôt seulement généraux, tantôt même spéciaux.

Nous rappellerons ici notre conclusion précédente : les agrégats sociaux présenteront évidemment d'autant plus de propriétés communes qu'il y a plus de propriétés communes à tous les êtres humains considérés comme unités sociales ; les caractères communs à une race se retrouveront chez toutes les nations appartenant à cette race ; enfin les caractères particuliers à une variété supérieure de l'espèce humaine se retrouveront chez toutes les communautés formées par cette variété.

Que nous prenions le sujet au point de vue abstrait ou au point de vue concret, nous arrivons à la même conclusion. Il suffit de jeter un regard, d'une part, sur les variétés d'hommes non civilisés et sur l'organisation de leurs tribus, d'autre part sur les variétés d'hommes civilisés et sur l'organisation de leurs nations, pour voir que nos conclusions se trouvent vérifiées par les faits. Les relations qui existent èntre les phénomènes de la nature humaine individuelle et les phénomènes de la nature humaine agrégée en société étant ainsi établis à *priori* et à *posteriori*, force nous est bien de reconnaître que la nature humaine, étudiée dans les agrégations qu'elle produit, fournit la matière d'une science.

Nous nous sommes bornés à esquisser à grands traits la science sociale; qu'il nous soit permis de compléter notre ébauche et d'en arrêter les contours. Nous allons rassembler ici un petit nombre de vérités : les unes seront familières à tous les esprits; nous avons choisi les autres, non en raison de leur intérêt ou de leur importance, mais parce qu'elles sont faciles à exposer. Notre seul but est de faire comprendre clairement au lecteur la nature des vérités sociologiques.

Il est un fait constant, c'est qu'en matière de société, agrégation est inséparable d'organisation. Prenez une société à l'état rudimentaire, formée de quelques éléments incohérents, vous n'y trouverez ni subordination, ni centre d'autorité. C'est seulement lorsque l'agrégat a pris un peu d'importance et de cohésion que s'établissent des chefs pourvus d'attributions déterminées. Sans une structure gouvernementale forte et durable, dont elle suivra l'évolution, jamais une société n'atteindra un grand développement. Il est indispensable qu'il se fasse une sorte de travail préparatoire destiné à diviser les éléments primitivement homogènes en deux parties distinctes : ceux qui coordonneront et ceux qui seront coordonnés.

A mesure que la société grandit, le centre régulateur imite son évolution ; il est devenu permanent, il va infailliblement devenir plus ou moins complexe. Les attributions du chef ne sont pas compliquées dans une petite tribu où le commandement passe de mains en mains, mais à mesure que la tribu grandit, soit parce qu'elle se multiplie, soit parce qu'elle s'assujettit d'autres tribus, l'agent gouvernant se développe graduellement par l'adjonction d'agents régulateurs subordonnés.

Parce que ces faits sont simples et connus de tout le monde, ce n'est pas une raison pour en méconnaître l'importance. Ils se résumeront en une proposition qui, pour être banale, n'en sera pas moins scientifique; les hommes ne s'élèvent à l'état d'agrégat social qu'à la condition de créer entre eux des inégalités quant à l'autorité, et l'action d'une organisation qui rend l'obéissance obligatoire peut seule les faire concourir en qualité de tout à une action commune. Voilà un caractère fondamental commun à tous les agrégats sociaux, et qui procède d'un caractère commun à leurs unités. C'est donc une vérité en sociologie, de même que c'est une vérité en biologie, que la formation d'un organisme vivant, quel qu'il soit, commence par une certaine différenciation dont le résultat est de rendre la portion périphérique distincte de la portion centrale. Les exceptions à ce principe que nous rencontrons en biologie dans ces petites fractions de protoplasma qui sont placées au dernier degré de l'échelle de la vie, correspondent aux exceptions que présentent dans la science sociale ces petits assemblages incohérents formés par les types tout à fait inférieurs de l'humanité.

Dans ces petites sociétés primitives, la différence entre l'élément dirigeant et l'élément dirigé est non-seulement imparfaite, mais encore confuse. Au début, le chef ne se distingue de ses compagnons que par une plus grande autorité; du reste, il chasse, fabrique ses armes, vit et travaille exactement comme les autres ; à la guerre même, tout en commandant, il remplit les fonctions de simple soldat. La démarcation politique n'est pas mieux tracée ; l'action judiciaire du chef se borne à user de son ascendant personnel pour maintenir l'ordre.

Quand on s'élève d'un degré, l'autorité du chef étant bien établie, celui-ci ne travaille plus de ses mains, mais rien ne le distingue encore, au point de vue industriel, du reste de la classe dirigeante, qui s'est formée pendant qu'il affermissait sa domination; comme les autres membres de cette classe, il emploie simplement des délégués à exécuter des travaux productifs. Une nouvelle extension de pouvoir n'amènera pas la séparation complète des fonctions politiques et industrielles ; le chef reste généralement le régulateur de la production; souvent même il est le régulateur du commerce et préside aux échanges. Il est juste d'ajouter que cette dernière fonction est la première qu'il cesse d'exercer personnellement. L'industrie aime l'indépendance et cherche de bonne heure à se soustraire au contrôle du chef, contrôle de plus en plus rigoureux sur tout ce qui touche à la politique et à l'armée. A la suite de la différenciation que nous avons notée entre l'élément régulateur et l'élément opératif, on verra la diversité de ces deux éléments s'accuser de plus en plus par la manière dont ils se comporteront : au sein de l'élément opératif se développeront peu à peu des agents grâce auxquels se coordonneront les opérations relatives à la production, à la distribution et aux échanges, tandis que la coordination de l'autre élément restera dans les conditions primitives.

Le développement général qui met en évidence la séparation accomplie entre l'organisation opérative et l'organisation régulatrice, se continue au sein même de l'organisation régulatrice. Le chef a commencé par être à la fois roi, juge, général et même prêtre; à mesure que la société grandit et se complique, les fonctions du chef suprême tendent de plus en plus à se spécialiser. Magistrat suprême, il fait rendre la justice par ses mandataires; chef nominal de l'armée, il délègue le commandement à des subordonnés; chef du clergé, il se dispense presque entièrement de ses devoirs sacerdotaux; en théorie, il fait les lois et les applique; en pratique, il laisse ces soins à d'autres. On peut donc dire que de l'agent coordonnateur chargé primitivement de fonctions indivises, peuvent sortir plusieurs agents coordonnateurs qui se partagent les fonctions du premier.

Ces nouveaux agents obéiront à la même loi que celui dont ils sont issus. Simples à l'origine, ils iront toujours en se ramifiant et deviendront une organisation complète, administrative, judiciaire, ecclésiastique ou militaire, qui possédera sa hiérarchie et sa vie propre.

Pour ne pas compliquer la question, nous ne ferons que mentionner les modifications qu'il faut apporter à notre principe dans les cas où le pouvoir suprême ne s'est pas concentré entre les mains d'un seul homme. Ce n'est là d'ailleurs qu'un état très-passager dans les premiers âges de l'évolution sociale, et nous sommes résolu à sacrifier les détails et les nuances à la clarté et à la concision. Nous ne saurions poursuivre notre description sans dépasser les limites que nous nous sommes posées. On comprend qu'à moins d'élaborer séance tenante tout un plan de science sociale, nous sommes obligé de nous borner à un exposé sommaire des faits principaux ; nous croyons avoir suffisamment démontré que le développement de l'organisation sociale présente une série de phénomènes parmi lesquels il y en a d'universels, de généraux et de particuliers, exactement comme dans les phénomènes de l'évolution individuelle.

Afin de donner au lecteur une idée à la fois plus large et plus nette de la science sociale, nous allons poser quelques questions qui trouvent ici leur place. Etant donnée une société, quelle sera la relation entre son organisation et son développement? Jusqu'à quel point l'organisation est-elle nécessaire au développement? Au delà de quelle limite le retarde-t-elle et à quelle limite l'arrête-t-elle?

Dans tout organisme individuel, il existe entre le développement et la structure une double relation, dont il serait difficile de donner une définition exacte. Si nous laissons de côté quelques organismes inférieurs placés dans des conditions spéciales, nous pouvons dire qu'un grand développement n'est possible qu'avec une structure perfectionnée. Le règne animal tout entier en est la preuve, depuis le premier jusqu'au dernier de ses types, tant invertébrés que vertébrés. D'un autre côté, chez tous les animaux supérieurs et particulièrement chez ceux qui mènent une vie active, l'achèvement de l'organisation tend fortement à coïncider avec l'arrêt de la croissance. Chez ces animaux, pendant la période de croissance rapide, les organes demeurent imparfaits ; les os restent en partie cartilagineux, les muscles sont mous et la constitution du cerveau non arrêtée ; les détails de la structure ne peuvent se compléter qu'après la croissance terminée. La raison de ces rapports n'est pas difficile à trouver. Pour qu'un animal jeune puisse grandir, il faut qu'il digère, qu'il respire, que son sang circule, qu'il se débarrasse de ses excrétions, etc., ce qui exige déjà un système viscéral, vasculaire, etc., assez complet. Pour qu'il devienne capable de se procurer sa nourriture, il lui faut développer graduel-

lement certaines facultés et certaines aptitudes, ce qui exige
des membres, des sens et un système nerveux déjà très-per-
fectionnés. Mais chaque accroissement de grandeur obtenu
au moyen de cette organisation imparfaitement développée
sera nécessairement accompagné d'une modification dans
l'organisation elle-même. Si celle-ci s'adaptait exactement
à la taille au-dessous, elle ne s'adaptera plus à la taille au-
dessus. Elle a donc besoin d'être refaite, démontée et re-
montée, opération qui sera d'autant plus difficile que la machine sera plus parfaite.

Le système osseux nous montre comment la difficulté est
résolue. Dans le fémur d'un jeune garçon, par exemple, il y
a entre la tête de l'os et la diaphyse un endroit où subsiste
l'état cartilagineux primitif; c'est par là que s'allonge le
corps de l'os au moyen de l'addition de nouveaux cartilages
où la matière osseuse vient se déposer; le même phénomène se produit à un endroit correspondant à l'autre extrémité de la diaphyse. Sur ces deux points, l'ossification
ne s'achèvera que lorsque l'os aura cessé de grandir. Que
l'on réfléchisse à ce qui serait arrivé si l'ossification s'était
complétée avant que l'allongement fût terminé; on verra
combien était redoutable pour la croissance l'obstacle ainsi
évité. Ce qui se passe pour le fémur se passe pour tout
l'organisme; un certain degré d'organisation est nécessaire
à la croissance; poussée plus loin, l'organisation arrête la
croissance.

Nous pouvons constater la nécessité de cette relation
dans un cas plus complexe, celui du développement d'un
membre tout entier. La grandeur d'un membre est en général dans un rapport déterminé avec celle du reste du
corps. Si l'on donne à ce membre une activité anormale, sa
force et son volume augmenteront dans une limite res-
treinte. Si l'activité anormale commence de bonne heure,
le membre peut dépasser de beaucoup les dimensions ordinaires; si elle ne commence qu'après la maturité, le changement est moindre. Dans aucun cas pourtant il ne devient
très-considérable. Voyons ce qui se passe lorsqu'un membre grossit, et nous comprendrons la cause du fait que nous
venons de signaler. Un surcroît d'activité attire le sang en
plus grande abondance; pendant quelque temps de nou-

veaux tissus se forment au delà de ce qui est nécessaire pour réparer les pertes. Mais l'afflux total du sang est limité par les dimensions des artères qui l'amènent. Cet afflux peut s'augmenter jusqu'à un certain point par la dilatation des artères ; pour dépasser ce point, il faudrait que les artères fussent remplacées par d'autres. Cette substitution a lieu, mais lentement pour les petites artères périphériques, plus lentement encore pour les artères principales, puisque ces dernières, sur lesquelles les autres s'embranchent, doivent être modifiées sur toute leur longueur depuis le point où elles se séparent des grands vaisseaux sanguins. De même, les canaux qui excrètent les produits superflus doivent se refaire à la fois au centre et dans le membre dont la croissance nous occupe. Les nerfs et les centres nerveux doivent s'adapter au travail plus considérable qui leur est demandé. Il y a plus ; le système viscéral restant le même, un membre ne peut accaparer une quantité de sang anormale sans diminuer la part des autres ; par suite l'organisation doit subir des changements de nature à diminuer la quantité de sang attribuée au reste du corps. De là viennent les résistances qui s'opposent à ce qu'un membre prenne un développement exagéré. La croissance suppose des destructions et des reconstructions, non-seulement dans les organes qui desservent directement le membre en question, mais aussi dans les régions du corps les plus éloignées. Il en résulte que lorsque l'organisation est parfaitement appropriée à un certain but, cela l'empêche de s'approprier à un autre but ; plus les arrangements sont complets, plus les ré-arrangements deviennent difficiles.

Dans quelle mesure la loi que nous venons d'énoncer est-elle vraie pour l'organisme social ? jusqu'à quel point la multiplication et la transformation des institutions et les perfectionnements de détail imaginés en vue d'un but immédiat feront-ils obstacle à la création d'institutions meilleures et empêcheront-ils d'atteindre un but plus élevé ? Non moins que l'individu, la société a besoin pour grandir de posséder une organisation ; passé un certain degré de développement, il n'y a plus de croissance sans modifications dans l'organisation. On est cependant fondé à croire que passé ce degré, l'organisation est un obstacle indirect ; — elle gêne l'opération de réajustement qu'exigent une augmentation de taille et un perfectionnement dans la structure. L'agrégat auquel nous donnons le nom de société possède incontestablement la plasticité à un bien plus haut degré que l'individu auquel nous venons de le comparer ; son type est infiniment moins arrêté. Il est évident néanmoins que le type de la société a une tendance à se fixer, et que chaque addition apportée à sa structure est un pas fait dans le sens de la fixation. Quelques exemples feront voir que cette vérité s'applique aussi bien à la structure matérielle d'une société qu'à ses institutions, politiques ou autres.

Deux ou trois faits insignifiants en eux-mêmes, mais tout à fait topiques, nous sont fournis par les moyens de locomotion actuellement en usage. Les systèmes employés à l'intérieur des villes suffiraient pour démontrer que les combinaisons existantes sont un obstacle aux combinaisons meilleures. Nous les laisserons de côté pour ne nous occuper que des chemins de fer. La largeur de la voie, qui a été fixée d'après la longueur d'essieu des roues de la diligence, nous vient d'un système de locomotion antérieur. Cette largeur est insuffisante, mais les voies actuelles empêchent de faire les nouvelles moins étroites. Il en est de même pour les wagons. Ils ont été construits sur le type des anciennes diligences, si bien qu'à l'origine quelques-uns portaient la devise : *Tria juncta in uno.* Les Américains, qui ont profité de notre expérience sans être embarrassés comme nous de systèmes établis, viennent d'inventer un wagon infiniment plus commode que le nôtre ; mais son adoption présente des difficultés inouïes. On ne peut pas sacrifier le capital énorme représenté par nos voitures. Nous n'avons même pas la ressource de renouveler graduellement notre matériel, car l'on fait et l'on défait si souvent les trains sur nos lignes, qu'il serait extrêmement gênant d'avoir des types de wagons différents. Nous sommes donc obligés de nous en tenir à un modèle dont l'infériorité est notoire.

Passons à notre système de drainage. On l'a fort prôné, il y a quelque trente ans. C'était alors une panacée contre tous les maux. On l'a imposé, de par la loi, aux grandes villes, et il est presque impossible maintenant de le remplacer par un meilleur. Aujourd'hui la décomposition des matières organiques s'opère hors de la présence de l'oxygène, et par suite donne naissance à des composés chimiques instables et délétères; ce système est dans bien des cas la cause directe des maux qu'il avait pour but de prévenir ; en effet les produits morbides sont conduits dans un tuyau qui communique avec toutes les maisons, et qui y fait pénétrer les gaz infects toutes les fois que les fermetures ne sont pas tout à fait en bon état. Pourtant il ne peut plus guère être question aujourd'hui d'adopter les méthodes qui permettent de se débarrasser des *excreta* des villes d'une manière à la fois profitable et dépourvue de danger. Voici qui est encore plus fort. Une partie des administrateurs chargés de l'hygiène publique ont fait adopter un système d'égouts grâce auquel Oxford, Reading, Maidenhead, Windsor, etc., corrompent l'eau qui se boit à Londres. Les autres administrateurs protestent contre l'impureté de l'eau, qui est une cause constante de maladies, sans remarquer toutefois que cette impureté est due à des mesures ayant force de loi. Pour que nous ayons de bon air et de bonne eau, il faudra procéder à une organisation nouvelle, que l'organisation actuelle, imparfaite et prématurée, entravera considérablement.

Les usages commerciaux abondent en exemples du même genre. Chaque branche de commerce a ses usages auxquels il est extrêmement difficile de toucher. La routine s'oppose aux améliorations qui semblent le plus clairement indiquées. Voyez ce qui se passe pour la librairie. Du temps où une lettre coûtait un shelling et où la poste ne se chargeait pas des livres, il s'est établi un système de libraires en gros et en détail qui servaient d'intermédiaires entre l'éditeur et le lecteur. Chacun de ces intermédiaires prélevait un bénéfice. Maintenant qu'il en coûte un sou pour demander un livre et quelques sous pour le recevoir, il semblerait naturel de créer un nouveau système dont le résultat serait d'abaisser les frais de transport et le prix du volume. Les revendeurs s'y opposent dans leur intérêt personnel. Si un éditeur annonce qu'il enverra directement tel ou tel ouvrage par la poste, à prix réduit, les libraires s'en plaignent comme d'un mauvais procédé à leur égard ; ils conviennent de tenir l'ouvrage pour non avenu et nuisent ainsi à sa vente plus que l'annonce de l'éditeur n'y aurait aidé. Et voilà comme un vieux système, qui a rendu dans son temps de grands services, est un obstacle au progrès.

Le commerce de librairie nous fournit un autre fait non moins démonstratif. A une époque où le public lisant était peu nombreux et les livres chers, il s'est fondé des cabinets de lecture permettant de lire un ouvrage sans l'acheter. Assez rares à l'origine, confinés dans certaines localités, ces établissements étaient à peine organisés. Leur nombre et leur importance se sont tellement accrus, qu'aujourd'hui ils forment souvent la principale clientèle des éditeurs. Le système du cabinet de lecture consiste à faire servir un nombre restreint d'exemplaires à un nombre illimité de lecteurs. Il en résulte que, pour faire ses frais, l'éditeur est obligé de coter l'exemplaire fort cher. D'un autre côté, le public a pris l'habitude de s'adresser au cabinet de lecture au lieu d'acheter des livres, et les plus forts rabais ne prévaudraient pas contre la routine. Qu'arrive-t-il? Sauf pour un petit nombre d'auteurs populaires, le système américain des éditions à bon marché, qui n'est possible que si l'éditeur est assuré de placer un nombre considérable d'exemplaires, est impraticable en Angleterre.

Citons un dernier exemple, tiré du système anglais d'instruction publique. Nos colléges et nos diverses écoles, qui ont rendu jadis d'éminents services, sont devenus par la suite le principal obstacle aux progrès de l'enseignement. Ils sont richement dotés, doués d'un grand prestige, et soutenus par le courant d'idées qu'eux-mêmes forment au moyen de leurs élèves. En fournissant des aliments à un système suranné, ils affament le nouveau. Matériellement, ils empêchent, par le seul fait de leur existence, la création d'établissements nouveaux. D'autre part ils tuent le progrès, en mettant les jeunes gens qui leur passent par les mains hors d'état de comprendre ce qu'est un enseignement perfectionné.

L'instruction populaire nous offre le même tableau. Pour qui regarde les choses de haut, la lutte à laquelle nous assistons en ce moment entre les sécularistes et les dénominationalistes prouve à elle seule qu'un système qui a poussé des ramifications à travers toute la société et qui possède une armée de fonctionnaires salariés, préoccupés de leur bien-être matériel et de leur avancement, protégés par le clergé et les hommes politiques dont ils défendent les idées et les intérêts; que ce système, disons-nous, sera, sinon rebelle à toute modification, du moins d'autant plus difficile à modifier qu'il est plus perfectionné.

Il nous serait facile de multiplier les exemples. L'armée, le clergé et la justice nous en fourniraient abondamment. Ceux que nous avons cités suffisent pour faire ressortir l'analogie que nous avions signalée entre l'organisme social et l'organisme individuel. Les faits invoqués mettent en lumière un des problèmes de la science sociale et jettent par là une nouvelle clarté sur la nature de cette science. Il est démontré que pour les organismes sociaux comme pour les organismes individuels, la structure est jusqu'à un certain point nécessaire à la croissance; mais, dans un cas comme dans l'autre, la continuité de croissance rend nécessaire un travail de démontage et de remontage de l'organisation qui devient par là un obstacle à la croissance. Il nous reste à examiner s'il est également vrai dans les deux cas que l'achèvement de la structure détermine l'arrêt de la croissance et fixe pour toujours la société au type qu'elle a atteint à cette période de son développement. Nous nous bornerons à remarquer à ce sujet que ce problème appartient évidemment à un ordre de questions absolument négligé par ceux qui considèrent les sociétés au point de vue historique ordinaire; en un mot, il appartient à cette science sociale dont ces mêmes gens nient l'existence.

Cui bono? s'écrient sans doute un grand nombre de lecteurs. Il s'en trouve dans le nombre dont nous connaissons les idées et le tour d'esprit; nous les entendons d'ici demander s'il est vraiment bien utile de connaître les faits et gestes des sauvages; de savoir comment s'établissent les chefs et les médecins dans les tribus barbares; comment les fonctions industrielles arrivent à se séparer des fonctions politiques; quelles sont à l'origine les relations mutuelles des classes régulatrices; quelle est dans la détermination de l'organisation sociale la part d'influence des qualités émotionnelles de l'individu, quelle la part des idées et quelle celle du milieu. Absorbés par ce que leur école appelle « la législation pratique » (selon toute apparence, ils entendent par ces mots la législation qui ne connaît que les effets et les causes immédiates et ignore les autres), ils estiment qu'après tout les recherches poursuivies par la science sociale n'auront pas grande utilité.

Il y aurait cependant quelque chose à dire en faveur d'une étude dont ces hommes pratiques font si peu de cas. Nous n'aurons pas l'audace de la mettre sur le même pied que ces études historiques auxquelles ils prennent tant d'intérêt. Nous admettrons que les généalogies royales, les intrigues de cour et la chute des dynasties ont une portée bien supérieure. Le complot dirigé contre la vie d'Amy Robsart a-t-il été ourdi par Leicester en personne, avec la reine Élisabeth pour complice? Le récit que le roi Jacques a fait de la conspiration Gowrie est-il exact? Autant de problèmes qu'il faut de toute nécessité résoudre, sans quoi il est impossible de raisonner sur le développement de nos institutions politiques et d'arriver à des conclusions sérieuses. Frédéric Ier, roi de Prusse, était en lutte avec sa belle-mère; il l'accusait d'avoir voulu l'empoisonner et s'était réfugié chez sa tante; une fois Électeur, il emploie l'intrigue et l'argent pour devenir roi : une demi-heure après sa mort, son fils Frédéric-Guillaume donne congé à ses courtisans et commence à faire des économies : il s'occupe presque exclusivement de recruter et d'exercer ses troupes; il prend son fils en grippe et le persécute, etc. Ce sont là des événements d'une importance majeure, ainsi que tous ceux qui concernent les familles princières. Comment comprendrait-on, sans eux, la marche de la civilisation? Personne ne peut se dispenser de connaître à fond les campagnes de Napoléon; les guerres d'Italie et les exactions qui les ont accompagnées; la perfidie dont Venise a été la victime; l'expédition d'Égypte, avec ses victoires, ses massacres, l'échec de Saint-Jean d'Acre et la retraite qui en a été la conséquence; les campagnes d'Allemagne, d'Espagne, de Russie, etc. Comment celui qui ignore la stratégie de Napoléon, sa tactique, ses victoires, ses défaites et ses massacres, pourrait-il juger de la valeur de nos institutions et des modifications législatives qu'il faut y apporter?

Pourtant, après avoir payé à ces importants sujets le tribut d'attention qui leur est dû, on pourrait accorder avec profit quelques minutes à l'histoire naturelle des sociétés. Peut-être ne serait-il pas inutile à l'homme politique de se demander quel est le cours normal de l'évolution sociale et en quoi telle ou telle mesure affectera cette évolution. Dans certains cas, une semblable recherche pourrait peut-être l'aider à diriger sa propre conduite. Qui sait? Il pourrait se faire que toute mesure législative dût se trouver en accord ou en désaccord avec le cours naturel du développement et du progrès de la nation et qu'il fallût en juger le mérite d'après cette dernière considération plutôt que par des considérations plus familières. En tous cas, nous sommes autorisés à croire, sans encourir le reproche de présomption, que si les modifications que subissent l'organisation de la société et les fonctions sociales sont soumises à des lois, la connaissance de ces lois ne peut manquer d'influer sur notre jugement; elle nous aidera à discerner ce qui est un progrès et ce qui est un recul, ce qui est désirable, ce qui est faisable, ce qui n'est qu'une utopie.

Les chapitres suivants s'adressent à ceux qui estiment qu'une pareille recherche vaut la peine d'être poursuivie. Avant d'aborder la science sociale, il y a plusieurs questions importantes à examiner. Il ne suffit pas de concevoir clairement la nature de la science qui va nous occuper; encore faut-il savoir à quelles conditions l'étude peut en être entreprise avec succès. Nous nous proposons d'étudier d'abord ces conditions.

CHAPITRE IV

DIFFICULTÉS DE LA SCIENCE SOCIALE

La science sociale rencontre des obstacles plus grands que ceux qui se trouvent sur le chemin de toute autre science; ils proviennent de la nature intrinsèque des faits dont elle s'occupe, de notre nature à nous en tant qu'observateurs de ces faits et de la relation particulière dans laquelle nous sommes placés à l'égard des faits à observer.

Les phénomènes qu'il s'agit de généraliser ne sont pas, par essence, directement perceptibles. Il est aussi impossible de les observer au télescope et de les noter, montre en main, comme les phénomènes astronomiques, que de les mesurer au moyen du dynamomètre ou du thermomètre, comme les phénomènes physiques. Les balances et les réactifs du chimiste sont inutiles ici, tout comme le scalpel et le microscope du physiologiste. L'observation interne, qui forme la base de la psychologie, ne saurait davantage être employée. Chaque phénomène social doit être démontré séparément par le rapprochement d'une infinité de détails dont aucun n'est simple, et qui sont dispersés dans le Temps comme dans l'Espace d'une manière qui en rend la recherche difficile. De là vient que les vérités fondamentales de la science sociale — par exemple le principe de la division du travail — ont été si longtemps ignorées. Il y avait une généralisation facile à faire : c'est que dans

les sociétes avancées les hommes se partagent les différentes occupations ; mais avant d'arriver à la conclusion que
cette forme de l'organisation sociale, loin d'être le résultat
d'une création spéciale ou d'un décret royal, s'était établie
d'elle-même sans avoir été préméditée par personne, il fallut
noter, enregistrer et expliquer un nombre infini de transactions de toutes sortes, comparer ces transactions entre
elles et aux transactions observées dans des sociétés plus
anciennes ou moins compliquées. Or il est encore beaucoup
plus facile de rassembler des données sur l'origine de la
division du travail, que sur l'origine de tout autre phénomène social ; on peut juger par là combien la matière
même de la sociologie est un obstacle aux progrès de cette
science.

A cette première difficulté vient s'en ajouter une autre, peut-
être non moins grande, tirée du caractère de l'observateur.
Les hommes qui étudient les problèmes sociaux portent
nécessairement dans cette recherche les méthodes d'observation et de raisonnement qu'ils sont accoutumés à pratiquer
dans d'autres recherches — ceux d'entre eux du moins qui
font des recherches dignes de ce nom. Laissons ici de côté
la grande majorité des gens cultivés pour ne nous occuper
que de ceux, bien peu nombreux, qui rassemblent conscien-
cieusement des matériaux et arrivent par une comparaison
attentive des faits à des conclusions raisonnées ; nous verrons qu'eux aussi auront à lutter contre la difficulté provenant de ce que les habitudes d'esprit qu'ils ont contractées
dans un long commerce avec des phénomènes relativement
simples, les ont mal préparés à aborder les phénomènes
complexes de l'ordre social. Une faculté quelconque tend
toujours à s'adapter à la besogne qu'on exige d'elle. Plus
elle s'adapte à cette besogne spéciale, plus elle devient impropre à un autre travail. Par conséquent, une intelligence
habituée à s'occuper de phénomènes plus simples, ne s'ap-
pliquera avec succès à l'étude de ces phénomènes très-
compliqués, que si elle commence par désapprendre ses
anciennes méthodes. La faculté émotionnelle de l'homme est
une autre source d'embarras sérieux. Personne, ou presque
personne, ne contemple l'organisation et les actes d'une société avec le calme où nous laissent les phénomènes d'un

autre ordre. Pour bien observer et ne pas se tromper dans ses conclusions, il est indispensable de posséder cette indifférence tranquille qui est prête à reconnaître ou à inférer telle vérité aussi bien que telle autre. Or il est à peu près impossible d'exiger tant de sérénité de qui s'occupe des vérités sociales. Celui qui les étudie a des passions plus ou moins fortes, qui le poussent à trouver la preuve de ce qu'il désire, à négliger les faits qui le gênent et à s'attacher à la conclusion qu'il avait tirée d'avance. Sur dix penseurs, on en trouve à peine un qui se rende compte que les préjugés faussent son jugement, et même celui-là n'établit pas une compensation équitable de l'erreur qu'il reconnaît. Sans doute l'émotion est presque toujours un allié compromettant pour un chercheur : on a le plus souvent des idées préconçues auxquelles l'amour-propre empêche de renoncer. Mais une des particularités de la sociologie est que les passions avec lesquelles on envisage ses faits et ses conclusions sont d'une force extraordinaire. C'est que l'intérêt personnel est mis directement en cause et que tout un cortège de sentiments, engendrés soit par ce même intérêt personnel, soit par la forme actuelle de la société, sont à chaque instant ou froissés ou agréablement excités.

Nous arrivons ici à la troisième espèce de difficultés — celle qui découle de la position occupée par l'observateur à l'égard des phénomènes qu'il s'agit de généraliser. La science ne présente pas d'autre exemple d'un élément étudiant les propriétés de l'agrégat dont il fait lui-même partie. L'observateur est ici aux phénomènes qu'il étudie comme est une cellule isolée, faisant partie d'un organisme vivant, aux phénomènes que présente l'ensemble de cet organisme. Généralement parlant, la vie d'un citoyen n'est possible qu'à condition de remplir convenablement la fonction qui lui est échue par la place qu'il occupe dans le monde ; de là naissent entre lui et sa société toute une série de relations essentielles, qui engendrent des sentiments et des idées dont il est impossible de se défaire complètement. Voilà donc une difficulté qui est sans analogue dans toutes les autres sciences. Faire en pensée abstraction complète de sa race et de son pays — mettre de côté les intérêts, les préjugés, les sympathies, les superstitions enfantés par la vie

de sa société et de son époque, — contempler tous les changements que les sociétés subissent ou ont subis, sans
se laisser influencer par les considérations de nationalité,
de religion, ou d'intérêt personnel ; voilà qui est impossible
à l'homme médiocre et ce à quoi l'homme exceptionnel ne
réussit que très-imparfaitement.

Nous venons d'esquisser les difficultés de la science sociale. Nous allons les reprendre une à une et les exposer
en détail.

CHAPITRE V

DIFFICULTÉS OBJECTIVES

A la suite des travaux considérables qui ont eu pour résultat dans ces dernières années de faire considérer l'histoire primitive comme une série de mythes, à la suite des études qui ont modifié des opinions acceptées jusque-là sans conteste sur certains personnages du passé, on a beaucoup parlé du peu de confiance que mérite le témoignage de l'histoire. On admettra donc sans difficulté, que l'incertitude de nos données est un des obstacles qui s'opposent à la généralisation des phénomènes sociologiques. Cette incertitude ne se rencontre pas seulement dans les récits des premiers âges, par exemple dans l'histoire des Amazones, dont la sculpture et la tradition écrite nous ont conservé les usages et les moindres combats, avec autant de détail que s'il se fût agi de personnages et d'événements historiques. Elle se retrouve même dans les descriptions d'un pays connu comme la Nouvelle-Zélande. L'un assure que les Zélandais sont « braves, intelligents et cruels; » l'autre affirme qu'ils sont « lâches, dépourvus d'intelligence et d'un naturel doux [1]. » Voilà pour les extrêmes. Viennent ensuite une foule d'opinions intermédiaires. On conçoit qu'il n'est pas facile de faire un choix entre tous

1. Thomson, *New Zealand*, vol. I, p. 80.

ces renseignements contradictoires. Mais laissons de côté ces pays lointains et prenons pour exemple un autre fait, qui s'est passé sous nos yeux.

L'année dernière, les journaux anglais ont annoncé l'exhibition du *Rossignol à deux têtes*, et les murs de Londres ont été couverts d'affiches représentant un personnage possesseur effectivement de deux têtes plantées sur un seul buste et regardant du même côté. (Nous ne parlons que des premières affiches, sans nous occuper de la seconde série qui présentait certaines variantes.) L'appellation et le portrait satisfirent une partie du public; une dame qui avait vu le phénomène, déclara en notre présence que les prospectus et les affiches en donnaient bien l'idée. Supposons que la dame ait écrit ce que nous lui avons entendu dire, et que dans cinquante ans, lettre, affiche et prospectus tombent dans les mêmes mains. Quelle valeur la personne qui les lira attachera-t-elle à leur témoignage? Elle considèrera certainement le fait comme incontestable. Seulement, si elle a la patience de compulser tous les journaux et revues de l'époque et qu'elle tombe sur un certain numéro de la *Lancet*, elle découvrira que le monstre n'était nullement une femme à deux têtes; qu'il était composé de deux créatures réunies dos à dos, regardant en sens inverse et formant deux êtres complets et distincts, sauf en un point où leurs corps étaient soudés de façon à former une sorte de bassin double, contenant des viscères pelviens communs aux deux. Lorsque pour des faits aussi simples, aussi faciles à vérifier et que personne ne semblait avoir intérêt à travestir, nous sommes obligés de nous défier autant des témoignages, comment veut-on que nous ne nous défiions pas quand il s'agit de faits sociaux dont la diffusion égale la complexité, qui sont par suite extrêmement difficiles à percevoir et que l'observateur est porté à dénaturer par la triple influence de l'intérêt personnel, des idées préconçues et des passions de parti?

En expliquant cette difficulté par des exemples, nous nous imposerons de ne prendre que des faits fournis par la vie de notre époque : ce sera au lecteur, éclairé sur la manière dont, par suite d'influences diverses, les témoignages sociologiques sont dénaturés dans un siècle relativement calme et doué d'esprit critique, à en inférer combien plus ces mêmes témoignages ont dû être travestis jadis par des époques passionnées et crédules.

Une personne découvre une chose dont elle ne s'était jamais doutée : elle est disposée à croire que cette chose n'existait pas auparavant. Lorsque, par suite d'un changement dans notre disposition d'esprit, nous sommes tout à coup frappés d'événements fortuits auxquels nous n'avions prêté jusque-là nulle attention, nous en concluons souvent que ces événements se présentent plus fréquemment qu'autrefois. Ce phénomène se produit même pour les accidents et les maladies. Un homme se blesse et demeure boiteux : il est tout étonné de découvrir combien il y a de boiteux dans le monde; atteint de la dyspepsie, il s'aperçoit que cette maladie est bien plus commune qu'il ne le croyait dans sa jeunesse. Par une raison analogue, il pensera que les domestiques d'à présent sont loin de valoir ceux qu'il a connus dans son enfance : il oublie que du temps de Shakespeare, on condamnait de même les domestiques de l'époque en les comparant aux « fidèles serviteurs du monde antique. » Enfin, notre personnage a des fils à lancer dans la vie : il lui semble aussitôt qu'il est devenu bien plus difficile qu'autrefois de se créer une position.

En ce qui concerne les phénomènes sociaux, des hommes ainsi impressionnés par des faits qui ne les frappaient pas auparavant, altèreront les témoignages. Ils prennent ce qu'ils viennent de découvrir tout à coup pour une chose nouvelle en soi et sont conduits par là à voir un bien ou un mal grandissant dans ce qui est très-probablement un bien ou un mal décroissant. Nous allons en citer plusieurs exemples.

Il y a quelques générations seulement, la sobriété était l'exception plutôt que la règle, et un homme qui ne s'était jamais enivré était une rareté. On assaisonnait les mets de condiments propres à exciter la soif; on fabriquait des verres qui ne pouvaient se tenir debout, ce qui forçait à les vider avant de les poser; enfin, on mesurait la valeur d'un homme au nombre de bouteilles qu'il pouvait absorber. Quand une réaction eut diminué le mal dans les classes moyennes et supérieures, chacun signala la plaie, et il se forma des

Sociétés de tempérance qui contribuèrent à la panser. Vinrent ensuite les *Teatoteaters*, plus absolus dans leurs idées et plus énergiques dans leurs actes, qui contribuèrent encore à diminuer le mal. Grâce à toutes ces causes réunies, il n'est plus reçu depuis longtemps qu'un homme du monde s'enivre, et ce qui passait pour glorieux est devenu honteux; l'ivrognerie a même beaucoup diminué parmi le peuple, où elle commence à être l'objet de la réprobation générale. Néanmoins, ceux qui conduisent le mouvement dirigé contre ce vice, ayant l'œil de plus en plus ouvert sur lui, affirment ou laissent croire par leurs pétitions et leurs discours, non-seulement que le mal est grand, mais encore qu'il augmente. Après avoir, dans l'espace d'une génération, beaucoup diminué l'ivrognerie par leurs efforts volontaires, ils se persuadent et persuadent aux autres qu'il n'y a pas d'autre remède à une plaie si effroyable que des lois répressives, des *Maine-Laws* et des *Permissive-Prohibitory-Bills*. Si nous en croyons le rapport présenté par un Comité *ad hoc*, il va falloir aggraver les peines contre l'ivrognerie, élever le chiffre des amendes et le nombre des mois de prison dont elle est passible, enfin fonder des établissements de correction dans lesquels les ivrognes seront traités à peu près comme des criminels.

Voyez aussi ce qui s'est passé pour l'éducation. En remontant assez loin, nous trouvons les nobles absolument illettrés et, qui plus est, pleins de mépris pour l'art de lire et d'écrire. A la période suivante, l'autorité encourage faiblement les études qui se rapportent à la théologie, mais toute autre science est hautement réprouvée [1]; on est persuadé, du reste, qu'apprendre n'importe quoi ne convient qu'à un prêtre. Beaucoup plus tard, les hautes classes épèlent encore fort mal et on pense qu'il ne sied pas à une femme de savoir lire couramment. Shakespeare a dépeint un sentiment du même genre, lorsqu'il nous parle de ceux qui considèrent comme une bassesse « d'avoir une belle écriture. » Jusqu'à une époque tout à fait moderne, beaucoup de gros fermiers ou de gens aisés de cette classe ne savaient ni lire ni écrire. Après avoir progressé chez nous

1, Hallam, *Middle Ages*, ch. IX, 2° partie.

si lentement pendant une longue suite de siècles, l'instruction a fait en un seul, relativement bien entendu, des pas de géant. Depuis la fondation des écoles du dimanche, par Raikes (1771), et de la première des écoles Lancaster, — ainsi nommées du quaker à qui revient l'initiative de l'œuvre (1796); — depuis 1811, époque à laquelle l'Église, renonçant à son opposition systématique, fit concurrence aux laïques pour l'éducation des enfants pauvres; les progrès accomplis ont été énormes. Cinquante ans suffirent pour faire une exception du degré d'ignorance qui avait été la règle en Angleterre pendant plusieurs siècles. En 1834, la diffusion rapide quoique discrète de l'instruction rendant chacun plus attentif aux lacunes existantes, on imagina de faire subventionner les écoles par l'État. De 500,000 fr., le chiffre de la subvention s'est élevé en moins de trente ans à 25,000,000. C'est justement aujourd'hui, après cet énorme progrès qui va toujours en s'accélérant, qu'on vient crier : la nation se meurt faute d'instruction! Aux yeux de celui qui ignorerait le passé et réglerait son jugement sur les allégations des hommes qui ont travaillé à organiser l'éducation, il serait urgent de tenter un effort désespéré pour sauver le peuple anglais de l'abîme du vice et du crime, vers lequel il est poussé par l'ignorance.

Comment la situation subjective d'un témoin vis-à-vis d'un fait objectif fausse son jugement, et comment il s'ensuit que nous devions perpétuellement être sur nos gardes quand il s'agit de questions sociales : voilà ce que démontrent les erreurs que l'illusion fait commettre journellement à qui compare le présent au passé. La personne qui après une absence prolongée retourne dans la maison où elle a été elevée, et trouve petits les bâtiments dont elle avait conservé un souvenir grandiose, comprend qu'il n'y a rien de changé sauf elle-même, qui est devenue moins impressionnable et a acquis plus de sens critique. Toutefois cette personne ne remarque pas qu'il en est de même pour tout, et que le sentiment qu'elle a de la décadence des choses n'est en réalité que la sorte de désillusion amenée par l'expérience. On devient plus difficile à contenter en vieillissant, ce qui explique comment tant de personnes s'imaginent voir un recul là où il y a en réalité progrès et *vice versa*. Ainsi on répète

depuis des siècles que la taille humaine s'abaisse et qu'on
est moins fort qu'autrefois ; cependant le contraire est
prouvé par les squelettes, les momies, les armures et l'expérience des voyageurs qui se sont trouvés en contact avec
des races aborigènes.

Nous venons de signaler une cause d'erreur dont il faut
tenir grand compte quand on cherche à se former une opinion sur les états sociaux passés et présents; et la part à
faire à l'erreur variera selon l'époque, l'objet des recherches
et le témoin.

Outre la perversion du témoignage due à l'état subjectif
des témoins en général, il y a encore les altérations provenant de cas spéciaux de subjectivité. Nous mettrons au premier rang ceux qui résultent des idées préconçues.

Pour commencer par les extrêmes, nous citerons d'abord
les fanatiques, tels que les membres de la *Société contre le
tabac*. Le compte-rendu du dernier meeting de cette société
nous apprend que, « d'après le rapport, il faut imputer à l'u-
sage du tabac les maladies de cœur, la paralysie, les cas
d'aliénation mentale, ainsi que l'abaissement de la taille et
la débilité croissante chez les individus des deux sexes. »
Sans attacher plus d'importance qu'il ne convient à des
exagérations aussi évidentes, il est surabondamment prouvé
que, sans en avoir conscience, on altère presque toujours
les faits pour les mettre d'accord avec ses théories favorites.

A l'origine de notre législation sur l'hygiène publique, un
des chefs du service de santé, voulant démontrer la nécessité des mesures qu'il conseillait, établit une comparaison
entre la proportion des décès dans un village salubre (c'é-
tait, si nous ne nous trompons, un village du Cumberland)
et la proportion des décès à Londres. Il fit remarquer combien la différence était considérable et déclara qu'elle était
due à des causes « qu'on pouvait prévenir, » — en d'autres
termes, à des causes qu'une bonne administration suppri-
merait. Ce fonctionnaire ignorait que, dans l'un des cas, l'air
était vicié par la quantité d'acide carbonique exhalée par
près de trois millions d'âmes et leurs feux, inconvénient qui
n'existait pas dans l'autre cas — il ignorait que les citadins
sont forcément sédentaires et s'occupent généralement à

l'intérieur des maisons, tandis que les campagnards travaillent au grand air, — il ignorait que chez la plupart des habitants de Londres l'activité est toute cérébrale et dépasse le point auquel la constitution de la race s'est adaptée, tandis que chez le paysan l'activité est corporelle et ne dépasse pas ce que la constitution actuelle de la race lui permet de donner : il attribuait toute la différence dans la moyenne des décès à l'une de ces causes qu'on supprime avec une loi et un fonctionnaire.

Un autre partisan enthousiaste des lois sur l'hygiène nous a fourni un jour, sans s'en douter, un exemple encore plus frappant de la manière dont l'homme qui a un *dada* travestit les faits. Il faisait remarquer, pièces en main, que le chiffre annuel des décès était infiniment moins élevé dans la petite ville qu'il habitait près de Londres, que dans tel quartier bas de Londres même, qu'il nous cita, — Bermondsey ou Lambeth, ou quelque autre région du côté du Surrey. Notre homme triomphait de cette preuve sans réplique en faveur d'un bon système de drainage, d'un bon système de ventilation, etc. Il oubliait d'une part que les habitants de son faubourg appartenaient presque tous à la classe aisée, gens bien nourris et bien vêtus, qui peuvent se procurer toutes les ressources du confortable, mènent une vie réglée, n'ont pas de soucis et ne commettent jamais d'excès de travail. Il oubliait d'autre part, que tous ceux qui avaient le moyen de vivre ailleurs fuyaient le quartier bas en question, justement parce qu'il était bas; que par suite sa population se composait presque exclusivement de pauvres gens mal nourris, adonnés à la boisson et aux excès de tout genre, qui vont à la mort par la route la plus courte. Dans le premier cas, la salubrité de la localité y avait évidemment attiré une forte proportion de gens ayant d'ailleurs toute chance de vivre longtemps, et, dans le deuxième cas, l'insalubrité de la localité l'avait fait abandonner aux pauvres diables qui ont toute chance de ne pas vivre vieux ou qui vont se cacher pour mourir : néanmoins la différence était uniquement attribuée aux effets directs du bon et du mauvais air.

Les assertions émanées de témoins comme ceux-ci, dont le jugement est absolument perverti, sont reproduites par des journalistes négligents et acceptées sans contrôle par un public qui croit tout ce qui est imprimé. Ainsi se répandent les idées fausses; et une fois lancées dans la circulation elles tendent toujours à s'accréditer, en attirant l'attention sur ce qui les confirme et en la détournant de ce qui les infirmerait. De tout temps les influences de cette nature ont faussé les témoignages; le degré seul varie, selon le peuple et l'époque. Pour qui est en quête de données sûres, c'est une difficulté à ajouter à toutes les autres.

Les événements que le témoin aperçoit à travers l'intérêt personnel, pécuniaire ou autre, nous arrivent peut-être encore plus défigurés que tous les autres. Il importe donc de ne jamais perdre de vue, que la plupart des faits qui servent de base aux conclusions des sociologistes et sur lesquels se fondent les législateurs, ont été considérés à travers un intérêt personnel.

Tout le monde sait comment cela se passe pour les affaires. Au début, les entreprises de chemins de fer reçurent leur impulsion de la nécessité d'établir des communications rapides; elles n'ont pas tardé à tomber entre les mains de spéculateurs, financiers ou industriels; des prospectus mensongers induisent le public en erreur quant au prix de revient et au revenu : plus d'un lecteur sait la suite par expérience. Il est de notoriété publique que les bénéfices des individus faisant métier de lancer des affaires ont encouragé une industrie particulière, celle de la falsification des faits. Il y a maintenant des gens dont c'est le métier; dans certains cas, tels que ceux des Compagnies d'assurance, l'industrie a été tellement perfectionnée, qu'un journal s'est consacré à la tâche de dévoiler les fraudes commises journellement. Tous ces faits familiers nous rappellent qu'en ces sortes de choses il est bon d'être extrêmement sceptique. Mais on se rend moins bien compte qu'en dehors des affaires d'argent, l'intérêt personnel contribue fortement à présenter les choses sous un faux jour.

Organiser une société ou une agitation quelconque, c'est souvent un moyen de faire son chemin, tout comme d'organiser une compagnie industrielle. De même qu'aux Etats-Unis la politique est devenue un métier qu'on embrasse pour s'assurer un revenu, nous commençons à avoir en Angleterre le philanthrope par profession, celui qui demande à la philanthropie de lui rapporter de l'argent, une position, ou les deux à la fois. Supposez un jeune clergyman éprouvant le besoin d'un bénéfice : il est profondément affecté du dénuement spirituel d'un faubourg qui a poussé au-delà des paroisses établies; il s'efforce de rassembler des fonds pour construire une chapelle et il est probable qu'en faisant sa quête, il ne cherchera pas à atténuer la grandeur du mal auquel il s'agit de porter remède. De même un homme ayant de l'éducation, et plus riche en loisirs qu'en revenus, sera si vivement impressionné par telle ou telle plaie sociale, si désireux de la guérir, qu'il deviendra le promoteur d'une institution ou l'instigateur d'un mouvement. Son succès dépendant de l'impression produite par le fait qu'il établit, il ne faut pas s'attendre à ce qu'il passe légèrement sur les maux qu'il prétend panser, pour s'appesantir sur les circonstances défavorables à ses plans. Nous avons vu nous-même des gens qui s'étaient remués en faveur de projets soi-disant d'utilité publique, se considérer comme lésés, parce que, leurs idées adoptées, on ne leur avait pas donné de place payée. Le scandale qui a eu lieu dernièrement à propos de l'*Association des dortoirs-libres,* montre où on en peut arriver en ce genre; et il a été établi au meeting de la *Société pour l'Organisation de la Charité,* que ce n'était pas une exception. L'altération du témoignage accompagne inévitablement ces scandales. Une personne qui s'est occupée sous mes yeux, pendant trente ans, des Ligues, Alliances, Unions, etc., etc., écrivait : « Les associations ont des credos tout comme les corps religieux; chaque adhérent est tenu de prôner le shibboleth de son parti..... tous les faits sont dénaturés pour servir leurs vues et ceux qu'on ne peut dénaturer sont supprimés. » « Toutes les associations, sans exception, avec lesquelles je me suis trouvé en rapport, ont pratiqué ce genre de fraude. »

Les choses ne se passent pas autrement lorsque le mouvement a un but politique en vue. Des associations fondées pour combattre certains abus criants, finissent, hélas! trop souvent par subsister et par fonctionner, principalement, si ce n'est même exclusivement, dans l'intérêt per-

sonnel de ceux qui en tirent des revenus. En voici un
exemple assez plaisant. Il y a quelques années, une mesure radicale, qui avait mis du temps à faire son chemin
dans l'opinion, semblait enfin au moment de passer. Un
membre du Parlement, zélé partisan de la loi et faisant partie de l'association qui en avait été le promoteur, entra par
hasard dans les bureaux de cette association avant la séance
dans laquelle on croyait que le bill serait voté ; il trouva
le secrétaire et les employés consternés de la perspective
de leur succès, parce qu'ils sentaient bien que leurs places
étaient en danger.

Voici donc qui est clair. Sitôt que l'intérêt personnel entre
en jeu, il est inévitable qu'avec la meilleure volonté du
monde d'être sincères, les gens soient très-empressés à voir
ce qui leur est commode, très-peu à voir ce qui les gêne :
aussi ne mettent-ils pas beaucoup d'activité à rechercher
les faits qui pourraient les contrarier. Il y a donc plus à rabattre des allégations d'une institution ou d'une société
plaidant en faveur de ses actes ou de ses projets, que de
celles de tout autre témoin. Or, en ce qui concerne les phénomènes sociaux passés et présents, la plupart des renseignements nous viennent par l'entremise de ces sortes d'a-
gents faits pour les fausser ; c'est donc un obstacle de plus
à une vision nette des faits.

Quand toutes ces causes d'altération se trouvent combinées, il devient extrêmement laborieux de rassembler de
bons matériaux pour les généralisations. Un exemple fera
saisir au lecteur la grandeur de la difficulté.

Tous ceux qui s'occupent de médecine savent qu'il était
admis, il y a dix ans, que la maladie connue sous le nom
de syphilis était devenue beaucoup moins dangereuse qu'autrefois. Les professeurs le disaient en chaire à leurs élèves ;
les journaux médicaux l'imprimaient dans leurs colonnes ;
c'était un lieu commun que les hommes du métier ne son-
geaient même pas à discuter. Mais, de même que les fanatiques de la tempérance crient de plus en plus fort à la répression à mesure que l'ivrognerie diminue, de même certaines
institutions et certains agents ont fait croire à la nécessité de
mesures préventives rigoureuses, au moment même où les

maladies vénériennes devenaient plus rares et moins sérieuses. Ce désaccord donnerait à lui seul la mesure de
l'altération qu'une des deux parties a dû faire subir à la
vérité. Que dire, lorsqu'on voit que tout dernièrement, la
plupart de nos sommités médicales ont attesté au nom de
leur expérience, que la véritable situation de la question
était bien celle que nous avons indiquée d'abord? Nous
allons reproduire quelques-uns de leurs témoignages.

M. Skey, chirurgien consultant à l'hôpital Saint-Barthé-
lemi, président de la commission instituée par le dernier
ministère pour étudier les moyens de guérir et de prévenir
la syphilis, a comparu devant une commission de la Chambre
des lords. A propos d'un article exposant les vues de l'*Association en faveur de l'extension des actes contre les maladies contagieuses*, M. Skey s'est exprimé en ces termes :

« Il y a de grandes exagérations, on a surchargé les cou-
« leurs. J'ose dire que. la maladie est loin d'être aussi com-
« mune et aussi universelle que le prétend l'auteur.....
« depuis que j'ai reçu l'invitation à comparaître devant vous,
« j'ai eu l'occasion de parler à plusieurs des membres les
« plus éminents du *Collége des chirurgiens*, et nous sommes
« tous d'avis que le mal est beaucoup moins grand que ne
« le représente l'association. »

M. John Simon, membre de la Société royale, chirurgien
pendant trente-cinq ans dans un hôpital, actuellement attaché comme médecin au conseil privé, a écrit dans un document officiel :

« Je ne prétends en aucune façon nier que les maladies
« vénériennes constituent pour la communauté un mal
« réel et sérieux ; je suis cependant porté à croire qu'on
« s'exagère généralement beaucoup leur fréquence et leur
« malignité. »

Voici l'opinion du professeur Syme, mort maintenant :

« Il est absolument prouvé qu'aujourd'hui le poison (la
« véritable syphilis) n'a plus les effets redoutables que nous
« avons mentionnés plus haut, et qui se présentaient avant
« le traitement par le mercure..... Les graves conséquences
« qui en faisaient jadis un objet d'effroi ne se produisent
« plus jamais, et même les conséquences sans importance
« que nous venons d'indiquer sont relativement rares. Nous

« devons donc conclure que le poison a perdu de sa force,
« ou que les effets qu'on lui attribuait dépendaient du mode
« de traitement [1]. »

Nous lisons dans la *British and Foreign Medico-Chirurgical Review*, qui fait autorité parmi les journaux médicaux,
et qui d'ailleurs propose d'appliquer les *Acts* dans les ports
militaires et les villes de garnison :

« La majorité des individus qui ont eu cette affection (en
« y comprenant ceux qui n'ont subi que des atteintes lé-
« gères) vivent aussi longtemps que s'ils ne l'avaient pas
« eue, et meurent de maladies dans lesquelles la syphilis
« n'a pas plus affaire qu'un habitant de la lune [2]... On ne
« peut pas dire que 455 personnes affectées d'une des va-
« riétés de la vraie syphilis, sur une population pauvre
« de 1,500,000 âmes (moins de 1/3000)... constituent une
« moyenne assez élevée pour nécessiter une action excep-
« tionnelle de la part d'un gouvernement [3]. »

M. Holmes Coote, membre du *Collège Royal des chirurgiens* et professeur de chirurgie à l'hôpital Saint-Barthé-
lemi, a dit :

« Il est pénible d'avoir à reconnaître que les fatigues et
« les soucis endurés par d'honnêtes et laborieuses mères de
« famille de la classe ouvrière, sont plus préjudiciables à la
« santé et à la bonne mine, que la vie irrégulière de la fille
« publique. »

M. Byrne, chirurgien à l'hôpital Lock, à Dublin, assure de
son côté « qu'il y a beaucoup moins de cas de syphilis
qu'autrefois ; » et après avoir décrit quelques-unes des
suites sérieuses qu'avait souvent jadis cette maladie, il
ajoute : « Un cas semblable ne se présente plus une fois en
plusieurs années ; c'est un fait que tout médecin a dû remarquer. » M. W. Burns Thompson, membre du *Collège
Royal des chirurgiens*, qui a été pendant dix ans à la tête
du dispensaire d'Edimbourg, dit de son côté :

« J'ai été bien placé pour savoir quelles étaient les mala-

1. *Principles of Surgery*, 5e édit., p. 434.
2. *British and Foreign Medico-Chirurgical Review.* Janvier 1870,
p. 103.
3. *Ibid.*, p. 106.

« dies les plus répandues, et tout ce que je puis dire, c'est
« que je ne comprends absolument rien à ce que racontent
« les avocats des *Acts* en question; ils me font l'effet d'exa-
« gérer prodigieusement. »

M. Wyatt, chirurgien-major des Gardes Coldstream, inter
rogé par la commission de la Chambre des lords, a déclaré
partager entièrement l'opinion de M. Skey. En réponse à la
question nº 700, il a dit :

« L'espèce de syphilis qui se produit de nos jours, a un
« caractère extrêmement benin. Elle n'exerce plus aucun
« de ces ravages qui autrefois altéraient l'extérieur et la
« physionomie des hommes atteints.

« .... C'est un fait incontesté, qu'en Angleterre et en
« France la maladie a beaucoup perdu de son intensité. —
« Question 708 : Si je vous comprends bien, votre opinion
« est qu'en général, indépendamment des effets de l'*Act*,
« la maladie vénérienne a pris un caractère plus bénin?
« Réponse : Oui; c'est un fait constaté par tous les méde
« cins, civils ou militaires. »

Le docteur Druitt, président de l'*Association médicale et
sanitaire* de Londres, a déclaré dans un des meetings de la
société :

« Qu'il était en mesure d'affirmer au nom de trente-neuf
« années d'expérience, que les cas de syphilis étaient rares
« à Londres dans les hautes classes et les classes moyennes,
« et qu'ils ne tarderaient pas à disparaître. »

M. Acton lui-même, médecin spécialiste qui a contribué
plus que personne à l'adoption des *Acts*, a reconnu devant
la commission des lords que « la maladie est plus bénigne
qu'autrefois. »

Vient enfin de tous les témoignages le plus important, celui de M. Jonathan Hutchinson, l'homme qui de l'avis de
tous est le plus compétent sur la question de la syphilis
héréditaire. C'est en grande partie à ses découvertes qu'on
doit d'être parvenu à reconnaître sûrement la présence de
la syphilis. M. Hutchinson devait donc être plutôt disposé à
exagérer le nombre des cas de syphilis héréditaire. Il a
cependant écrit, du temps où il était directeur du *British
Medical Journal*, les lignes suivantes :

« Quoiqu'on ait généralement l'impression du contraire,

« des découvertes récentes, jointes·à un examen plus appro-
« fondi, ont amené à restreindre le domaine de la syphilis,
« bien loin de lui faire accorder une plus grande importance
« en tant que cause d'affections chroniques..... quoique
« nous ayons rangé au nombre des affections syphilitiques
« caractérisées, certaines maladies appartenant à une va-
« riété autrefois non reconnue, nous avons exclu de cette
« catégorie un bien plus grand nombre de maladies qui
« passaient pour suspectes..... Nous en sommes arrivés à
« reconnaître aux dents et à la physionomie, l'individu qui
« a reçu par voie d'hérédité une forte dose d'infection; mais
« ceux qui croient le plus fermement à la valeur de ces
« symptômes, croient aussi *qu'en Angleterre ils ne sont*
« *pas présentés par un individu sur 5,000 habitants*[1]. »

Les chirurgiens du continent sont d'accord avec les nôtres. Il y a longtemps, Ambroise Paré déclarait « que la maladie devenait évidemment plus bénigne tous les jours »;
Auzias Turenne affirmait « qu'elle allait en s'affaiblissant
dans toute l'Europe. » Astruc et Diday sont du même avis.
L'autorité la plus récente, Lancereaux, dont l'ouvrage a été
jugé si remarquable que la Société Sydenham l'a traduit,
affirme ce qui suit :

« Dans ces cas, qui sont loin d'être rares, la syphilis n'est
« qu'une maladie avortée ; légère et bénigne, elle ne laisse
« derrière elle aucune trace fâcheuse de son passage. C'est
« un point dont on ne saurait surfaire l'importance. De nos
« jours surtout, en présence de l'effroi exagéré qu'inspire
« encore la syphilis, il faut qu'on sache que dans un grand
« nombre de cas cette maladie disparaît complètement après
« la cessation des éruptions cutanées, quelquefois même
« avec la lésion primitive [2]. »

1. *British Medical Journal*, 20 août 1870. — J'ai pris la précaution
d'aller voir M. Hutchinson pour vérifier cet extrait, et pour lui
demander ce qu'il entendait par *forte dose*. J'ai vu qu'il voulait simplement dire « discernable. » Il m'a expliqué comment il avait
établi son calcul; il s'y était pris de façon à exagérer le mal plutôt
qu'à l'atténuer. J'ai aussi appris de lui que, dans la très-grande
majorité des cas, les gens chez qui l'infection héréditaire est discernable passaient leur vie sans que leur santé en fût sensiblement
altérée.

2. *Traité sur la Syphilis*, par le Dr E. Lancereaux, vol. II, p. 120. —

On aura peut-être remarqué que les témoignages précités sont des témoignages de choix, émanant d'hommes à qui une haute position, une longue expérience, ou une spécialité donnaient toute qualité de juges. Les témoignages à leur opposer sont ceux de Sir James Paget, de Sir W. Jenner et de M. Prescott Hewett, qui regardent le mal comme extrêmement grave. Peut-être invoquera-t-on aussi un document officiel qui déclarait, à propos des appréciations des trois personnages susnommés, que les idées de ces auteurs rencontraient « l'approbation énergique de nombreux praticiens. » Le même document nous apprend « qu'à peine quelques voix isolées se sont élevées pour dire qu'on avait exagéré le mal. » Cette phrase ne donne pas une idée parfaitement juste de la valeur des témoignages que nous avons enregistrés plus haut, d'autant qu'il faut ajouter au poids de tous les témoins en tant que médecins, le poids de plusieurs d'entre eux en tant que spécialistes. Il serait impossible de dire le chiffre exact de voix qu'obtiendrait chaque opinion dans le corps médical, à moins de dresser une liste de tous les médecins et chirurgiens du monde ; mais nous avons un moyen de juger laquelle des deux manières de voir a en réalité « l'approbation énergique de nombreux praticiens : » il suffit pour cela de prendre un groupe médical circonscrit. Sur cinquante-huit médecins et chirurgiens résidant à Nottingham ou dans ses faubourgs, cinquante-quatre ont apposé leurs signatures à un compte-rendu destiné au public ; il constate que la syphilis « est devenue beaucoup plus rare et qu'elle a pris un caractère si benin, que c'est à peine si nous reconnaissons la maladie décrite par nos ancêtres. » Au nombre des signataires étaient presque tous les médecins occupant des positions officielles dans la ville : le doyen de l'*Hôpital Général*, le chirurgien honoraire du même hôpital, les chirurgiens de la prison, du dispensaire général, de l'*Hôpital libre*, de l'*Hôpital de*

J'ai pris cette citation dans l'ouvrage même ; j'ai également puisé dans les originaux les opinions de Skey, Simon, Wyatt, Acton, de la *British and Foreign Medico-Chirurgical Review* et du *British Medical Journal*. On trouvera le reste des passages cités, ainsi que beaucoup d'autres sur le même sujet, dans la brochure du Dr C.-B. Taylor sur *The Contagious Diseases Acts*.

l'Union, les quatre chirurgiens de l'hôpital Lock, les docteurs attachés au *Conseil de Santé,* à l'Union, à *l'Asile de Comté,* etc. etc. Au moment même où j'écris, un témoignage de même nature m'arrive sous la forme d'une lettre publiée dans le *British medical Journal* du 20 juillet 1872 par le docteur Carter, médecin honoraire de l'hôpital *Sud* à Liverpool. M. Carter expose qu'à la suite de plusieurs discussions à l'*Institut médical* de Liverpool, il a « rédigé en personne, sous forme de pétition, un document formulant un blâme énergique contre les *Acts*.... En quelques jours, la pétition a été revêtue de 108 signatures (de membres du corps médical). Pendant que ceci se passait, ajoute M. Carter, « quelques personnes s'efforçaient de recueillir des signatures de médecins, pour la pétition en faveur des *Acts* connus sous le nom de *Mémorial de Londres;* elles ne purent réunir que 29 signatures en tout. »

Cependant, malgré l'abondance et la valeur des témoignages précités, il a été possible de présenter la situation sous un jour tel, que le public et le pouvoir législatif ont été persuadés de la nécessité de prendre des mesures énergiques pour arrêter les progrès croissants du fléau. Ainsi que l'écrivait dernièrement un membre du Parlement, « nous étions certains, d'après des témoignages dont il semblait impossible de contester la valeur, qu'une épouvantable maladie constitutionnelle minait la santé et les forces de la nation, faisant surtout un grand nombre d'innocentes victimes parmi les femmes et les enfants. »

Remarquez ici une circonstance frappante : en semant la panique, des idées aussi fausses peuvent compromettre les résultats de l'expérience accumulée d'une suite de générations, et rendre aveugle sur des faits qui semblaient hors de question. Jusqu'à ces derniers temps, la procédure anglaise était basée sur ce principe : la loi ne peut intervenir que lorsqu'il y a eu dommage évident. Les efforts tentés pour éviter les maux effroyables engendrés par le principe contraire, avaient insensiblement amené une conformité entre les formalités de la procédure et cet axiome. Ainsi que l'a dit un professeur de jurisprudence, « tout le système compliqué de garanties et de contrôles établi par la loi anglaise et consolidé par une longue série de conflits constitu-

tionnels, a eu pour objet d'empêcher que sur les seuls
soupçons, feints ou sincères, d'un agent de police, un innocent puisse être traité, même momentanément, comme un voleur, un meurtrier, ou un autre genre de criminel. » Aujour-
d'hui pourtant, sous l'influence de la frayeur sans fondement
qui s'est emparée des esprits, « on n'a pas hésité à oublier
sans aucune nécessité, la sollicitude montrée jusqu'ici par la
Loi pour la liberté personnelle du plus humble citoyen[1]. »
Etant donnée la nature humaine, on peut conclure à *priori*,
qu'en moyenne il sera grandement abusé du pouvoir irresponsable. L'histoire de tous les peuples, à toutes les époques, fourmille d'exemples confirmant cette hypothèse. Le
développement du régime représentatif n'est que le développement d'une combinaison destinée à empêcher les abus
outrageants du pouvoir irresponsable. Chacune de nos
luttes politiques, aboutissant à un nouveau progrès dans le
sens des institutions libres, a eu pour objet de mettre fin
à un des abus les plus criants du pouvoir irresponsable. Cela
n'empêche pas aujourd'hui de nier implicitement des faits
que notre propre expérience nous met pour ainsi dire sous
la main et qui sont confirmés par l'expérience de toute l'humanité; et on affirme implicitement qu'il ne sera pas gros-
sièrement abusé du pouvoir irresponsable. Tout cela à cause
d'une panique créée artificiellement au sujet d'une maladie
qui s'en va, qui ne fait pas une victime contre quinze qu'enlève la scarlatine, et qui met dix années à tuer ce que la
diarrhée tue en une seule.

On voit par là les dangers contre lesquels il faut se tenir
en garde en recueillant des données sur les questions sociologiques actuelles et encore plus sur celles du temps
passé. En effet, les témoignages qui nous été conservés sur
l'état social, politique, religieux, judiciaire, physique, moral, etc., d'autrefois, et sur l'action exercée à l'encontre de
ces différents états sociaux par des causes particulières,
ont risqué d'être encore plus gravement pervertis ; le respect
de la vérité étant moins grand, on était plus prompt à accepter des allégations non prouvées.

---

1. Sheldon Amos. Voyez aussi son grand ouvrage, *A Systematic
View of the Science of jurisprudence*, pp. 119, 303, 512 et 514.

Même lorsqu'on a pris toutes ses mesures pour se bien renseigner sur une question politique ou sociale à l'ordre du jour, en appelant à comparaître des témoins de tout rang, représentant tous les intérêts, on a de la peine à parvenir à la vérité ; les circonstances de l'enquête tendent par elles-mêmes à mettre en relief certaines classes de témoignages et à rejeter les autres dans l'ombre. Nous invoquerons, à l'appui de ce que nous avançons, les paroles de Lord Lincoln, lorsqu'il proposa d'enclore les terrains communaux.

« Je sais pertinemment que dix-neuf fois sur vingt, les com-
« missions de cette chambre chargées de bills d'intérêt privé
« ont négligé les droits du pauvre. Je ne prétends pas
« qu'elles les aient négligés volontairement — bien loin de
« là ; mais j'affirme qu'elles les ont négligés à cause de
« l'ignorance où on les a laissées à cet égard, parce que le
« pauvre n'a pas le moyen de faire le voyage de Londres,
« de payer un conseil, d'amener des témoins et de faire va-
« loir ses droits devant une commission de cette chambre. »
(Hansard, 1er mai 1845) [1].

Bien d'autres influences d'un ordre différent, mais qui tendent également à bannir d'une enquête certaines classes de faits entrent encore en jeu. Etant donnée une question à résoudre, il est fort probable que selon le sens dans lequel déposeront les témoins, ceux-ci compromettront ou sauveront un système d'où dépendent, en tout ou en partie, leurs moyens d'existence. Une parole d'eux peut offenser leur chef et leur faire perdre leur place, tandis qu'une autre assurera leur avancement. D'autre part, des témoins moins directement intéressés dans la question se laissent influencer par la crainte d'indisposer, en trahissant certains faits, un personnage important de la localité. Dans une ville de province, c'est là une considération majeure. Tandis que sous l'action puissante de ces influences combinées, les témoignages s'accumulent en faveur d'une institution existante, il est non-seulement possible mais probable, qu'il ne se trouvera pas tout à point un parti opposé ayant des intérêts contraires, une organisation et des ressources abondantes, qui s'occupe

1. Cité par Nasse, dans *The Agricultural Community of the Middle Ages*, etc., p. 91 de la traduction anglaise.

activement d'apporter à son tour un contingent de faits con-
tredisant les premiers. Ici, pas de place en danger, pas
d'avancement à attendre, pas d'applaudissements à gagner,
pas d'inimitiés à éviter. Au contraire, il peut se faire que
pour mettre en lumière les faits contradictoires, il soit nécessaire de s'imposer des sacrifices sérieux. Voilà comment
il arrive que l'enquête la plus impartiale et la plus loyale-
ment conduite puisse ne faire connaître qu'un des côtés de
la question.

Une illusion d'optique familière à chacun, fera bien comprendre la nature des illusions qui induisent souvent en erreur
ceux qui s'occupent de sociologie. Tous ceux qui ont vu
un lac ou la mer au clair de lune, ont remarqué une raie lumineuse qui part du lieu où se tient l'observateur pour s'é-
tendre dans la direction de l'astre. En examinant cette
bande, on voit qu'elle est composée d'une série de reflets
brillants renvoyés par les flancs de petites vagues séparées.
Marchez, la raie lumineuse vous suivra. Beaucoup de personnes, même dans les classes cultivées, s'imaginent que
la raie a une existence objective et qu'elle change réellement de place en même temps que l'observateur. Je puis
attester que quelques-unes en paraissent surprises. En
réalité, la raie lumineuse est subjective et quand l'observateur marche, les petites vagues éclairées n'avancent
pas. Dans toute la portion de la surface qui nous paraît
obscure, les ondulations sont frappées par la lumière de la
lune tout aussi vivement que dans la portion brillante, seulement les reflets n'arrivent pas jusqu'à notre œil. Sans
doute, une partie seulement des petites vagues nous semble
éclairée, et, à mesure que nous marchons, nous voyons
s'éclairer d'autres vagues jusque-là obscures; mais tout cela
n'est qu'une apparence trompeuse. La réalité dans toute
sa simplicité, c'est que par notre position nous distinguons
les reflets lumineux renvoyés par certaines ondulations,
tandis que nous ne pouvons pas apercevoir les autres.

En sociologie, on est perpétuellement trompé par des illusions du même genre. Les observateurs sont ordinairement
placés vis-à-vis des faits dans une situation qui rend visibles
les accidents, les exceptions, les événements à sensation, et
qui laisse dans l'ombre les petits faits sans intérêt formant

la grande masse. C'est une cause générale d'erreur à laquelle viennent s'ajouter les causes particulières mentionnées plus haut. Toutes ensemble réagissent sur le milieu à travers lequel nous voyons les faits, le rendent opaque dans certains cas et transparent dans d'autres.

Souvent aussi, une grave perversion des témoignages vient de ce qu'on a inconsciemment confondu observer et déduire. De tout temps, la tendance à donner comme une observation ce qui n'est en réalité qu'une conclusion tirée d'observations, a été une source abondante d'erreurs. Les erreurs seront particulièrement abondantes quand il s'agira de questions sociales. En voici un exemple.

Il y a quelques années, le docteur Stark a publié les résultats de comparaisons faites par lui entre la mortalité des gens mariés et celle des célibataires ; les chiffres semblaient démontrer que l'état de mariage était le plus favorable à la santé. Quelques critiques se produisirent, mais l'argumentation du docteur Stark n'en fut pas sérieusement ébranlée et il est cité depuis comme ayant établi d'une façon concluante la relation qu'il s'agissait de prouver. Une citation empruntée à la *Medical Press and Circular* nous est tombée dernièrement sous les yeux ; c'était un résumé statistique qui était censé confirmer les résultats acquis par les travaux du docteur Stark.

« M. Bertillon a fait une communication à l'Académie de « Bruxelles sur l'influence du mariage. Son travail a été « publié par la *Revue scientifique*. En France, sur 1000 indi- « vidus de 25 à 30 ans, la mortalité est de 6,2 pour les hommes « mariés, 10,2 pour les célibataires et 21,8 pour les veufs. « A Bruxelles, la mortalité est de 9 sur 1000 pour les femmes « mariées et les jeunes filles ; elle n'est pas moindre de « 16,9 pour les veuves. En Belgique, les chiffres sont de 7 « sur 1000 pour les hommes mariés, 8,5 pour les céliba- « taires et 24,6 pour les veufs. La proportion est la même en « Hollande. De 8,2 pour les hommes mariés, la mortalité « s'élève à 11,7 pour les célibataires et à 16,9 pour les veufs ; « de 12,8 pour les femmes mariées, elle tombe à 8,5 pour les « filles et remonte à 13,8 pour les veuves. Le résultat des « calculs pris dans leur ensemble, est que sur 1000 indi-

« vidus de 25 à 30 ans, la mortalité sera de 4 pour les
« hommes mariés, 10,4 pour les célibataires et 22 pour les
« veufs. Cette influence bienfaisante du mariage se mani-
« feste à tous les âges ; les effets en sont toujours plus sen-
« sibles chez les hommes que chez les femmes. »

Il est inutile d'insister pour montrer ce qu'ont d'illusoire
ces conclusions sur la mortalité relative des veufs : ne suffit-il pas d'un instant de réflexion pour s'en convaincre ?
Nous parlerons seulement de l'illusion moins flagrante dans
laquelle sont également tombés M. Bertillon et le docteur
Stark, en comparant la mortalité des hommes mariés et
celle des célibataires. Au premier abord les chiffres relevés
par ces auteurs semblent établir clairement un rapport de
causalité entre le mariage et la longévité, au fond ils ne
prouvent rien du tout. Ce rapport existe peut-être, mais
les données qu'on nous fournit n'autorisent pas à l'in-·
férer.

Il suffit d'examiner les circonstances qui dans nombre de
cas déterminent ou empêchent les mariages, pour voir que
le rapport apparent établi par les chiffres n'est pas le vrai.
Dans les cas d'inclination, quelle est le plus souvent la
raison qui fait décider pour ou contre le mariage? C'est la
possession de moyens d'existence. Il y a certainement des
imprévoyants qui se marient sans avoir de quoi vivre, mais
presque toujours l'homme diffère, ou la femme refuse, ou
la famille fait opposition, jusqu'à ce que le futur couple se
soit assuré des chances raisonnables de pouvoir supporter
les charges auxquelles il s'expose. Eh bien! parmi ces
jeunes gens dont le mariage dépend d'une position, quels
sont ceux qui ont le plus de chance de s'assurer le revenu
nécessaire? Les meilleurs, tant physiquement que qu'intellectuellement — les forts, les capables, les esprits bien
équilibrés au point de vue moral. Souvent la vigueur corporelle permet d'obtenir un succès, et par conséquent un revenu, qui reste hors de la portée des faibles, incapables de
supporter la concurrence. Souvent la supériorité intellectuelle amène l'avancement et l'augmentation de salaire, tandis que les imbéciles croupissent dans les postes inférieurs et mal rétribués. Les gens circonspects et maîtres
d'eux-mêmes, sachant sacrifier le présent à l'avenir, ar-

rivent à des positions qu'on ne donnerait jamais à des incapables agissant à tort et à travers. Or, quels sont, par
rapport à la longévité, les effets de la circonspection, de
l'empire sur soi-même et de la prévoyance, comparés aux
effets de l'étourderie, de l'absence d'empire sur soi-même
et de l'imprévoyance? Il est évident que les uns contribuent à prolonger l'existence et les autres à l'abréger. Donc
les qualités qui sur la moyenne des cas donnent l'avantage
à leur possesseur, parce qu'elles le rendent apte à se procurer les ressources nécessaires à l'homme marié, sont
aussi les qualités qui donnent le plus de chances de longue
vie; et réciproquement.

Il existe une autre relation générale encore plus directe.
Chez tous les animaux supérieurs, l'individu acquiert la faculté de reproduction seulement quand il a à peu près achevé
sa croissance et son développement; la capacité de produire
et d'élever de nouveaux individus est mesurée à ce que
l'animal possède de force vitale en sus de ce qu'il lui faut
pour pourvoir à sa propre existence. Les instincts relatifs à
la reproduction et toutes les émotions qui les accompagnent,
deviennent prédominants au moment où la dépense de force
nécessitée par l'évolution individuelle diminuant, il en résulte un excédant qui permet de pourvoir aux besoins des
rejetons en même temps qu'à sa propre conservation; or en
thèse générale, l'intensité des susdits instincts et émotions
est proportionnée à l'excédant de cette force vitale. Mais,
puisqu'un large excédant de force vitale est inséparable
d'une bonne organisation — c'est-à-dire une organisation
réunissant les conditions de durée — la même supériorité
physique qui est accompagnée d'un grand développement
des instincts poussant au mariage, conduira également à la
longévité.

Une autre influence agit dans le même sens. Le mariage
n'est pas entièrement déterminé par les désirs de l'homme;
il l'est aussi par les préférences de la femme. Toutes conditions égales d'ailleurs, la femme se sent attirée vers
les hommes forts — qu'il s'agisse de force physique, intellectuelle, ou émotionnelle. Il est visible que la liberté du
choix les conduit fréquemment à refuser des échantillons
inférieurs, particulièrement les individus mal conformés,

malsains, ou incomplétement développés au physique ou au moral. Par conséquent, en tant que le mariage dépend de la préférence de la femme, les hommes bien doués trouvent facilement à se marier et une partie des autres restent forcément garçons. Cette influence contribue pour sa part à mettre au nombre des hommes mariés les individus présentant le plus de chance de vivre longtemps et à confiner dans le célibat ceux qui ont le moins de chances de longue vie.

Ainsi nous constatons que la supériorité d'organisation qui conduit à la longévité mène aussi par trois voies au mariage : normalement, elle est accompagnée d'une prédominance des instincts et des émotions qui poussent au mariage; elle met en état de se procurer les moyens d'existence qui rendent le mariage possible; enfin elle augmente les chances de succès dans la recherche de la femme. Les chiffres précités ne prouvent pas qu'il y ait, entre mariage et longévité, un rapport de cause à effet; ils constatent simplement, ce qu'on pouvait avancer à *priori*, que le mariage et la longévité sont les résultats concomitants d'une même cause.

Cet exemple frappant de la manière dont une déduction peut être prise pour un fait, servira à nous mettre en garde contre un autre des dangers qui nous attendront chaque fois que nous aurons affaire aux données sociologiques. La statistique ayant montré que les hommes mariés vivent plus longtemps que les célibataires, la conclusion forcée semblait être que le mariage est plus sain que le célibat. Nous venons de voir que cette conclusion n'est pas le moins du monde forcée ; le rapport existe peut-être, mais il n'est pas démontré par les données fournies. Qu'on juge par là de la difficulté de distinguer les rapports réels des rapports apparents, lorsqu'il s'agit de phénomènes sociaux ayant des liaisons plus enchevêtrées.

Encore une fois, nous nous laissons facilement détourner par les faits superficiels et vulgaires de ces autres faits difficiles à approfondir, mais d'une importance réelle, dont les premiers ne sont que les indices. Toujours les détails de la vie sociale, les événements curieux, les anecdotes qui forment matière à bavardage, dérobent à nos yeux, si nous n'y prenons garde, les enchaînements essentiels et les actions essentielles qui sont au fond des choses. Tout phénomène social est la résultante d'un prodigieux agrégat de causes générales et particulières. Nous pouvons, soit attribuer au phénomène une grande valeur intrinsèque, soit le regarder comme concourant avec d'autres phénomènes à indiquer une vérité qui n'est pas visible au premier abord, mais dont l'importance est réelle. Comparons les deux manières de procéder.

Il y a quelques mois, un correspondant du *Times* lui écrivait de Calcutta:

« Les examens annuels de l'Université de Calcutta fourni-
« raient un curieuse matière à réflexion quant à la valeur
« de nos méthodes d'enseignement. L'examen d'admission
« de cette année comprenait *Ivanhoe* pour la prose. Voici
« quelques réponses que j'ai notées. Je vous fais grâce des
« fautes d'orthographe.

« Question. Qu'est-ce qu'un homme allègre?

« 1re Réponse. Un homme qui a des connaissances super-
« flues.

« 2e R. Un fou.

« Q. Une démocratie?

« 1re R. Le gouvernement des jupons.

« 2e R. La sorcellerie.

« 3e R. Tourner à moitié le cheval.

« Q. Le jargon Babylonien?

« 1re R. Un vaisseau construit à Babylone.

« 2e R. Une espèce de boisson fabriquée à Jérusalem.

« 3e R. Une espèce de vêtement que portaient les Baby-
« loniens.

« Q. Un frère lai?

« 1re R. Un évêque.

« 2e R. Un beau-frère.

« 3e R. Un élève du même parrain.

« Q. Une mule de somme?

« R. Un Juif entêté.

« Q. Un individu qui a l'air bilieux?

« 1re R. Un homme rigide.

« 2e R. Une personne dont le nez est fait en bec d'aigle.

« Q. Un cloître?

« R. Une espèce de coquille.

« Q.   Des politiques de taverne?

« 1re R. Des politiques à la charge de la taverne.

« 2e R. Des gens du commnn.

« 3e R. Des administrateurs de l'Eglise.

« Q.   Une paire de larges chausses au rebut?

« R.   Deux gallons de vin. »

Le fait sur lequel on a voulu attirer ici l'attention comme étant significatif, c'est que les jeunes Hindous auraient fait preuve, à leur examen d'admission, d'une très-grande ignorance du sens de mots et d'expressions employés dans un ouvrage anglais qu'ils avaient lu. L'auteur semble avoir voulu en inférer qu'ils étaient incapables de commencer leur carrière universitaire. Si, au lieu d'accepter ce qu'on nous présente, nous regardons un peu en dessous, ce qui nous frappera sera l'étonnante folie d'un examinateur qui se propose de vérifier si de jeunes garçons sont en état d'aborder des études supérieures, en les interrogeant sur les termes techniques, le cant et l'argot — qui plus est, un argot perdu, — d'une langue étrangère. Au lieu de cette incapacité des enfants qu'on veut nous faire remarquer, nous remarquons plutôt l'incapacité de ceux qui sont chargés de leur éducation.

Maintenant, si au lieu de nous arrêter au fait particulier caché sous celui qu'on proposait à notre attention, nous le considérons en même temps que d'autres du même genre, nous sommes frappés d'un fait général : les examinateurs, surtout ceux qui ont été nommés sous les récents systèmes administratifs, posent, en général, des questions très-mal choisies. Le fils d'un juge me racontait dernièrement que son père s'était trouvé incapable de répondre sur certaines questions posées à des étudiants en droit. Un helléniste bien connu, éditeur d'une pièce grecque, ayant été désigné pour remplir les fonctions d'examinateur, a constaté que les questions indiquées par son prédécesseur étaient trop fortes pour lui. M. Froude, dans le discours d'inauguration qu'il a prononcé à St-André, disait à propos de questions posées par un examinateur chargé de l'histoire d'Angleterre : « Moi-même, j'aurais pu répondre à deux questions sur douze. » M. G. H. Lewes nous a dit à nous-même qu'il lui avait été impossible de répondre aux questions de littérature anglaise que les examinateurs du Service Civil avaient posées à son fils. En rapprochant ces témoignages de ce qu'étudiants et professeurs répètent de tous côtés sur le même sujet, nous trouvons que le fait réellement digne de remarque est celui-ci : au lieu de choisir les questions en vue de juger les élèves, les examinateurs les choisissent en vue de faire briller leur érudition. Les jeunes surtout, ceux qui ont une réputation à faire ou à justifier, profitent de l'occasion pour étaler leur science, sans se soucier autrement de l'intérêt des candidats.

Si nous continuons à creuser, et que nous cherchions, sous ce fait plus significatif et plus général, l'autre fait dont il découle, nous nous trouvons en face d'une question : — Qui examine les examinateurs? Comment se fait-il que des hommes si compétents dans une branche de connaissance spéciale, mais si incompétents lorsqu'il s'agit de sens commun, occupent ces places? Les défauts du personnel d'examinateurs prouvent d'une façon concluante que l'administration est fautive au centre. Il y a quelque part des gens qui décident en dernier ressort et qui n'en sont pas capables. Si l'on demandait aux examinateurs des examinateurs, de remplir un questionnaire portant sur la bonne manière d'examiner et sur les qualités requises chez un examinateur, on obtiendrait des réponses très-peu satisfaisantes.

Étant arrivés à travers les menus détails, puis les faits d'une portée supérieure, jusqu'à cette autre couche de faits qui ont leurs racines plus au fond des choses, nous verrons, en contemplant ces derniers, qu'eux aussi ne sont ni les plus profonds ni les plus significatifs. Les hommes qui ont l'autorité supérieure entre les mains, supposent, comme on le fait généralement, que la seule chose essentielle, chez un professeur ou un examinateur, est la parfaite connaissance des matières qu'il est chargé d'enseigner ou sur lesquelles il devra interroger. Une chose non moins essentielle est la connaissance de la psychologie et surtout de la partie de la psychologie qui s'occupe de l'évolution des facultés. Nul ne sera compétent pour donner un enseignement véritablement instructif, ou pour poser des questions qui permettent de mesurer avec efficacité les résultats de l'enseignement, si des études spéciales ou des observations quotidiennes, servies par une grande pénétration, ne lui ont pas permis de se former une idée approximative de la manière dont l'esprit perçoit, réfléchit et généralise, et des opérations par lesquelles les idées vont du concret à l'abstrait, du simple au complexe.

Il devient manifeste aussi que les dépositaires de l'autorité admettent, comme le public, que la bonté d'une éducation peut se mesurer à la somme de connaissances acquises. Elle se mesure bien plus sûrement à la capacité de se servir de ce que l'on sait, au degré auquel les connaissances acquises se sont transformées en faculté, de façon à être utiles à la fois dans la vie pratique et dans les recherches indépendantes de la science. On a de plus en plus conscience qu'un lourd bagage de notions mal digérées n'a pas grande valeur réelle; mieux vaut savoir moins et s'être assimilé ce qu'on sait. Malgré son évidence, ce sentiment ne s'est point encore incarné dans un corps officiel : la branche de l'administration anglaise qui est chargée de l'instruction persiste, et persistera longtemps encore à obéir à une conception grossière et surannée.

Nous avons donc dans ce cas, de même que dans d'autres fournis par le présent et par le passé, à lutter contre une difficulté provenant de ce que les faits qui nous sont donnés comme principaux par l'importance et l'intérêt, tirent presque tous leur seule valeur de ce qu'ils servent à indiquer. Il faut résister à la tentation de nous arrêter aux trivialités qui forment les neuf dixièmes de nos annales ou de nos histoires, et méritent seulement d'attirer l'attention par ce qu'elles impliquent ou de ce qu'elles démontrent implicitement.

Après les altérations du témoignage dues au défaut de méthode dans la manière de faire les observations, à l'état subjectif de l'observateur, ses passions, ses préjugés, son intérêt personnel — après celles qu'entraîne la tendance générale à donner comme un fait observé ce qui est en réalité une induction tirée d'une observation, et cette autre tendance générale qui fait négliger le travail de dissection par lequel on pénètre à travers les minces résultats de la surface jusqu'aux grandes causes intérieures — viennent les altérations provenant de la distribution des témoignages dans l'espace. Quel que soit l'ordre politique, religieux, moral, commercial, etc., auquel appartiennent les phénomènes que nous avons à considérer, ils nous apparaissent, dans toute société, si diffus, si multiples, dans des relations si diverses avec nous-mêmes, que dans l'hypothèse la plus favorable nous ne pouvons les concevoir que très-imparfaitement.

Voyez l'impossibilité où nous sommes de concevoir une chose relativement aussi simple que le territoire occupé par une société. Même avec l'aide de cartes géographiques et géologiques dues au lent travail d'élaboration d'une nuée d'observateurs, même avec l'aide de descriptions comprenant les villes, les comtés, les districts ruraux et les parties montagneuses; même avec l'aide des observations personnelles que nous avons recueillies à l'occasion en voyageant, même avec tout cela nous sommes loin de nous former une idée approximative de la surface du territoire, mélangée de terres arables, de prairies et de bois; terrain plat, ondulé ou rocheux, drainé par un système de ruisseaux et de rivières, semé de chaumières, de fermes, de villas et de cités. L'imagination se contente de vagabonder çà et là, absolument incapable de se former une idée adéquate de l'ensemble. Comment donc pourrions-nous nous former une idée adéquate d'un sentiment moral, d'un état intellectuel, d'une activité commerciale, répandus sur toute l'étendue de ce territoire, et cela sans cartes, avec le seul secours d'observations faites négligemment par des observateurs négligents? A l'égard de presque tous les phénomènes présentés par une nation prise en masse, il nous est impossible d'avoir plus qu'une appréhension obscure des choses; encore faut-il s'en défier extrêmement; les débats des chambres, les journaux et les conversations, qui fournissent aux opinions les plus contradictoires l'occasion de se produire, sont une démonstration perpétuelle de la nécessité de cette défiance.

Regardez combien le caractère et les actions d'un peuple sont diversement appréciés par les différents voyageurs. On raconte qu'un Français, voyageant en Angleterre depuis trois semaines, résolut d'écrire un livre sur ce pays. Au bout de trois mois il reconnut qu'il n'était pas tout-à-fait prêt ; au bout de trois ans il s'aperçut qu'il ne savait pas le premier mot de son sujet. Si l'anecdote n'est pas vraie, elle est bien trouvée. Toute personne qui comparera ses premières impressions sur l'état des choses dans sa société, avec ses impressions actuelles, verra combien étaient fausses des idées jadis fort arrêtées, combien il est probable que ses idées actuelles, malgré leur révision, ne sont encore justes que partiellement. En se rappelant à quel point il avait fait fausse route dans ses opinions préconçues sur les habitants et la vie d'une région où il n'était jamais allé, et à quel point les caractères distinctifs de certaines classes ou de certaines églises qu'il n'avait pas eu auparavant l'occasion de connaître, s'étaient trouvés à l'épreuve différents de ce qu'il s'était imaginé, il sentira combien cette grande diffusion des faits sociaux est un obstacle à leur juste appréciation.

Il y a encore les illusions provenant de ce que nous appellerons la perspective morale. Généralement nous ne corrigeons pas par la pensée les illusions produites par ce genre de perspective, comme nous corrigeons celles qui proviennent de la perspective physique. Un petit objet rapproché occupe plus de place dans le champ visuel qu'une montagne très-éloignée, mais des expériences bien organisées nous ont mis en état de rectifier instantanément la fausse induction que faisaient naître les apparences visuelles. Cette rectification instantanée de la perspective n'a pas lieu quand on observe des faits sociaux. L'incident puéril survenu chez le voisin produisant plus d'impression que le grand événement qui se passe dans un pays étranger, on s'en exagère l'importance. Renverser des conclusions prématurées, tirées de l'expérience journalière des faits sociaux qui se passent sous nos yeux, en prouvant clairement qu'ailleurs une expérience basée sur des faits plus importants autorise la conclusion contraire, cela n'est point chose aisée.

Nous arrivons ainsi à une autre grande difficulté. C'est seulement au moyen de comparaisons que nous pouvons parvenir à déterminer pour les phénomènes sociaux les relations de cause à effet. Or il est rare que le point de départ de la comparaison soit tout à fait juste. Il n'y a pas deux sociétés semblables ; il existe, entre toutes, des différences, sinon génériques, du moins spécifiques. De là cette particularité de la science sociale, que les parallèles établis entre des sociétés différentes ne peuvent servir de base à des conclusions précises — par exemple, ils ne nous montrent pas avec certitude quel phénomène est essentiel dans une société donnée et quel ne l'est pas. La biologie s'occupe de nombreux individus appartenant à une espèce et de nombreuses espèces appartenant à un genre, et les comparaisons lui fournissent le moyen de distinguer parmi les caractères constants ceux qui sont spécifiques de ceux qui sont génériques. Il en est plus ou moins de même pour les autres sciences concrètes. Mais s'agit-il de sociétés, où l'on pourrait presque dire que chaque individu représente une espèce à lui tout seul, les comparaisons ne donnent plus que des résultats infiniment moins précis, et il n'est plus question de distinguer sans hésiter les caractères accidentels des caractères nécessaires.

Ainsi, même en supposant que les données sur lesquelles nous fondons nos généralisations sociales soient irréprochables, elles n'en sont pas moins, dans bien des cas, si multiples et si diffuses, qu'il en résulte une difficulté pour les condenser d'une manière adéquate en conceptions vraies. Seconde difficulté, il est douteux qu'on puisse jamais tenir compte assez exactement de la perspective morale sous laquelle on contemple les données, pour être certain d'avoir une juste idée des proportions. Enfin, autre difficulté : les comparaisons entre les notions vagues et inexactes que nous avons sur une société et les notions non moins vagues ni moins inexactes que nous avons sur une autre, ces comparaisons ne doivent jamais être acceptées sans cette réserve qu'elles sont justifiables seulement d'une façon partielle, puisqu'en dehors des deux points choisis, les choses comparées n'ont entre elles que des ressemblances partielles.

Une difficulté objective encore plus sérieuse vient de la distribution des faits sociaux dans le temps. Ceux pour lesquels une société est l'œuvre d'un pouvoir surnaturel, à moins qu'elle n'ait été créée par des Actes du Parlement, et

qui par conséquent ne perçoivent aucun lien nécessaire
entre les divers états qu'elle a successivement traversés, ne
seront pas détournés de tirer une conclusion politique d'un
fait accidentel, par le sentiment de la lente genèse des phénomènes sociaux. Mais ceux qui se sont élevés à cette idée
que la société accomplit une évolution, quant à la structure
et aux fonctions, se sentiront hésiter en face de l'intermi-
nable développement à travers lequel il faut remonter pour
trouver très-loin la cause d'un effet récent.

On n'apprécie même pas exactement les faits successifs
présentés par la vie d'un individu, parce qu'en général on
est incapable d'embrasser par la pensée la série d'opérations qui conduit graduellement au résultat définitif. Nous
en voyons un exemple dans la mère qui a l'absurdité de
céder à un enfant méchant pour avoir la paix, sans être
capable de prévoir qu'à la longue, son système produira la
discorde à l'état chronique. La saine appréciation des résultats est rendue encore plus difficile pour une nation, dont
le minimum de vie, s'il s'agit d'un type supérieur, est de
cent générations d'hommes, par la durée prodigieuse des
actions au travers desquelles les antécédents produisent
leurs conséquences. Un législateur choisi dans la moyenne
raisonne en politique à peu près comme la mère de l'enfant
gâté; il juge qu'une chose est bonne ou mauvaise, d'après
son résultat immédiat ; que ce résultat soit bon, et la mesure
passe pour être suffisamment justifiée. Tout dernièrement,
nous avons vu procéder à une enquête sur les résultats
d'une administration qui fonctionnait depuis cinq ans ; il
était tacitement convenu que si les résultats étaient reconnus bons, ce serait la justification de l'administration.

Pourtant s'il est une vérité qui crève les yeux quand on
fouille les annales du passé, non pour s'amuser aux récits
de batailles ou pour se repaître de scandales de cour, mais
pour surprendre l'origine et le jeu des lois et des institutions, c'est que bien des générations passent avant qu'on
puisse voir ce qui sortira d'une action accomplie. Voyez
nos *Lois des Pauvres*. Quand, le servage ayant disparu, les
vilains ne furent plus soutenus par leurs propriétaires, —
quand personne n'eut plus à maîtriser les manants et à subvenir à leurs besoins, il se forma une classe toujours plus

nombreuse de mendiants et de « hardis coquins, préférant le vol au travail ». Quand, sous Richard II, on donna autorité sur ces gens-là aux juges et sheriffs, — ce qui eut pour résultat immédiat de lier les domestiques, ouvriers et mendiants, à leurs localités respectives ; — quand, pour résoudre le cas des pauvres incapables de travailler par suite d'infirmités, on rendit les habitants responsables dans une certaine mesure des mendiants impotents trouvés sur leur district, — ce qui ramenait sous une forme plus générale le principe féodal des droits réciproques du sol sur l'homme et de l'homme sur le sol ; — quand tout cela se passait, personne ne soupçonnait qu'on posait les fondements d'un système dont le fruit serait un jour une démoralisation menaçant l'Angleterre d'une ruine générale. Lorsque, dans les siècles suivants, — pour arrêter les progrès du vagabondage, que les châtiments étaient impuissants à réprimer, — on remit en vigueur les anciennes lois après leur avoir fait subir des modifications qui jetaient les pauvres à la charge des paroisses et rétablissaient contre les vagabonds les peines les plus sévères, jusqu'à la peine de mort sans bénéfice de clergie — jamais il ne vint à l'esprit de personne, non-seulement que cette législation finirait, grâce à l'énervement graduel de l'élément pénal, par ne plus exercer en pratique qu'une action illusoire contre la fainéantise, mais encore que les arrangements qu'elle entraînait pourraient, dans un cas donné, constituer des primes énormes à la paresse. Personne, législateur ou autre, ne prévoyait que dans l'espace de 230 années, la taxe des pauvres, s'étant élevée à la somme de 175 millions de francs, deviendrait une sorte de gangrène nationale dont on pourrait dire :

« Les ignorants la considèrent comme un fonds inépui-
« sable, à eux appartenant. Pour en avoir sa part, le brutal
« brutalise les administrateurs, l'homme dissolu invoque
« des bâtards à nourrir, le paresseux se croise les bras et
« attend jusqu'à ce qu'il se soit fait donner ; des garçons et
« des filles ignorants comptent, en se mariant, vivre aux dé-
« pens de la taxe des pauvres ; des braconniers, des voleurs
« et des prostituées extorquent par l'intimidation l'argent
« qu'elle produit ; dans les campagnes, magistrats et admi-
« nistrateurs prodiguent les fonds, les premiers pour se

« rendre populaires, les autres pour leurs convenances
« personnelles.

« ....Que de gens sont tombés par elle, qui valaient mieux !
« après une lutte stérile, le villageois qui payait la taxe
« passe à la caisse demander du secours; la fille honnête
« meurt de faim, tandis que sa voisine effrontée touche
« 1 shelling 6 deniers par semaine, pour chaque enfant illé-
« gitime. »

Personne n'imaginait que la loi d'Elisabeth aurait, entre autres conséquences, celle de faire peser sur la masse
des contribuables les frais de culture des fermiers, par la
raison que ceux-ci, devenus les principaux administrateurs, s'arrangent pour faire payer à la taxe des pauvres
une partie du salaire de leurs ouvriers. On ne pensait pas
davantage que des relations si anormales entre maîtres et
ouvriers auraient pour conséquence une mauvaise culture;
ni que, pour échapper à la taxe, les propriétaires éviteraient
de construire de nouveaux cottages et abattraient même
une partie des anciens; d'où l'encombrement des logements
avec tous les inconvénients qui en résultent pour la santé
du corps et celle de l'esprit. Personne n'imaginait que les
soi-disant *maisons de travail (workhouses)* deviendraient
l'asile de la paresse et un endroit où les gens mariés mon-
treraient successivement toutes « leurs affinités électi-
ves [1]. » Ces mauvais résultats, et bien d'autres qu'il serait
trop long d'énumérer, aboutissent en dernier ressort à un
résultat général plus désastreux que tous les autres, celui
de favoriser la multiplication des mauvais aux dépens
des bons. Tout cela est pourtant sorti à la longue de
mesures prises il y a plusieurs siècles dans le seul but de
remédier à certains maux du moment.

Ces exemples ne montrent-ils pas que les résultats réellement essentiels de la politique pratiquée par un peuple,

---

1. Dans un cas, « sur trente couples d'époux, il ne restait plus
un seul homme vivant avec sa propre femme, et quelques-uns
d'entre eux avaient changé de femme deux ou trois fois depuis
le commencement. » On trouvera ce renseignement, ainsi que
beaucoup d'autres exemples du même genre, dans les traités sur
la Loi des Pauvres de feu mon oncle le révérend Thomas Spencer,
de Hinton Charterhouse, qui a été président de la *Bath Union*
pendant les six premières années à partir de la fondation.

se manifesteront seulement dans le cours d'une de ces longues périodes nécessaires pour façonner le caractère, les habitudes et les sentiments de ce peuple? — Examinons cette question d'un peu plus près.

Dans une société qui vit, grandit et se modifie, chaque nouveau facteur devient une force permanente, qui modifie plus ou moins la direction du mouvement déterminé par l'agrégat des forces. La marche des changements sociaux n'est jamais simple et directe; la combinaison de tant de causes diverses la rend irrégulière, compliquée et toujours rhythmique, de sorte que si l'on n'en observe qu'une petite portion, il est impossible de juger de la direction générale. Chaque action sera inévitablement suivie au bout d'un certain temps par quelque réaction, directe ou indirecte, et celle-ci par une contre-réaction; jusqu'à ce que tous ces effets successifs se soient produits, personne ne peut dire comment le mouvement total sera modifié. Il faut comparer des positions séparées dans le temps par d'immenses intervalles, avant de pouvoir reconnaître avec exactitude la tendance du mouvement. Même lorsqu'il s'agit d'une chose aussi simple qu'une courbe plane, on ne peut en déterminer la nature sans l'examiner sur une longueur considérable. Considérez quatre points voisins les uns des autres. La courbe qui passe par ces quatre points peut être un cercle, une ellipse, une parabole, une hyperbole; ou bien elle peut être une chaînette, une cycloïde, une spirale. Prenez des points plus distants; il devient possible de se faire quelque idée de la nature de la courbe; évidemment ce n'est pas un cercle. Prenez-en de plus distants encore; on pourra voir que ce n'est ni une ellipse ni une parabole. Lorsque les distances seront relativement grandes, le mathématicien pourra déclarer avec certitude que telle courbe seule passe par les points donnés. Eh bien! dans des mouvements aussi complexes et aussi lents que ceux qui constituent la vie d'une nation, dont les inflexions grandes ou petites correspondent à une direction générale, il est impossible de tracer cette direction générale d'après l'examen de périodes rapprochées, — il est impossible de calculer l'effet produit sur la direction générale par l'intervention d'une force additionnelle, d'après des observations qui ne portent que sur quelques années ou sur quelques générations.

En effet ces mouvements, les plus compliqués de tous, présentent une difficulté à laquelle tous les autres mouvements n'ont rien d'analogue; ceux qui se rapportent à l'évolution individuelle offrent seuls quelque chose d'approchant. Chaque facteur, outre qu'il modifie le mouvement d'une façon immédiate, le modifie d'une façon médiate, en changeant l'intensité et la direction de tous les autres facteurs. Une influence nouvellement mise en jeu dans une société n'agit pas seulement directement sur les actions des membres de cette société, mais aussi indirectement sur leur caractère. En continuant de génération en génération à modifier les caractères, cette influence altère par l'action de l'hérédité les sentiments que chacun apporte dans la vie sociale, d'où il résulte qu'elle altère aussi l'intensité et la nature de toutes les autres influences qui agissent sur la société. En apportant lentement des modifications à la nature même des hommes, elle met en jeu des forces multiples dont l'intensité et la direction échappent au calcul, et qui, agissant sans tenir aucun compte du point de départ, peuvent produire des effets absolument opposés à ceux qu'on eût attendus de l'influence originaire.

Pour mettre dans tout son jour cette difficulté objective et pour montrer plus clairement encore combien il importe de prendre pour données des conclusions sociologiques, non pas les conséquences passagères, mais les conséquences qui emploient des siècles à se produire ou dont on peut suivre la trace à travers la civilisation tout entière, nous allons tirer un enseignement d'une circonstance qui se retrouve chez les agents régulateurs de toutes les nations.

La signification primitive des sacrifices humains est assez claire par elle-même. Elle le devient tout à fait si l'on remarque que dans les contrées où fleurit encore le cannibalisme et où les principaux consommateurs de chair humaine sont les chefs, ces chefs, auxquels on donne l'apothéose après leur vie, sont censés se nourrir dans l'autre monde des âmes des morts : — car les âmes sont regardées comme une sorte de *duplicata* aussi matériel que le corps auquel elles appartiennent. Si quelque doute pouvait subsister, il serait dissipé par ce que nous savons des anciens Mexicains; lorsque la guerre avait été longtemps sans fournir de victimes, les prêtres allaient se plaindre au roi que le dieu avait faim. Quand un sacrifice humain avait lieu ils offraient le cœur de la victime à l'idole, humectant ses lèvres avec le sang et lui mettant même des morceaux de chair dans la bouche; ils faisaient ensuite cuire le reste du corps et le mangeaient. Voici le fait commun à plusieurs civilisations sur lequel nous voulons appeler ici l'attention : les sacrifices de prisonniers ou d'autres hommes, d'abord universellement pratiqués chez les cannibales nos ancêtres, persistent dans les usages ecclésiastiques longtemps après avoir disparu de la vie sociale ordinaire. A ce premier fait s'en rattachent étroitement deux autres, qui conduisent aussi à des inductions d'une portée générale. Les instruments tranchants de pierre continuent à être employés dans les sacrifices à une époque où, pour tous les autres usages, on se sert d'instruments de bronze et même de fer : le Deutéronome ordonne aux Hébreux de construire des autels de pierre sans se servir d'outils de fer; le grand prêtre de Jupiter à Rome se rasait avec un couteau de bronze. La méthode primitive d'obtenir du feu en frottant deux morceaux de bois l'un contre l'autre, survit dans les cérémonies religieuses après qu'elle a été abandonnée dans la vie domestique; aujourd'hui encore, chez les Hindous, la flamme s'allume sur l'autel au moyen de « la baguette à feu. » Ce sont là des exemples frappants de la ténacité avec laquelle la partie la plus ancienne de l'organisation régulatrice s'attache aux traits qui la caractérisaient à l'origine, en dépit des influences qui modifient tout autour d'elle.

La même remarque peut s'appliquer au langage écrit ou parlé. Les Egyptiens continuèrent à se servir des hiéroglyphes primitifs pour la littérature sacrée, longtemps après qu'un système plus perfectionné eût été adopté pour les usages profanes. Le fait que de nos jours juifs et catholiques romains disent encore leurs offices en hébreu et en latin prouve la force de cette tendance, considérée indépendamment des croyances particulières à chaque religion. En Angleterre même, un cléricalisme moins dominant nous donne quelque chose d'analogue. L'anglais de la Bible est plus archaïque que n'était l'anglais courant de l'époque où la traduction fut faite, et plusieurs mots reprennent, quand ils sont prononcés dans le cours du service divin, un sens ou une prononciation tombés en désuétude. La tendance en question se révèle, jusque dans la typographie, par les lettres enluminées usitées pour les rubriques ; les Puséistes et les ritualistes, qui visent à renforcer l'Anglicanisme, trahissent une préférence décidée pour les caractères et les ornements archaïques. Esthétiquement, nous devons à leur impulsion un retour aux types les plus primitifs de la sculpture décorative. On peut en juger par deux monuments récents, élevés dans la cathédrale de Canterbury à la mémoire de l'archevêque Sumner et d'un autre ecclésiastique. Les deux personnages, revêtus de costumes sacerdotaux, couchés sur le dos, les mains jointes, à la manière des chevaliers à cottes de mailles que le moyen âge plaçait sur les tombeaux, présentent cette symétrie absolue qui est un des traits distinctifs de l'art barbare : témoin les bonshommes tracés par la main des enfants et les idoles taillées par les sauvages.

Sciemment ou non, qu'il s'agisse d'usages ou de doctrines, on adhère à ce qui est vieux. Vérifier ce qu'ont dit les Pères de l'Eglise, c'est vérifier ce qu'il faut croire, non pas seulement pour les catholiques romains, mais encore pour bien des protestants. La controverse actuellement pendante sur le symbole d'Athanase nous fait voir l'autorité attachée à l'antiquité d'un document. L'antagonisme qui s'est déclaré entre l'assemblée du clergé et les membres laïques de l'église à propos des clauses relatives à la malédiction, que le clergé, en tant que corps, voudrait conserver et que les autres voudraient supprimer, montre à son tour que le protestantisme officiel demeure infiniment plus attaché que le protestantisme non officiel à tout ce qui est vieux. Le même contraste s'est produit dernièrement en Irlande, entre les opinions de la partie laïque et celles de la partie ecclésiastique de l'église protestante d'Irlande.

La même tendance, moins dominante à la vérité mais néanmoins très-prononcée, se fait sentir dans toute l'organisation politique. L'établissement graduel de la loi par la consolidation de la coutume, c'est la formation de quelque chose de fixe au milieu de choses qui changent; et, si nous considérons une organisation politique à son point de vue le plus général, c'est-à-dire comme l'agent chargé de maintenir un ordre permanent, nous disons qu'il est de son essence même de manquer relativement de souplesse.

Un exemple curieux de la manière dont les principes et les usages primitifs survivent dans les actions des gouvernants, après avoir cessé d'être en pleine vigueur chez les gouvernés, c'est la longue persistance du droit féodal qui continua de régir les rapports des nobles entre eux après être tombé en désuétude chez les bourgeois des villes. Nous voyons aussi les grands vassaux continuer à se faire justice eux-mêmes, après que les petits en eurent perdu le pouvoir; on leur reconnaissait non-seulement le droit de se faire la guerre entre eux, mais encore celui de se défendre contre le roi. Même de nos jours, dans les rapports de peuple à peuple, les gouvernements ont recours à la force armée pour obtenir réparation du préjudice souffert, exactement comme faisaient autrefois tous les individus. Un autre fait significatif vient corroborer les premiers : l'institution des combats judiciaires, qui était la régularisation du système primitif sous le règne duquel chacun se faisait justice à soi-même, a survécu dans les classes gouvernantes après avoir cessé d'être sanctionné par la loi pour les classes inférieures. Il y avait même des duels judiciaires en faveur des communautés religieuses. Le point à noter ici, c'est que le système consistant à se battre, soit en personne, soit par mandataire, s'est perpétué en fait ou pour la forme dans diverses parties de l'organisation régulatrice, à une époque où il avait cessé du reste d'avoir un caractère légal. Jusqu'au règne de George III, on pouvait réclamer le jugement par bataille au lieu du jugement par jury. Il y a bien peu de temps, l'usage du duel existait encore dans les classes dirigeantes, particulièrement dans l'armée. Aujourd'hui, le duel entre officiers est encore admis et sur le continent il est même dans certains cas obligatoire. Les usages les plus anciens sont donc aussi, à cause de la connexité qui existe entre eux et les parties les plus anciennes de l'organisation gouvernante, ceux qui survivent le plus longtemps.

On ne saurait en donner une preuve plus frappante que ce personnage en armure qui a figuré jusqu'aux temps modernes dans la cérémonie du couronnement, où il se proclamait par la bouche d'un héraut le champion du roi contre tout venant.

Si nous passons des agents qui assurent l'exécution de la loi aux formalités, termes et documents judiciaires, nous retrouvons partout la même tendance. Le parchemin, généralement remplacé par le papier, s'emploie encore pour les actes. On se sert pour les écrire d'un vieux type d'écriture. Des mots latins et normands-français, absolument inusités ailleurs, sont conservés dans la langue du droit anglais; il est jusqu'à des mots du vieil anglais, *seize* par exemple, qui, employés juridiquement, gardent un sens qu'ils n'ont plus dans le langage usuel. Les formalités d'authentication des documents démontrent la même vérité. Ainsi, le sceau, qui était originairement la signature, subsiste concurremment avec la signature écrite qui est venue le remplacer dans la pratique ordinaire. Nous conservons jusqu'au symbole du symbole, par exemple le papier gaufré qui, dans tout transfert d'action, représente le sceau. Parmi les coutumes dont la trace a persisté dans les transactions légales, il s'en trouve de bien plus vieilles encore. En Écosse, le vendeur d'une propriété remet un fragment de roche à l'acheteur ; ce qui correspond évidemment à une cérémonie pratiquée par les peuples de l'antiquité et qui consistait à envoyer la terre et l'eau en signe de cession de territoire.

Les administrations officielles nous fourniraient au besoin une foule de faits à l'appui. En dépit des nécessités impérieuses imposées par le soin de la défense nationale, on a eu beaucoup de peine à remplacer la platine à silex du mousquet par une platine à percussion. La carabine a servi de fusil de chasse à plusieurs générations avant d'être devenue d'un emploi général à la guerre. Il y avait longtemps que le commerce tenait tous ses livres en partie double, lorsque les bureaux du gouvernement se résignèrent enfin à délaisser la tenue en partie simple ; 1834, qui vit cette révolution, assista également à la ruine d'un autre système encore plus primitif, celui des tailles et des coches. On y a renoncé depuis le jour où l'on occasionna un incendie en brûlant les tailles du Trésor public.

Il en est de même pour tout ce qui est affaire de costume. On voit encore des chapeaux à cornes sur la tête des officiers, et un habit d'une coupe démodée tient bon comme costume de cour. L'épée portée autrefois par tous les *gentlemen* ne se met plus qu'avec les costumes d'apparat réservés aux grandes cérémonies. Tout ce qui est officiel a un uniforme, dont on peut faire remonter le dessin à une mode surannée abandonnée dans la vie de tous les jours. Quelques-uns de ces objets antiques surmontent le chef de nos juges ; d'autres pendent au col des prêtres ou s'attardent le long des jambes d'un évêque.

Ainsi nous retrouvons partout cette persistance de certains usages : dans le couteau de silex dont se servent les Juifs pour la cérémonie religieuse de la circoncision ; dans notre manière de prononcer la syllabe finale du prétérit dans le service divin ; dans le *oyez* par lequel on réclame l'attention dans un tribunal ; dans les épaulettes des officiers ; dans les mots normands-français qui servent à exprimer le consentement royal. Quand nous voyons cette persistance à travers les siècles dans toutes les parties de l'organisation gouvernementale ; quand nous voyons qu'elle est l'accompagnement naturel de la fonction de cette organisation essentiellement répressive ; quand nous calculons quelle sera l'action future de l'organisation dans un cas quelconque, d'après l'inflexion générale de sa courbe, observée dans de longues périodes du passé ; alors nous sentons combien peuvent être trompeuses les conclusions tirées de faits récents. Nous nous garderons donc, chaque fois qu'on imposera n'importe où une nouvelle fonction aux pouvoirs publics, de compter sur les grands résultats immédiats qu'on espère ; mais nous prévoirons qu'après une première phase d'activité le nouvel organisme perdra rapidement de sa plasticité, que la tendance à la rigidité qui la caractérise s'accusera, et qu'à l'effet d'expansion se substituera un effet de restriction.

Le lecteur comprend mieux maintenant ce que nous voulions dire en affirmant qu'on ne peut parvenir à une conception vraie des changements sociaux qu'en suivant à travers les siècles le lent travail qui préside à leur développement. Baser des conclusions sur les résultats donnés par une période de temps peu étendue, c'est aussi illusoire que de chercher à déterminer la courbure de la terre en observant si une personne qui marche à sa surface monte ou descend. Cette vérité reconnue, le lecteur concevra toute l'importance de cet autre obstacle à l'étude de la science sociale.

« Mais n'est-ce pas trop prouver? S'il est d'une difficulté si extrême en sociologie de se procurer des témoignages qui ne soient altérés ni par l'état subjectif du témoin, ni par ses préjugés, ses passions, ses intérêts, etc., — si, dans les cas d'examen impartial, les conditions créées par l'enquête même sont très-propres à falsifier le résultat — si l'on est toujours porté à affirmer comme un fait observé ce qui n'est en réalité qu'une déduction tirée d'une observation — s'il y a également tendance très-marquée à se laisser aveugler par les trivialités de la surface sur les faits intimes et essentiels — si, même lorsqu'il est possible de se procurer des données exactes, le nombre infini de ces données et leur diffusion dans l'espace empêchent d'en voir nettement l'ensemble, tandis que la lenteur avec laquelle elles se produisent dans le temps interdit à l'esprit humain de percevoir les véritables relations qui existent entre les antécédents et les conséquences; si tout cela est vrai, n'est-il pas manifestement impossible d'élaborer une science sociale? »

Nous reconnaissons que voilà un ensemble de difficultés objectives véritablement formidable. Si le but de la science sociale était d'arriver à des conclusions parfaitement précises et spéciales, dont la justesse dépendrait de l'exactitude de données soigneusement coordonnées, il faudrait évidemment y renoncer. Mais ce n'est pas le cas. Certaines classes de faits généraux n'en subsistent pas moins, déduction faite des erreurs de détail de toute provenance. Quelques contradictions que nous surprenions entre les relations des événements survenus à l'époque de la féodalité, la comparaison de ces relations n'en révèle pas moins la vérité incontestable qu'il y a eu un système féodal. Les lois et les chroniques du temps indiquent à qui procède par voie d'induction, les traits de ce système et en rapprochant des narrations et des documents écrits pour nous apprendre tout autre chose que la constitution du régime féodal, nous parvenons à nous former une idée assez claire de ces traits en ce qu'ils ont d'essentiel — idée qui gagne encore en netteté par le collationnement des témoignages fournis par différentes sociétés contemporaines. De même pour tout le reste. En sachant se servir des dépositions des témoins passés et présents, qui valent plus par ce qu'elles permettent d'inférer que par ce qu'elles ont l'intention d'apprendre, il est possible de rassembler des données d'où nous tirerons des inductions sur la structure des sociétés et sur l'origine et le développement des différentes fonctions de chacune d'elles. Avec le secours de la méthode comparative, on pourra presque toujours surmonter les obstacles qui s'opposeraient à ce qu'on mît de l'ordre dans les données fournies par une société quelconque.

Nous devons néanmoins avoir toujours présentes à l'esprit les difficultés énumérées ci-dessus. Dépendant absolument des témoignages, nous ne devons jamais perdre de vue combien il y a de manières de les altérer — il faut n'en estimer la valeur qu'après avoir tenu compte d'une infinité de circonstances et prendre garde de ne pas nous fonder dans nos conclusions sur des faits particuliers, empruntés à une époque ou à un lieu particuliers.

CHAPITRE VI

DIFFICULTÉS SUBJECTIVES VENANT DE L'INTELLIGENCE

Voici un enfant et sa mère. Celle-ci est assez bornée. Observez-les; vous serez frappé de l'incapacité que montre la mère d'entrer dans les sentiments et les pensées du baby. Celui-ci a besoin de dépenser son activité; il a envie de tout voir, il est toujours en mouvement et son agitation impatiente sa mère. Supposons qu'on soit en chemin de fer. L'enfant voudrait regarder par la portière; on le lui défend; alors il grimpe sur la banquette ou touche aux paquets. — Assois-toi et ne bouge pas. — Je te dis de descendre. — Veux-tu te tenir tranquille ? — Toutes les demi-minutes vous entendez une apostrophe de ce genre. Nous reconnaissons que c'est en partie dans l'intérêt des autres voyageurs. Mais, ainsi qu'il vous sera aisé de vous en assurer dans des instants où ce motif n'existera pas, c'est surtout par respect pour ce qui constitue, dans son esprit, les convenances, que la mère s'efforce de réprimer cette activité enfantine; et elle le fait sans se rendre compte de la grandeur de la peine qu'elle inflige. Elle-même a cependant traversé cette phase de la curiosité intense, ce jeune temps où chaque objet entrevu en passant a le charme de la nouveauté et où la sève surabondante cause, si on ne la laisse déborder, une irritation pénible. Cependant elle ne sait plus comprendre l'ardeur de ce désir de voir qu'elle désappointe, ni la difficulté de garder cette immobilité qu'elle exige. Elle conçoit la conscience de son enfant dans les conditions de la sienne, et sentant combien il est facile de s'asseoir, de se tenir tranquille et de ne pas regarder par la portière, elle attribue la conduite du baby à une méchanceté pure.

Je rappelle cet exemple et des exemples analogues à l'esprit du lecteur, pour lui faire apprécier une nécessité et une difficulté. La nécessité consiste en ceci : lorsque nous avons affaire aux autres et que nous interprétons leurs actes, nous sommes obligés de nous représenter leurs sentiments et leurs actions dans les conditions des nôtres. La difficulté vient de ce qu'en nous les représentant ainsi, nous ne pouvons jamais être tout à fait dans le vrai, et que souvent nous tombons tout à fait dans le faux. La conception qu'une personne se forme de l'esprit d'une autre est toujours plus ou moins sur le modèle de son propre esprit — elle est automorphique; et évidemment plus l'esprit dont cette personne doit se faire une idée diffère du sien, plus cette interprétation automorphique a chance d'être éloignée de la vérité.

Mesurer les actions d'un autre avec l'étalon fourni par nos propres idées et nos sentiments personnels est une occasion et souvent une cause d'erreur; il n'est personne qui ne l'ait souvent remarqué. Entre membres d'une même société, présentant de grandes analogies de nature, les explications automorphiques sont fréquemment erronées; tout le monde comprend cela. Mais combien plus erronées sont en général ces explications lorsqu'il s'agit des actions d'hommes appartenant à une autre race et n'ayant avec nous qu'une parenté de nature comparativement éloignée.

Nous nous en apercevons, à la vérité, quand l'interprétation n'est pas de nous et que l'état mental de l'interprète comme celui de l'interprété n'ont rien de commun avec le nôtre. Ainsi, quand nos vieux auteurs anglais conçoivent le monde grec dans les conditions du régime féodal et travestissent les héros de l'antiquité en princes, en chevaliers et en écuyers, il devient évident à nos yeux que leur temps se faisait les idées les plus fausses de la civilisation antique. Quand nous lisons dans les pieux récits du moyen-âge que Virgile était au nombre des prophètes qui visitè-

rent le berceau du Christ ; — quand nous voyons figurer un
château à herse dans les enluminures d'un psautier illustré
représentant diverses scènes de la vie du Christ ; — quand
Langland nous raconte la mise en croix dans la langue de
la chevalerie, tellement que l'homme qui perça le Christ de
sa lance devient un chevalier qui déshonore sa chevalerie [1];
quand on nous dit que les croisés s'intitulaient « vassaux du
Christ » ; — cela nous suffit ; nous savons sans autre
preuve qu'en interprétant les arrangements sociaux et les
actes des Juifs d'après leurs propres idées et leurs propres
sentiments, nos ancêtres tombaient dans l'absurde. Ce que
nous ne voyons pas, c'est que nous-mêmes, en vertu de
la même tendance, nous nous formons à chaque instant
des idées, moins grotesques peut-être, mais bien éloignées
aussi de la vérité.

Un exemple fera sentir à quel point il est difficile de se
représenter un état mental très-différent du nôtre, de façon
à bien comprendre les actions individuelles et par suite les
actions sociales qui en découleront.

Le lecteur se rappelle sans doute confusément la vague
impression d'étonnement que lui ont causé ses premières
études de mythologie grecque. La pensée qui traversait son
esprit, peut-être sans qu'il sût la formuler, c'était qu'on ne
s'explique pas comment des histoires pareilles ont pu trouver créance. Plus tard, en lisant dans les récits de voyage
les superstitions bizarres des sauvages, au sentiment de l'absurdité de ces superstitions est venue se joindre chez lui
une profonde surprise de ce qu'un être humain, même le
plus ignorant et le plus stupide, puisse y ajouter foi. Croire
qu'une tribu voisine descend d'un canard ; qu'il pleut quand
certaines divinités crachent sur la terre ; que l'île qu'on habite
a été retirée du fond de la mer par un dieu, qui l'a accro-
chée en pêchant à la ligne ; toutes ces idées et bien d'autres non moins risibles frisaient la folie aux yeux de notre
écolier. Il les interprétait automorphiquement — apportant
dans l'examen qu'il en faisait, non-seulement des facultés
devenues infiniment plus complexes que celles du sauvage,
mais aussi les procédés de raisonnement auxquels il avait été

1. *History of English poetry*. Warton, vol. II, page 57, note.

habitué et le bagage de connaissances qu'il avait pu acquérir.
Depuis lors, l'idée de s'y prendre autrement ne lui est probablement jamais venue. Si elle lui vient maintenant, il est fort
probable qu'il ne réussira pas à se mettre parfaitement au
point de vue du sauvage; peut-être même en est-il complètement incapable. C'est pourtant en voyant les choses avec
les yeux du sauvage qu'on peut comprendre ses idées ou
sa conduite et s'expliquer les phénomènes sociaux qui
en résultent. Ces superstitions, si bizarres à nos yeux,
sont parfaitement naturelles; en un certain sens, étant
donnés le temps et le lieu où elles se produisent, elles sont
même parfaitement rationnelles. Les lois de l'action intellectuelle sont les mêmes pour l'homme civilisé et pour le
barbare. La différence gît dans le degré de complexité des
facultés et dans la somme des connaissances accumulées et
généralisées. Étant données des facultés réflectives aussi
peu développées que le sont celles d'un aborigène — étant
donné le petit nombre de ses idées, recueillies dans un espace étroit et sans qu'il ait la ressource d'étendre le champ
de ses observations dans le temps — enfin, étant donnée sa
nature impulsive incapable d'une recherche patiente; ces
histoires qui nous paraissent monstrueuses sont en somme
les explications les plus naturelles qu'il puisse imaginer de
ce qui l'entoure. Ceci admis, il ne sera pas facile néanmoins
d'entrer dans la peau de votre sauvage et de penser à son
point de vue, assez clairement pour suivre à travers toutes
les relations, sociales ou autres, de la vie, les effets de ses
idées sur ses actes.

Une autre difficulté parallèle à la précédente s'oppose à
ce que nous comprenions un caractère très-différent du
nôtre, de manière à nous rendre compte de ce qu'il donnera
en conduite. Rien ne nous fera mieux sentir notre incapacité
à cet égard que d'observer l'incapacité converse des autres
races quand il s'agit de comprendre notre caractère à nous
et les actions qui en sont la résultante.

« Les œuvres d'Allah sont merveilleuses! Vois ce Franc!
« Il pourrait rester tranquillement assis et dès qu'il le peut il
« se traîne à pied çà et là [1]. »

---

1. Burton, Scinde, vol. II, page 13.

Nous lisons aussi dans le journal du capitaine Speke :

« Si je me promenais un peu pour me dégourdir les jambes,
« ils (les Somali) se formaient en conseil de guerre pour dis-
« cuter les mobiles de ma conduite; dans leur esprit, il fal-
« lait que j'eusse des desseins secrets sur leur pays, car un
« homme jouissant de son bon sens ne fait pas aller ses jam-
« bes inutilement [1]. »

Les exemples de ce genre démontrent que notre caractère
est à peu près incompréhensible pour les peuples d'une race
très-différente de la nôtre; mais cela ne nous empêche pas de
négliger régulièrement, dans notre interprétation des phénomènes sociologiques, le fait corrélatif du premier, que
de notre côté nous ne pouvons pas davantage entrer dans
les sentiments des individus d'une autre race et comprendre
les raisons de leurs actes. Ainsi nous trouvons tout naturel
d'avoir recours aux procédés les plus simplifiés et d'a-
dopter les nouvelles méthodes quand elles constituent un
progrès : aussi sommes-nous fort étonnés de voir les Chinois
s'en tenir à leurs lampes de papier fumeuses, se contenter
d'admirer nos lampes Argand qui donnent une lumière si
claire et les laisser de côté quand on leur en fait cadeau.
Nous ne comprenons pas que les Hindous continuent à
préférer leurs grossiers outils primitifs depuis qu'ils ont vu
à l'œuvre nos outils perfectionnés, qui produisent plus de
besogne avec moins de travail. En descendant jusqu'à des
races encore plus différentes sous le rapport de la civilisation, il arrive plus souvent encore que nous commettons
une erreur en supposant que, dans certaines conditions, un
homme de ces races agirait comme nous.

Voilà une difficulté subjective fort sérieuse. Pour comprendre un fait quelconque dans l'évolution d'une société, il
faut l'envisager comme la résultante des actions combinées
d'individus doués de certaines natures. Donc, avant de comprendre le fait, il faut comprendre la nature des individus,
et c'est à quoi nous ne parvenons que très-imparfaitement,
même au prix de beaucoup de soins et d'efforts. Nos interprétations sont nécessairement automorphiques et cependant
l'automorphisme nous induit perpétuellement en erreur.

1. Speke, *Journal of Discovery of Source of the Nile*, p. 85.

A priori, il ne semble pas que le défaut de véracité doive coexister ordinairement avec la crédulité. Nous serions plutôt disposés à supposer que par suite de la tendance signalée ci-dessus, les gens sont d'autant plus portés à se défier des allégations des autres, qu'eux-mêmes sont coutumiers de controuver les faits. Cependant, ce qui semble assez anormal, la véracité est ordinairement accompagnée d'une disposition à douter de l'évidence, tandis que l'absence complète de véracité est souvent concomitante avec une grande facilité à tenir pour vraie, sur un témoignage de mince valeur, la chose du monde la plus invraisemblable. Comparez le sauvage à l'homme civilisé, ou les différents degrés de civilisation entre eux : vous verrez la fausseté et la crédulité décroître à la fois, jusqu'à ce que vous arriviez à l'homme de science moderne; celui-là réunit l'exactitude dans ses dires à l'esprit critique dans l'examen des témoignages. Aujourd'hui encore, la relation inverse à celle que nous avons notée chez l'homme de science subsiste d'une manière frappante en Orient, où l'avidité à avaler des fables quelconques est accompagnée de la manie de dire des menteries inutiles. Un Egyptien est tout fier d'un mensonge ingénieux, inventé peut-être pour le plaisir de mentir; et un teinturier oriental, dont la couleur ne prend pas, attribuera très-bien son insuccès à ce qu'il a échoué dans une de ses tentatives de tromperie. Cela ne les empêche pas d'être tellement crédules que M. St. John nous raconte le fait suivant dans son ouvrage intitulé *Deux années de séjour dans une famille du Levant*. On lisait à haute voix les *Mille et une nuits* devant un auditoire d'Orientaux. M. St. John insinua que ce n'était pas des histoires vraies et qu'il ne fallait pas les croire. L'assemblée protesta hautement contre un pareil scepticisme et demanda « Pourquoi un homme s'amuserait à écrire tant de mensonges [1] ? ».

Nous faisons remarquer cette réunion dans un même caractère de traits qui sembleraient devoir s'exclure mutuellement, non point à cause de la portée directe du fait, mais à cause de sa portée indirecte. C'est en effet le lieu d'insister

---

1. Pages 79 et 127.

sur les erreurs amenées par certains états mentaux qui paraîtraient de même incompatibles et qui cependant sont en général coexistants. Nous voulons parler d'une idée que nous retrouvions ce matin même dans le premier de nos journaux, « Plus on étudie l'histoire, plus on découvre que l'homme est toujours le même, » et de l'idée diamétralement opposée dont les partis politiques sont pour ainsi dire l'incarnation : il est facile de changer la nature humaine. Ces deux croyances, qui au lieu de se détruire réciproquement subsistent concurremment, produisent deux sortes d'erreurs dans les spéculations sociologiques ; et on n'obtiendra en sociologie rien qui ressemble à des conclusions correctes, jusqu'à ce qu'on ait fait table rase de l'une comme de l'autre opinion pour les remplacer par une idée qui en est la conciliation : la nature humaine est indéfiniment modifiable, mais elle ne peut se modifier que lentement. Nous allons jeter un coup d'œil sur les erreurs auxquelles conduisent les deux opinions dont il vient d'être question.

Tant que l'on a cru les étoiles immobiles et les montagnes éternelles, il n'y avait rien de choquant dans l'idée que l'homme traverse les siècles sans changer. Mais maintenant, sachant que toutes les étoiles marchent et que les montagnes ne sont nullement éternelles, ayant découvert que le changement perpétuel est la loi de l'Univers, il serait grand temps de rayer de la liste de nos conceptions sociales cette trop grossière conception de la nature humaine — ou pour mieux dire, il est temps qu'on voie disparaître à la suite de cette conception la foule de notions étroites sur le passé et l'avenir de la société auxquelles elle a donné naissance, et qui survivent à la ruine de ce qui leur servait de base. Combien, qu'ils l'avouent ou non, pensent encore que le cœur de l'homme est aussi « profondément pervers » qu'il l'a jamais été et que l'état de la société ne différera guère dans un temps à venir de ce qu'il est actuellement. Si à force d'accumuler les témoignages, nous les contraignons de reconnaître, en dépit de leur répugnance, que les aborigènes, troglodytes ou autres, n'étaient pas tout à fait semblables aux hommes de l'époque féodale ; que ceux-ci à leur tour, à en juger par les usages, les idées et les sentiments de leur époque, différaient d'une manière appréciable des hommes d'à présent; si nous parvenons même à leur faire admettre que ces changements dans l'homme ont été accompagnés de changements encore plus apparents dans la société : l'induction à tirer continue de leur échapper. Ils n'en concluent pas que l'homme et la société continueront à changer jusqu'à ce qu'ils soient aussi éloignés du type actuel que le type actuel est éloigné du plus ancien type connu.

Les plus cultivés accorderont peut-être la probabilité ou même la certitude de ces transformations ; mais leur acquiescement sera purement nominal et n'influera en rien sur leurs conclusions. La première discussion venue sur un sujet politique ou social montre que les interlocuteurs partent tacitement du principe que l'organisation de la société sera en substance la même plus tard que maintenant. Supposons que les domestiques soient sur le tapis. On discutera presque toujours la question du service uniquement au point de vue des arrangements sociaux actuels; très-peu de personnes partiront de l'hypothèse que, selon toute probabilité, ces arrangements ne sont que transitoires.

Il en est de même pour tout. Qu'il s'agisse de l'organisation de l'industrie, des relations de classe à classe ou de la tyrannie de la mode, l'idée qui est au fond de tous les esprits et qui, si elle n'est professée théoriquement, n'en dicte pas moins les conclusions, est celle-ci : nos institutions, quelque modifiées qu'elles puissent être, seront toujours les mêmes au fond et ne cesseront pas d'être reconnaissables. Ceux-là même qui pensent s'être affranchis par la réflexion d'une tendance si propre à pervertir le jugement, M. Comte lui-même et ses disciples, qui croient à une transformation complète de la société, montrent bien qu'ils sont incomplètement émancipés. En effet, la société idéale qu'ils attendent est soumise à une hiérarchie très-proche parente de toutes les hiérarchies que l'humanité a déjà connues. Toujours et partout la pensée sociologique est donc plus ou moins entravée par la difficulté de ne jamais perdre de vue qu'il nous est aussi impossible de pressentir les états sociaux vers lesquels marche notre race, qu'à un pirate normand et à ses compagnons de concevoir notre état social actuel.

Remarquez maintenant la difficulté contraire, que très-peu de nos politiques ou de nos philanthropes semblent en état de surmonter — la difficulté de comprendre que la nature humaine, tout en étant indéfiniment modifiable, ne peut se modifier que très-lentement ; et que par conséquent toutes les lois, toutes les institutions, tous les systèmes qui prétendront l'améliorer considérablement à courte échéance, manqueront infailliblement leur effet. Parcourons les programmes de toutes les sociétés, sectes et écoles quelconques, depuis les Conventionnels, disciples de Rousseau, jusqu'aux membres de *l'Alliance du Royaume-Uni*, depuis les partisans de la propagande ultramontaine jusqu'aux avocats enthousiastes de l'éducation exclusivement laïque ; nous retrouvons chez tous un trait commun. Partout règne la conviction qu'il suffit d'adopter tel ou tel système d'enseignement ou de discipline, tel ou tel mode de répression ou d'éducation, pour améliorer considérablement l'état social. Tantôt cette idée est formellement énoncée, tantôt elle est implicitement admise comme allant de soi. L'un nous dit : « Il est indispensable de façonner complètement à nouveau le peuple qu'on souhaite de rendre libre : » cette théorie implique que façonner à nouveau un peuple est chose faisable. Pour un autre, il est incontestable que des enfants à qui l'on a enseigné ce qu'ils ont à faire pour être bons citoyens, deviendront bons citoyens. Un troisième tiendra pour vérité indiscutable que si la loi supprime les tentations de boire, non-seulement les gens ne boiront plus, mais encore ne commettront plus de crimes. Ce que ces espérances ont de trompeur est pourtant assez visible pour quiconque ne se laisse pas éblouir par des hypothèses ou emporter par l'enthousiasme. On a souvent fait remarquer aux fanatiques de la tempérance, que la moyenne des crimes est plus élevée chez quelques-unes des nations de l'Europe les moins adonnées à l'ivrognerie, qu'elle ne l'est chez nous. Ce seul fait devait leur démontrer que les mesures restrictives qu'ils rêvent n'amèneraient pas la moralisation subite de l'Angleterre. Une autre superstition dont la statistique s'est chargée depuis longtemps de faire justice[1], c'est que des leçons apprises

---

1. *Summary of the moral statistics of England and Wales,* par Joseph Fletcher, Esq., inspecteur des écoles de Sa Majesté.

dans des livres de classe, puissent avoir pour résultat instantané la bonne conduite. Sans les préjugés, personne n'y croirait plus, parce que sans les préjugés tout le monde remarquerait combien peu, en définitive, l'instruction influe sur la conduite. Chacun observerait que le marchand et le fabricant trompant sur la marchandise, le banqueroutier frauduleux, les fondateurs de compagnies chimériques et les individus qui « manipulent » les comptes de chemins de fer et les prospectus financiers, ont une malhonnêteté qui ne diffère en rien au fond de celle de l'illettré. On observerait aussi que l'enseignement reçu influe incroyablement peu sur le genre de vie des étudiants en médecine, et que la prudence des médecins même les plus expérimentés est à peine augmentée par toute leur science. Sans la conviction tacite qui nous occupe, les faits frappants qui s'imposent perpétuellement à notre attention empêcheraient l'éclosion des utopies qui reparaissent périodiquement avec chaque nouveau système politique, depuis les constitutions créées sur le papier par l'abbé Sièyes, jusqu'au programme publié dernièrement par M. Louis Blanc ; depuis les agitations en faveur du vote au scrutin, jusqu'à celles qui ont une République pour objectif. La France ne cesse de démontrer au monde depuis trois générations, que s'il est une chose impossible c'est d'altérer les caractères essentiels d'une organisation sociale au moyen de ré-arrangements effectués révolutionnairement. Quelque grande que puisse sembler pour un temps la transformation, le type original reparaît toujours sous le déguisement dont on l'a affublé. D'un gouvernement libre de nom, sort un nouveau despotisme qui ne diffère de l'ancien que parce qu'il a des hommes nouveaux pour prononcer son nouveau shibboleth ; du reste identité parfaite quant à la volonté arrêtée d'écraser la résistance et quant au choix des moyens. Obtient-on parfois la liberté, c'est pour la livrer incontinent à un autocrate avoué — à moins qu'on ne la laisse tomber, comme nous l'avons vu faire cette année, aux mains d'un homme qui veut du despotisme la réalité sans le nom. Et même nous exagérons encore la différence ; car l'organisation régulatrice qui se ramifie dans toute la société française n'est modifiée en rien par les changements subis par le gouvernement central. La bureaucratie fleurit sous tous les régimes, impérial, constitutionnel ou républicain. M. le duc d'Audiffret-Pasquier l'a dit : « Les empires tombent, les ministres passent, les bureaux restent. » L'agrégat de forces et de tendances qui s'incarne, non-seulement dans l'organisation qui fait un seul corps de toute une nation mais encore dans les idées et les sentiments des individus, possède une telle puissance, que si l'on retranche une partie quelconque de l'agrégat, fût-ce le gouvernement, le membre mutilé est immédiatement remplacé par un autre. Il suffira de rappeler la vérité expliquée quelques chapitres plus haut au moyen d'exemples : les propriétés de l'agrégat sont déterminées par les propriétés de ses unités; on verra aussitôt qu'aussi longtemps que les caractères des citoyens resteront les mêmes dans leurs traits essentiels, l'organisation politique qu'ils ont produite par une lente évolution demeurera aussi essentiellement la même.

Cette double difficulté de pensée, avec les deux sortes d'erreurs où tombent ceux qui ne la surmontent pas, s'associe tout naturellement à une opinion qui a jadis été universellement admise et qui est encore fort répandue. Nous voulons parler de la croyance que les sociétés sont un produit fabriqué et non le produit d'une évolution. Reconnaître que des masses humaines réunies en un seul corps croissent, et acquièrent les caractères fondamentaux de leur structure au moyen d'une série de modifications, c'est exclure du même coup les deux erreurs antithétiques qui consistent à dire que l'humanité ne change pas, mais qu'elle peut se modifier rapidement. Et exclure ces erreurs, c'est admettre comme conséquence que les changements qui ont rendu les arrangements sociaux si différents extérieurement de ce qu'ils étaient, les rendront dans l'avenir non moins différents extérieurement de ce qu'ils sont actuellement. Dès que nous serons familiarisés avec la pensée d'un développement constant et simultané du tout et des parties, ces idées, sources de tant d'erreurs, disparaîtront. Prenez un mot et observez comment, tout en s'altérant, il engendre avec le temps une famille de mots également modifiables, qui donnent à leur tour naissance à des dérivés. Prenez un usage, celui des œufs de Pâques, par exemple, et voyez ce

que la mode peut en faire ; à Paris, on en est arrivé à fabriquer des œufs de carton assez grands pour renfermer une
voiture, et l'impôt est devenu si lourd que les gens vont
à l'étranger par économie, pour s'y soutraire. Prenez une
loi, très-simple à l'origine et faite pour un cas spécial ;
suivez-la dans ses transformations ; au moyen de modifications et d'additions successives, elle deviendra un groupe
complexe de lois, ainsi qu'il est advenu pour les deux
lois de Guillaume-le-Conquérant d'où est sortie toute la
partie de notre législation relative au *land-tenure* [1]. Prenez
un procédé social, la presse par exemple ; vous voyez d'abord les nouvelles se transmettre par lettres particulières et
écrites à la main ; une première transformation donne des
feuilles volantes, imprimées, qu'on joint aux lettres autographes et privées ; de cette feuille volante est sorti peu à
peu notre vaste système de journaux périodiques, quotidiens, hebdomadaires, universels, locaux, dans lequel les
unités et l'agrégat ont suivi une même progression sous le
double rapport des dimensions et de l'hétérogénéité. Faites
subir le même examen à tout ce qui subsiste maintenant
d'institutions, d'agents et de produits ; il est une conviction à
laquelle vous arriverez tout naturellement. C'est qu'il existe
dans le monde, aujourd'hui comme autrefois, des germes
qui prendront dans l'avenir un développement impossible
à prévoir et qui contribueront pour leur part à de profondes
transformations de la société et de ses membres — transformations dont il est inutile d'attendre des résultats immédiats, mais qui sont certaines quant aux résultats définitifs.

Essayez de faire entrer une main pourvue de ses cinq
doigts dans un gant qui n'en a que quatre. Ce sera absolument comme si vous cherchiez à faire entrer une idée complexe dans un esprit dont les facultés sont relativement
simples. Au fur et à mesure que les différents termes et relations dont l'ensemble constitue une pensée augmentent
en nombre et en variété, il est nécessaire, pour arriver à
la compréhension de cette pensée, de mettre en jeu des
parties également nombreuses et variées de la structure

---

1. Reeve, *History of english Law.*, vol. I, pp. 34-36, 2ᵉ édition.

intellectuelle. Qu'il manque quelques-unes de ces parties, on ne comprendra que des fragments de la pensée. En voici un exemple.

On peut expliquer à un enfant ce qu'on entend par le rapport de A à B en traçant une ligne courte A et une ligne longue B, et en lui disant que le rapport de A à B est petit; puis en ajoutant, après avoir allongé la ligne A, que maintenant le rapport de A à B est plus grand. Mais je suppose qu'il me faille expliquer ce qu'on entend en disant que le rapport de A à B est égal au rapport de C à D. Au lieu de deux quantités différentes et d'une relation, il y a maintenant quatre quantités différentes et trois relations. Pour comprendre la proposition, l'enfant devra d'abord penser à A et à B et à leur différence; puis, sans perdre de vue l'idée qu'il s'en est faite, il pensera à C et à D et à leur différence; enfin, sans perdre de vue ces deux idées, il devra concevoir ces deux différences comme étant chacune dans une relation identique avec les quantités qui la constituent. Ainsi le nombre des termes et des relations qu'il faut garder dans l'esprit exige la coopération d'un beaucoup plus grand nombre de facultés intellectuelles. Si l'une d'elles fait défaut, la proposition ne peut être comprise; il faudra, pour la comprendre, que l'enfant soit plus âgé; et si son esprit n'est pas cultivé, il ne la comprendra probablement jamais. Passons à une conception d'une complexité encore plus grande, à savoir que le rapport de A à B varie comme le rapport de C à D. Il faut que l'entendement se représente presque simultanément un bien plus grand nombre de choses. Il devient nécessaire de concevoir A et B comme n'ayant pas une longueur constante; on admet que la longueur de chacune d'elles varie, de sorte que leur différence est indéfiniment variable. Il en est de même de C et D. Et alors, la variabilité du rapport dans les deux cas étant convenablement conçue au moyen de lignes qui s'allongent et se raccourcissent, le point à comprendre est celui-ci : quelle que soit devenue, par suite de ces variations, la différence entre A et B, la relation de cette différence à l'un ou l'autre des termes est toujours semblable à la relation que la différence correspondante entre C et D a avec l'un ou l'autre de ces deux termes. Par suite de la grande multiplicité des

idées nécessaires pour formuler dans l'esprit une telle proposition, celle-ci est évidemment hors de la portée des intelligences qui n'ont pas été développées par une culture
appropriée ou ne sont pas susceptibles de recevoir cette
culture. Enfin si le type de la proposition devient encore
plus complexe, comme cela a lieu quand on a à comparer
deux groupes semblables de variables dépendantes et à en
tirer des conclusions, il faut pour la saisir un effort qui n'est
facile qu'aux mathématiciens exercés.

Une personne ne possédant pas la complexité de facultés
que l'exemple ci-dessus démontre être indispensable pour
saisir une idée complexe, pourra se rendre compte de son
incapacité dans des cas comme celui que nous venons de
supposer — non pas qu'elle sente ce qui lui manque, mais
parce qu'elle voit bien que d'autres obtiennent des résultats
auxquels elle ne peut parvenir. Mais chaque fois que la
vérification de prédictions précises n'intervient pas pour
prouver à une personne de facultés inférieures qu'elle n'a
que des facultés inférieures, il est bien rare que cette personne s'aperçoive de son infériorité. Imaginer un mode
supérieur de conscience, c'est déjà en posséder quelque
chose ; par conséquent, jusqu'à ce qu'on en possède ce
quelque chose, on ne peut pas concevoir réellement son
existence. Nous nous expliquerons au moyen d'exemples.

Prenez un enfant sur vos genoux ; montrez lui des gravures représentant des paysages et remarquez ce qui le
frappera. — Je vois un homme dans un bateau, dit-il en
montrant avec son doigt. — Regarde les vaches qui descen-
dent la colline. — Voilà un petit garçon qui joue avec un
chien. — Vous n'en tirerez jamais autre chose que des remarques de ce genre, provoquées, pour la généralité des
cas, par les êtres animés représentés dans chaque paysage.
Jamais il ne dira par hasard un mot pouvant s'appliquer à
l'ensemble de la scène. Il ne se doute pas qu'une combinaison d'eaux, d'arbres et de montagnes puisse procurer
une jouissance. Tant que l'enfant sera entièrement dépourvu
du sentiment esthétique, vous verrez qu'il ne soupçonnera
même pas que c'est un sentiment qui existe chez d'autres,
mais qui lui manque.

Observons maintenant une lacune du même genre chez un adulte. Vous avez peut-être reçu dans le cours de votre vie une éducation musicale quelconque? Rappelez-vous les phases que vous avez traversées. Dans votre enfance, une symphonie était pour vous un mystère et les applaudissements qu'elle arrachait aux autres vous intriguaient. Les facultés musicales s'étant lentement développées avec l'âge, vous avez commencé à comprendre. Aujourd'hui, les combinaisons musicales compliquées qui jadis ne vous faisaient que peu ou point de plaisir, vous procurent vos plus vives jouissances. En vous rappelant tout ceci, vous soupçonnez que l'indifférence où vous laissent des combinaisons musicales encore plus compliquées pourrait bien venir de votre incapacité à vous et non d'un défaut à elles. Voyez maintenant ce qui se passe chez un individu n'ayant pas subi la même série de transformations : prenons, si vous voulez, un vieil officier de marine, ayant passé sa vie à la mer loin des concerts et des opéras. Il avoue volontiers qu'il adore les cornemuses. Il serait même plus juste de dire qu'il s'en vante. Les derniers accords d'une sonate résonnent encore à votre oreille : il se lève et va demander à la personne qui est au piano de lui jouer : « Polly, mets la bouillotte » ou « Johnny est en marche vers ses foyers. » Parle-t-on concert à table, notre homme profite de l'occasion pour déclarer qu'il déteste la musique classique. C'est à peine s'il cache son mépris pour ceux qui vont en entendre. Examinez l'état mental de cet individu. Vous verrez que l'impuissance à comprendre des combinaisons musicales compliquées est accompagnée d'une inconscience absolue de ce qui lui manque. Il ne se doute pas qu'il existe des combinaisons compliquées et qu'il y a des personnes douées de facultés leur permettant de les apprécier.

Faisons l'application de cette vérité générale à notre sujet. Les conceptions dont la science sociale doit s'occuper surpassent toutes les autres en complexité. Il est impossible de les saisir en l'absence d'une complexité correspondante des facultés. Dans ce cas pourtant comme dans bien d'autres, celui qui est dépourvu de facultés suffisamment complexes n'a aucune conscience de son incapacité. Nous remarquons bien plutôt, chez les personnes manquant de la vigueur intellectuelle nécessaire pour saisir les questions sociologiques, une disposition à trancher ces questions avec aplomb et à se moquer de ceux qui commencent à entrevoir, à la suite d'un long apprentissage, ce qu'il s'agit de comprendre, et la difficulté de le bien comprendre. Un exemple pris entre les plus simples préparera le lecteur à d'autres plus compliqués.

Il y a quelques mois, le *Times* a donné une description de la nouvelle presse *Walter*, la dernière merveille de l'art d'imprimer par machines automatiques. C'est au moyen de cette presse que se tire chaque matin en quelques heures l'énorme édition du *Times*. Supposons un lecteur suffisamment familier avec la mécanique lisant cette description dans tous ses détails, se rendant parfaitement compte de tout, allant même voir fonctionner la machine et interroger les ouvriers pour se faire une idée encore plus précise du système. Il sort de l'atelier persuadé qu'il a tout compris. C'est possible, si l'on n'examine la nouvelle presse qu'au point de vue du tour de force qu'elle représente en mécanique. C'est possible aussi au point de vue biographique — c'est-à-dire que notre individu aura peut-être démêlé les caractères intellectuels et moraux que cette invention implique chez M. Walter et ses coopérateurs. Quant à la signification de la presse Walter au point de vue sociologique, il ne la soupçonne probablement pas; il ne se doute même pas qu'elle en ait une. Qu'il contemple la genèse de cette machine; il verra qu'il est à peine au seuil de l'explication véritable.

En recherchant non les origines immédiates mais les origines éloignées, il trouvera en premier lieu que cette machine à imprimer automatique descend en ligne directe des machines à imprimer automatiques antérieures, qui ont été le produit de progrès successifs — chacune de celles-ci en suppose d'autres qui l'ont précédée : si les machines cylindriques n'avaient pas été mises en usage et perfectionnées pendant de longues années, il n'y aurait pas eu de presse Walter. En faisant un pas de plus, il découvrira que ce dernier progrès n'est devenu possible que par l'emploi du *papier-mâché* pour stéréotyper, et que cette matière, employée d'abord pour faire des plaques planes, a permis d'en faire de cylindriques.

En continuant à remonter en arrière il trouvera la sté-
réotypie au plâtre de Paris, qui constituait également un
progrès sur un autre progrès précédent. Il apprend que ce
type supérieur de l'imprimerie automatique, aussi bien que
les types très-inférieurs qui l'ont précédé, ne sont devenus
applicables que par la substitution des rouleaux distribu-
teurs d'encre aux ustensiles à main employés il y a cinquante
ans, par les apprentis imprimeurs; ces rouleaux n'auraient
jamais pu être construits d'une façon appropriée à leur
but actuel sans la découverte de ce curieux composé élas-
tique dont ils sont faits. Et ainsi, en remontant aux antécédents éloignés, on arrive jusqu'à l'ancêtre commun : la
presse à main, qui s'est perfectionnée graduellement de génération en génération.

Pour le coup, notre homme croit comprendre l'appareil,
considéré en tant que fait sociologique. Il est encore loin de
compte. Les innombrables pièces, qui ne fonctionnent qu'a-
près avoir été parfaitement achevées et avoir été ajustées
avec la dernière précision, sortent d'ateliers de machines.
Dans ces ateliers se trouvent des variétés d'engins compliqués et perfectionnés, destinés, l'un à rouler des cylindres,
l'autre à tailler des roues, un troisième à planer des barres,
et ainsi de suite. L'existence de la presse à imprimer dépendait de la préexistence de ces engins. Si le lecteur du *Times*
s'informe de l'histoire de ces outils automatiques, il verra que
chacun d'eux est arrivé à son point de perfection actuel en
suivant les lents progrès de la mécanique et avec le secours
de toutes sortes d'autres machines automatiques compliquées, qui ont coopéré plus anciennement à faire ses parties
composantes — chaque nouvelle machine à tourner ou à
planer surpassant les précédentes en grandeur ou en précision a été rendue possible par ses devancières, les machines à tourner ou à planer plus petites ou moins précises.
En sorte qu'en remontant à l'origine de tous les objets qui
se trouvent dans un atelier de machines, on finit par arriver
avec le temps à l'enclume et au marteau du forgeron et
peut-être même à des procédés plus primitifs encore.

Enfin, est-ce fini? point du tout. La presse Walter n'était
possible que moyennant qu'on eût inventé et lentement perfectionné une machine capable de fabriquer une bande de

papier de plusieurs kilomètres de longueur. Voici donc
l'invention de la machine à papier, avec tout le cortége de
procédés et d'inventions qui l'ont précédée et que maintenant elle implique, qui rentre dans le cas complexe que
nous examinons.

Sommes-nous au bout? non; nous n'avons fait qu'entrevoir
un des groupes d'antécédents. Tout ce développement des
applications de la mécanique — ces progrès de la fabrica-
tion du fer; cette extension de l'usage des machines de fer;
cette grande production de machines destinées à fabriquer d'autres machines — tout cela vient d'une part de
l'abondance en Angleterre des matières premières, le fer
et le charbon; d'autre part de ce que notre qualité d'in-
sulaires a favorisé chez nous la paix et l'accroissement
de l'activité industrielle. L'élément moral a aussi joué son
rôle dans la question. Sans cette promptitude à sacrifier ses
aises dans le présent au bien de l'avenir, qu'implique l'esprit d'entreprise, jamais nous n'aurions vu la machine en
question — jamais nous n'aurions vu cette foule innom-
brable d'instruments et de procédés perfectionnés qui ont
rendu possible l'invention de la presse Walter. Et après ces
caractères moraux que présuppose l'esprit d'entreprise viennent tous ceux que présuppose une coopération efficiente.
Sans des ingénieurs fidèles à leurs contrats, apportant un
grand soin à l'exécution du travail dont ils sont chargés,
jamais cette machine, ni celles qui ont servi à la faire, n'auraient pu être construites. Et sans des ouvriers doués d'une
extrême délicatesse de conscience, quel patron pourrait
compter sur la bonne exécution de l'ouvrage? Essayez d'obtenir de semblables produits d'une race inférieure; vous verrez
que les défectuosités de son caractère constituent un obstacle
insurmontable. Vous verrez qu'une intelligence défectueuse
constitue aussi un obstacle insurmontable. L'ouvrier habile
n'est pas le produit d'un accident, ni au point de vue moral
ni au point de vue intellectuel. On ne trouve pas partout
l'intelligence nécessaire pour exécuter une nouvelle invention. On ne trouve pas non plus partout la netteté de compréhension et l'adresse d'exécution sans lesquelles on ne
parvient pas à faire une machine compliquée qui puisse
marcher. Chez les ouvriers mécaniciens, la précision du fini

et la netteté de la compréhension ont cheminé *pari passu*.
Examinez des machines remontant au siècle dernier. Vous
verrez que même en supposant remplies toutes les autres
conditions requises, il aurait été impossible à cette époque,
faute d'ouvriers assez habiles, de construire une de ces
machines qui demandent à être ajustées avec tant de délicatesse. Il en résulte que la merveille mécanique dont nous
nous occupons implique non-seulement notre état industriel avec ses lents progrès, ses innombrables produits et
ses innombrables procédés, mais encore la nature morale
et intellectuelle, lentement façonnée, de nos patrons et de
nos ouvriers.

N'avons-nous rien oublié? Tout au contraire; nous avons
négligé toute une classe de phénomènes sociaux de la plus
haute importance — ceux que nous groupons sous le nom de
progrès scientifiques. Parmi les nombreux développements
qui ont été les antécédents nécessaires de la presse Walter,
se trouve le développement de la science. Les progrès en tous
sens des arts de tous genres ont été perpétuellement servis
par ces expériences généralisées qui deviennent sans cesse
plus complètes et plus exactes, qu'on exécute chaque jour
sur une plus grande échelle et dont l'ensemble constitue ce
que nous appelons les mathématiques, la physique, la chimie, etc. Sans une géométrie très-avancée, jamais on n'aurait
construit les machines à faire des machines; encore moins
cette dernière machine qui est le produit des premières. Sans
une physique avancée on n'aurait pas la machine à vapeur
qui fait mouvoir toutes les autres; principales et accessoires;
et les nombreux procédés métallurgiques que suppose
l'existence de cette machine à vapeur n'auraient pas été
poussés au point de perfection nécessaire. Et en l'absence
d'une chimie avancée, bien d'autres conditions, directement
ou indirectement requises, n'auraient pas été suffisamment
remplies. De sorte qu'en résumé, il fallait que cette organisation de la science qui a commencé avec la civilisation eût
atteint son degré actuel de développement, pour qu'on pût
inventer une presse Walter — en supposant, bien entendu,
que toutes les autres conditions préalables se trouvassent
remplies.

Pour cette fois, est-ce fini? Pas tout à fait. Il reste encore un facteur essentiel. Pour qu'un homme persévère pendant des années, sans se laisser arrêter par les déboires et les soucis, à donner son temps et son argent à une entreprise, il faut que cet homme soit poussé par un mobile puissant. La presse Walter n'était pas un simple tour de force. Pourquoi donc a-t-elle été produite ? Pour satisfaire rapidement à une demande énorme — pour tirer avec une seule machine 16,000 exemplaires par heure. Et d'où venait cette demande? D'un public lisant très-nombreux, dressé avec le temps à avoir faim en se levant de nouvelles de tout genre. C'est le négociant, qui a besoin de savoir le dernier cours de Londres et le dernier télégramme de l'étranger. C'est l'homme politique, qui doit connaître le résultat du vote de cette nuit et le nouveau mouvement diplomatique, et avoir lu les discours prononcés au meeting d'hier. C'est le sportman qui cherche le compte-rendu des courses de la veille et la liste des paris engagés. Ce sont les dames, curieuses de savoir qui se marie, naît ou meurt. Si l'on recherche maintenant l'origine de tous ces désirs qui réclament leur satisfaction, on trouvera qu'ils sont concomitants de notre état social général, des diverses activités, commerciale, politique, philanthropique ou autre, de notre société. En effet, dans toute communauté où ces activités ne jouent pas le rôle principal, la demande pour les nouvelles de toutes sortes n'est jamais si pressante.

Vous voyez combien est compliquée la genèse de la presse Walter, en tant que phénomène sociologique. Toute une encyclopédie d'inventions mécaniques, dont quelques-unes remontent aux temps primitifs, concourent à l'expliquer. Elle présuppose des milliers d'années d'une discipline intellectuelle, grâce à laquelle la nature impulsive du sauvage imprévoyant arrive par voie d'évolution à la nature réfléchie de l'homme qui sait se maîtriser, du moins relativement, de l'homme capable de sacrifier ses commodités actuelles au bien de l'avenir. Elle présuppose encore l'éducation non moins longue qui développe chez l'homme la faculté inventive, à peu près absente chez le sauvage, et fait acquérir la précision, qualité dont le sauvage n'a pas même la notion. Enfin, la presse Walter présuppose le lent progrès politique et social, à la fois cause et conséquence

de ces autres transformations, qui nous a amenés à un état
social dans lequel une machine pareille trouve son emploi.

Peut-être le lecteur voit-il mieux maintenant la complexité du fait sociologique et la difficulté de l'embrasser
complètement par la pensée. En effet, de même qu'il y a eu
genèse dans le cas précité, de même il y en a eu dans tous
les autres cas, qu'il s'agisse d'institutions, d'usages, de
croyances, ou d'arrangements sociaux, etc. Seulement, pour
la presse Walter la genèse était comparativement facile à
observer à cause du caractère relativement concret des progrès à suivre et du produit final, tandis que dans d'autres
cas, où les facteurs appartiennent presque tous à l'ordre des
phénomènes non sensibles, il devient très-difficile de remonter à l'origine. Ce n'est cependant qu'après avoir étudié
pas à pas toute la genèse d'un fait — après avoir observé
siècle par siècle, à travers des états sociaux disparus, ses
antécédents de toute nature dans leur coopération — qu'on
obtient cette interprétation du fait par laquelle il devient
partie intégrante de la science sociologique bien comprise.
Pour pénétrer, par exemple, le véritable sens des phénomènes présentés par nos luttes économiques, il est nécessaire de remonter jusqu'à ces temps reculés où des causes
analogues produisaient en Angleterre des résultats analogues. Brentano l'a dit :

« Les ouvriers fondèrent les *Trade-Unions* pour résister
« aux princes de l'industrie dont la puissance s'élevait, de
« même que jadis les anciens hommes libres avaient formé
« leurs *Frith-Gilds* contre la tyrannie des seigneurs du
« moyen-âge, et les artisans libres leurs *Craft-Gilds* contre
« les agressions des Vieux Bourgeois [1]. »

Lorsqu'on aura étudié les formes successives de ces
sortes d'organisations dans leurs rapports avec les états
industriels successifs, il faudra observer leurs rapports
respectifs avec les autres phénomènes de leurs époques
respectives — les institutions politiques du temps, les
distinctions de classes, l'arrangement de la famille, le
mode de distribution des produits, le degré d'activité des
communications entre les différentes localités, l'état de la

---

1. Brentano, *Introduction to English Gilds*, p. 195.

science, les croyances religieuses, la morale, les sentiments, les usages, les idées. Si l'on considère les *trade-
societies* comme étant des parties de la nation, pourvues
d'organisations qui sont des parties de l'organisation générale et faisant des actions qui modifient les actions de la nation et sont à leur tour modifiées par celles ci, on ne comprendra toute leur signification qu'à une condition : c'est de
suivre leur genèse à travers une longue série de siècles, et
d'étudier leurs transformations dans leurs rapports avec les
changements qui se sont opérés simultanément dans tout
l'organisme social. Et encore, nous nous trouverons alors
en face d'une question plus profonde. — Comment se fait-il
qu'il n'existe pas d'institutions analogues chez certains
types de nations? Et pourquoi, chez d'autres types de nations, les institutions analogues ont-elles pris une forme plus
ou moins différente?

Il est suffisamment évident que la plus haute intelligence
actuellement existante ne pourrait pas voir exactement tels
qu'ils sont des phénomènes aussi compliqués. Il n'est pas
moins évident que d'ici longtemps bien peu de gens admettront l'existence d'une science de la Société; puisque,
non-seulement il y a presque toujours absence de facultés
assez complexes pour comprendre les phénomènes complexes de cette science, mais encore, la plupart du temps,
personne ne soupçonne même qu'il y a là des phénomènes
complexes à comprendre.

A la difficulté causée par l'absence d'une faculté concep-
tive suffisamment complexe, vient s'en ajouter une autre provenant d'une insuffisance de plasticité dans la faculté con-
ceptive. Presque tous les hommes ont formé leurs idées
générales d'après des expériences recueillies dans un champ
d'observation relativement étroit. Les idées générales ainsi
conçues manquent infiniment trop de souplesse, pour se plier
aisément aux combinaisons de faits si nombreuses et si variées que présente la sociologie. L'enfant de parents puritains a été élevé dans la persuasion qu'une infraction au
repos du dimanche entraîne à sa suite tous les péchés possibles; on lui en a fait voir plusieurs exemples dans le village ou dans la petite ville qui forme son univers; plus tard,

quand il aura connu un plus grand nombre de ses compatriotes et qu'il aura constaté la possibilité de vivre d'une façon exemplaire sans observer le dimanche, il se trouvera quelque peu embarrassé. Plus tard, quand, en voyageant sur le continent, il aura vu les plus honnêtes gens des sociétés étrangères ne tenir aucun compte de prescriptions dont l'observance lui paraissait jadis le fondement essentiel d'une bonne conduite, ses idées étroites et arrêtées s'élargiront encore davantage. Eh bien! avant d'atteindre à la flexibilité de pensée nécessaire pour traiter convenablement les phénomènes sociologiques, il faut subir, quant à une quantité de croyances profondément enracinées, le travail de transformation que nous avons montré s'accomplissant pour une opinion superficielle. Non pas dans un seul ordre d'idées mais dans presque tous, nous avons à apprendre que ces relations des faits sociaux entre eux, que nous jugeons en général naturelles et même nécessaires, ne sont point nécessaires et n'ont même souvent rien de particulièrement naturel. La contemplation des états sociaux passés nous rappelle à chaque instant qu'une foule d'arrangements, d'usages et d'idées qui nous paraissent aller de soi, sont d'origine toute moderne. D'autres au contraire qui nous semblent impossibles, étaient parfaitement possibles il y a quelques centaines d'années. Si nous étudions des variétés qui diffèrent de la nôtre par la race aussi bien que par le degré de civilisation, nous rencontrons à chaque pas des choses contraires à tout ce que nous aurions cru probable; nous en rencontrons que nous n'aurions jamais inventées, même en cherchant à imaginer les choses les plus improbables.

Prenons pour exemple les variétés de relations domestiques. Nous avons appris dès l'enfance dans la Bible, que la monogamie n'est pas la seule espèce de mariage. Bien que l'idée de la polygamie nous soit devenue par là assez familière, il ne nous vient pas à l'esprit que la polyandrie puisse exister quelque part; et quand nous apprenons qu'elle existe, qu'elle a même été jadis très-répandue, nous sommes étonnés. Il nous est d'abord impossible, quand nous considérons ces institutions matrimoniales si différentes des nôtres, de nous imaginer qu'elles soient pratiquées avec un sentiment des convenances analogue à celui que nous apportons dans les choses du mariage. Livingstone conte pourtant que les femmes d'une tribu riveraine d'un des lacs de l'Afrique centrale donnèrent des marques de dégoût, en apprenant qu'en Angleterre chaque homme n'a qu'une femme. Ce sentiment ne leur était nullement particulier.

« Un chef Kandyan, homme intelligent, avec lequel M. Bai-
« ley visitait ces Veddahs, fut absolument scandalisé qu'on
« pût être assez barbare pour vivre avec une seule femme et
« ne jamais la quitter jusqu'à la mort. Il déclara que c'é-
« tait « absolument comme les wanderoos » (singes) [1]. »

On suppose aussi, comme une chose évidente, que la monogamie, la polygamie, et la polyandrie sous ses diverses formes, ont donné en fait de mariage toutes les combinaisons possibles. Une tribu africaine nous fournit cependant une variété d'hymen tout-à-fait inattendue. Chez elle, on se marie pour tant de jours par semaine ; — dans les « bonnes familles » c'est généralement pour quatre jours. Le reste de la semaine la femme est libre de faire ce qui lui plaît. Nous sommes aussi un peu surpris d'apprendre que chez certaines tribus des montagnes de l'Inde, l'infidélité est considérée comme une faute grave quand elle vient du mari, tandis que venant de la femme ce n'est plus qu'une erreur sans importance. Nous admettons comme allant de soi que bien traiter sa femme comprend entre autres choses ne pas la battre. Nous avons de la peine à nous figurer qu'il y ait des pays où ce soit le contraire. Cela est pourtant chez les Tartares.

« Une bonne d'enfant me quitta pour se marier. Peu après
« elle alla chez le natchalnick de l'endroit se plaindre de
« son mari. Le natchalnick lui ayant demandé de quoi elle
« se plaignait, elle répondit froidement que son mari ne l'ai-
« mait pas. On lui demanda à quoi elle s'en apercevait : — à
« ce qu'il ne me fouette jamais [2]. »

Le fait paraîtrait incroyable s'il n'était corroboré par un fait analogue observé chez les races nègres originaires du sud de l'Afrique. Pour ces peuples, un maître blanc qui ne bat pas ses hommes est ridicule ; on le tourne en dérision et on lui reproche de ne pas être digne du nom de maître.

---

1. Lubbock, *Prehistoric Times*, p. 344, 1re éd.
2. Mme Atkinson, *Recollections of Tartar steppes*, p. 220.

Passons à d'autres usages domestiques. Mettez une personne au défi d'imaginer toutes les anomalies possibles, jamais elle ne tombera sur un usage qui se rencontre chez les Basques et qui a existé chez d'autres races ; quand une Basque accouche, le mari se met au lit et reçoit les félicitations des amis, tandis que sa femme vaque aux soins du ménage. Quelle est aussi la personne qui, cherchant les divers effets pouvant résulter de la naissance d'un fils, penserait au suivant ? Chez certains peuples de la Polynésie, le père auquel il naît un garçon est immédiatement dépossédé de tout son bien ; il ne fait plus que l'administrer, en qualité de tuteur, au profit de l'enfant. Les différentes variétés de relations de parents à enfants existantes et les sentiments qui les accompagnent nous font voir à chaque instant des choses aussi extraordinaires et aussi inexplicables à première vue. Il ne viendrait à l'esprit de personne qu'il existe un pays où il est du devoir des enfants d'enterrer leurs parents tout vivants. C'est pourtant ainsi que cela se passe chez les Fijiens. On ajoute que les parents dont on se débarrasse par ce procédé marchent à la tombe en souriant. Il semble presque aussi incroyable, qu'il y ait des gens aux yeux desquels il soit plus convenable de témoigner de l'affection aux enfants des autres qu'aux siens propres. Les tribus montagnardes de l'Inde nous fournissent cependant un exemple de ce phénomène.

« Chez les Nairs tout homme considère les enfants de sa
« sœur comme ses héritiers..... et il passerait pour un
« monstre contre nature, si à la mort d'un enfant qu'il a lieu
« de croire sien, il donnait les mêmes marques de chagrin
« qu'à la mort d'un enfant de sa sœur [1].

« Dans l'amour de la progéniture tel que le conçoit l'Eu-
« rope philosophique, tout est étrange, l'idée et le mot,
« pour un Nair du Malabar. Dès sa plus tendre enfance,
« celui-ci apprend que son oncle lui est plus proche parent
« que son père et que par conséquent cet oncle aime plus
« son neveu que son propre fils [2]. »

Il serait facile de multiplier les exemples à l'infini. Le

1. Cité dans *Primitive Mariage* de M'Lennan, p. 187.
2. Burton, *History of Sindh*, p. 224.

peu que nous avons cité suffira. De telles différences de lois, d'usages, de sentiments et de croyances, dans les relations domestiques, nous permettent d'imaginer quelle peut être la multiplicité des anomalies apparentes présentées par les relations sociales prises en masse. Il n'est pas besoin pour s'en rendre compte d'étudier des tribus barbares ou des races étrangères semi-civilisées. Reportons nos regards en arrière et observons les sociétés européennes à leurs débuts. Nous ne manquerons pas de faits prouvant que les relations que l'expérience journalière nous fait voir entre les phénomènes sociaux, ne sont nullement nécessaires. Nous citerons pour exemple les conceptions religieuses.

Celles qui subsistent de nos jours parmi les nations civilisées sont d'une grossièreté qui nous prépare à en trouver d'encore plus grossières dans les temps passés. Tout à côté de Boulogne, on voit un crucifix au pied duquel pourrit un monceau de croix formées de deux fragments de lattes réunis par un clou. Ce sont les passants qui déposent là ces croix, dans l'espoir de s'attirer la faveur divine. Quand on jette un coup d'œil sur la voie ferrée qui passe à côté, quand on se rappelle les merveilles accomplies par les Français dans le domaine de la science, on ne peut se défendre d'un sentiment de surprise. On s'étonnera à bon droit encore davantage en voyant, comme cela se passe en Espagne, donner un combat de taureaux au profit de l'Église — en faveur d'une *Sainte Maison de Miséricorde !* Et quelque grandes que semblent ces disconvenances entre les idées religieuses et les états sociaux d'aujourd'hui, en remontant en arrière on trouve des disconvenances encore plus étonnantes. Étudiez les différentes représentations de mystères et voyez quelles conceptions elles impliquaient chez les gens de l'époque ! Il ne faut pas oublier que les mystères étaient le produit d'une certaine théorie du gouvernement divin et qu'un peu plus tard on brûla ceux qui niaient cette théorie. Voici comme on inscrivait les appointements des acteurs :

« Imprimis, à Dieu ij[s].
«   Item,   à Cayphas iij[s], iiij[d].
«   Item,   à un des chevaliers ij[s].
«   Item,   au diable et à Judas xviij[d].

« Nous trouvons souvent des inscriptions comme la sui-
« vante : « Item, payé pour l'Esprit le tarif de Dieu, — ijs. »
« Ces registres nous apprennent que Dieu portait un habit
« de cuir peint et doré et une perruque également dorée [1].

« La conception même de la Vierge sert de sujet à des
« discours licencieux. Nous possédons dans la collection de
« Coventry un mystère, ou pièce, représentant le soi-disant
« Jugement de la Vierge. On voit d'abord paraître le som-
« nour, qui lit une longue liste de péchés énumérés dans
« son livre; viennent ensuite deux « détracteurs, » qui ré-
« pètent certaines histoires scandaleuses touchant Joseph
« et Marie, sur quoi ils sont appelés à comparaître devant
« la cour ecclésiastique. Ils passent effectivement en juge-
« ment et nous avons une esquisse grossière de la pro-
« cédure usitée en pareil cas, etc. [2]. »

Les vieux missels enluminés nous révèlent de leur côté
une manière de concevoir la doctrine chrétienne, qu'on a
de la peine à se représenter dans une société civilisée
ou même semi-civilisée. Voyez, par exemple, les idées
que suppose chez les contemporains une certaine pein-
ture extrêmement soignée, représentant le Christ. De la
blessure qu'il porte au côté s'échappe un torrent d'hos-
ties, qu'un prêtre reçoit sur un plateau. Voici un autre livre
de dévotion de date plus récente — un psautier imprimé,
orné d'une profusion de gravures sur bois représentant des
scènes de la vie de Jésus. A chaque page, nous voyons tirer
du sacrifice du Christ une utilité toute matérielle. Ici, ce
sont des ceps de vigne sortant de ses blessures et portant
des grappes de raisins dont se régalent des évêques et des
abbesses. Là, la croix est fixée sur un énorme tonneau dans
lequel le sang du Christ tombe à torrents, pour ressortir en
jets et arroser des groupes de prêtres. Plus loin, le corps
du crucifié est représenté dans une position horizontale; de
ses pieds et de ses mains blessés, coulent des fontaines de
sang; des prêtres et des nonnes recueillent ce sang dans
des seaux et des cruches. Il y a plus fort encore. Qu'on
essaie de se représenter l'état mental impliqué par une cer-

1. Wright, *Essays on archæology*, vol. II, pp. 175-6.
2. Idem, *ibidem*, vol. II, p. 181.

taine gravure représentant la Trinité. Pour aider l'imagination du pieux lecteur à concevoir ce mystère, le dessinateur a figuré trois personnes chaussant leurs six pieds dans deux bottes[1]. Les idées que présuppose la littérature populaire sont, en parfaite harmonie avec ces conceptions dont la grossièreté nous confond. Qui veut juger des idées théologiques des temps où l'autorité du Pape était suprême, avant qu'on eût protesté contre la vente des indulgences, n'a qu'à lire une histoire du recueil des frères Grimm intitulé *Contes populaires*. Elle a pour titre *Le tailleur dans le ciel*. En voici un abrégé qu'on a bien voulu faire pour nous.

« Un jour que Dieu avait été se promener avec les saints
« et les apôtres, il laissa Pierre à la porte du ciel, en lui or-
« donnant expressément de ne laisser entrer personne.
« Bientôt après arriva un tailleur, demandant qu'on lui ou-
« vrit la porte. Pierre lui dit que Dieu avait défendu de
« laisser entrer personne ; que de plus il avait mauvaise ré-
« putation et passait pour voler l'étoffe de ses pratiques. Le
« tailleur répondit qu'il n'avait pris que de petits morceaux
« qui étaient tombés dans sa corbeille et qu'il se rendrait
« utile — il porterait les enfants, laverait et raccommode-
« rait les vêtements. A la fin Pierre le laissa passer, mais il
« le fit asseoir dans un coin derrière la porte. Cependant,
« Pierre étant sorti un moment, le tailleur en profita pour
« se lever et examiner les environs. Il arriva bientôt à un en-
« droit où il y avait beaucoup d'escabeaux et au milieu d'eux
« un fauteuil d'or massif et un tabouret d'or, appartenant à
« Dieu. Le tailleur grimpa sur le fauteuil et de là il pouvait
« distinguer tout ce qui se passait sur la terre. Il aperçut une
« vieille femme qui lavait du linge dans un ruisseau et il vit
« qu'elle dérobait quelque chose. Dans sa colère, il saisit le
« tabouret et le lui lança. Ne pouvant pas le ravoir, il pensa
« que le mieux était de retourner dans son coin derrière la
« porte, où il se rassit en prenant un air innocent. Dieu ren-
« tra, sans faire attention au tailleur, et ne trouvant pas son
« tabouret, il demanda à Pierre ce qu'il était devenu. Pierre

---

1. On ne connaît que quatre exemplaires de ce psautier. Celui dont nous nous sommes servi pour cette description fait partie de la magnifique collection de M. Henry Huth.

« avait-il laissé entrer quelqu'un ? L'apôtre commença par
« éluder la question, mais il fallut confesser qu'il avait
« laissé entrer quelqu'un, une seule personne — un pauvre
« diable de tailleur boiteux. On appela le tailleur, et on lui
« demanda ce qu'il avait fait du tabouret. Quand il l'eut ra-
« conté, Dieu lui dit : « Si je jugeais comme toi, coquin, com-
« bien de temps crois-tu que *toi* tu l'aurais échappé ? Il y a
« longtemps qu'il ne me resterait plus un siége ni même une
« pelle — j'aurais tout jeté aux pêcheurs [1].... »

Ces exemples, choisis entre mille, montrent dans quelle
large mesure peuvent varier les phénomènes sociaux. Quand
on pense que des idées théologiques qui ne nous paraissent, à nous, guère plus raffinées que celles du sauvage,
coexistaient (en Angleterre) avec notre constitution politique actuelle; avec un corps de lois, un système d'impôts assis régulièrement, une classe ouvrière émancipée,
une organisation industrielle très-complexe, l'intelligence
générale et la confiance mutuelle qu'impliquent des coo-
pérations sociales si étendues et si compliquées — on sent
qu'il y a un infiniment plus grand nombre de combinaisons
possibles qu'on n'est naturellement porté à le supposer.
On comprend la nécessité d'élargir considérablement ces
idées mères si arrêtées, qui proviennent de l'observation
quotidienne de ce qui se passe et de qui existe autour de
nous.

Nous pourrions vraiment, même en étant limités aux témoignages fournis par notre propre société dans le temps
présent, augmenter considérablement la plasticité de nos
conceptions. Il s'agirait pour cela de voir les faits tels qu'ils
sont. Si nous pouvions en tant que nation, de même qu'en
tant qu'individus, « nous voir comme les autres nous
voient, » nous trouverions, en Angleterre même, assez de
contradictions apparentes pour nous convaincre qu'il n'existe
aucune connexion nécessaire entre des actions qui nous paraissent forcément connexes. Nos propres institutions, les
livres, les journaux, les débats des Chambres nous appren-

---

1. *Kinder und Hausmärchen*, par William et James Grimm. Grande
édition (1870), pp. 140-2.

draient qu'il existe effectivement entre les phénomènes sociaux des rapports constants, mais que ce ne sont pas les rapports généralement supposés constants. Nous apprendrions
aussi que nous sommes exposés à nous tromper lourdement,
lorsque d'une caractéristique frappante nous prétendons
inférer certaines autres caractéristiques. Pour nous aider à
percevoir cette vérité, nous allons recourir à un procédé
assez rebattu. Voyons ce que pourrait dire de nous un observateur désintéressé, vivant dans un avenir très-éloigné.
Nous supposons ses appréciations traduites dans notre in-
commode langage.

« Tous les enfants savent, grâce aux figures dont on se
sert dans l'enseignement, que depuis des milliers d'années
l'excentricité de l'orbite terreste a commencé à diminuer ;
ils savent que par une conséquence nécessaire, l'époque
glaciaire qui a si longtemps rendu inhabitable une grande
partie de l'hémisphère septentrional n'est plus à son point
culminant ; mais tout le monde ne sait pas encore que dans
plusieurs régions la retraite des glaciers a rendu accessibles des contrées longtemps ensevelies. Parmi les mo-
raines, et sous de vastes accumulations de détritus, on a
trouvé tantôt des ruines, tantôt des squelettes à demi-fossi-
lisés, dans quelques endroits des documents écrits, qui par
un merveilleux concours de circonstances favorables ont été
assez bien préservés pour que certaines parties soient demeu-
rées lisibles. De même que les céphalopodes fossiles amenés à la surface par nos machines automatiques à extraire les
pierres, sont quelquefois assez complets pour qu'on puisse
les dessiner avec la sépia fournie par leur poche à encre,
de même, par une chance heureuse, une race d'hommes
éteinte depuis longtemps nous a transmis une véritable
secrétion de sa vie journalière, dont nous pouvons tirer la
matière colorante destinée à peindre ces hommes tels qu'ils
étaient. A force de persévérance, nos investigateurs ont découvert la clef de la langue imparfaitement développée
qu'on parlait alors ; après des années de travail, ils ont pu
grouper des faits qui nous donnent une légère idée des
peuples étranges qui vivaient dans l'hémisphère septentrional pendant la dernière période anti-glaciaire. »

« On vient de publier un rapport qui se réfère à une époque

appelée par ces peuples le milieu du dix-neuvième siècle de
leur ère. Ce rapport traite d'une nation fort intéressante
pour nous, la nation anglaise. Jusqu'à présent on n'avait
retrouvé aucune trace de ce peuple antique; néanmoins,
les noms de certains grands hommes qu'il avait produits,
nous avaient été conservés. L'un était un poëte, qu'on
disait avoir surpassé en puissance d'imagination et en profondeur de pénétration tous ceux qui l'avaient précédé.
L'autre, un savant, que nous avons lieu de supposer émi-
nent sous bien des rapports et dont nous savons positivement ceci, qu'il a enseigné à toutes les nations alors existantes et à toutes celles qui ont vécu depuis, comment
l'Univers est équilibré. Les questions relatives aux Anglais
avaient donc toujours eu le privilége d'exciter l'intérêt. On
était curieux de savoir quelle espèce de peuple ce pouvait
être, quelle sorte de civilisation était la sienne. Les révélations du rapport ne s'accordent guère avec les suppositions
qu'on avait faites.

« On a commencé par chercher les traces des grands
hommes dont on connaissait les noms, pensant que leur souvenir dût être conservé par des signes commémoratifs très-
apparents. Ce qu'on a trouvé se réduit en somme à peu de
chose. On a découvert, il est vrai, qu'on avait décerné au dernier venu d'entre eux, à celui qui avait révélé à l'humanité la
constitution des cieux, un titre honorifique, du genre de ceux
qui se donnaient chez ce peuple au négociant heureux en
affaires qui venait présenter une adresse au monarque.
Quant au grand poëte, les Anglais avaient planté un arbre
en son honneur et ils lui avaient érigé une petite statue
qu'ils avaient placée dans un de leurs temples, où elle se
perdait au milieu d'une forêt de monuments massifs élevés
à la mémoire des chefs militaires de la nation. Ce n'est pas
que les Anglais n'aient jamais construit de monument com-
mémoratif de dimensions considérables, au contraire. Ainsi
nos explorateurs ont découvert les vestiges d'un édifice
véritablement gigantesque, dans lequel, selon toute apparence, des personnes de distinction et des députés de
toutes les nations se réunissaient pour honorer en commun
un être quelconque. Il est peu probable que ce fût un
homme; car il est difficile d'imaginer un homme d'une va-

leur assez transcendante, pour mériter un si éclatant hommage d'un pays où l'on s'occupait si peu de ceux qui ont
sauvé de l'oubli le nom de la race.

« Leur manière de distribuer les monuments honorifiques
était du reste remarquable à tous égards. Un de leurs médecins, nommé Jenner, avait, dit-on, sauvé la vie de plusieurs
milliers de personnes, en inventant un moyen de ralentir
les ravages d'une maladie atroce. Les Anglais lui dressèrent
une statue sur l'une de leurs principales places publiques.
Cependant, au bout de quelques années, ils se repentirent
d'avoir mis cette statue tellement en vue. On la relégua
au fond d'un jardin situé dans un faubourg et fréquenté principalement par des enfants et des bonnes, et on la remplaça
par la statue d'un grand chef militaire — un nommé Napier,
qui avait aidé à vaincre et à contenir des races plus faibles.
L'auteur du rapport ne nous dit pas si ce dernier avait
détruit autant de vies que le premier en avait sauvé, mais il
fait la remarque suivante : « — Je ne puis assez m'étonner
de cette bizarre substitution chez un peuple qui professait
une religion de paix. »

« Du reste, cet acte ne paraît pas avoir été en désaccord
avec leur manière de faire accoutumée — tout au contraire.
Le rapport nous apprend que pour conserver le souvenir
d'une grande victoire remportée sur un peuple voisin, les
Anglais célébrèrent pendant fort longtemps un banquet
annuel, rappelant beaucoup la danse du scalp usitée en
signe de commémoration chez des peuples encore plus barbares. Il y avait toujours présent à cette solennité un prêtre,
qui appelait sur le banquet les bénédictions d'un être invoqué sous le nom de Dieu d'amour. A certains égards,
leur code de conduite ne semble vraiment pas en avance
sur celui d'un peuple encore plus ancien auquel ils ont
emprunté leur religion; il semble plutôt avoir reculé. Une
des lois de ce peuple plus ancien était « œil pour œil, dent
pour dent; » chez les Anglais, plusieurs lois, particulièrement celles qui visaient les actes pouvant entraver certains
soi-disant divertissements des classes gouvernantes, infli-
geaient des pénalités montrant que le principe était devenu
« jambe pour œil et bras pour dent. » Les relations qui
existaient entre leur religion et celle de l'ancien peuple

sont très-difficiles à comprendre. A une certaine époque, ils avaient cruellement persécuté l'ancien peuple — on l'appelait le peuple Juif — parce que les Juifs n'avaient pas voulu admettre certaine modification à leur propre religion que les Anglais avaient adoptée nominalement. Ce qu'il y a de plus merveilleux, c'est que tout en torturant les Juifs pour ne pas être de leur avis, ils étaient au fond de l'avis des Juifs. Non-seulement ils allaient plus loin qu'eux dans l'application de la peine du talion, ainsi que nous l'avons fait voir tout à l'heure, et cela contrairement aux principes du maître qu'ils adoraient comme divin, mais encore ils désobéissaient à ce divin maître sur bien d'autres points. Par exemple, ils observaient rigoureusement le repos du septième jour, chose que le maître avait positivement désapprouvée. Ils s'irritaient contre ceux qui ne croyaient pas nominalement au christianisme (c'était le nom de leur religion) et en même temps ils se moquaient de ceux qui y croyaient réellement. Ainsi, quelques-uns d'entre eux ayant voulu se régler sur les préceptes chrétiens au lieu de suivre les préceptes judaïques, reçurent le sobriquet de Quakers et se virent en butte aux railleries. Bien plus, les Anglais démontraient clairement qu'ils adhéraient en substance à la religion qu'ils faisaient profession de répudier, en affichant dans tous leurs temples, à la place la plus en vue, les dix commandements de la religion judaïque, tandis que jamais, ou presque jamais, ils n'affichaient les deux commandements chrétiens destinés à remplacer les premiers. « Cependant, dit le rapporteur après s'être étendu sur ces faits bizarres, bien que les Anglais aient été grandement adonnés aux entreprises de missions de tous genres, et que j'aie compulsé soigneusement dans leurs annales tout ce qui se rapportait aux missionnaires, je n'ai pu trouver aucune trace d'une société destinée à convertir le peuple anglais du Judaïsme au Christianisme. »

« A propos des missions, le rapport nous fait connaître d'autres anomalies remarquables. Dans leur désir de gagner des adhérents à cette religion qu'ils avaient adoptée de nom mais point de fait, les Anglais envoyaient dans diverses parties du monde des gens chargés de la propager, entre autres dans le territoire subjugué nommé plus haut. Là, les missionnaires anglais enseignaient les doux préceptes de leur religion et les fonctionnaires employés par le gouvernement anglais expliquaient les susdits préceptes au moyer d'exemples : un jour, entre autres, pour réprimer l'émeut« d'une secte séditieuse, ils prirent cinquante prisonniers su; soixante-six qui s'étaient rendus, les tuèrent sans jugemen' avec ce qu'ils appelaient des fusils, ou bien les attachèren. à la gueule des canons et les mirent en pièces. Ce qui esf assez curieux, c'est qu'après avoir expliqué et commenté leur religion au moyen d'exemples de ce genre, les Anglais manifestèrent un grand étonnement de ce que leurs missionnaires ne convertissaient dans ces pays-là que des hypocrites et des individus si mal famés que personne ne voulait leur donner d'ouvrage. »

« Ces Anglais semi-civilisés avaient pourtant leurs bons côtés. Ils agissaient certes sous l'empire d'une illusion étrange, lorsqu'ils envoyaient des missionnaires parmi des peuples de race inférieure que les matelots et les colons anglais ne manquaient jamais de maltraiter et que parfois ils anéantissaient ; cependant, quand nous voyons qu'ils dépensaient annuellement un million de leur monnaie pour les missions et autres entreprises du même genre, nous sommes forcés de reconnaître une certaine générosité dans les mobiles qui dictaient leur conduite. Leur pays était couvert d'hôpitaux, d'asiles, d'institutions en faveur des malades et des indigents. Leurs villes étaient remplies de sociétés philanthropiques qui, si elles ne témoignent pas en faveur de leur sens politique, prouvaient du moins leurs bons sentiments. Ils dépensaient d'après la loi un dixième du revenu total de l'Etat — pendant un temps c'était même davantage — pour secourir leurs pauvres. Une de leurs actions les plus remarquables fut faite en vue d'extirper une institution barbare de l'époque. Cela s'appelait l'esclavage et régnait dans les colonies anglaises : certains hommes étaient propriétaires d'autres hommes et disposaient en maîtres absolu; de leurs biens, de leurs corps et même, en fait, de leur; vies. Les Anglais payèrent de 20 millions de leur monnai« l'abolition de cette institution. Une autre preuve non moin; frappante de leur instinct compatissant, c'est que pendan' une guerre que se faisaient deux nations voisines, ils donnèrent de grosses sommes d'argent pour secourir les gens ruinés, et envoyèrent beaucoup d'hommes et de femmes pour soigner les blessés. »

« Les faits mis au jour par ces recherches sont donc extrêmement instructifs. Maintenant que des milliers et des milliers d'années de discipline ont établi l'harmonie dans la vie des hommes vivant en société — maintenant que les caractères ont fini par s'ajuster aux conditions et réciproquement, nous sommes portés à supposer la nécessité d'une certaine conformité entre les institutions, la conduite, les sentiments et les croyances. Il nous paraît presque impossible que des principes absolument contraires soient journellement mis en pratique dans une même société; et il nous semble à peine croyable que des hommes aient, ou professent d'avoir, des croyances complètement inconciliables avec leurs actions. La maladie si rare qu'on appelle insanité pourrait seule expliquer la conduite d'une personne qui, sachant fort bien que le feu brûle, mettrait néanmoins sa main dans la flamme. Nous considérerions également comme un fou l'homme qui, tout en déclarant hautement que la bonne morale ordonne d'agir de telle et telle façon, ferait justement le contraire. Les révélations tirées de ces ruines antiques nous montrent cependant que les sociétés pouvaient subsister en dépit de ce qui nous paraît un chaos dans les opinions et la conduite. Bien plus, elles nous montrent qu'il était possible à des hommes de professer une opinion et d'agir en sens contraire, sans paraître avoir le sentiment de leur inconséquence. En voici un témoignage curieux. Parmi les nombreuses institutions fondées dans des buts de bienfaisance, les Anglais comptaient une certaine *Société Biblique navale et militaire*, dont la fonction était de distribuer des exemplaires de leur livre sacré à leurs combattants de profession de l'armée de terre et de l'armée de mer. Les principaux souscripteurs de cette société, ceux qui la dirigeaient, étaient presque tous des chefs de ces combattants. Le rapporteur suggère qu'on avait sans doute pour cette classe d'hommes une édition expurgée du livre sacré, édition dans laquelle on avait supprimé les préceptes du genre de ceux-ci : « Rendez le bien pour le mal, » « Donne ta joue à celui qui t'a frappé, etc. » C'est possible; mais, même dans ce cas, nous avons là un exemple remarquable de la contradiction absolue qui peut régner entre la conviction et la conduite, sans que l'individu aperçoive aucunement cette opposition. Nous admettons généralement qu'un des traits distinctifs de l'humanité est la raison et qu'être raisonnable c'est être conséquent avec soi-même. Voici pourtant une race éteinte — une race qui appartenait incontestablement à l'humanité et qui se regardait comme raisonnable — dans laquelle l'inconséquence entre la conduite et la religion professée était la plus grande qui se puisse imaginer. Ce fait nous met en garde contre la disposition à supposer que ce qui nous semble maintenant tout naturel a toujours été naturel. Il nous force d'ouvrir les yeux sur une erreur qui depuis des milliers d'années s'est accréditée parmi nous et qui consiste à croire que les rapports existant entre les différents phénomènes sociaux et entre les différents phénomènes naturels sont nécessairement ceux que nous apercevons autour de nous. »

Avant de résumer ce qui vient d'être dit sous le titre DIFFICULTÉS SUBJECTIVES venant de l'intelligence, nous demandons à présenter une remarque : c'est que si ce groupe de difficultés a été séparé du groupe présenté dans le chapitre précédent sous le titre de DIFFICULTÉS OBJECTIVES, c'est surtout pour des raisons de commodité; la division n'est nullement rigoureuse. Lorsque nous examinons les obstacles qui s'opposent à la juste interprétation — les phénomènes étant d'un côté et l'intelligence de l'autre — nous pouvons à notre bon plaisir attribuer l'insuccès à l'insuffisance de l'intelligence ou à la nature compliquée du phénomène. Un obstacle est objectif ou subjectif selon le point de vue auquel nous nous plaçons. Ceux que nous venons d'énumérer procédaient si directement de défauts évidents de l'intelligence humaine, qu'ils méritaient, mieux que ceux que nous avions cités auparavant, d'être classés dans la catégorie des difficultés subjectives.

Nous plaçant donc à ce point de vue, nous aurons à nous garder d'abord de la tendance à interpréter les faits automorphiquement ; ou plutôt, puisque nous ne pouvons faire autrement que de concevoir la nature des autres dans les

conditions fournies par nos propres idées et nos propres
sentiments, nous devons nous tenir en garde contre les erreurs qu'engendrera cette nécessité, — faire de notre mieux,
en tirant nos conclusions, la part de ces erreurs. En second
lieu, il faut nous défier de deux idées contraires, mais également reçues, relatives à l'homme, et des erreurs sociologiques qu'elles engendrent; l'une est que la nature humaine
ne peut pas se modifier et l'autre qu'elle se peut modifier
aisément. Débarrassés de ces préjugés, nous nous fami-
liariserons avec l'idée d'une nature humaine que la discipline sociale change lentement, à mesure que les générations se succèdent. Une autre difficulté que personne ne
surmontera entièrement et que bien peu surmonteront en
partie, provient du défaut de facultés intellectuelles assez
complexes pour embrasser dans toute leur infinie complexité les phénomènes dont s'occupe la sociologie. Pour
concevoir parfaitement un fait sociologique, considéré comme
partie constitutive de la science sociale, il est indispensable
d'avoir tous ses facteurs essentiels présents à l'esprit; et
jusqu'à présent, on n'est pas arrivé à les avoir tous en tête,
avec leurs proportions respectives et leurs combinaisons
mutuelles, avec un degré de netteté suffisant. Après cette
difficulté, qu'on ne peut vaincre que partiellement, en vient
une autre moins redoutable; il s'agit d'élargir la capacité
de conception, jusqu'à ce que l'individu puisse admettre les
combinaisons infiniment variées et extrêmement différentes
des phénomènes sociaux. L'expérience de la vie sociale
contemporaine nous a donné une grande rigidité de conception; il faut travailler à assouplir notre esprit, à lui donner une plasticité qui lui permette de s'ouvrir facilement et
d'accepter comme choses naturelles d'innombrables combinaisons de phénomènes sociaux, entièrement nouvelles pour
nous, parfois même absolument contraires à celles qui nous
sont familières. Faute de cette plasticité, on ne peut comprendre convenablement les états sociaux, parents du nôtre,
coexistant avec lui, encore moins les états sociaux disparus, ou les états sociaux des races étrangères à la nôtre,
tant civilisées que barbares.

CHAPITRE VII

DIFFICULTÉS SUBJECTIVES VENANT DES PASSIONS

La passion fausse le jugement : l'observation est assez rebattue. Mais l'autre observation plus générale, dans laquelle devrait rentrer la première, que toute émotion, quels qu'en soient la nature et le degré, trouble l'équilibre intellectuel, n'est pas rebattue, et ceux-là mêmes qui l'admettent n'en tiennent pas le compte qu'il faudrait. L'énoncé complet de cette vérité est qu'en examinant une proposition quelconque, sauf celles qui nous sont absolument indifférentes et ne nous touchent ni de près ni de loin, nous ne pouvons faire abstraction de sympathies et de répugnances qui influencent notre opinion. Nos conclusions sont faussées par là de deux manières : l'émotion nous fait tromper d'une part dans notre calcul des probabilités, et d'autre part dans l'estimation de l'importance des faits. Quelques exemples le feront bien voir.

Toutes les personnes d'un certain âge se rappellent l'assassinat commis il y a quelques années par Müller, sur la ligne Londres-Nord. La plupart d'entre elles doivent se rappeler aussi qu'à la suite de ce crime, il y eut pendant quelque temps une répugnance générale à voyager en tête-à-tête — avec un inconnu s'entend. Notez qu'avant le jour du meurtre en question, il était arrivé un nombre de fois infini que deux étrangers avaient voyagé seuls dans un compartiment de chemin de fer, sans qu'il en fût résulté rien de fâcheux ni pour l'un ni pour l'autre, et qu'après la mort de M. Briggs, presque toutes les probabilités étaient pour que le même accident ne se reproduisît pas et qu'il n'arrivât pas juste la même chose à une autre personne placée juste dans les mêmes conditions. Cela n'empêche pas que le public fut saisi d'une terreur qu'un grand danger eût seul justifiée. L'émotion fut hors de toute proportion avec le péril. Il y avait une chance contre un million d'être assassiné, et la peur était la même que s'il y avait eu une chance contre mille ou même contre cent. L'émotion causée par la frayeur détruisant l'équilibre du jugement, il devenait impossible d'arriver à un calcul rationnel des probabilités; ou plutôt, ce calcul, si on le faisait, demeurait sans influence aucune sur la conduite.

J'ai remarqué un autre exemple du même phénomène, lors de l'épidémie de petite-vérole qui a sévi récemment avec une intensité inexplicable, après vingt ans de vaccination obligatoire. Une dame de Londres, partageant la frayeur générale, m'exprimait un jour ses craintes. Je lui demandai si elle aurait grand peur dans le cas où, habitant une ville de 20 000 âmes, elle entendrait dire que la petite-vérole faisait une victime par semaine. Elle répondit naturellement que non, et sa frayeur se calma quelque peu lorsque je lui eus démontré, qu'étant donnés la population de Londres et le chiffre hebdomadaire des décès de la petite-vérole, la proportion était à peu près la même. La panique l'avait rendue absolument incapable, comme bien d'autres, de se former une opinion raisonnée du danger. L'émotion avait porté un tel trouble dans les esprits, qu'on s'imaginait les chances de mort plus grandes, à un moment où elles étaient justement moindres que de coutume. En effet, les relevés prouvaient que le chiffre général des décès était plutôt au-dessous de la moyenne ordinaire. Mais tandis que les faits établissaient cette infériorité, l'émotion qui avait gagné le public produisait irrésistiblement la conviction contraire.

Ces exemples montrent clairement ce que montrent moins clairement les exemples qui se présentent à toute minute : les idées associées qui constituent un jugement sont notablement influencées dans leurs relations mutuelles par les émotions coexistantes. Deux idées s'associeront faiblement ou fortement suivant que les états nerveux correspondants donneront lieu à une décharge faible ou forte sur les lignes de la connexion nerveuse ; et une onde considérable de sentiment, qui entraîne toujours une décharge considérable dans toutes les directions, associera ces deux idées plus étroitement encore. Il en est ainsi même lorsque le sentiment n'a aucun rapport avec les idées en question, comme on le voit par les souvenirs vivants que laissent des détails insignifiants, aperçus dans des moments de grande excitation ; il en est ainsi à plus forte raison quand le sentiment se rapporte aux idées — c'est-à-dire quand la proposition formée par les idées est elle-même la cause de l'excitation. Une grande partie de l'émotion tend, dans ce cas, à se décharger en unissant les éléments de la proposition ; et l'attribut suit dès lors le sujet avec une persistance hors de toute proportion avec les données de l'expérience.

Nous voyons ceci pour tous les ordres d'émotions. Il n'est personne qui n'ait observé à quel point l'amour maternel fausse le jugement. Personne non plus qui n'ait eu l'occasion de remarquer que les amoureux aperçoivent des perfections là où le spectateur désintéressé n'en voit point, tandis qu'ils sont aveugles sur des défauts qui frappent tout le monde. Observez aussi le détenteur de billets de loterie ; l'espoir engendre chez lui des convictions absolument inconciliables avec le calcul mathématique des probabilités. Et l'inventeur ? dans son excitation, il compte avec assurance sur un succès dont le juge de sang-froid voit l'impossibilité. On a dit que « le désir est père de la pensée. » C'est d'une vérité manifeste dans le cas qui nous occupe et c'est aussi plus ou moins vrai toutes les fois qu'il y a désir. Dans d'autres cas, par exemple lorsque l'imagination est frappée d'horreur par un événement qui lui semble surnaturel, nous voyons que même en l'absence du désir de croire, il pourra naître une conviction, si à l'association d'idées existante vient s'ajouter une émotion violente.

On reconnaît bien jusqu'à un certain point que les jugements des hommes sur les questions sociales sont faussés par les émotions, mais on est très-loin de le reconnaître d'une

manière complète. On ne compte généralement, parmi les
facteurs concourant pour une part importante à déterminer l'opinion, que les passions politiques, les haines de classe
à classe et les sentiments d'une intensité extrême. Il est
cependant nécessaire, ainsi que l'impliquait ce que nous disions tout à l'heure, de tenir compte d'émotions de bien des
genres et de tous les degrés, en descendant jusqu'aux petites préférences et aux répugnances légères. En effet, analy-
sons de près nos idées et celles de notre entourage sur les
affaires publiques; nous verrons qu'elles proviennent d'un
agrégat de sentiments, bien plus que d'un examen des témoignages. Personne, même en essayant, ne peut empêcher en
soi un lent développement de sympathies ou d'antipathies
pour telle ou telle institution, coutume, idée, etc.; et en nous
observant, nous nous apercevons que chaque nouvelle question qui se présente, est inévitablement considérée par nous
dans ses rapports avec un ensemble de convictions qui se
sont moulées peu à peu sur nos sympathies et nos antipathies.

Quand le lecteur aura admis — ce qu'il fera forcément s'il
est sincère avec lui-même — que généralement il n'attend
pas d'avoir recueilli des témoignages de première main pour
se former une opinion sur un acte ou un projet politique
quelconque, et que rarement il prend la peine de rechercher
si les témoignages de première main justifieraient l'acte ou
le projet en question : alors il verra combien grandes sont
les difficultés que suscitent à la sociologie les divers sentiments provoqués par les questions qui font la matière de
cette science. Notons d'abord les effets produits par certains sentiments d'ordre général, qu'on est porté à laisser
de côté.

L'état d'esprit appelé impatience est une de ces émotions.
Un homme jure contre un objet inanimé qu'il ne peut venir
à bout d'ajuster à sa fantaisie; ou bien, par un temps d'hiver, il glisse, tombe, se fait mal et éclate en imprécations
contre les lois de la gravitation; les spectateurs sentent qu'il
est absurde et lui-même le sentira quand sa colère sera
calmée. Dans les sphères politiques il en est autrement. Là,
un homme peut injurier, sinon en paroles du moins en

esprit, une loi naturelle, sans s'apercevoir qu'il est absurde et sans en faire apercevoir les autres.

Les sentiments manifestés souvent à l'égard de l'économie politique en sont un exemple. On a vaguement conscience que certaines théories favorites, certains projets chéris, ne s'accordent pas avec les vérités économiques; de là une impatience qui se traduit par des épithètes méprisantes, appliquées à ces vérités. Ainsi M. Carlyle traite l'économie politique de « science sinistre, » parce qu'elle dérange sa théorie du gouvernement et ses plans de réforme sociale. Et beaucoup de gens qui ne sont pas de l'école de M. Carlyle, réactionnaires, partisans du progrès, hommes de tous les partis, témoignent de la même aversion pour ce corps de doctrines, parce qu'il n'est pas d'accord avec leurs théories favorites. Un peu de réflexion leur ferait pourtant sentir qu'ils ressemblent assez, dans leur dédain, à un chercheur du mouvement perpétuel déclamant contre les lois de la mécanique.

Qu'on suppose un instant chez l'homme des tendances contraires à celles que lui a données la nature; on verra immédiatement que ces généralisations qui paraissaient froides, dures, acceptables seulement aux êtres inaccessibles à la sympathie, ne sont que l'énoncé de certains modes d'action résultant de la nature humaine. Supposons qu'au lieu de rechercher le bon marché, les gens préfèrent généralement payer les choses très-cher; supposons aussi que les marchands soient enchantés de vendre bon marché au lieu de vendre cher. N'est-il pas évident que la production, la distribution et l'échange, en les supposant possibles dans des conditions semblables, se feraient selon un système tout différent de celui qui existe? Si, au lieu d'aller chercher chaque marchandise dans l'endroit où la production en est facile, les hommes allaient la demander dans les endroits où elle est difficile à produire; et si, au lieu de transporter les objets de consommation d'un lieu à l'autre par le chemin le plus court, ils prenaient par choix des détours, de façon à rendre la dépense de main-d'œuvre et de temps la plus grande possible; n'est-il pas clair que les arrangements industriels et commerciaux, en supposant qu'il pût en exister, seraient si différents des arrangements actuels que nous sommes

hors d'état de les concevoir? Et si ceci est incontestable,
n'est-il pas également incontestable que les systèmes de
production, de distribution et d'échange, tels qu'ils sont
établis, sont déterminés par certains traits fondamentaux de
la nature humaine; et que l'économie politique n'est pas autre
chose que l'énoncé des lois qui président à ces systèmes
en tant que résultats inévitables de ces traits fondamentaux?

Il est fort probable que les généralisations des économistes ne sont pas toutes vraies et que parmi celles qui
sont vraies en gros, plusieurs appellent des restrictions.
Mais admettre ceci, ce n'est point du tout admettre qu'il n'y
ait pas, dans cet ordre d'idées, de généralisations vraies à
faire. Les gens qui voient ou s'imaginent voir des défauts
dans les conclusions de l'économie politique et qui partent
de là pour railler cette science, me rappellent certains théologiens qui se réjouirent si fort dernièrement de ce qu'on
avait découvert une erreur dans le calcul de la distance du
soleil à la terre; ils jugeaient l'occasion admirable pour
tourner en ridicule les hommes de science. Trouver un sujet
de joie et de consolation dans tout ce qui prouve l'imperfection humaine, est un trait caractéristique du théologien. Dans
le cas en question, ils furent transportés de joie parce que
les astronomes avaient découvert que leur plan du système
solaire était à la vérité absolument exact dans toutes ses
proportions, mais que les dimensions absolues qu'on lui
avait assignées étaient trop grandes d'un trentième environ.
Notre comparaison pèche cependant par un point; les théologiens persiflèrent les astronomes, mais ils ne s'aventurè-
rent pas à envelopper l'astronomie dans leur mépris — en
quoi ils différèrent de ceux auxquels nous les avons comparés ici et qui affichent du mépris, non pas seulement
pour les économistes, mais aussi pour l'économie politique
elle-même.

S'ils étaient de sang-froid, ces adversaires des économistes verraient que de même que certaines propriétés
physiques des choses donnent forcément certains modes
d'action dont la généralisation constitue la science de la
physique, de même les propriétés intellectuelles et émotionnelles de l'homme donnent forcément certaines lois des
procédés sociaux, et entre autres celles qui permettent de

s'entr'aider pour satisfaire les différents besoins. Ils verraient que sans ces procédés, dont l'économie politique s'efforce de généraliser les lois, l'humanité serait encore à l'heure présente dans la barbarie la plus profonde. Ils verraient qu'au lieu de se moquer et de la science et de ceux qui s'y adonnent, ils feraient mieux de montrer ce qu'il y a de faux dans les généralisations obtenues, et quelle forme il conviendrait de leur donner pour serrer la vérité de plus près.

Il est inutile de donner d'autres exemples de l'influence perturbatrice de l'impatience sur les recherches sociologiques. L'espoir irrationnel qui éclate chez tout possesseur d'un système nouveau en vue de l'avancement du bien de l'humanité, est généralement accompagné d'une irritation déraisonnable contre les vérités inexorables qui viennent donner un démenti aux prévisions dans lesquelles il a mis toute sa confiance. Qu'il s'agisse d'un remède contre les maux amenés par la concurrence; d'un procédé pour parer aux inconvénients résultant de l'excès de population ; d'un système de gouvernement destiné à assurer le règne de la justice absolue; d'un plan de moralisation par l'instruction, les mesures restrictives ou les punitions, l'impatience d'obtenir un résultat immédiat empêchera toujours tout ce qui ressemblerait à un calcul des probabilités, fait avec sang-froid, d'après les données fournies par l'expérience ; et au lieu de se soumettre à la nécessité des choses, on est irrité, même quand on ne le dit pas, contre cette nécessité, ou contre celui qui la signale, ou contre tous deux à la fois.

Nous pouvons voir assez clairement chez les autres, bien que nous le voyions moins clairement chez nous-mêmes, que la haine et l'amour rendent les jugements rationnels impossibles, soit dans les affaires publiques, soit dans les affaires privées. Nous le discernons surtout lorsque ces autres appartiennent à une société étrangère. Pendant la dernière guerre et depuis, la France nous l'a démontré presque quotidiennement. Le fait que, pendant la durée de la lutte, tout étranger se trouvant à Paris était exposé à être arrêté comme Prussien, et qu'une fois accusé d'être Prussien il était immédiatement traité comme tel, suffit à prouver que la haine rend impossible une appréciation rationnelle du témoignage. On a vu sous le règne de la Commune, et depuis, après sa chute, de nombreux exemples des étonnants effets de perversion de jugement que produit cette passion. Le « soupçon contre nature, » ainsi que le définissait M. Carlyle, qui était le trait caractéristique de la conduite pendant la première révolution, l'a été également pendant la dernière catastrophe. Et il l'est encore. Tout ce que disent et font les partis politiques en France, à l'Assemblée, dans la presse, dans les réunions privées, montre que les haines mutuelles engendrent les malentendus mutuels, favorisent les fausses déductions et vicient absolument les idées sociologiques.

Mais tandis qu'il nous saute aux yeux que les sympathies et les antipathies prononcées rendent les idées de nos voisins extravagantes, nous ne nous apercevons pas que chez nous mêmes, les sympathies et les antipathies pervertissent également le jugement — non pas peut-être autant qu'en France, mais cependant à un très-haut degré. Au lieu de l'opinion française, prenons l'opinion anglaise sur les affaires françaises — non pas sur des affaires récentes, mais sur des événements appartenant au passé. Au lieu d'un fait montrant à quel point les sentiments en question faussent l'appréciation des témoignages, prenons-en un qui montre à quel point ils faussent l'appréciation de la gravité relative des différents maux, et celle du blâme relatif encouru par chaque action.

La féodalité était tombée en décadence; plus d'effets bienfaisants; les maux seuls avaient survécu. Les classes dominantes n'accomplissaient plus leurs fonctions, mais elles n'en continuaient pas moins leurs exactions et maintenaient leurs priviléges. Le pouvoir seigneurial s'exerçait uniquement dans un intérêt privé, entravant à chaque pas la liberté des non-privilégiés et élevant sans cesse sur eux des prétentions vexatoires. Le paysan était arraché à son bout de champ tout grevé de lourdes redevances, pour aller travailler gratis pour un noble du voisinage, qui ne lui donnait en retour aucune protection. La récolte était dévorée par le gibier de cet homme et il ne devait pas se plaindre; il payait son seigneur pour avoir le droit de tra-

verser la rivière ou de vendre ses denrées au marché ; bien
plus, la part de grain qu'il s'était réservée, il ne pouvait la
manger qu'après l'avoir fait moudre au moulin de son seigneur et cuire au four de son seigneur. Aux exactions du
noble venaient s'ajouter celles plus impitoyables encore de
l'Eglise.

Les citadins étaient gênés par autant d'entraves que les
campagnards. Les restrictions apportées à la liberté d'action des manufacturiers dépassent toute croyance. Le gouvernement réglait le choix du personnel, décidait les articles à fabriquer, les matériaux à employer, les procédés
à suivre, la qualité des produits. Les agents de l'État bri-
saient les métiers et brûlaient les marchandises qui n'a-
vaient pas été fabriqués selon la loi. Perfectionner était
illégal et les inventeurs étaient mis à l'amende [1]. « L'impôt
pesait exclusivement sur les classes laborieuses et il pesait de façon à constituer une véritable pénalité contre la
production [2]. » Les monnaies avaient été altérées jusqu'à ne plus avoir que la soixante-treizième partie de leur
valeur primitive. « Il était impossible d'obtenir réparation
d'un dommage infligé aux biens ou à la personne, quand
les auteurs du dommage étaient gens de condition ou
influents à la cour [3]. » Et le pouvoir gouvernant se soutenait au moyen « d'espions, de faux témoins et de complots
fictifs. »

Ces tyrannies locales, ces abus universels, ces difficultés
de vivre exaspérantes, qui nous paraissent à peine croya-
bles, étaient accompagnés de l'incurie administrative, de la
corruption et de la prodigalité du gouvernement central. On
consumait des trésors à construire des palais gigantesques
et on sacrifiait des armées immenses dans des guerres sans
excuse. Les dépenses exagérées, demandant plus que ne
pouvait donner l'industrie paralysée, avaient amené un dé-
ficit chronique. De nouvelles taxes établies sur le travailleur pauvre ne produisirent que du mécontentement et des
plaintes, et on reconnut à l'épreuve qu'imposer le riche oi-

---

1. M. Dunoyer ; cité dans *Political Economy* de Mill.
2. Mill, *Political Economy*.
3. *Id., ibid.*

sif était impraticable : la proposition de ne plus exempter
le clergé et la noblesse des charges supportées par le peuple, arracha aux classes privilégiées « un cri d'étonnement
et d'indignation. » Enfin, pour rendre plus apparente encore
l'indignité des agents gouvernants de tout ordre, il y avait
la vie débauchée menée par toute la cour, le Roi en tête.
La France gisait à terre, « le pied d'une prostituée sur son
col. »

Passons par-dessus les phases diverses de l'explosion
qui mit fin à cet état de choses intolérable — phases pendant lesquelles nous retrouvons toujours les classes dominantes, incapables et impénitentes, s'efforçant de ressaisir
le pouvoir qui leur a échappé, appelant à leur aide les gouvernements étrangers et attirant en France l'envahisseur. —
Passons, et venons de suite à l'époque où, fou de colère et
de terreur, le peuple se vengea sur ceux de ses anciens
bourreaux qui étaient restés. Nombre d'entre ces hommes
s'étaient ligués avec ceux de leur ordre qui prenaient les
armes contre la France délivrée — beaucoup d'autres étaient
soupçonnés de s'être ligués avec ces ennemis de la République à l'extérieur et à l'intérieur — leurs complots et leurs
trahisons prouvèrent qu'ils étaient incorrigibles; à la fin,
les massacres de Septembre et la Terreur descendirent sur
eux et près de 10,000 coupables, ou supposés coupables,
furent tués, ou exécutés dans les formes. Némésis fut suffisamment cruelle. La mort et les souffrances effroyables
tombèrent sur l'innocent aussi bien que sur le coupable. La
haine et le désespoir donnèrent naissance à une cruauté
aveugle et, chez quelques-uns des principaux acteurs, à
une férocité froide. Tout en reconnaissant ceci — tout en
reconnaissant aussi que les exécuteurs de la vengeance ne
valaient pas mieux, pris en eux-mêmes, que ses victimes
— nous devons néanmoins reconnaître que cette effusion de
sang avait son excuse. La panique d'un peuple menacé de
reprendre des chaînes effroyables n'a rien qui doive étonner. Que la crainte de voir revenir un temps où, dans les
villes comme dans les campagnes, les corps émaciés et
les visages hagards témoignaient de la désorganisation sociale, jetât les hommes dans une fureur insensée, cela n'a
rien que de naturel. S'ils devenaient forcenés à la pensée

du rétablissement d'un état de choses dans lequel on pourrait de nouveau faire tuer des centaines de mille hommes pour contenter le dépit d'une concubine royale, il n'y a pas là de quoi nous surprendre si fort. Et il ne serait que juste de réserver une partie de l'horreur inspirée par le sort des dix mille victimes, pour les abominations qui en ont été la cause.

De cette effusion de sang, excusable en partie, qui fait frémir outre mesure les gens, passons à une effusion de sang incomparablement plus grande, absolument sans excuse, qui ne les fait pas frémir du tout. Du chaos sanglant de la révolution est sorti un soldat, dont le génie, joint à l'absence complète de scrupules, a fait un général, un consul et enfin un autocrate. Sa fausseté était extrême ; il mentait chaque jour dans ses dépêches, n'écrivait jamais une page de bonne foi [1] et donnait même des leçons de mensonge aux autres [2]. Il faisait profession d'amitié au moment même où il complotait la trahison et, tout jeune encore, il prit pour guide la fable du loup et de l'agneau. Il attirait ses adversaires en son pouvoir par des promesses de clémence et ensuite il les tuait. Pour frapper les peuples de terreur, il descendit à des actes de barbarie semblables à ceux commis par ces sanguinaires empereurs de l'antiquité, que sa carrière nous rappelle : ainsi en Egypte, pour venger cinquante de ses soldats, il décapita 2,000 fellahs et jeta leurs corps dans le Nil ; à Jaffa, il fit massacrer de sang-froid 2,500 hommes de garnison qui s'étaient rendus. Ses officiers eux-mêmes, que nous n'avons pas lieu de supposer exagérés dans leurs scrupules, étaient péniblement affectés de son inhumanité et refusaient parfois d'exécuter sés décrets sanglants. En vérité, c'est à peine si les instincts du sauvage étaient tempérés chez cet homme par ce que nous appelons le sentiment moral. Nous le voyons à sa proposition de brûler « deux ou trois des bourgs les plus importants de la Vendée ; » à son désir d'importer en France des combats de taureaux et de ressusciter les jeux sanglants du cirque romain ; au sacrifice qu'il fit un jour de ses propres sol-

1. Lanfrey, *Histoire de Napoléon I*er.
2. *Ibid.*

dats, en ordonnant de sang-froid un combat d'avant-poste
inutile, uniquement pour donner à sa maîtresse le spectacle
d'un engagement! Il était fort naturel qu'un tel homme
poussât au meurtre des chefs de ses ennemis et mît leur
tête à prix, comme il le fit pour Mourad-Bey et pour le comte
de Frotté. Que pour faire disparaître le duc d'Enghien il ait
commis un crime de la même nature que celui de l'homme
qui loue un spadassin, avec cette différence qu'il n'en résul-
tait pour lui aucun danger, rien de plus naturel! Qu'en outre
de ses innombrables trahisons et manques de foi à l'égard
des puissances étrangères, un tel homme ait été traître à
son pays en anéantissant les institutions libres nouvellement conquises pour leur substituer son despotisme militaire, quoi de plus naturel encore!

Telle étant la nature de l'homme, tels étant ces quelques
exemples de sa cruauté et de son manque de scrupules,
examinons maintenant ses grands crimes et les mobiles qui
les inspirèrent. Année après année, il allait sacrifiant les
hommes par dizaines de mille et par centaines de mille,
français et étrangers, appartenant à toutes les nations de
l'Europe, à sa soif de pouvoir et à sa haine de la résistance.
Pour assouvir son insatiable ambition et pour écraser ceux
qui s'opposaient à ses plans de domination universelle, il
prit successivement toutes les jeunes générations de la
France et en forma des armées qui se faisaient détruire, en
détruisant les autres armées levées par les nations voisines.
Dans la seule campagne de Russie, sur 552,000 hommes
que perdit l'armée de Napoléon, tant en prisonniers qu'en
tués, bien peu revirent leur pays; d'un autre côté les forces
russes, qui montaient au début à plus de 200,000 hommes,
furent réduites à 30 ou 40,000: total des vies sacrifiées, bien
plus d'un demi-million. Si l'on fait le compte général des
hommes auxquels les campagnes de Napoléon ont coûté la
vie, en additionnant les tués sur le champ de bataille et les
morts par suite de blessures ou de maladies, on arrive, en
se fondant sur les évaluations les plus modérées, à plus
de 2,000,000 [1]. Et toute cette tuerie, toutes ces souffrances,

1. M. Lanfrey évalue les pertes des seuls Français, en comptant
depuis 1802, à près de 2 millions. Peut-être y a-t-il exagération; cependant, à en juger par les armées prodigieuses levées en France

toute cette dévastation, parce qu'un homme était dévoré d'un désir inquiet de régner despotiquement sur tous les autres hommes !

Qu'a-t-on pensé et senti en Angleterre au sujet des deux groupes d'événements que nous venons de placer en opposition et des acteurs qui y ont joué un rôle ? Pour l'effusion de sang de la Révolution il y a eu des expressions d'horreur, et pour ceux qui l'ont faite une haine sans borne. Quant à l'effusion de sang infiniment plus considérable causée par les guerres du Consulat et de l'Empire, on n'exprime à son égard que peu ou point d'horreur et on témoigne de ses sentiments vis-à-vis du moderne Attila qui en fut le coupable auteur, en décorant son salon de son buste ou de son portrait. Comparez les idées impliquées par ces différents sentiments.

Nous devons frémir et nous lamenter sur dix mille morts.	Deux millions de morts n'appellent ni frémissements, ni lamentations.
Les dix mille ont été tués à cause d'actes tyranniques, de cruautés et de trahisons perpétrées	Comme les deux millions, innocents de toute faute, avaient été pris de force à des classes

le chiffre n'a rien que de très-possible. Notre évaluation des pertes subies par les nations européennes en général est basée sur l'addition des tués et des blessés de toutes les batailles, d'après les chiffres fournis par les documents qu'il est permis de consulter. Le total est de 1,500,000, nombre qu'il convient de grossir considérablement. En effet il faut y ajouter d'une part les pertes qui ne sont pas spécifiées (il arrive quelquefois qu'on ne donne le nombre des morts et des blessés que pour une des deux armées engagées); il faut d'autre part y ajouter les hommes tombés dans une foule de petits engagements dont les particularités sont ignorées. Enfin, il faut encore tenir compte de l'habitude qu'avait Napoléon de dissimuler une partie de ses pertes. Au moyen de ces diverses additions, on arriverait sans doute à plus de 2 millions pour le nombre total des morts et des blessés ; il est vrai qu'il faudrait défalquer un chiffre considérable pour les hommes guéris de leurs blessures, mais d'un autre côté nous n'avons pas tenu compte des morts par maladies. Or, dans une guerre, le nombre des morts par maladies dépasse celui des morts par le feu. Ainsi, d'après Kolb, les Anglais ont perdu en Espagne trois fois plus d'hommes par les maladies que par le feu, et dans l'expédition de Walcheren, la proportion a été de 17 contre 1. De sorte qu'en évaluant à 2 millions, pour toute l'Europe, le nombre des hommes tués ou morts de blessures et de maladies pendant les campagnes de Napoléon, on reste probablement fort au-dessous de la vérité.

par eux-mêmes ou par leur classe; leur mort est donc très-digne de pitié.

Les souffrances des dix mille et de leurs familles, qui ont expié leurs propres méfaits et les méfaits de ceux de leur classe, sont bien faites pour servir de sujet à des récits déchirants et à des peintures dramatiques.

Le fait que le désespoir et l'indignation d'un peuple trahi amenèrent le massacre des dix mille, ôte à cette atrocité toute circonstance atténuante.

déjà appauvries et opprimées, le carnage qui en a été fait ne doit exciter aucune pitié.

Il n'y a rien de déchirant dans les souffrances de deux millions d'hommes qui n'expiaient en mourant ni leurs crimes personnels ni les crimes de leur classe; il n'y a non plus rien de dramatique dans le sort des familles de tous pays, auxquelles furent enlevés les deux millions.

Le fait que la soif de pouvoir d'un misérable fut satisfaite par la mort des deux millions, est pour ce sacrifice une circonstance très-atténuante.

Telles sont les propositions antithétiques implicitement contenues dans les opinions qui ont eu généralement cours en Angleterre sur la Révolution française et les guerres de Napoléon. Ces opinions ne peuvent se soutenir qu'à la condition d'accepter des propositions de ce genre. Telles ont été les émotions des hommes, que jusqu'à une époque tout à fait récente, il a été d'usage de manifester une profonde exécration en parlant de l'un de ces groupes d'événements et de s'exprimer sur le ton de l'admiration quand il s'agit de l'autre. De nos jours même, ces sentiments subsistent encore en grande partie. Les noms des principaux acteurs de la Terreur sont des noms maudits et nous appelons Napoléon « le Grand » ! et des Anglais lui rendent un culte en allant se découvrir devant son tombeau!

Comment donc serait-il possible, avec des émotions faussant à ce point le jugement, d'envisager les faits sociologiques à un point de vue rationnel? Comment les hommes, qui se font sur la grandeur relative des différents maux et sur le caractère relatif des différents mobiles des idées aussi étonnamment fausses, pourraient-ils être bons juges des institutions ou des actions passées ou présentes? Il est clair que des esprits qui se laissent influencer de la sorte par des haines et des admirations disproportionnées à leur objet, sont hors d'état de tirer des phénomènes sociaux ces conclusions exactes qui seules constituent la science sociale.

Le sentiment qui se manifeste ainsi par des marques d'horreur, lorsqu'il s'agit d'actions mauvaises pour lesquelles les excuses ne manquaient pas, et qui pour des actions infiniment plus horribles et sans excuse se traduit en applaudissements à peine tempérés par quelques légères marques d'improbation, est un sentiment qui entre autres effets a celui de fausser prodigieusement les idées politiques. Ce respect du pouvoir, qui a été et qui est encore pour la plus grande part dans le maintien de la subordination sociale — ce sentiment qui fait qu'on se complaît à tout ce qui en impose, qu'il s'agisse de succès militaires, ou de ces grandes pompes, de ces titres sonores et de ces mœurs fastueuses qui impliquent l'autorité suprême — ce sentiment que blessent les explosions d'insubordination et les actes ou les paroles qualifiés de déloyaux — ce sentiment-là est la source d'erreurs inévitables par rapport aux gouvernements, à leurs capacités et à leurs œuvres. Il les transfigure, eux et ce qui leur appartient, comme toute émotion forte transfigure l'objet qui la provoque. De même que l'amour maternel, idéalisant l'enfant, voyant ses perfections et non ses défauts, ne se lasse pas, par d'innombrables promesses toujours violées, de croire au retour au bien d'un fils indigne ; de même ce culte du pouvoir idéalise l'État, qu'il soit personnifié par un despote, un roi, des lords, des communes, ou une assemblée républicaine, et espère toujours en dépit de déceptions constantes.

On comprendra combien le respect du pouvoir influence les idées politiques des hommes, en observant à quel point il agit sur les croyances religieuses. Mieux que tout autre, un exemple emprunté à un peuple dont les idées religieuses sont extrêmement grossières nous le fera voir. Voici l'abrégé d'une description du capitaine Burton.

« Les métis Portugais-Indiens plaçaient tous les soirs un
« pot d'huile, pourvu d'une mèche allumée, devant une figu-
« rine enluminée qui représentait un saint ; c'était le patron
« du bateau dans lequel nous étions partis de Goa. Un soir,
« le temps était aux rafales ; nous remarquâmes que le
« patron n'avait pas reçu son offrande quotidienne et nous
« eûmes la curiosité d'en demander le pourquoi. « Pourquoi?
« vociféra le tindal (capitaine) indigné. Si cet animal-là ne

« peut seulement pas rendre le temps clair, je n'irai certes
« pas lui faire cadeau d'huile ni de mèches ! — Mais je pensais
« que quand il y avait du danger vous étiez encore plus
« attentif pour lui que de coutume? — Le fait est, Sahib, que
« je me suis aperçu que le gaillard ne vaut pas le sel qu'il
« coûte : la fois dernière, nous l'avions à bord et nous avons
« eu une bourrasque épouvantable; s'il n'empêche pas celle-
« ci, je le jette à l'eau et je prends sainte Catherine; je veux
« être pendu si je ne le fais comme je le dis — beau frère,
« va! (Le mot *beau frère* est pris vulgairement chez eux
« dans un sens injurieux) [1]. »

Nous avons peine à nous imaginer que des hommes tiennent une pareille conduite à l'égard de leurs dieux et de
leurs demi-dieux — qu'ils les invoquent, les injurient et parfois les fouettent pour ne pas avoir exaucé leurs prières,
puis l'instant d'après se reprennent à les invoquer. Attendons un peu avant de rire. Il est vrai que dans la sphère
religieuse notre conduite ne décèle pas l'existence chez
nous d'idées aussi contradictoires; mais dans la sphère politique au contraire, elle trahit une contradiction absolument
de même nature. Là, le désappointement perpétuel ne nous
guérit pas de l'espoir perpétuel. L'agent qu'on appelle gouvernement étant dans notre esprit quelque chose de plus
qu'une agglomération d'hommes (dont très-peu sont des
gens de mérite, beaucoup sont ordinaires et un certain
nombre absolument stupides), nous lui attribuons un pouvoir merveilleux de faire quantité de choses dont seraient
incapables des hommes autrement agglomérés. Il n'est
sorte de bienfait que nous ne lui demandions, sans douter
un instant qu'il ne puisse trouver le moyen de nous contenter; et à l'apparition de chaque mal nouveau, nous le sup-
plions avec la même confiance de nous protéger. Toujours
nos espérances sont déçues. Nous n'obtenons pas le bien
demandé, ou il vient accompagné d'un mal. Le mal n'est
pas guéri, ou il en surgit un autre aussi grand et même
plus grand. Nos journaux quotidiens et hebdomadaires,
universels et locaux, trouvent sans cesse quelque chose
à reprendre; ils blâment ceci, se moquent de cela, atta-

1. Burton, *Goa*, p. 167.

quent aujourd'hui cette branche de l'administration et demain celle-là. Cependant, bien que la réparation des sottises administratives et législatives constitue une part importante des affaires publiques — bien que la Législature
emploie la plus grande partie de son temps à réformer et
à réformer encore, jusqu'au jour où après les maux nombreux que laissent supposer ces besoins incessants de
réforme, on se décide souvent à en venir à l'abrogation :
— cependant les vœux en faveur de la répression légale
et, de l'action gouvernementale deviennent chaque jour
plus nombreux. Cette émotion que provoque l'appareil du
pouvoir gouvernemental et qui rend ce pouvoir possible,
est la racine d'une foi qui repousse à mesure qu'on la coupe.
Il suffira de se rappeler quelques-uns des exploits accomplis par le gouvernement dans le plus important de nos
départements d'Etat, pour voir combien peu le désappointement chronique diminue la confiance chronique.

A la page 3 du chapitre Ier, nous avons fait, comme exemple de la mauvaise administration de l'Amirauté, allusion
à trois catastrophes évitables, qui étaient survenues à trois
vaisseaux de guerre dans l'espace des douze derniers mois.
Un autre fait montrera combien les accidents sont fré-
quents : avant que le chapitre suivant n'eût paru, il en
était arrivé deux autres : Le *Lord Clyde* s'est échoué dans
la Méditerranée et le *Royal-Alfred* est resté sept heures
sur le récif de Bahama. Plus récemment encore, nous avons
eu la collision du *Northumberland* et de l'*Hercules* à Fun-
chal, et la perte du navire qui a coulé bas à Woolwich, par
suite de la chute d'un canon du poids de 35 tonneaux qu'on
a laissé tomber à fond de cale.

Plusieurs expériences récentes sont venues démontrer
de nouveau ce qui l'avait été tant de fois dans les temps
passés : les autorités de la marine royale commettent des
fautes que la marine marchande sait éviter. On l'a vu lorsque la découverte de l'état de corrosion des plaques du
Glatton a prouvé que l'Amirauté n'avait pas adopté pour ses
blindages le procédé dont les armateurs se servent depuis
si longtemps avec succès. On l'a vu lorsque la perte des
matelots de l'*Ariadne* est venue nous apprendre, d'une part,
qu'une frégate de 26 canons possédait moins de canots de

sauvetage que le règlement n'en impose au navire de 400 tonneaux destiné à recevoir des passagers ; et d'autre part, que pour mettre ses canots à la mer elle n'avait à bord ni l'appareil Kynaston, ni l'appareil Clifford bien supérieur encore et tant de fois mis à l'épreuve par la marine marchande. On l'a vu par la non-adoption du régulateur Silver pour les machines des bateaux à vapeur ; il y avait longtemps que les bateaux n'appartenant pas à l'Etat étaient pourvus de ce régulateur, qui prévient les accidents de machines ; la marine royale vient seulement de l'adopter, après que ses machines s'étaient rompues.

Cette incapacité relative de l'administration devient encore plus frappante quand on remonte à quelques années en arrière. Exemple : pendant l'expédition de Chine de 1841, la mortalité s'éleva, pour un seul équipage de 300 hommes, à 3 et 4 décès par jour ; la cause en était dans l'eau vaseuse, recueillie dans des champs de riz, qui servait de boisson ; en faisant bouillir cette eau ou en la filtrant à travers du charbon, on aurait sauvé bien du monde. Autre exemple dont il subsiste encore des témoins et que je tiens de la bouche d'un officier qui en parlait par expérience personnelle : les navires de guerre quittant Deptford, faisaient de l'eau dans la Tamise à la marée montante ; cette eau se putréfiait à tel point, qu'on était obligé de la passer dans un mouchoir avant de la boire, et qu'on se bouchait le nez pour l'avaler. Troisième exemple, l'accumulation d'abus abominables, de malversations et d'actes tyranniques qui amenèrent la révolte de Spithead.

De tous les exemples de ce genre que nous pourrions citer, le plus frappant est peut-être celui que nous fournit le traitement du scorbut. C'est en 1593 que les acides furent recommandés pour la première fois par Albertus. La même année, sir R. Hawkins guérit son équipage du scorbut au moyen de jus de citron. En 1600, le Commodore Lancaster, qui conduisait la première escadre de la compagnie des Indes, entretint une santé parfaite à son bord grâce au jus de citron ; les équipages des trois vaisseaux qui naviguaient de conserve avec lui furent au contraire tellement maltraités, que le Commodore dut leur envoyer de ses hommes pour faire la manœuvre. En 1636, ce remède fut de nouveau recommandé dans des ouvrages médicaux sur le scorbut. L'amiral Wagner, qui commandait la flotte anglaise de la Baltique en 1720, fit voir une fois de plus que c'était un spécifique. En 1757, le Dr Lind, médecin de l'hôpital maritime de Haslar, rassembla toutes ces preuves et bien d'autres de l'efficacité du remède, et les publia dans un ouvrage fait avec beaucoup de soin. Le scorbut continuait néanmoins à enlever nos matelots par milliers. En 1780, il y eut 2400 cas de scorbut sur la flotte de la Manche, et en 1795 l'épidémie fut assez violente pour compromettre la sécurité de cette même escadre. Enfin, précisément cette année-là, l'Amirauté ordonna d'approvisionner régulièrement la marine de jus de citron. Ainsi il s'était écoulé deux siècles depuis que le remède était connu, quarante ans depuis qu'un médecin en chef au service de l'Etat avait démontré sa valeur d'une façon concluante, lorsque l'Amirauté — sous la pression d'une exaspération du mal, — se décida à faire quelque chose. Et quels avaient été les effets de cette perversité étonnante du corps officiel? Le scorbut avait fait plus de victimes à lui seul pendant cette longue période de temps, que les batailles, les naufrages et tous les hasards de la vie de marin mis ensemble [1].

Nous pourrions accumuler des pages entières de faits, pour prouver que de tout temps et de nos jours encore, l'administration militaire s'est montrée inintelligente et routinière. Les discussions relatives à l'abolition du système d'achat nous fourniraient quantité d'exemples : les descriptions de la vie qu'on mène à Aldershot et celles des manœuvres d'automne nous en fourniraient bon nombre aussi; on pourrait leur adjoindre une foule de protestations : celles qu'ont soulevées les règles d'équitation qui occasionnent des hernies aux soldats; celles contre « notre ridicule livre d'exercice, » ainsi que s'accordent à l'appeler tous les officiers d'esprit indépendant. Même en nous bornant au service sanitaire de l'armée, nous trouverions dans les collections de journaux et dans les rapports des commissions mille exemples de bévues incroyables : — c'est la mauvaise installation des baraquements, dont on a tant parlé il y a quelques an-

1. Tweedie, *System of Practical medicine*, vol. V, pp. 62-69.

nées; c'est un système d'uniforme absurde comme celui qui a amené la défaite complète du 12ᵉ Caméroniens, à son arrivée en Chine en 1841; c'est l'incurie grâce à laquelle le 18ᵉ hussards a été décimé par le choléra à Secunderabad, où, malgré les protestations que le corps médical ne cesse de faire entendre depuis 1818, on persiste à loger les soldats dans des baraques qui ont « dans l'Inde tout entière une réputation épouvantable [1]. » Il faut s'arrêter dans cette énumération. Citons encore, pour terminer, le temps qu'on a mis à savoir que l'ipécacuanha est un spécifique contre la dyssenterie, qui fait tant de ravages parmi nos troupes de l'Inde.

« Le voyageur brésilien Marcgrav et le médecin Piso
« (1648), qui ont introduit l'usage de l'ipécacuanha dans la
« médecine européenne, avaient explicitement déclaré que
« prise par doses d'une drachme et au-dessus, la poudre de
« ce médicament constituait un spécifique contre la dys-
« senterie. Mais personne ne se servit du renseignement
« jusqu'en 1813, époque à laquelle M. G. Playfair, chirur-
« gien au service de la Cⁱᵉ des Indes, attesta par écrit l'effi-
« cacité de ce remède pris aux doses indiquées. En 1831,
« le *Medical Board* de Madras publia plusieurs rapports
« émanés de médecins et établissant les effets marqués
« de l'ipécacuanha, pris d'heure en heure par 5 grains à la
« fois, souvent jusqu'à concurrence de 100 grains dans un
« laps de temps très-court. Quelque poids qu'eût ce témoi-
« gnage, il était destiné à avoir le même sort que les autres,
« et on n'en a tenu aucun compte jusqu'au jour tout récent
« où il a été remis sous les yeux du gouvernement indien,
« qui fait en ce moment de vigoureux efforts pour introduire
« la culture de l'ipécacuanha dans les districts de l'Inde qui
« conviennent à cette plante [2]. »

Ainsi, malgré la gravité du mal et bien que l'attention des autorités de l'Inde fût attirée périodiquement sur le pressant besoin qu'on avait de ce remède, près de soixante ans se passèrent avant qu'on prît les mesures nécessitées par les circonstances [3].

---

1. Dʳ Maclean, voir le *Times* du 6 janvier 1873.
2. *Report on the Progress and condition of the Royal Gardens at Kew*, 1870, p. 5.
3. Mon attention a été attirée sur ce fait par une personne qui

On regardera peut-être comme évident que l'État, qui ne sait pas protéger la santé des hommes, même quand ils sont ses serviteurs, ne doit pas non plus savoir protéger celle des animaux; il est possible cependant que certaines personnes, comparant ce qu'on dépense en écuries avec ce qu'on dépense en cottages, doutent du corollaire. Quoi qu'il en soit, l'histoire des épizooties dans ces dernières années et celle de la législation destinée à les prévenir, nous donnent les mêmes enseignements que les faits cités plus haut. Depuis 1848, il n'y a pas eu moins de sept actes du Parlement portant le titre général d'*Actes contre les maladies contagieuses* (des animaux). On a réclamé, comme étant impérativement exigées par les circonstances, des mesures destinées à combattre telle ou telle maladie. Les mesures ont été prises; le résultat ne répondant pas à l'attente, on les a réformées, puis re-réformées; en un mot, depuis quelques années il ne se passe pas une session sans qu'on présente un bill destiné à guérir les maux que les bills antérieurs n'ont pu guérir. Malgré le grand intérêt qu'ont les classes gouvernantes au *succès* de ces mesures, elles ont si peu réussi, que loin d'avoir disparu, « la maladie aphteuse et des eaux aux jambes » n'a pas même été ralentie et a fait l'an dernier des progrès alarmants dans plusieurs parties de l'Angleterre. Le *Times* recevait perpétuellement des lettres de protestations et les comptes-rendus de meetings locaux dont l'objet était de critiquer les lois existantes et d'en réclamer de meilleures. De toutes parts affluaient les récits : l'un dénonçait l'inefficacité des mesures, l'autre l'incapacité des

avait l'expérience de plusieurs branches d'administration; elle attribuait l'esprit routinier du corps médical à ce qu'on met les jeunes chirurgiens en sous-ordre des vieux. La remarque est significative et porte loin. Mettre les jeunes sous les vieux est une règle générale commune à tous les services, civil, militaire, naval, etc. ; dans tous les services aussi cette règle a pour effet nécessaire de placer les idées avancées et les connaissances plus étendues de chaque nouvelle génération, sous le contrôle de l'ignorance et de la routine d'une génération qui voit les changements de mauvais œil. C'est un vice qui semble inhérent à toute administration publique et auquel les administrations privées sont bien moins sujettes, parce que dans la lutte à outrance de la concurrence, le mérite, même jeune, prend la place de l'incapacité, même vieille.

fonctionnaires ; c'était un agent de police faisant le vétéri-
naire, ou ce matériel que M. Fleming, médecin-vétérinaire
du génie, traite de « lourd, de disloqué et d'insuffisant » [1].

Nous allèguera-t-on l'impossibilité de juger des bons
effets de l'action gouvernementale d'après des mesures
aussi récentes, encore mal appliquées? En ce cas, prenons la forme d'action gouvernementale la plus ancienne
en date, celle qui a eu le plus de temps pour se perfectionner et s'accommoder aux besoins — prenons la Loi et
son administration en général. Ne suffit-il pas de prononcer ces deux mots pour rappeler au lecteur l'étonnante
inefficacité, la confusion, l'ambiguïté et la lenteur qui ont
été de tout temps et qui sont encore proverbiales? Pour ne

---

1. On nous permettra d'ajouter ici un fait qui pourrait peut-être
donner la clef de l'insuccès et qui en tout cas y est pour quelque
chose. Nous avons été mis sur la voie par une lettre signée « un
Propriétaire » (Tollesbury (Essex), 2 août 1872) et publiée par le
Times. L'auteur de la lettre avait acheté « dix magnifiques jeunes
taureaux, ne présentant aucun symptôme de maladie » et « reconnus sains par l'inspecteur des bestiaux importés. » Au bout de cinq
jours passés dans un enclos tout neuf où elles recevaient une nourriture de première qualité, ses bêtes tombèrent malades. Informations prises, il constata que les bestiaux importés, quelque sains
qu'ils fussent, « succombaient presque tous à l'épizootie, » « après la
traversée » et alors, en proposant un remède quelconque, il est amené
à énoncer un fait dont il ne semble pas voir la portée. « Si, dit-il,
au lieu de la quarantaine actuellement pratiquée à Harwich et qui
consiste à enfermer dans des parcs, pendant un nombre d'heures
donné, les bestiaux qu'on vient de débarquer, etc., etc. » Si cette
description de la quarantaine est exacte, on s'explique comment la
maladie se propage. Chaque nouveau troupeau est enfermé un nombre
d'heures donné dans un parc infecté. A moins que tous les troupeaux
importés n'aient été sains (et l'institution même de la quarantaine
prouve le contraire), certains d'entre eux ont laissé dans les parcs
des matières infectées par leurs bouches ou par leurs pieds. En
supposant même qu'on ait recours à des désinfectants après la sortie
de chaque troupeau, le danger n'en demeure pas moins très-grand,
car il est presque certain que la désinfection ne sera pas complète.
Allons plus loin. Supposons que chaque fois les parcs soient absolument désinfectés; si l'on ne désinfecte pas tout aussi complètement le matériel qui sert à débarquer les animaux, le débarcadère
et le chemin conduisant aux parcs, la maladie se communiquera. Il
n'est pas étonnant que presque tous les bestiaux sains soient pris
« après la traversée. » Si les règlements sur les quarantaines sont
tels que le fait supposer la lettre précitée, ils méritent d'être appelés « les règlements pour favoriser la diffusion des épizooties. »

parler que des lois pénales, qui sont censées connues de tous les citoyens, depuis Edouard III jusqu'en 1844 il en a été rendu 14, 408. Ainsi que le disait Lord Cranworth à la Chambre des Pairs, le 16 février 1853, les juges étaient supposés connaître toutes ces lois, mais en réalité aucun cerveau humain ne pouvait se les assimiler toutes et l'ignorance en pareille matière avait cessé d'être honteuse [1]. Ajoutez à cela une accumulation non moins grande de lois civiles, également confuses et non classées, et la masse énorme des « lois de circonstance, » qui remplissent déjà plus de 1200 volumes et dont le nombre s'accroît rapidement ; vous vous ferez une idée de ce chaos.

Considérez maintenant comment s'est formé ce chaos, dont les premiers fonctionnaires judiciaires, à plus forte raison les fonctionnaires inférieurs et surtout les simples citoyens, sont hors d'état de tirer des conclusions précises. A chaque session, on a aggravé la confusion en adoptant des Actes isolés et des amendements successifs, qu'on ne s'embarrassait jamais de mettre d'accord avec la multitude d'Actes et d'amendements, relatifs aux mêmes matières, et éparpillés dans les annales accumulées par les siècles. Supposons qu'un négociant note jour par jour, sur des morceaux de papier séparés, ses transactions avec A, B, C et tous ses autres débiteurs et créanciers ; qu'il enfile ces morceaux de papier sur une ficelle, tels quels, sans jamais les mettre en ordre, à plus forte raison sans reporter ses notes sur son grand-livre, et qu'il continue de la sorte pendant toute sa vie. Pour savoir où il en est vis-à-vis de A ou de B, ses commis sont obligés de chercher dans cette liasse énorme de papiers en désordre, sans autre secours que leur mémoire et certains carnets tout personnels, où des prédécesseurs avaient jeté quelques notes pour se reconnaître et qu'ils ont laissés en partant. Quelle sera la situation ? Quelles chances auront A et B d'être traités équitablement ? Cette conduite des affaires, si comique que la fiction oserait à peine l'attribuer à un particulier, n'est pourtant qu'une réalité, une réalité sérieuse, en matière d'affaires publiques. Et la méthode a donné exactement les résultats qu'on était en droit

1. Fischel *English constitution*, traduit par Shee, p. 487.

d'en attendre : divergence dans les opinions du Conseil ; contradictions entre les différentes autorités ; contestations entre les juges ; conflits entre les cours. Du haut en bas du système, le désaccord est partout. Les comptes-rendus des tribunaux viennent tous les jours nous rappeler que chaque décision prise est incertaine, au point que les chances d'appel dépendent surtout de l'énergie ou des ressources pécuniaires du perdant — non de la décision elle-même. En cas d'appel, il n'est nullement jugé impossible d'obtenir un arrêt exactement contraire au premier.

Cherchons ce que donne le système en dernier résultat — nous trouvons la multiplication des actes agressifs. Si la loi était claire et que l'on fût sûr que les arrêts seront d'accord avec elle, si le recours à sa protection n'exposait pas à perdre beaucoup d'argent et même à être ruiné, il y aurait beaucoup moins de procès. La plupart de ceux qui viennent devant nos tribunaux ne seraient jamais nés, par la raison que les injustices qu'ils révèlent n'auraient jamais été commises. Et du même coup serait supprimée une classe d'injustices encore plus nombreuse : celles auxquelles le méchant est poussé par la pensée que sa victime n'osera pas réclamer justice. Voici donc un cas où l'agent gouvernemental a eu des siècles et des siècles pour perfectionner ses procédés d'application et pour montrer son efficacité, et où son inefficacité est telle que les citoyens craignent d'avoir recours à lui, de peur qu'au lieu du secours imploré par leur détresse, ils ne s'attirent de nouvelles souffrances. Alors vient ce qui serait un commentaire bien saisissant du système, si seulement nous voulions le comprendre ! On voit surgir des associations privées, par lesquelles des gens de bonne volonté se proposent de faire, ce qui serait du ressort de l'Etat, mais que l'Etat ne fait pas. En ce moment même, ici, à Londres, il est question d'établir pour rendre la justice aux commerçants un tribunal de commerce copié sur celui de Paris, qui juge 18,000 procès par an, à 18 fr. 75 c. l'un dans l'autre !

Même après avoir découvert à quel point l'État s'acquitte mal de cette fonction vitale, on pourrait croire qu'il s'acquitte bien d'une fonction aussi simple que l'est celle de garder des papiers. On a pourtant apporté dans la garde des

archives nationales, une négligence « qu'aucun marchand
d'une prudence ordinaire » ne montrerait à l'égard de ses
livres de comptes. Une portion de ces archives est restée
longtemps dans la Tour-Blanche, à côté de plusieurs milliers de kilogrammes de poudre ; une autre portion était
placée près d'une machine à vapeur qui fonctionnait journellement. Un certain nombre de documents avaient été dépo-
sés dans un hangar provisoire, à l'extrémité de Westminster
Hall, d'où on les transporta en 1830 dans d'autres hangars
situés à Charing-Cross dans les *King's Mews*. Le rapport
de la commission d'enquête de 1836 décrit ainsi l'état où
ils étaient à cette époque.

« 4,136 pieds cubes d'archives nationales, dans un état
« complet d'abandon, étaient entassés sous ces hangars.
« Outre que les papiers étaient ensevelis sous la pous-
« sière des siècles, on reconnut au début des opérations (il
« s'agissait d'une enquête sur l'état des archives) qu'ils
« étaient tous pénétrés d'humidité. Certains documents adhé-
« raient aux pierres des murailles, sans qu'on pût les en
« détacher. Beaucoup avaient été presque entièrement ron-
« gés et beaucoup d'autres étaient absolument pourris.
« L'humidité avait réduit un grand nombre d'entre eux à un
« état de fragilité tel, qu'on pouvait à peine les toucher ;
« d'autres encore, surtout ceux qui étaient roulés, étaient
« tellement collés qu'il était impossible de les déployer. On
« a trouvé six ou sept squelettes complets de rats incrustés
« dans le papier, et en général il y avait partout des os de
« ces animaux. »

Ainsi, en groupant et en coordonnant les faits que chaque
jour nous fait connaître, mais qui malheureusement sortent
de la mémoire des hommes au fur et à mesure que d'autres
y entrent, nous retrouvons partout le même enseignement. Un jour, c'est de l'état des murailles des Chambres
que l'on se plaint ; les pierres ont été choisies par une commission, ce qui n'empêche qu'elles s'émiettent et que les
parties bâties d'abord commencent à se délabrer avant
qu'on n'ait pu achever le reste. Une autre fois, il y a scandale à propos d'un nouveau fort élevé à Seaford ; on l'a établi
sur les galets, si près de la mer qu'une tempête en a emporté
une grande partie. Ce sont ensuite les 37 millions et demi

dépensés à construire le port d'Alderney, qui s'étant trouvé
à l'épreuve plus qu'inutile, menace de coûter encore à dé-
molir. Viennent des révélations stupéfiantes sur les irrégularités financières qui se sont produites dans les administrations des postes et des télégraphes : — nous apprenons
qu'en 1870-71, des fonctionnaires avaient dépensé sans y être
autorisés une somme de 17 millions environ ; le Parlement
pardonna et voici que l'exercice de 1871-72 présente de nouveau des dépenses non autorisées, montant cette fois à
20 millions. — Ainsi, tandis que le département des Comptes
chicane un mémoire insignifiant pour un port de 12 sols,
les millions lui coulent entre les doigts sans qu'il sache les
arrêter [1]. On ne lit pas un journal où il ne soit question d'une
sottise quelconque ; tantôt il y est fait allusion dans un
article de polémique, tantôt elle est révélée par un rapport
ou une lettre particulière, ou bien encore commentée dans
un *leader*. Voulez-vous un exemple ? Je prend le *Times* de ce
matin (13 novembre) et je lis que le tribunal chargé d'appliquer la nouvelle loi sur les faillites, substituée à celles qui
donnaient des effets si misérables, siège dans un local où le
bruit et l'encombrement sont tels, qu'il est presque impossible aux magistrats d'apporter à ce qu'ils font le soin et
l'attention nécessaires ; je vois aussi qu'une partie de la cour
siégeant dans la cité et l'autre à Lincoln Inn, les sollicitors
sont souvent obligés d'avoir le don d'ubiquité. Voulez-vous
d'autres exemples ? Ils n'ont pas manqué entre le jour où a
été écrite la phrase qui précède et celui où je la revois
(20 novembre). Dans ce court espace de temps, la mauvaise
administration s'est affirmée plus d'une fois. Nous avons eu
le traitement du corps de police qui a suscité une révolte
parmi les agents ; le traitement des expéditionnaires de
l'Etat qui les a poussés à prononcer tout haut le mot de
manque de foi ; le traitement des employés des postes qui
les a provoqués à l'insolence vis-à-vis de leurs supérieurs ;
et à travers tout cela continue la polémique sur les règlements des Parcs, qui avaient été rédigés de façon à éluder
les principes constitutionnels et qui sont appliqués de manière à faire tomber la loi dans le mépris.

1. Voir le rapport du *Comité sur les comptes publics*, qui fut nommé
le 7 fév. 1873.

Eh bien! les preuves de l'incurie de l'administration viennent aussi vite que les réclamations pour qu'on étende ses pouvoirs. Dans ce même numéro du *Times* cité tout à l'heure, voici deux discours prononcés à des meetings différents par deux hommes dont la parole fait autorité, M. Reed et sir W. Fairbairn. Ces messieurs s'accordent à condamner les lourdes fautes que commet le gouvernement dans le service de l'inspection officielle des navires, fautes qui entraînent bien des morts; ils s'accordent aussi à réclamer en guise de remède une « législation » et un « service d'inspection convenable »[1]. De même que dans les sociétés rendues rétives par la tyrannie, on propose invariablement de remédier aux maux et aux dangers issus du despotisme par une aggravation de despotisme; de même que la papauté mourante, sentant le pouvoir lui échapper, ne trouve pas d'autre moyen de salut que d'affirmer à nouveau son infaillibilité, en l'appuyant de l'*obligato* énergique d'un Concile; de même on ne sait jamais nous proposer autre chose pour réparer les fautes de l'agent gouvernemental que de conférer à cet agent de nouvelles attributions. Depuis si longtemps qu'on inspecte les mines et que les explosions ne cessent pas, le cri public demande plus d'inspection. Les accidents de chemins de fer se multiplient en dépit de la surveillance des fonctionnaires établis par la loi pour veiller à la sûreté des voies ferrées, et chacun de demander sans hésiter qu'on augmente le nombre de ces fonctionnaires. Malgré la justesse d'une remarque faite dernièrement par lord Salisbury, qui disait en parlant des corps de fonctionnaires délégués par l'État : « Ils commencent par l'enthousiasme et l'extravagance pour finir souvent par être de bois; » bien que la presse et les conversations nous rappellent à toute minute que chaque corps administratif n'est bon qu'à donner un coup de balai, après quoi il tend à devenir une grue malfaisante ou un soliveau inerte, on ne cesse pas néanmoins de réclamer

---

1. V. le *Times* du 3 avril 1873. (Nous intercalons ce passage en revoyant une seconde fois cet ouvrage en vue de sa publication en volume. La même remarque s'applique au passage relatif aux dépenses des télégraphes. De là le désordre qui existe dans les dates.)

avec une foi inébranlable la création de nouveaux corps administratifs. Tandis que le défaut de sagacité des fonctionnaires nous est quotidiennement démontré par des exemples, les arguments mis en avant chaque fois qu'on propose la création d'une nouvelle branche d'administration débutent toujours par le postulatum suivant : les fonctionnaires agiront avec sagacité. Après avoir disserté à perdre haleine sur le désordre, l'apathie et les lenteurs des bureaux du gouvernement, on vient prêcher la fondation de nouveaux bureaux. On ne se lasse pas de se moquer de la bureaucratie et on réclame plus de bureaucratie. Mille plumes s'emploient journellement à châtier l'idole politique et mille langues à l'invoquer.

L'émotion qui rompt ainsi l'équilibre du jugement gît tout au fond de la nature de l'homme tel qu'il a été et qu'il est encore. Cette racine, qui pousse des jets d'espérance aussitôt remplacés que flétris, plonge jusqu'aux couches les plus inférieures de la civilisation. Le chef conquérant, qui est admiré et redouté pour sa sagesse et sa force, qui se distingue des autres par une capacité jugée surnaturelle (lorsqu'on en est arrivé à concevoir la différence du naturel et du surnaturel), excite toujours une confiance et une attente hors de proportion avec ce qu'il peut donner. Il a fait ou vu des choses que ses inférieurs ne pouvaient ni faire ni voir : qui sait quelles autres choses il ne serait pas capable de faire ou de voir ? Après sa mort, la tradition grossit ses exploits; et son successeur, qui hérite de son autorité, exécute ses volontés et entretient avec lui des relations mystérieuses, doit à ces circonstances, ou à sa propre supériorité, ou aux deux choses à la fois, de passer également pour posséder un pouvoir au-dessus de celui des hommes ordinaires. Ainsi s'accumulent à l'égard de celui qui gouverne la crainte et la foi son corrélatif. En suivant la généalogie de l'agent gouvernant, qui commence ainsi par être dieu et descendant de dieux et par partager les titres et les cultes réservés aux divinités, nous voyons qu'à travers ses métamorphoses successives il conserve toujours plus ou moins ce même caractère divin, qui excite aussi toujours le même sentiment. « Issu des dieux » devient « désigné par Dieu, » « l'oint du

Seigneur », « souverain de droit divin, » « roi par la grâce de
Dieu, » etc., etc. Et à mesure que la décadence du pouvoir
monarchique affaiblit la foi à la nature surnaturelle du monarque (cette croyance persiste cependant longtemps sous
des formes affaiblies, témoin le pouvoir attribué aux rois de
guérir les écrouelles), le pouvoir croissant des corps qui
ont remplacé la royauté leur attire une partie de ce qui a
survécu de ce sentiment. La « divinité qui enclôt un roi d'une
haie » devient dans une large mesure la divinité qui enclôt
un parlement d'une haie. Le respect superstitieux inspiré
jadis par le premier se reporte sous une forme modifiée sur
le dernier; et avec lui se reporte la foi implicite au pouvoir
de faire tout ce qu'on veut et la foi implicite à une autorité
qui ne souffre pas de limites.

Ce sentiment, que les hommes ont reçu par voie d'héritage
et qui n'a cessé d'être cultivé chez eux depuis l'enfance,
influence leurs convictions en dépit qu'ils en aient. Il engendre une confiance irrationnelle dans l'attirail de l'agent gouvernemental, dans tous les procédés qu'il emploie et toutes
les formes qu'il revêt. Le seul aspect d'un acte écrit avec
des caractères archaïques sur un parchemin jauni, éveille
une idée de validité que ne donnerait pas du papier vulgaire
couvert d'une écriture ordinaire. Le timbre de l'État est entouré d'une sorte d'auréole magique; nous sentons que le
papier qui en est revêtu est quelque chose de plus qu'un fragment de pâte desséchée, porteur d'une empreinte. A toute
formule légale s'attache une autorité que n'aurait pas une
phrase débarrassée des locutions obscures et des termes
techniques de la langue du droit. Il en est de même pour tous
les symboles de l'autorité, en commençant par les pompes
royales et en descendant jusqu'au bas de l'échelle. Tout le
monde sait que la perruque du juge donne à ses arrêts un
poids et un caractère sacré qui leur manqueraient si le juge
avait la tête nue. Descendons aux agents les plus infimes du
système exécutif, nous retrouverons partout la même chose.
Un homme vêtu d'un habit bleu à boutons de métal blanc,
insignes inséparables de l'idée d'autorité, est généralement
considéré par les citoyens comme étant plus digne de confiance que l'homme privé de cet uniforme; et cette conviction survit à toutes les déceptions. Il est évident que si les

hommes se laissent aussi ridiculement influencer dans leurs
jugements par les simples symboles du pouvoir — et cela
lorsqu'ils devraient savoir à quoi s'en tenir — ils doivent se
laisser influencer encore bien davantage par le pouvoir lui-
même, lorsqu'il s'exerce par des voies qui laissent le champ
plus libre à l'imagination. Si le respect et la confiance sont
irrésistiblement appelés par des choses que la perception
et la raison nous déclarent positivement indignes de respect et de confiance, ils s'attacheront encore plus fortement à ces actions et à ces influences de l'État qui peuvent
difficilement être soumises au contrôle de la perception et
de la raison. Si les croyances dictées par ce sentiment de
respect survivent alors même qu'elles sont en contradiction flagrante avec le sens commun, à plus forte raison
survivront-elles chaque fois que le sens commun ne pourra
pas les contredire positivement.

On se rendra compte de la profondeur à laquelle est en-
raciné chez l'homme le sentiment inspiré par toute incarnation de l'autorité, en observant à quel point il influence
les politiques de tout ordre, depuis le tory ancien régime
jusqu'au républicain rouge. Quelque contraste qu'il puisse y
avoir du reste entre les types de gouvernement approuvés,
et entre les théories adoptées quant à la source d'où doit
découler l'autorité, il est un côté par où tous les partis
extrêmes se ressemblent : tous ont la foi absolue à l'autorité gouvernementale et une confiance presque illimitée
dans le pouvoir dévolu à tout gouvernement d'accomplir ce
qu'il veut. La forme de l'agent auquel s'adressent les sentiments de fidélité est très-altérée, le sentiment lui-même
l'est peu, les idées générales auxquelles il donne naissance
ne le sont pas davantage. La notion du droit divin d'un individu a fait place à la notion du droit divin d'une Assemblée représentative. On tient d'une part pour fausseté évidente en soi, que la volonté isolée d'un despote puisse justement violenter les volontés d'un peuple ; et d'autre part
on tient pour vérité évidente en soi, que les volontés de la
moitié d'un peuple plus une petite fraction, peuvent très-
justement violenter les volontés de l'autre moitié moins la
fraction — qu'elles ont le droit de les violenter en toutes
choses sans exception. A l'autorité illimitée d'un individu,

on a substitué l'autorité illimitée d'une majorité. La croyance
à cette dernière est si bien considérée comme étant à
l'abri de la discussion, qu'on ne saurait laisser entrevoir
un doute à cet égard sans provoquer l'étonnement. Il est
vrai que si vous demandiez à l'un de ces hommes, qui tiennent que le pouvoir délégué par le peuple n'admet pas de
restrictions, si, au cas où la majorité déciderait qu'il est interdit de vivre au delà de soixante ans, l'arrêt serait léga-
lement exécutoire, il hésiterait peut-être. Demandez-lui
aussi si la majorité, étant catholique, aurait le droit d'imposer à la minorité protestante d'abjurer ou d'émigrer ; il
est probable que sous l'influence des idées de liberté religieuse dans lesquelles il a été élevé, il dira non. Mais bien
que ses réponses aux questions de ce genre laissent voir
qu'il ne tient pas l'autorité de l'État pour absolument suprême, même lorsqu'elle parle au nom de la volonté nationale, la conviction latente que cette autorité a des limites
est enfoncée si profondément dans les bas-fonds obscurs de
sa conscience, que pratiquement c'est comme si elle n'existait pas. Tout ce qu'il dit sur ce que la Législature devrait
faire, prescrire, ou défendre, laisse sous-entendre qu'elle a
qualité pour tout ordonner et que quand elle a parlé il faut
obéir. Et cette autorité qu'il n'est pas permis de contredire, est associée dans son esprit à une capacité dont on
n'a pas le droit de douter. Tout ce que le gouvernement a
résolu de faire, est possible ; tel est le postulatum contenu
implicitement dans les projets des réformateurs les plus
révolutionnaires. Analysez le programme des Communistes ;
voyez ce qu'espèrent les partisans de la République démocratique et sociale ; étudiez les idées du nos *Trade-Unio-
nistes* sur l'action législative ; vous trouverez que l'idée impliquée par ces différents systèmes est toujours qu'un
Gouvernement, organisé sur le modèle approuvé, pourra remédier à tous les maux dont on se plaint et assurer tous les
avantages proposés.

Ainsi, l'émotion excitée par toute incarnation du pouvoir
est de celles qui influent, on pourrait presque dire qui déterminent les croyances, non pas seulement chez ceux qui
sont classés parmi les plus soumis, mais aussi chez ceux qui
sont classés parmi les plus insubordonnés. Elle a une ori-

gine plus profonde que n'importe quel credo politique, et elle fausse plus ou moins les idées de tous les partis à l'égard de l'action gouvernementale:

Ce sentiment de fidélité qui rend presque impossible de juger la nature et les actions des agents gouvernants avec un entier sang-froid, est, et sera longtemps encore, un grand obstacle aux progrès de la science sociale. C'est qu'en effet ce sentiment est absolument essentiel. Pendant tout le passé, c'est surtout à lui que les sociétés ont dû de ne pas se dissoudre. Aujourd'hui encore, il est d'un secours indispensable pour entretenir la cohésion sociale et maintenir l'ordre. Il faudra longtemps avant que le caractère de l'homme ait été assez profondément modifié par la discipline sociale, pour que le respect de la loi, considérée comme ayant sa racine dans l'ordre moral des choses, remplace le respect du pouvoir qui 'impose l'exécution de la loi.

Les détails que nous possédons sur des races encore plongées dans la barbarie, nous montrent à *posteriori*, tout aussi bien que l'histoire des races civilisées, ce que nous aurions pu inférer à *priori* sans crainte de nous tromper : plus les membres d'une société sont agressifs par nature, plus il est indispensable au maintien de la communauté qu'ils possèdent une dose proportionnée de respect non raisonné pour celui qui gouverne. Certaines races très-inférieures, chez lesquelles on découvre à peine quelques traces de ce sentiment, ne possèdent presque aucune cohésion sociale et ne font aucun progrès — exemple les Australiens. Où un progrès social appréciable s'est accompli, nous trouvons la soumission aux chefs, et, quand la société grandit, nous trouvons un roi. S'il nous faut un exemple que chez les hommes à l'état sauvage complet une grande fidélité peut seul maintenir l'union sociale, des cannibales féroces, les Fijiens, nous le fourniront. Chez ce peuple, où la barbarie est si profonde qu'un des derniers rois enregistrait au moyen de pierres, alignées par centaines, le nombre des victimes humaines qu'il avait dévorées, la fidélité est si extrême qu'un homme libre de liens se laissera assommer sans bouger, si telle est la volonté du roi; il déclare lui-même que « la volonté du roi doit être faite. » Et si, sans perdre ce fait de vue, nous jetons les yeux en arrière et observons la fidélité qui s'alliait à la brutalité des temps féodaux ; ou encore, si regardant autour de nous, nous remarquons que les nations de l'Europe les plus arriérées témoignent pour ceux qui les gouvernent un respect superstitieux qui s'est transformé chez les peuples avancés en une sorte de respect de convention, nous nous apercevons que le sentiment en question ne décline pas avec plus de vitesse, ce qui serait normalement impossible, que l'aptitude des hommes pour la coopération sociale ne grandit. Dans tout le passé, les réunions d'hommes chez lesquels l'égoïsme agressif d'une nature sauvage n'était pas corrigé par le sentiment qui pousse à obéir à un pouvoir dominateur, se sont dissoutes et ont disparu ; ils ont laissé le soin de peupler le monde aux hommes chez lesquels régnait un juste équilibre des passions. Il est évident que même dans une société civilisée, si le sentiment de la subordination va s'affaiblissant, sans qu'il y ait compensation du côté de l'empire sur soi-même, il y a danger de dissolution sociale ; la France est un exemple de cette vérité.

Par conséquent, les conceptions des phénomènes sociologiques, du moins celles, si importantes, qui sont relatives à l'organisation et aux actions du gouvernement, doivent et devront d'ici à longtemps, ainsi que nous le disions plus haut, être plus ou moins faussées par cette émotion perturbatrice. On peut reconnaître ici, dans le domaine du concret, une vérité abstraite précédemment énoncée : tout individu citoyen, incrusté dans l'organisme social dont il est une des unités, façonné par ses influences et réagissant à son tour sur lui, l'aidant à vivre et en recevant le moyen d'assurer sa propre subsistance, ne peut pas s'isoler au point de voir les choses qui l'entourent dans leurs véritables relations. Une organisation sociale ne peut continuer d'exister, que si la masse des citoyens qui y sont incorporés possèdent des sentiments et des croyances qui soient dans une sorte d'harmonie avec elle. Les sentiments propres à chaque type de société influencent inévitablement les conclusions sociologiques de ses unités. Et parmi ces sentiments, une large part d'influence revient à la crainte respectueuse inspirée par toute incarnation du Pouvoir.

Pour juger de la part qui lui revient, il nous suffira de considérer les jugements singulièrement faux qu'elle a inspirés sur les gouvernants, et les erreurs historiques qui en ont résulté. Rappelez-vous les titres d'adoration qu'on donne aux rois et aux empereurs; rappelez-vous comme on leur attribue des capacités, des beautés, des facultés, des vertus supérieures à celles du vulgaire; rappelez-vous les flatteries écœurantes qui sont d'usage lorsqu'on les recommande à Dieu dans des prières où l'on fait profession de dire la vérité : rapprochez de ceci les annales qui contiennent le récit de ce qu'ils ont fait chez les différents peuples à toutes les époques du passé; remarquez les crimes de toute nature qui assombrissent ces annales, et méditez sur le contraste. N'est-il pas manifeste que les idées sur l'action de l'Etat, qui accompagnaient ces idées profondément fausses sur les gouvernants, doivent aussi avoir été profondément fausses? Pour ne citer qu'un seul exemple, prenons le roi Jacques, que M. Bisset, d'accord en cela avec d'autres historiens, représente comme ayant « à quelque point de vue qu'on le considère..... également mérité l'aversion et le mépris; » cela n'avait pas empêché de lui dédier la traduction anglaise de la Bible; voici le début de la dédicace : « Très-redouté souverain, grandes et multiples étaient les bénédictions que le Dieu Tout-Puissant, Père de toutes les miséricordes, nous accordait à nous peuple de l'Angleterre, lorsqu'Il nous envoyait la Personne Royale de Votre Majesté pour nous gouverner et régner sur nous, etc., etc. » Songez à cette dédicace d'un tel livre à un tel homme, et demandez-vous si un sentiment qui se traduisait de la sorte pouvait permettre à l'égard des transactions politiques rien qui ressemblât à un jugement pondéré.

Est-il besoin d'un exemple pour montrer à quel point ce sentiment, aux époques où il a de la force, rend impossible un jugement pondéré des transactions politiques? Nous en avons un dans les idées fausses qui ont cours sur Charles Ier et sur Cromwell et sur les changements auxquels leurs noms sont attachés. Bien des générations ont passé depuis eux; on commence à voir que Charles ne valait pas qu'on l'invoquât comme un martyr, et que Cromwell, dont on a exhumé les cendres pour les insulter, aurait mérité un tout autre traitement; on commence aussi à voir combien les interprétations auxquelles avaient donné lieu les événements dans lesquels ces deux gouvernants avaient joué un rôle étaient fausses, et combien les sentiments de fidélité ont rendu les hommes incapables de comprendre ces événements au point de vue sociologique.

Ayant indiqué par cet exemple les effets de perversion que peut avoir ce sentiment dans un cas spécial, nous avons surtout à nous occuper ici de ses effets dans les cas plus généraux. Dès l'origine, il a toujours tendu à placer l'agent gouvernant au premier plan de la conscience et à reléguer à l'arrière-plan toutes les autres causes des phénomènes sociaux — ou plutôt, l'un s'est emparé complètement de la conscience, au point d'en exclure les autres. Si nous nous souvenons que toute l'histoire est pleine des faits et gestes des rois, mais que les phénomènes de l'organisation industrielle, tout visibles qu'ils soient, n'ont réussi que très-récemment à attirer un peu d'attention; si nous nous souvenons que tandis que tous les yeux et toutes les pensées se tournaient vers les actions de ceux qui gouvernaient, personne, jusqu'à ces derniers temps, n'avait d'yeux ni de pensées pour les phénomènes vitaux de la coopération spontanée, auxquels les nations doivent leur vie, leur croissance et leur progrès; nous ne pouvons manquer de voir combien ont été profondes les erreurs qui en ont résulté, dans les conclusions tirées par les hommes sur les questions sociales. Et voyant ceci, nous en conclurons que l'émotion excitée chez les hommes par toute incarnation du pouvoir est, et sera longtemps encore, un obstacle puissant à la formation de conceptions sociologiques justes : car elle tend, et cela est forcé, à exagérer l'importance du facteur politique au détriment des autres.

Sous le titre « DIFFICULTÉS SUBJECTIVES — *venant des passions,* » nous venons d'entrer dans un champ d'une vaste étendue, dont la majeure partie est encore à explorer. Les effets de l'impatience; les effets de cette admiration qui glorifie tout dans les succès militaires; les effets de ce sentiment qui rend les hommes soumis à l'autorité, parce qu'il entretient chez eux un respect superstitieux pour l'agent qui l'exerce — ce ne sont là que quelques-uns des effets produits par la passion sur les idées sociologiques. Il nous en reste divers autres à décrire et à illustrer par des exemples. Nous nous proposons de nous en occuper dans des chapitres qui porteront pour titres : Les préjugés de l'éducation, les préjugés du patriotisme, les préjugés de classe, les préjugés politiques, et les préjugés théologiques.

CHAPITRE VIII

LES PRÉJUGÉS DE L'ÉDUCATION

Nos idées s'éclairciraient sur bien des points, si nous reconnaissions que nous avons deux religions. L'humanité primitive n'en avait qu'une. L'humanité du lointain avenir n'en aura qu'une. Nos deux religions sont contradictoires, et nous qui sommes placés à mi-chemin dans le cours de la civilisation, nous sommes tenus de croire à toutes deux.

Ces deux religions s'appliquent à deux ordres opposés de nécessités sociales. A l'origine l'une de ces nécessités est dominante ; l'autre sera dominante à la fin, et entre le commencement et la fin, pendant toute l'évolution sociale, il faut qu'il s'établisse entre elles une sorte de transaction. D'un côté il faut que la société se défende contre ses ennemis extérieurs. De l'autre côté, il faut qu'il y ait entre les citoyens une coopération qui n'est possible qu'autant que les bons rapports d'homme à homme créent une confiance mutuelle. Si la première nécessité ne reçoit pas satisfaction, la société disparaît : elle s'éteint ou bien elle est absorbée par une société conquérante. Si l'autre nécessité est méconnue, il ne peut y avoir ni division du travail, ni échange de services, ni perfectionnements industriels, ni accroissement de population, en un mot aucun de ces progrès par lesquels seuls une société devient assez forte pour vivre. Pour correspondre à ces deux nécessités contradictoires, il se forme deux codes contradictoires de devoirs; et à tous deux on attache une sanction surnaturelle. Et ainsi nous avons deux religions coexistantes — la religion de la haine et la religion de l'amour.

Je ne prétends pas dire, bien entendu, qu'on donne à toutes deux le nom de religion. Ici, je ne m'occupe pas des mots ; je m'occupe seulement des choses. Aujourd'hui les hommes ne rendent pas autant d'hommages, en paroles, au code de l'inimitié qu'à celui de l'amitié ; c'est ce dernier qui occupe la place d'honneur. Mais l'hommage réel, ils le rendent dans une large mesure, sinon dans la plus large, au code de la haine. Presque tous les hommes croient réellement à la religion de la haine. Beaucoup d'entre eux se figurent croire à la religion de l'amour plutôt qu'ils n'y croient. Rappelez-leur dans une discussion, sur les affaires internationales, par exemple, certains préceptes de la religion qu'ils professent, vous n'obtiendrez au plus qu'un tiède assentiment. Tournez la conversation sur le « tunding » de Winchester, sur le traitement infligé aux rebelles de l'Inde ou sur les affaires de la Jamaïque ; vous verrez que ce tiède assentiment aux préceptes que vous citiez n'était donné que des lèvres, tandis que les préceptes opposés sont crus avec une foi robuste et soutenus avec ardeur.

Il est assez curieux que, pour maintenir ces religions antagonistes, nous ayons emprunté à deux races différentes deux cultes différents. Nous avons pris notre religion de l'amour dans les livres du Nouveau Testament juif. Les épopées des Grecs et des Latins et leurs histoires sont les évangiles de notre religion de la haine. Dans l'éducation de la jeunesse, nous consacrons une faible partie du temps à la première, et une bien plus considérable à la dernière. De plus, comme pour rendre le compromis plus réel, les deux cultes sont professés dans les mêmes lieux par les mêmes maîtres. Dans nos écoles publiques, ainsi que dans bien d'autres, les mêmes hommes sont les prêtres des deux religions. La noblesse du sacrifice de soi-même, établie dans les leçons de l'Écriture et développée dans les sermons, est mise en relief un jour sur sept ; les six autres jours on démontre brillamment combien il est noble de sacrifier les autres. Le devoir sacré de tirer vengeance du sang répandu, qui constitue la religion de la haine dans sa forme primitive, comme nous le voyons encore aujourd'hui chez les sauvages — qui, ainsi que nous l'enseigne la littérature de l'antiquité, a reçu la sanction divine, ou plutôt est imposé par les commandements de la divinité aussi bien que par l'opinion des hommes — voilà le devoir que pendant six jours on imprime dans des esprits tout à fait disposés à l'accepter; et puis le septième jour on fait quelque chose pour effacer cette impression, en enseignant que la vengeance est interdite.

A priori, il semble impossible que les hommes conservent pendant toute leur vie deux doctrines qui se détruisent l'une l'autre. Mais leur habileté à faire des compromis entre deux croyances contradictoires est tout à fait extraordinaire; — ou, du moins, elle le serait si nous admettions qu'ils mettent ces deux croyances côte à côte; — mais elle devient moins surprenante dès que nous reconnaissons qu'ils n'en font rien. Un physicien distingué, dont les idées scientifiques et religieuses paraissaient inconciliables à ses amis, pouvait rester fidèle aux unes et aux autres parce que, de parti pris, il refusait de les comparer entre elles. Pour parler métaphoriquement, — lorsqu'il entrait dans son oratoire il fermait la porte de son laboratoire, et lorsqu'il entrait dans son laboratoire, il fermait la porte de son oratoire. C'est grâce à une façon de faire à peu près analogue que la plupart des hommes se contentent si facilement d'un compromis entre leurs deux croyances qui, en logique pure, n'est pas soutenable. Un enfant intelligent pose souvent aux grandes personnes des questions théologiques embarrassantes: après avoir essuyé mainte rebuffade, il cesse de penser à des difficultés dont il ne peut obtenir la solution. Un peu plus tard, cette contradiction entre les enseignements de l'Église et ceux de l'école, qui d'abord lui paraissait frappante et inexplicable, lui devient insensiblement familière et finit par ne plus attirer son attention. Ainsi, en grandissant, il prend comme tous ceux qui l'entourent l'habitude de s'en rapporter tour à tour, suivant les circonstances, à chacune de ses croyances; et quand il devient homme fait, l'habitude est complètement établie. Tantôt il insiste sur la nécessité de maintenir l'honneur national, et estime hon-

teux de recourir à un arbitrage au lieu de se venger par la
guerre. Tantôt il réunit ses domestiques et se met à lire une
prière où il demande à Dieu de nous pardonner nos péchés
comme nous pardonnons à ceux qui nous ont offensés. Cette
vertu que le dimanche il supplie le ciel de lui inspirer, le
lundi il la considère comme un vice méprisable.

La religion de l'amour et celle de la haine, avec les sentiments qui en résultent, sont d'importants facteurs dans les
déductions de la science sociale ; et on ne peut arriver à
des conclusions rationnelles que si l'on tient compte de
ces deux ordres de facteurs. Il faut considérer chaque
groupe de faits sociaux comme une phase d'une métamorphose continue. Les croyances religieuses et les sentiments
contradictoires qui se rapportent à ce groupe sont des éléments de cette phase. Cela ne suffit pas. Il nous faut aussi
regarder comme transitoires les croyances religieuses et les
sentiments contradictoires dans lesquels nous avons été
élevés et qui faussent nos idées, non-seulement sur les
phénomènes fugitifs qui se passent dans notre société, mais
aussi sur ceux qui se sont passés dans d'autres sociétés et
dans d'autres temps ; il nous faut rechercher, afin de les
rectifier, les erreurs qui en sont la conséquence dans tous
nos jugements. Ne perdons jamais de vue que, de ces deux
religions qu'on nous enseigne, l'une, celle de la haine, décroît lentement, tandis que l'autre, celle de l'amour, grandit
lentement à mesure que la civilisation progresse. Il faut
avoir présent à l'esprit, qu'à chaque étape il s'établit entre
elles une certaine proportion ; que la proportion actuelle n'est
que temporaire et que la tendance qui en résulte vers telle
ou telle de nos opinions sur les faits sociaux n'est aussi
que temporaire. Et si nous sommes capables d'arriver à ces
opinions non faussées qui sont des éléments de la science
sociale, ce n'est qu'à la condition de tenir compte de cette
déformation temporaire.

Pour voir combien ces religions contradictoires peuvent
fausser nos idées sociologiques et combien il est nécessaire
de corriger les erreurs dont elles sont la cause, il est bon
d'examiner ici les extrêmes auxquels les hommes peuvent
être conduits tantôt par l'une, tantôt par l'autre.

Les forces qui sont en lutte dans le monde matériel, les sentiments qui se combattent dans chaque créature humaine ne produisent jamais un état moyen d'équilibre, mais bien une oscillation entre deux états opposés. Il en est de même des tendances sociales contradictoires qui sont créées par les sentiments des hommes. Chaque force, chaque tendance n'est pas exactement contre-balancée par l'autre force ou l'autre tendance; mais chacune prédomine à son tour, et amène par réaction la prédominance de l'autre. Nous le voyons par ces variations qui se produisent chaque jour, chaque semaine, ou à de plus longs intervalles, dans le prix des capitaux, des actions ou des marchandises, dans ces alternatives d'engouements et de paniques, causées par des espérances irréfléchies ou des frayeurs absurdes. Les courbes qui représentent ces variations les expriment par une ligne qui tantôt s'élève à une grande hauteur, tantôt redescend à une profondeur équivalente. Tous les phénomènes sociaux se présentent à nous sous cet aspect, y compris ceux qui se rapportent à la religion ou à la morale. Cela se manifeste tantôt sur une grande échelle tantôt sur une petite — c'est-à-dire que les oscillations ont quelquefois une durée de plusieurs siècles, et quelquefois sont à courtes périodes. Nous pouvons le reconnaître non-seulement dans ces grands courants de sentiments et d'idées en antagonisme, qui entraînent une société tout entière, mais dans ces excès opposés où se jettent des individus et des sectes dans une même société et à une même époque. Nulle part il n'y a équilibre dans les jugements ni dans les actions, mais toujours annulation réciproque par des erreurs contraires; « les hommes se groupent en partis insensés, » comme dit Emerson. On obtient à la fin quelque chose d'à peu près rationnel; mais c'est une résultante de déraisons qui se détruisent mutuellement. Par exemple, dans notre façon de traiter les criminels, nous faisons alterner ou coexister une sévérité non raisonnée avec une indulgence qui ne l'est pas davantage. Tantôt nous punissons dans un esprit de vengeance, tantôt nous caressons avec une sympathie stupide. Le moment ne vient jamais de cette adaptation équitable de la pénalité à la transgression dont la nature nous donne l'exemple et qui consisterait à n'infliger ni plus ni moins de mal que la réaction qui suit l'action.

Dans le conflit qui se produit entre nos deux religions, nous voyons cette loi générale se manifester sur une grande échelle. La religion de l'altruisme sans restriction s'éleva pour corriger par un excès opposé la religion de l'égoïsme sans restriction. En face de la doctrine absolue de l'intérêt personnel se dresse la doctrine absolue du sacrifice de soi-même. A la place de cette croyance primitive qui ne vous demandait pas d'aimer les autres hommes et vous obligeait seulement à haïr certains d'entre eux jusqu'à la mort, il en vint une autre qui vous défend de jamais haïr votre prochain et vous ordonne de l'aimer comme vous-même. Dix-neuf siècles ont établi une sorte de compromis entre ces deux croyances; ce compromis, pourtant, n'a jamais été rationnel, mais purement empirique, ou pour mieux dire inconscient. Il n'y a pas encore une reconnaissance distincte de la vérité représentée par chacun des deux extrêmes ; on ne voit pas qu'il faut coordonner ces deux vérités; on ne fait guère que corriger les exagérations dans un sens par des exagérations dans l'autre sens. Les uns mènent une vie purement égoïste. Les autres poussent si loin l'altruisme qu'ils se rendent malades et hâtent leur mort. Même en nous bornant à l'examen des actes d'un seul individu, nous ne trouvons pas un équilibre habituel entre les deux tendances; nous le voyons, tantôt faire des efforts pour causer beaucoup de mal à un agresseur étranger ou à un malfaiteur, tantôt accomplir un sacrifice exagéré en faveur d'une personne qui souvent en est tout à fait indigne. Bien peu de gens arrivent à conclure nettement et un bien plus petit nombre encore osent avouer que l'altruisme a du bon et l'égoïsme aussi, et qu'une transaction entre les deux principes est continuellement nécessaire.

Pourtant il est assez clair que la doctrine du sacrifice est insoutenable dans sa forme absolue; nos idées habituelles et nos actions de tous les jours montrent que nous en convenons implicitement. Le travail, les entreprises, les inventions, les perfectionnements, tels qu'ils se sont poursuivis dès l'origine et tels qu'ils se poursuivent maintenant, reposent sur ce principe que, dans une société où il y a beaucoup de besoins non satisfaits, chacun songe à satisfaire ses propres besoins plutôt que ceux des autres. L'activité industrielle est basée là-dessus; ce fait une fois admis, il en résulte nécessairement que l'altruisme absolu dissoudrait l'organisation sociale existante; ceux qui soutiendraient qu'une organisation sociale tout à fait différente pourrait fonctionner auraient à prouver leur dire. Cette organisation ne fonctionnerait certainement pas; on le voit clairement en supposant que le principe opposé soit en vigueur. Si A ne s'occupait pas de lui-même et n'avait souci que du bien-être de B, de C, et de D, tandis que chacun de ceux-ci, sans faire attention à ses propres besoins, travaillerait à pourvoir aux besoins des autres; ce circuit, outre qu'il serait fort pénible, ne donnerait qu'une médiocre satisfaction aux besoins de chacun, à moins que chacun n'eût la conscience de son voisin. Après avoir fait cette observation, il faut en inférer qu'une certaine prédominance de l'égoïsme sur l'altruisme est profitable, et qu'en fait aucun autre arrangement ne réussirait. Demandez-vous ce qui arriverait si A, B, C, D, etc., refusaient une jouissance par sollicitude pour un autre, afin de la lui laisser, et que cet autre la refusât de même à force de sympathie pour ses semblables, — considérez la confusion qui en résulterait, les quiproquos, la perte de jouissance pour tous, et vous reconnaîtrez que le pur altruisme conduirait à une impasse aussi bien que le pur égoïsme. En réalité personne ne songe à diriger toutes les actions de la vie d'après la théorie de l'altruisme. Le quaker qui veut qu'on accepte à la lettre et qu'on mette en pratique les préceptes du christianisme conduit ses affaires d'après des principes égoïstes, ni plus ni moins que ses voisins. En paroles, il professe de ne prendre point souci du lendemain — en réalité, son souci du lendemain trahit un égoïsme aussi net que celui des autres hommes, et il sent que s'il prenait autant de souci du lendemain des autres, ce serait ruineux pour lui et peut-être fâcheux pour tout le monde.

Personne ne pousse l'altruisme à ses dernières conséquences; personne ne croit réellement qu'une vie entièrement basée sur ce principe soit une chose possible, et cependant on continue à admettre implicitement que dans sa conduite on *doit* se conformer entièrement à l'altruisme. On ne semble pas soupçonner que l'altruisme absolu soit véritablement un tort. Elevés, comme nous le sommes tous, dans la profession extérieure d'une religion qui subordonne complètement l'égoïsme à l'altruisme et qui nous a transmis des préceptes absolument altruistiques, nous rendons hommage à ces préceptes du bout des lèvres, bien que nous n'en tenions aucun compte dans nos affaires et que nous les contredisions implicitement dans les diverses opinions que nous émettons; et nous pensons qu'on est obligé de les admettre bien qu'il soit impossible de s'y conformer. Sentant que nous ne pouvons les mettre en question sans mettre en question la religion tout entière, nous soutenons aux autres et à nous-mêmes que nous y croyons, bien qu'au fond de notre conscience nous sachions que nous n'y croyons pas. Nous prétendons penser qu'il serait bien de pratiquer l'absolu sacrifice de nous-mêmes, et cependant au fond nous avons vaguement conscience que ce serait une chose funeste.

Si nous avions le courage de nous formuler clairement ce que nous sentons confusément, nous découvririons qu'au delà de certaines limites le sacrifice de soi-même est un mal pour tout le monde — pour ceux en faveur desquels il s'accomplit, aussi bien que pour ceux qui l'accomplissent. Un renoncement continuel à tout plaisir, une succession de douleurs non interrompue, sont physiquement fâcheux; le résultat final est la débilité, la maladie, et une mort prématurée; de même l'acceptation continuelle de bienfaits aux dépens d'un de nos semblables est moralement funeste. Pour que le renoncement soit pratiqué par un homme, il faut que l'égoïsme le soit par un autre. S'il est noble de procurer une jouissance à autrui, l'empressement à accepter la jouissance est tout le contraire; si la répétition du premier de ces actes est une chose élevée, la répétition du second est dégradante. Si dans de certaines limites une action empreinte d'altruisme fait du bien et à celui qui donne et à celui qui reçoit, au delà de ces limites, elle fait du mal à l'un et à l'autre, — au premier physiquement, au second moralement. Chacun peut se rappeler des exemples de cas où une tendresse exagérée et toujours attentive a augmenté chez celui qui en était l'objet l'avidité pour le plaisir, la répugnance à se donner de la peine et le manque d'égards absolu pour tous ceux qui l'entourent; en même temps le bienfaiteur imprudent trahissait par la lenteur de ses mouvements et par la pâleur de son visage les funestes conséquences de son oubli de lui-même ; car le résultat final de ce système est de détruire celui qui est bon, en rendant pire celui qui était mauvais.

L'absurdité de l'altruisme absolu devient manifeste, si l'on réfléchit qu'il n'est praticable sur une grande échelle que s'il se trouve dans la même société une moitié égoïste à côté d'une moitié altruiste. Celui-là seulement qui est profondément égoïste peut laisser ses semblables agir vis-à-vis de lui avec un complet détachement d'eux-mêmes. Si chacun s'intéressait dûment aux autres, il n'y aurait personne pour accepter les sacrifices que tous seraient prêts à faire. Si chacun était dirigé par une grande sympathie pour autrui, personne ne serait assez personnel pour laisser les autres se faire tort à son profit. Ainsi l'altruisme pur dans une société implique une nature humaine qui rend l'altruisme pur impossible, faute de gens envers qui le pratiquer !

La doctrine n'est pas moins insoutenable à un autre point de vue. Si la vie et les satisfactions qu'elle comporte ont de la valeur en autrui, elles en ont aussi en nous-mêmes. Il n'y a pas accroissement de la somme totale de bonheur quand la perte de l'un compense exactement le gain de l'autre ; et si le gain est moindre que la perte, comme cela arrive continuellement — si celui qui reçoit, déjà inférieur à celui qui donne, est en outre démoralisé par l'habitude d'accepter des sacrifices et rendu ainsi moins capable de bonheur (ce qui est inévitable), la somme totale de bonheur a diminué ; le bienfaiteur et l'obligé y perdent tous les deux.

Ainsi l'on peut démontrer que l'individu a le devoir de se conserver. Il est essentiel que chacun défende ses droits personnels, à la fois comme un moyen de parvenir à son propre bonheur, qui est une des unités dont le total constitue le bonheur général, et comme un moyen de concourir d'une façon altruiste au bonheur général. La résistance à l'agression n'est pas seulement un droit, c'est un devoir impératif. La non-résistance serait également contraire à l'altruisme et à l'égoïsme. La théorie chrétienne absolue, que personne ne met en pratique, que personne ne croit réellement, mais qui est professée tacitement par beaucoup

le gens, hautement par quelques-uns, est logiquement insoutenable aussi bien qu'impraticable.

La religion de l'amour, prise en elle-même, est donc incomplète; elle a besoin d'un complément. Les doctrines
qu'elle inculque et les sentiments qu'elle développe, nés
d'une réaction contre les doctrines et les sentiments contraires, sont tombés dans l'autre extrême.

Passons maintenant aux doctrines et aux sentiments incul-
qués et développés par la religion de la haine, et examinons
à quelles extrémités ils conduisent.

Le « diable de Tasmanie » mérite la plus profonde admiration; il combat jusqu'au dernier souffle et son dernier sou-
pir est un grognement; notre bull-dog aussi est admirable,
bien qu'à un moindre degré — on prétend qu'on peut lui
couper un membre sans lui faire lâcher prise. Quelques
carnivores sont peut-être tout aussi admirables par « leur
cœur »; ainsi le lion ou le tigre, réduits aux abois, luttent
encore contre des forces très-supérieures. Nous ne devons
pas oublier le coq de combat (game-cock) dont le nom est
devenu une épithète admirative dans les basses classes;
la populace qui assiste à la pendaison d'un meurtrier lui
pardonne à moitié son crime s'il meurt *game*. Après ces
animaux viennent les hommes. Quelques-uns d'entre eux,
entre autres les Indiens de l'Amérique, subissent les tortures sans une plainte. Et ensuite, bien au-dessous, vient
l'homme civilisé, qui combat jusqu'à un certain moment,
qui supporte beaucoup de souffrances, mais qui s'arrête
ordinairement quand il est devenu inutile de combattre.

Le lecteur est-il choqué de cette classification? Pourquoi
le serait-il? Ce n'est que l'application exacte d'une mesure
de la valeur morale implicitement admise par la plupart
des hommes et publiquement avouée par plusieurs. Cette
mesure était celle dont se servait M. Gambetta, lorsqu'après
une effusion de sang qui avait presque réduit la France à
l'épuisement, il éclatait en reproches contre l'Assemblée : —
« Vous avez préféré la paix à *l'honneur*; vous avez donné
deux provinces et cinq milliards. » Même parmi nous il ne
manque pas de gens partageant sur ce point le sentiment

de M. Gambetta, si bien qu'en prononçant ces paroles il s'est relevé dans leur estime. Si le lecteur a besoin qu'on lui fournisse d'autres exemples pour l'encourager à être de cet avis, on peut lui en trouver beaucoup. Le mineur du Stafforshire, qui faute d'un combat d hommes aime à voir un combat de chiens, partagerait sans nul doute cette manière de voir. Dans les bouges de White-Chapel et de St. Giles, parmi les meneurs de la boxe, on croit fermement que tenir bon et être dur au mal sont les attributs les plus élevés de l'homme ; et il est probable que la plupart des lecteurs de *La Vie de Bell à Londres* sont du même avis. Si le lecteur a besoin de s'appuyer sur des sympathies encore plus nombreuses, des races entières sont prêtes à les lui fournir, notamment la noble race des cannibales des îles Fidji. Chez ce peuple le courage est tellement honoré, qu'au retour du combat les guerriers triomphants voient s'avancer les femmes, qui viennent se mettre à leur entière disposition. De sorte que celui qui est disposé à adopter cette mesure du mérite aura bien des gens avec lui, — si toutefois il est flatté de se trouver en leur compagnie.

Sérieusement , n'est-il pas étonnant que des hommes civilisés se fassent gloire avant tout d'une qualité par laquelle ils le cèdent à des variétés inférieures de leur propre race et encore plus à des animaux inférieurs? Au lieu de regarder un homme comme viril en proportion des attributs moraux véritablement humains qu'il possède, on mesure sa virilité sur un attribut que possèdent à un bien plus haut degré des animaux dont le nom est pour nous un terme de mépris. M. Greg remarquait récemment que nous empruntions notre point d'honneur aux boxeurs; nous faisons pis, nous l'empruntons aux bêtes. Nous l'empruntons même à un animal inférieur à ceux avec lesquels nous sommes familiers, car le « diable de Tasmanie », par sa structure et son intelligence, est placé bien plus bas dans l'échelle animale que nos lions et nos bull-dogs.

On peut approuver la résistance à l'agression, on peut apprécier et admirer le courage déployé dans cette résistance, tout en se refusant à voir dans le courage la vertu suprême. Il en faut une large dose pour faire un homme accompli ; mais il faut aussi une large dose de bien d'autres choses dont nous ne faisons pas pour cela notre mesure du mérite. Un corps solide, bien venu, bien proportionné, dont les tissus sont assez bien constitués pour être durables, mérite notre admiration et nous ne la lui marchandons pas. Un bon estomac, de bons poumons sont admirables aussi à leur façon, aussi bien qu'un vigoureux système vasculaire ; car sans cela nous n'aurions guère le pouvoir de nous défendre nous-mêmes et de défendre les autres. Pour bien des choses il est essentiel d'être un bel animal, et le courage, qui indique en général une organisation capable de remplir son but, est estimé à bon droit à cause de ce qu'il implique. Le courage est, en fait, un sentiment qui se développe par l'expérience accumulée d'une série de luttes heureuses contre les difficultés et les dangers ; et ces succès sont une preuve de force, d'agilité, de vivacité, de solidité, etc. Personne ne niera que des échecs continuels, causés par l'incapacité de quelque nature qu'elle soit, ne produisent le découragement, ni que ces triomphes répétés, qui sont des preuves de capacité, n'augmentent le courage, de façon qu il en résulte un certain empressement à affronter des difficultés plus grandes. Une dose d'eau-de-vie, en stimulant la circulation, donne ce qu'on appelle le « courage hollandais ; » ce fait, joint au fait bien connu des médecins que les maladies de cœur entraînent la timidité, suffit à montrer que la bravoure est en corrélation naturelle avec la capacité de lutter contre les situations dangereuses. Mais en apprenant qu'admirer le courage c'est admirer la supériorité physique et ce genre de supériorité intellectuelle qui permet de se tirer d'affaire dans les circonstances critiques, nous apprenons aussi qu'à moins de placer au premier rang les facultés du corps et les facultés qui favorisent directement la conservation individuelle, nous ne pouvons dire que le courage est l'attribut le plus élevé de l'homme, et que l'honneur doit se mesurer au degré du courage.

Il est peut-être à propos dans la phase de civilisation que nous traversons d'accorder à la bravoure cette estime exagérée. Pendant que dure la lutte pour l'existence entre les nations, il est certainement nécessaire que les hommes admirent extrêmement les qualités sans lesquelles il ne saurait y avoir de succès dans cette lutte. Chez une des nations

nos voisines, tous les mâles sont élevés pour la guerre; les
sentiments de cette nation exigent que les étudiants se ba-
lafrent le visage à propos de bagatelles, et leurs cicatrices
excitent l'admiration, surtout parmi les femmes; l'ascendant
militaire est tel, que les citoyens n'ont pas de recours régulier
contre les mauvais traitements des soldats; le gouvernement
est organisé de telle sorte que le monarque, qui en qualité de
chef de l'Eglise, condamne le duel comme irréligieux et qui
en qualité de chef de la Justice l'interdit comme un crime,
le protége en qualité de chef de l'armée, au point d'expulser
de leurs régiments les officiers qui ne veulent pas se battre.
Tant que nous aurons pour voisin un peuple de ce caractère,
il faudra conserver chez nous quelque chose d'analogue dans
nos institutions, nos sentiments et nos idées. Nous voyons
une autre nation voisine persuadée que rien n'est si élevé
que l'amour de la gloire et qu'aucune gloire n'est égale à
celle que donne une guerre heureuse, — nous savons que
cette nation est si imprégnée de l'esprit militaire qu'elle
donne aux enfants un costume quasi militaire, — nous lisons dans un de ses historiens que l'armée française est la
grande civilisatrice et nous entendons un de ses généraux s'é-
crier que l'armée est l'âme de la France; — nous remarquons que toute l'énergie vitale de la nation se concentre
dans ses dents et dans ses griffes et qu'il lui pousse rapidement d'autres dents et d'autres griffes pour remplacer
celles qu'on lui a arrachées; c'est pourquoi il est nécessaire
que nous aussi nous soignions nos dents et nos griffes et
que nous conservions des idées et des sentiments qui nous
permettent de nous en servir efficacement. C'est une vérité
indiscutable que tant que les instincts de proie pousse-
ront les nations à se piller l'une l'autre, il faudra opposer
aux agents destructeurs d'autres agents destructeurs; or
pour que cela se puisse faire, il faudra honorer les hommes
qui jouent le rôle d'agents destructeurs et accorder une estime exagérée aux qualités rendant efficace l'action de ces
agents.

Peut-être aussi il est nécessaire que nos garçons soient accoutumés à des traitements durs, qu'ils infligent et qu'ils subissent des punitions brutales dans lesquelles on ne se préoccupe pas trop de la justice. Peut-être devrions-nous suivre

l'exemple des Spartiates et des Indiens de l'Amérique du Nord qui, pour les préparer à la guerre, soumettaient leurs jeunes gens à la torture; « l'éducation d'un gentleman » doit-elle comprendre les coups donnés ou reçus sur les os des jambes au jeu de ballon, avec des bottes dont le bout lourd a été arrangé tout exprès pour faire plus de mal. De même il peut être à propos que nos enfants éprouvent chacun à leur tour la tendre pitié des garçons plus âgés, et que les maîtres laissent ceux-ci les assommer à coups de fouet et à coups de poing jusqu'à les estropier pour le reste de leur vie, sans vouloir intervenir. Peut-être est-il bon aussi que l'enfant apprenne à se soumettre à un tyran quelconque en constatant que les réclamations lui valent quelques souffrances de plus. Peut-être est-il désirable qu'il s'endurcisse moralement et physiquement par les maux qu'on lui fait supporter, et qu'il s'endurcisse encore davantage lorsque, devenu tyran à son tour, il inflige des châtiments au gré de son caprice ou de sa fantaisie. Peut-être aussi ne devons-nous pas beaucoup regretter cette confusion dans les idées morales qui résulte de ce que les manquements à des règles conventionnelles attirent des peines aussi sévères que les actes moralement mauvais. La guerre ne s'accorde pas avec une sensibilité délicate, soit physique, soit morale. La répugnance à commettre l'injustice ou la répugnance à la subir rendraient la guerre également impossible. Des scrupules de conscience au sujet de la justice de leur cause paralyseraient officiers et soldats. Il faut donc maintenir une certaine brutalité pendant notre phase passagère de civilisation. « L'esprit des écoles publiques, » qu'on porte plus tard, comme on l'a dit avec raison, dans la vie publique, n'est peut-être pas le plus désirable dans un pays libre. Peut-être cette soumission précoce au despotisme, ces habitudes précoces d'autorité sans contrôle ne sont-elles pas pour des législateurs la meilleure préparation possible. Peut-être ceux qui sur le banc des magistrats ont à protéger le droit contre la force, auraient-ils pu recevoir une meilleure éducation que ces violences qu'ils subissent d'abord et qu'ils exercent ensuite. Peut-être enfin une autre discipline que celle du bâton serait-elle désirable pour des hommes qui dirigent la presse

et qui ont à guider l'opinion publique dans les questions
d'équité. Mais sans aucun doute, tant que l'antagonisme
national persistera et fera de la défense nationale une nécessité, cette discipline semi-militaire aura sa raison d'être,
ainsi que les coups et les meurtrissures qui en sont l'accompagnement. Et le code d'honneur qui s'y adapte se justifie par les mêmes raisons.

Ici, cependant, si nous pouvons nous affranchir des
idées et des sentiments transitoires, de façon à être capables de nous élever à des conceptions scientifiques,
nous devons nous demander sur quoi repose cette exaltation des activités destructrices et des qualités qui s'y rattachent, et comment il est possible à des hommes de
s'enorgueillir d'attributs que des créatures très-inférieures
possèdent à un bien plus haut degré. Il nous faut
examiner si en l'absence d'une justification religieuse,
on peut justifier par des raisons éthiques l'idée que les
qualités les plus nobles sont celles qui ne peuvent se déployer sans infliger la mort et la douleur. Si nous entrepre-
nons cet examen, nous sommes obligés de reconnaître que
la religion de la haine, dans sa forme absolue, est aussi insoutenable que la religion de l'amour dans sa forme absolue.
Chacune d'elles est un de ces extrêmes qui, insensés en
eux-mêmes, produisent en se combinant un juste milieu
raisonnable. Les deux religions s'appuient l'une sur le droit
du moi, l'autre sur le droit d'autrui. La première tient pour
glorieux de résister à l'agression, et d'infliger la mort à son
ennemi en s'exposant soi-même à la mort. La seconde religion enseigne que la gloire consiste à ne pas résister à
l'agression, à céder à l'ennemi et à ne pas défendre ses
droits. Une humanité civilisée rendra ces deux gloires également impossibles. La diminution de l'égoïsme et l'accroissement de l'altruisme empêcheront qu'on puisse satisfaire
à aucun de ces codes d'honneur. En effet, un tel progrès
implique la cessation de ces agressions qui rendent possible
la noblesse de la résistance ; il implique également le refus
d'accepter les sacrifices, sans lesquels la noblesse du sacrifice de soi-même ne peut exister. Les deux extrêmes se
détruiront forcément l'un l'autre, laissant la place à un code
moral et à un type d'honneur affranchis de ces excès irra-

tionnels. A une personnalité latente s'adjoindra une disposition générale à céder aux autres, contrebalancée par le refus de ceux-ci de recevoir plus que leur dû.

Après avoir signalé les perversions d'idées et de sentiments qui proviennent de ces religions de l'amour et de la haine et qui font de notre éducation une sorte de chaos, il nous reste maintenant à signaler l'influence qu'elles exercent sur les conceptions sociologiques. Il faut d'abord établir certaines vérités importantes sujettes à échapper à l'esprit des personnes, peu nombreuses, qui exagèrent la religion de l'amour.

Une des choses les plus difficiles à concilier avec les théories qui ont généralement cours sur l'univers, c'est que les organisations élevées du règne animal sont ordinairement combinées en vue de la destruction, ou bien pour fournir les moyens d'y échapper. Si l'on s'en tient aux idées anciennes, il faut dire que les organisations élevées ont été combinées à dessein dans ce but. Si l'on accepte les idées modernes, il faut dire que les organisations élevées se sont formées par l'exercice des activités destructives, pendant les périodes incommensurables du passé. Nous nous placerons ici au dernier point de vue. C'est aux efforts incessants des uns pour saisir leur proie et la dévorer, aux efforts incessants des autres pour n'être pas pris et dévorés, qu'il faut attribuer le développement des divers sens, et des divers organes moteurs qui leur obéissent. L'oiseau de proie doué de la vue la plus perçante a survécu, toutes choses égales d'ailleurs, lorsque les êtres de son espèce, moins bien partagés sous ce rapport, succombaient faute de nourriture; et par la répétition de ce fait l'acuité de la vision s'est augmentée dans le cours des générations. Les individus les plus rapides d'un troupeau d'herbivores, qui s'échappaient tandis que les moins agiles tombaient sous la dent des carnivores, ont laissé des descendants parmi lesquels ont aussi survécu ceux qui avaient les membres le plus parfaitement adaptés; les carnivores subissaient en même temps la même discipline, et leur vitesse s'accroissait. Il en a été de même de l'intelligence. Les plus sagaces, ceux qui flairaient un danger pendant que les stupides ne s'apercevaient de rien, ont survécu et se sont propagés; les plus rusés, ceux qui trouvaient un tour nouveau et s'assuraient ainsi une proie qu'autrement ils n'auraient pu saisir, laissaient une postérité, ce qui n'arrivait pas aux animaux moins bien doués sous le rapport de la finesse. Ce perfectionnement mutuel des poursuivants et des poursuivis, agissant sur leur organisation entière, s'est continué de tout temps, et les êtres humains y ont été soumis exactement comme les autres. La guerre entre les hommes, comme la guerre entre les animaux, a largement contribué à élever le niveau de leur organisation. Voici quelques-uns des différents moyens par lesquels s'est exercée son action.

En premier lieu, la guerre a eu pour effet constant de supprimer les races qui, pour une raison ou pour une autre, étaient le moins aptes à s'accommoder aux conditions d'existence auxquelles elles étaient soumises. L'extermination des tribus relativement faibles, ou des tribus auxquelles faisait relativement défaut la force de résistance, le courage, la sagacité, ou l'esprit d'union, a eu pour résultat nécessaire de maintenir toujours et quelquefois d'accroître parmi les hommes, la somme des facultés qui tendent à la conservation de la vie.

Outre ce progrès général amené par la destruction des tribus et des individus les moins développés, il y a eu un autre progrès général amené par l'hérédité des développements dus à l'activité fonctionnelle. Rappelez-vous l'habileté des Indiens à suivre une piste, rappelez-vous que, par des excitations analogues, beaucoup de ses perceptions, de ses sentiments et de ses énergies corporelles arrivent à leur plus haut degré d'intensité; et vous comprendrez clairement comment la lutte pour l'existence entre deux tribus voisines a eu l'important résultat de développer des facultés de différente nature. Prenons un exemple chez nous : de même que l'habileté de la police développe la ruse chez les voleurs, ce qui oblige à prendre contre ceux-ci de plus grandes précautions qu'ils s'ingénient à leur tour à déjouer, de même, sous l'influence de l'antagonisme qui a toujours existé entre les sociétés humaines, petites ou grandes, il y a eu culture mutuelle d'une intelligence adaptée aux besoins, culture mutuelle des qualités physiques, et culture mutuelle de certains traits de caractère dont il serait injuste de méconnaître la valeur.

L'effet a été grand aussi sur le développement des arts. L'effort de l'industrie pour répondre aux demandes impératives de la guerre, a été la source de progrès importants. C'est à la guerre qu'elle doit une grande partie de son habileté. Si l'homme ne s'était pas exercé d'abord au travail manuel en fabriquant des armes, aurait-il jamais produit les outils nécessaires à une industrie avancée? On a vraiment le droit de se le demander. Si nous remontons à l'âge de pierre, nous voyons que les ustensiles de chasse et de guerre sont ceux qui dénotent le plus de travail et d'adresse. Si nous prenons les races humaines actuellement existantes, qui ne connaissaient pas les métaux quand nous les avons découvertes, leurs massues de pierre artistement travaillées et leurs grands canots de guerre nous montrent que les nécessités de l'attaque et de la défense étaient les principaux stimulants dans la culture des arts qui devaient plus tard être utilisés pour la production. Passons par-dessus les phases de civilisation intermédiaires, nous retrouverons la même relation dans des phases relativement récentes. Regardez une cotte de mailles ou une des armures complètes les mieux travaillées que nous ayons; comparez-la à des objets de fer ou d'acier contemporains. Il ressort de cet examen que le désir de tuer son ennemi et de ne pas être tué soi-même, désir plus intense que tout autre, a exercé une grande influence sur cet art de travailler les métaux auquel presque tous les autres arts doivent leurs progrès. La même relation se retrouve encore dans les différents usages qu'on a fait de la poudre. Agent destructeur à l'origine, elle rend maintenant des services immenses pour l'exploitation des carrières et des mines, la construction des chemins de fer, etc.

Un autre bienfait non moins grand que nous devons à la guerre, a été la formation de grandes sociétés. La force seule a pu souder les petites tribus nomades en grandes tribus, celles-ci en petites nations et les petites nations en grands peuples. Les luttes des sociétés entre elles, qui entretiennent généralement les séparations ou n'amènent par la conquête que des unions temporaires, produisent cependant de temps à autre des unions permanentes; à mesure que, par ces unions permanentes, les petites sociétés en forment de plus grandes qui en forment à leur tour d'autres encore plus grandes, l'industrie avance, car ses progrès sont favorisés de trois manières. En premier lieu les hostilités, au lieu d'être perpétuelles, sont interrompues par des intervalles de paix. Secondement, quand elles éclatent, elles ne troublent pas aussi profondément les activités industrielles. Enfin, il devient possible d'arriver à une division du travail beaucoup plus efficace. Bref, la guerre, dans le cours lent des choses, amène une agrégation sociale favorable à cet état industriel qui est incompatible avec la guerre, et cependant la guerre seule pouvait amener cette agrégation sociale.

Ces vérités, que sans la guerre il ne peut se former de grandes agglomérations humaines et que sans agglomérations considérables il ne peut y avoir une industrie avancée, ont été démontrées à toutes les époques par tous les pays. Parmi les races barbares ou semi-civilisées actuellement existantes, nous voyons toujours cette fusion des petites sociétés par une société conquérante constituer un pas dans la voie de la civilisation. Les annales des peuples disparus témoignent non moins positivement du même fait. En remontant dans notre passé et dans celui des peuples voisins, nous voyons de même que la force seule a pu amener les petits gouvernements féodaux à un degré de subordination qui assurât la paix intérieure. Tout récemment encore, si l'unification si longtemps désirée de l'Allemagne n'a pas été effectuée directement par « le fer et le sang, » comme Bismarck prétendait qu'elle dût l'être, elle l'a été indirectement.

L'influence de l'agrégation sur le développement industriel n'est pas moins manifeste. La comparaison d'une petite société à une grande nous prouve clairement que les procédés de coopération qui rendent la vie sociale possible, n'atteignent toute leur perfection que lorsque le nombre des citoyens coopérants est considérable. Demandez-vous quelle serait l'utilité d'une fabrique de drap pour les membres d'une petite tribu — en supposant qu'ils pussent en avoir une. Il est clair que les bénéfices de cette manufacture qui produirait en un jour de quoi habiller toute la tribu pendant un an, ne pourraient jamais compenser les frais considérables de premier établissement et d'entretien. Demandez-vous ce qui adviendrait si un magasin comme celui de Shoolbred, qui vend tous les produits textiles, s'établissait dans un village. Vous verrez qu'il serait obligé de fermer faute de pouvoir donner une extension suffisante à sa fonction distributive. Demandez-vous quelle aurait été la sphère d'action d'une banque dans ces vieux temps de l'Angleterre où presque toute la population produisait sa propre nourriture et filait sa propre laine ; vous sentirez de suite que les divers procédés auxquels on a recours pour faciliter les échanges, ne peuvent surgir que lorsqu'une communauté devient assez nombreuse pour que la somme des échanges à faciliter soit considérable. On ne saurait donc contester que la constitution des sociétés par l'effet de la guerre n'ait été un préliminaire nécessaire du développement industriel et par suite des autres sortes de développement — scientifique, artistique, etc.

L'habitude du travail et l'habitude de se soumettre aux exigences sociales sont aussi des produits indirects de la même cause. La faculté de travailler d'une façon continue, qui manque à l'homme primitif, n'a pu être établie que par cette coercition persistante à laquelle sont soumises les tribus conquises et réduites en esclavage ; c'est une vérité devenue banale. En voici une autre qui se rattache à la précédente. Ce n'est que par une discipline habituant à la soumission, d'abord envers un propriétaire, en second lieu envers un gouvernement représenté par un individu, puis envers un gouvernement moins personnel et enfin envers un corps de lois procédant du gouvernement, qu'on avait chance d'arriver à la soumission envers ce code de la loi morale, qui régit de plus en plus les rapports de l'homme civilisé avec ses semblables.

Telles étant quelques-unes des vérités importantes généralement ignorées par les personnes trop exclusivement influencées par la religion de l'amour, jetons un coup d'œil sur les vérités non moins importantes à l'égard desquelles les hommes sont aveuglés par la religion de la haine.

Tant que durent la barbarie et l'enfance de la civilisation, la guerre a donc pour effet d'exterminer les sociétés faibles et de purger les sociétés plus fortes de leurs membres faibles ; elle favorise ainsi de deux manières le développement des précieuses facultés physiques et intellectuelles qu'elle met en jeu ; mais plus tard, pendant les dernières phases de la civilisation, la seconde de ces actions est renversée. Aussi longtemps que tous les adultes mâles doivent porter les armes, le résultat moyen est que les forts et les rapides survivent, tandis que les faibles et les lents sont tués. Mais lorsque le développement industriel est devenu tel, qu'une partie seulement des adultes mâles sont pris par l'armée, il y a tendance à choisir et à exposer à la mort les mieux constitués et les plus robustes, et à laisser pour la reproduction les individus physiquement inférieurs. En Angleterre, où le nombre des soldats levés est relativement peu considérable, les chirurgiens qui examinent les recrues en refusent beaucoup. Cela montre que l'armée agit forcément dans le sens d'une détérioration de la race. Quand la conscription a pris successivement pendant plusieurs générations tous les beaux hommes d'un pays, ainsi que cela s'est fait en France, l'obligation d'abaisser la taille exigée montre l'effet désastreux du système sur ces qualités animales, qui sont pour une race la base nécessaire de toutes les qualités d'ordre plus élevé. Si de plus on saigne pour ainsi dire indirectement la nation ; si on surcharge la population laborieuse au point qu'une lourde part des travaux pénibles retombe sur les femmes qui ont déjà la fatigue des enfants, une autre cause de dégénération physique entre en jeu. La France nous en fournit également un exemple. Ainsi, passé un certain stage de progrès, la guerre, au lieu de favoriser le développement physique et celui de certaines facultés intellectuelles, devient une cause de recul.

De même, bien que la guerre favorise indirectement le progrès industriel et toutes ses conséquences civilisatrices en amenant les agglomérations sociales, son effet direct sur le progrès industriel est un effet de répression. Il est répressif en ce qu'il force à distraire des bras et des matières premières qui sans cela auraient alimenté l'industrie ; il est répressif en ce qu'il trouble les relations de dépendance mutuelle qui existent entre les nombreux agents producteurs et distributifs ; il est répressif en ce qu'il détourne une somme importante de capacité administrative et constructive, qui autrement se serait employée à faire progresser les arts et l'organisation industrielle. Et si nous opposons le Spartiate absolument soldat, l'Athénien semi soldat, dans leur attitude respective à l'égard de tout genre de culture; ou si nous songeons au mépris pour l'instruction, des époques purement militaires, comme l'époque féodale, comment ne pas voir que la guerre persistante s'accorde mal, non seulement avec le développement industriel, mais encore avec les développements intellectuels d'un ordre supérieur qui secondent l'industrie et sont secondés par elle?

Il en est de même pour ce qui concerne les effets produits sur la nature morale. D'un côté la guerre développe les habitudes de subordination, directement par la discipline qu'elle impose aux soldats et indirectement par la création de gouvernements forts et permanents; elle développe ainsi des qualités qui ne sont pas seulement temporairement né-cessaires, mais qui sont un acheminement vers des qualités dont la nécessité est permanente; d'un autre côté elle n'ob-tient ce résultat qu'en conservant et quelquefois en exagérant des qualités préjudiciables — des qualités qui sont en elles-mêmes anti-sociales. Les agressions auxquelles pousse l'é-goïsme, et qui dans une société doivent être réprimées par un pouvoir d'autant plus fort que l'égoïsme est plus intense, ces agressions ne peuvent diminuer que si l'égoïsme est contrebalancé par la sympathie; or l'exercice perpétuel de l'activité guerrière détruit les sentiments sympathiques; il fait plus, il développe les sentiments agressifs au point que le mal fait à autrui devient un plaisir. Le citoyen qui s'est endurci en tuant et en blessant les ennemis rapporte inévi-tablement cette dureté dans ses foyers. Foulée aux pieds sur les champs de bataille, la sympathie ne peut plus être active dans les relations de la vie civile. Plus on aura pris pendant la guerre l'habitude de faire souffrir les autres, plus on conservera cette habitude pendant la paix; il en résultera inévitablement, dans les relations des citoyens entre eux, des antagonismes, des violences criminelles et une multitude d'agressions moins graves, d'où une tendance au désordre qui nécessitera un gouvernement coercitif. Un type élevé de vie sociale n'est pas possible sans un type de nature humaine où les impulsions de l'égoïsme soient réprimées par égard pour autrui. C'est une nécessité de la guerre qu'on n'y a égard qu'à soi, et qu'on n'y tient absolument aucun compte de certains autres. Aussi les habitudes civilisatrices qui développent la vie sociale sont-elles neutralisées par les habitudes anti-civilisatrices qu'impose la guerre. En sorte qu'outre la mortalité et les malheurs amenés directement par la guerre, elle en amène d'autres en entretenant parmi les citoyens des sentiments anti-sociaux.

En prenant le sujet au point de vue le plus élevé, nous pouvons affirmer que l'homme ne peut commencer à sortir de la plus profonde barbarie que lorsque le devoir sacré de la vengeance du sang, qui constitue la religion du sauvage, commence à être moins sacré. Il ne devient possible aux grandes sociétés de se grouper et à la civilisation de commencer, qu'au fur et à mesure que la loi du talion, qui pour un meurtre commis en exige un ou plusieurs autres, perd de son empire. De même les phases supérieures de la civilisation ne peuvent succéder aux phases inférieures, qu'au fur et à mesure qu'il y a affaiblissement dans l'ardeur des nations à tirer vengeance l'une de l'autre, selon l'esprit du code que nous ont légué les sauvages. Les avantages physiques et intellectuels qu'une race peut tirer de la discipline guerrière, ne compensent plus, sitôt qu'on a franchi une certaine étape du progrès, les désavantanges correspondants qui en résultent pour le corps et pour l'esprit, et surtout pour l'esprit. Quelque cruel, quelque sanglant que soit le procédé, le massacre des races inférieures et des individus inférieurs est en somme un profit pour l'humanité, aux époques où le développement moral est encore peu avancé, et où l'on ne court pas risque de dessécher des sentiments de vive sympathie en infligeant la douleur et la mort. Mais des sociétés plus élevées, dans lesquelles les caractères individuels doivent être capables de se plier à une coopération plus intime, ne sauraient exercer au dehors une activité destructive, sans qu'il y ait une réaction fâcheuse sur la nature morale des individus qui les composent; — et cette réaction fâcheuse fait plus que compenser les avantages résultant de l'extirpation des races inférieures. Quand on est arrivé à cette phase, l'épuration, qui conserve son importance, se poursuit par la guerre industrielle; les sociétés sont en concurrence; les mieux douées physiquement, moralement et intellectuellement se propagent rapidement; et les autres disparaissent.

graduellement faute de laisser une postérité suffisamment nombreuse.

Ceux qui ont été élevés dans la religion de la haine, ceux qui durant leur enfance, âge où prédominent les instincts du sauvage, se sont complus aux idées et aux sentiments analogues dont les poëtes et les historiens de l'époque classique sont si prodigues, et qui se sont ainsi fortifiés dans la conviction que la guerre était noble et la paix ignoble, ceux-là ont naturellement l'esprit fermé aux vérités de ce genre. Il serait peut-être plus vrai de dire qu'ils ne se sont jamais souciés de savoir s'il y en avait. Le préjugé est si fort chez eux qu'ils peuvent tout au plus reconnaître nominalement ces vérités. — On peut voir dans le passage suivant de Gibbon combien ce préjugé fausse les conceptions des phénomènes sociaux :

« Il n'était guère possible que les yeux des contemporains « découvrissent dans la félicité publique les causes de la dé- « cadence et de la corruption. *La longue paix et le gouver- « nement uniforme des Romains* avaient introduit secrète- « ment un poison lent jusqu'au cœur de l'empire. »

D'après l'idée implicitement contenue dans ce passage, plus les hommes resteraient longtemps unis dans cette dépendance mutuelle qu'implique la coopération sociale, moins ils deviendraient aptes à cette dépendance mutuelle et à cette coopération, et plus la société tendrait à la dissolution. Au contraire, plus ils s'habitueraient à l'antagonisme et à l'activité destructive, plus ils deviendraient aptes à l'activité qui réclame l'union et la bonne entente.

Ainsi les deux codes qui président à notre éducation et les sentiments qui dérivent de leurs principes, conduisent inévitablement à de fausses interprétations des phénomènes sociaux. Au lieu de les concilier, nous nous soumettons alternativement à chacun d'eux; et au lieu de conclusions cohérentes, nous n'arrivons qu'à un pêle-mêle de conclusions contradictoires.

Il est temps, non-seulement pour avoir des idées justes sur la Science sociale, mais aussi pour agir correctement dans la vie de tous les jours, il est temps de mettre fin à cette acceptation simultanée et absolue de deux croyances qui se contredisent si complétement. N'est-ce pas une sottise de vouloir persuader à nous-mêmes et aux autres que nous admettons ces maximes partout répétées de désintéressement absolu, quand nous les nions chaque jour par l'activité que nous apportons à nos affaires, par le soin que nous prenons de protéger nos personnes et nos biens, par l'approbation expresse que nous accordons à ceux qui résistent à une agression? N'y a-t-il pas quelque chose de déloyal à répéter avec un ton de respect des maximes que nous ne mettons pas en pratique, et que nous sentons confusément devoir produire des conséquences fâcheuses si on les appliquait? Tout le monde doit admettre que les relations entre parents et enfants sont de celles où l'altruisme est poussé aussi loin que possible. Pourtant là aussi il est nécessaire qu'un certain égoïsme prédomine. Une mère ne peut nourrir qu'autant qu'elle a en général de quoi manger à sa faim. Passé un certain point, le sacrifice d'elle-même est fatal à son enfant. Et celui qui gagne leur pain, celui dont la mère et l'enfant dépendent, n'est-il pas incontestable qu'il ne peut les protéger altruistiquement qu'à la condition d'être suffisamment égoïste dans ses transactions avec les autres citoyens? Si le précepte « vivre pour soi » est faux sous un rapport, le précepte opposé « vivre pour les autres » est faux sous un autre. Le précepte rationnel serait : « vivre pour soi et pour les autres. » Si nous avons tous cette idée, ainsi que le prouve absolument notre conduite, ne vaut-il pas mieux en convenir que de persister à formuler des principes que nous ne mettons pas et que nous ne pouvons pas mettre en pratique, et de faire ainsi tomber dans le discrédit l'enseignement moral lui-même?

Il est temps d'autre part qu'un égoïsme féroce, sur lequel cet altruisme irrationnel qui n'est professé que des lèvres, n'exerce aucune action, soit modifié pratiquement par un altruisme rationnel. C'est par nos actes et non par nos paroles qu'il faut apporter des tempéraments à l'exercice de ce devoir sacré de la vengeance par le sang, sur lequel insiste la religion encore vivace de la haine. Au lieu de répéter au catéchisme et à l'église que notre devoir est de faire du bien à ceux qui nous haïssent, tandis qu'il ressort des débats du parlement, des articles des journaux et des conversations des salons, que nous avons une foi absolue au devoir d'appliquer la peine du talion, il serait plus sage et plus viril d'examiner dans quelle mesure le premier de ces devoirs doit mitiger le second.

Est-ce par bêtise ou par lâcheté morale que les hommes continuent à professer une religion qui met en première ligne la doctrine du sacrifice, tandis qu'ils insistent pour qu'on sacrifie les autres, qu'on les tue même, s'ils sont nuisibles. Est-ce par aveuglement ou par une folle inconséquence, que tout en déclarant qu'il est admirable de supporter le mal pour le bien des autres, ils prodiguent leur admiration à ceux qui rendent par vengeance un grand mal pour un petit? Notre barbare code de justice a sûrement besoin d'être révisé et notre barbare point d'honneur devrait être modifié. Qu'une mûre réflexion nous fasse reconnaître ce qu'ils contiennent de bon et la part de mal qui se mêle au bien. Le courage est digne de respect lorsqu'il s'emploie à défendre des droits légitimes et à repousser des agressions, corporelles ou autres. Il est plus respectable encore lorsque l'homme affronte le danger pour défendre des droits qu'il possède en commun avec d'autres ; pour repousser une invasion, par exemple. Risque-t-on sa vie ou l'un de ses membres pour défendre les autres, alors le courage mérite le respect suprême, et si ces autres n'avaient aucun droit de parenté, s'ils n'avaient même aucun droit de race, le courage est grand. Nous ne pouvons donc applaudir trop hautement à la bravoure qui est inspirée par l'altruisme, et celle qui a pour mobile un égoïsme légitime est digne d'éloges, mais la bravoure qui prend sa source dans l'égoïsme agressif n'est pas louable. L'admiration accordée à la ténacité de celui qui se bat pour une cause vile, est une admiration corrompue, démoralisante pour ceux qui la ressentent. De même que les facultés physiques, le courage, qui en est concomitant, doit être regardé comme le serviteur des émotions d'un ordre plus élevé ; il est précieux, indispensable même à la place qu'il occupe ; il faut l'honorer lorsqu'il accomplit sa fonction en sous-ordre de ces émotions plus élevées — mais autrement il ne mérite pas plus d'être honoré que le courage de la brute.

Nous en avons dit assez pour montrer qu'un compromis entre les principes opposés de conduite que la religion de la haine et celle de l'amitié recommandent chacune de leur côté, est le préliminaire nécessaire d'une conception scientifique des phénomènes sociaux. Même lorsqu'il s'agit de questions passagères, par exemple des actes d'un corps philanthropique ou de la conduite d'une nation vis-à-vis d'une autre, il ne peut y avoir de jugement rationnel sans un équilibre entre les émotions qui affirment le moi et celles qui mettent une limite aux envahissements de la personnalité ; cet équilibre doit être accompagné d'un ajustement des croyances correspondant aux deux catégories d'émotions. On pourra encore bien moins porter un jugement rationnel sur l'évolution sociale passée ou future, si on ne reconnaît pas la nécessité constante des deux conduites contradictoires sanctionnées par ces *credo* contradictoires. Il ne suffira pas de reconnaître d'instinct, aujourd'hui la doctrine de l'égoïsme pur et demain celle de l'altruisme pur. On ne comprendra pas la courbe décrite par une planète en pensant tantôt à la force centripète et tantôt à la force tangentielle; il faut les avoir toutes deux présentes à l'esprit comme agissant simultanément. De même, pour comprendre le progrès social dans la vaste courbe qu'il décrit, il faut toujours considérer à la fois la force de l'égoïsme et celle de l'altruisme comme des facteurs coopérants également indispensables et dont aucun ne doit être ignoré ni condammé.

Une critique qu'on ne manquera sans doute pas d'adresser à ce chapitre, et qui sera parfaitement fondée, c'est que son titre, « *Les Préjugés de l'Education* », est infiniment trop compréhensif. A dire vrai, il y a bien peu de nos préjugés, si même il y en a, qui n'aient été imprimés plus ou moins par l'éducation — en prenant ce mot dans son sens le plus étendu. Cependant, comme nous ne pouvions pas les traiter tous dans un seul chapitre, le mieux nous a paru de choisir ces deux préjugés contradictoires auxquels on peut assigner pour cause directe l'éducation première, qui enseigne à l'enfance des dogmes contradictoires et fomente chez elle des sentiments contradictoires. Nous bornant à la reconnaissance de ce fait, que l'éducation est pour beaucoup dans les autres préjugés, nous allons pouvoir traiter ceux-ci à notre aise, chacun sous le titre qui lui revient en propre.

CHAPITRE IX

LES PRÉJUGÉS DU PATRIOTISME

« Notre pays, qu'il ait tort ou raison. » Voilà un sentiment qu'on entend exprimer assez souvent de l'autre côté
de l'Atlantique, et si mes souvenirs ne me trompent pas,
un homme qui se pare, ou qui du moins se parait jadis du
titre de Radical philosophe, a prononcé il y a quelques
années dans notre Chambre des Communes des paroles
révélant un sentiment équivalent.

Quiconque pense ainsi ne possède pas cet équilibre dans
les sentiments qui est indispensable pour traiter scientifiquement les phénomènes sociologiques. Pour obtenir sur la
marche des affaires humaines en général ces jugements pondérés qui seuls constituent la Science sociale, il est essentiel de commencer par examiner les questions en faisant
abstraction de tout intérêt, national ou personnel. Nous
n'avons, pour nous en convaincre, qu'à prendre un cas
qui ne nous touche en rien. Demandez-vous de quels
yeux les membres d'une tribu aborigène envisagent le flot
de civilisation qui vient les balayer. Demandez-vous ce que
disent les Indiens de l'Amérique du Nord des empiètements
de l'homme blanc sur leur territoire, ou ce que pensaient
les anciens Bretons des invasions qui les dépossédaient de
l'Angleterre : il deviendra clair pour vous que des événe-

ments qui, considérés à un point de vue anti-national, cons-
tituaient autant de pas vers un état social supérieur, semblaient de pures calamités à ceux qui les envisageaient à
un point de vue national. La vérité qui se dégage aisément
de ces exemples une fois admise, nous sommes obligés d'admettre aussi que la mesure dans laquelle nous saurons nous
défaire du préjugé du patriotisme, et voir dans notre société
la sœur de beaucoup d'autres sociétés qui ont également
leur histoire et leur avenir et dont quelques-unes ont peut-
être plus de droits que nous à l'héritage de la terre, sera
aussi la mesure dans laquelle nous saisirons les vérités
sociologiques indépendantes des particularités de race ou
de nation.

S'émanciper à ce point est extrêmement difficile. Ce que
nous disions un peu plus haut du sentiment qui produit la subordination politique s'applique également au patriotisme ;
sa prédominance au sein d'une société est tacitement démontrée par le fait même de l'existence de cette société.
Les deux sentiments travaillent de concert à produire la
cohésion sociale sans laquelle il ne saurait y avoir ni coopération, ni organisation. Une nationalité ne devient possible
que par le sentiment que ressentent les unités à l'égard
du tout qu'elles composent. On peut dire que la destruction
incessante des types d'hommes dont l'attachement à leur
société était relativement faible, et qui par suite étaient incapables de faire à la communauté les sacrifices nécessaires, a ajouté graduellement de la force à ce sentiment.
Ceci nous rappelle une fois de plus, que par son incorporation dans un corps politique, le citoyen est pour ainsi dire
poussé de force dans les sentiments et les croyances propres
à aider à la conservation de ce corps : faute de ce résultat
dans la moyenne des cas, le corps politique ne subsistera
pas. De là un autre obstacle à la Science sociale : nous avons
à tenir compte des aberrations causées par le sentiment du
patriotisme.

Le patriotisme est pour la nation ce qu'est l'égoïsme pour
l'individu. Il a même racine et donne les mêmes biens
accompagnés des mêmes maux. Le jugement qu'on porte
sur sa société reflète celui qu'on porte sur soi-même ; et

affirmer les droits de sa société c'est affirmer indirectement les droits de qui en fait partie, c'est-à-dire les siens. L'orgueil inspiré au citoyen par les exploits de sa nation n'est autre que l'orgueil d'appartenir à une nation capable de ces exploits : car appartenir à cette nation, cela implique qu'on possède soi-même une supériorité naturelle. La colère soulevée dans l'âme du citoyen par l'agression commise contre sa nation est la colère contre un danger qui en menaçant sa nation le menace lui-même.

De même que nous voyions tout à l'heure la nécessité d'un égoïsme bien réglé, nous pouvons voir maintenant celle d'un patriotisme bien réglé. L'estime excessive de soi-même est la source de deux classes de maux : en poussant à une revendication outrée des droits personnels elle engendre les agressions et l'antagonisme ; en portant les gens à s'exagérer leur valeur personnelle, elle détermine des tentatives présomptueuses qui aboutissent à des catastrophes. S'estimer trop bas amène les deux sortes de maux contraires. Quiconque n'affirme pas ses droits personnels appelle l'agression et favorise ainsi l'égoïsme chez les autres, et quiconque se défie injustement de soi n'ose pas lever la main vers des biens qui étaient à sa portée. De même pour le patriotisme. L'excès chez une nation la rend agressive et vaniteuse. En a-t-elle trop peu, elle aura aussi trop peu d'inclination à revendiquer ses droits, qui seront alors violés par les autres nations ; de plus elle dépréciera les capacités et les institutions nationales, ce qui décourage l'effort et le progrès.

Les effets du sentiment patriotique qui nous intéressent ici sont plutôt ceux qu'il produit sur les idées que ceux qu'il produit sur la conduite. De même que l'égoïsme démesuré fausse les idées d'un homme sur lui-même et sur les autres, et vicie par là ses conclusions sur la nature humaine et sur les actions humaines, de même le patriotisme démesuré, faussant les idées de cet homme sur sa société et sur les sociétés étrangères, vicie ses conclusions sur la nature et les actions des différentes sociétés. Et les extrêmes opposés causent des déviations en sens inverse ; il est juste toutefois de dire qu'elles sont comparativement plus rares et infiniment moins nuisibles.

Nous arrivons ici à l'un de ces cas nombreux, où la conscience collective se montre moins développée que la conscience individuelle. Partout, en effet, on tient l'excès d'égoïsme pour un défaut et nulle part on ne blâme l'excès de patriotisme. Reconnaître ses fautes de conduite et l'insuffisance de ses facultés est un trait de caractère qu'on loue chez un homme; admettre que nous nous sommes mal conduits vis-à-vis d'une autre nation, c'est au contraire manquer de patriotisme et mériter le blâme. Prendre le parti d'un autre peuple avec lequel nous sommes en mésintelligence, cela ressemble fort à une trahison aux yeux de la plupart des citoyens; ils ont recours à des comparaisons offensantes avec les oiseaux et leurs nids, pour témoigner combien ils réprouvent ceux qui estiment que les torts sont à leur propre pays et non à l'autre. Non seulement ils se livrent sans retenue à l'influence de cet égoïsme réflexe qui constitue le patriotisme — non seulement ils n'ont pas conscience qu'il puisse y avoir du mal à s'abandonner à ce sentiment, mais encore ils estiment que le blâme revient à ceux qui le répriment et qui s'efforcent d'entrer dans les raisons des deux parties. Qu'on juge combien le préjugé patriotique, faussant à ce point nos jugements sur les questions internationales, doit fausser sérieusement nos jugements sur les caractères des autres sociétés et vicier par là les conclusions sociologiques.

Nous avons à nous mettre en garde contre cette influence. Nous citerons dans ce but quelques exemples des erreurs qui lui sont imputables.

Rien ne fera mieux comprendre combien l'estime exagérée de sa propre race peut mener à apprécier faussement les races étrangères, que de prendre un cas où nous autres Anglais serons estimés fort bas par une race que nous tenons pour très-inférieure. Une tribu nègre nous fournira un exemple de ce genre.

« Ils s'amusaient à se communiquer à la dérobée la remarque que « l'homme blanc est un vieux singe. » L'Africain dira de l'Européen : « Il a l'air d'un homme » et la réponse sera souvent : « Non, il n'en a pas l'air »... Le Caucasien doute si le Hamite est un homme et celui-ci lui renvoie le compliment » [1].

1. Burton. *Abeokuta*, vol. I, pp. 43-44.

Quelqu'un pense-t-il que cet exemple s'écarte trop du sentier battu de l'erreur pour être instructif pour nous ? Il lui sera facile de s'assurer du contraire. Il n'a qu'à regarder les caricatures de Français dont notre pays était inondé au temps de la génération qui nous a précédés, ou à se rappeler les idées qui étaient alors populaires sur les forces respectives de la France et de l'Angleterre. Ces vestiges suffiront pour le convaincre que l'estime de soi qui se réfléchit dans ce que nous appelons patriotisme a produit chez nous-mêmes des effets de perversion frappants. De nos jours même, il subsiste des opinions que les faits, quand on les regarde de près, ne justifient pas davantage : par exemple le préjugé sur notre beauté physique. On comprend, sans qu'il soit besoin de le démontrer, que le préjugé qui conduit à porter des jugements erronés dans des cas comme celui-ci, où la perception directe vient gêner notre inclination, sera une source de jugements encore plus erronés, lorsque la perception directe ne pourra pas apporter son contrôle. L'histoire de toutes les luttes internationales nous montre jusqu'où peuvent aller les erreurs engendrées par le patriotisme ; nous y voyons les partis opposés porter sur leurs chefs respectifs et sur leurs exploits des jugements contradictoires. En voici un exemple :

« Les auteurs diffèrent tellement sur le caractère du per-
« sonnage que jouait Wallace lorsqu'il commença à se rendre
« redoutable, que c'est à en perdre la tête. Les chroniqueurs
« de son pays, qui écrivent après la guerre de l'Indépen-
« dance, l'élèvent au pinacle ; à les entendre, c'est un héros
« de bravoure et de magnanimité. Aux yeux des chroni-
« queurs anglais contemporains, c'est un bandit malfai-
« sant, un perturbateur de la paix sociale, un homme qui
« viole toutes les lois et tous les devoirs envers la société,
« enfin, un voleur — le chef de l'une des nombreuses bandes
« de voleurs et de maraudeurs qui infestaient l'Ecosse à
« cette époque [1]. »

L'histoire de toutes les guerres démontre que ces dévia-
tions opposées de l'opinion se retrouvent, quand au lieu des personnages marquants il s'agit de la conduite des

---

1. Burton. *History of Scotland*, vol. II, pp. 281-282.

peuples auxquels appartiennent ces personnages. Lorsque nos protestants anglais ne se souviennent que des cruautés commises par les catholiques, tandis que les catholiques ont oublié toutes celles qui n'étaient pas du chef des protestants, ils montrent qu'ils ne savent voir qu'un côté des choses ; les nations aussi ne savent voir qu'un côté des choses, ainsi que le prouvent les traditions où elles conservent le souvenir des barbaries accomplies par les peuples avec lesquels elles ont été en guerre. De même qu'autrefois les Normands, vindicatifs eux-mêmes, étaient indignés de trouver l'Anglais aux abois si vindicatif; de même, dans les temps modernes, les Français ne tarissaient pas sur les atrocités perpétrées par les guérillas espagnoles, ni les Russes sur celles des Circassiens. Dans ce conflit entre les idées de ceux qui commettent les actes de sauvagerie et de ceux qui les subissent, nous discernons nettement l'influence du patriotisme lorsque les deux partis nous sont étrangers ; mais sitôt que nous sommes nous-mêmes acteurs et par conséquent intéressés, nous devenons aveugles. Tous les gens d'un certain âge se rappellent l'indignation excitée en Angleterre par la cruauté avec laquelle les Français traitèrent les Arabes qui refusaient de se soumettre — lorsque les Français allumèrent de grands feux à l'entrée des grottes dans lesquelles les Arabes s'étaient réfugiés; mais nous ne voyons pas que nous en avons fait autant dans l'Inde : par exemple lorsqu'après avoir fusillé en masse tout un groupe de cipayes on mit le feu au tas parce que quelques-uns respiraient encore [1] ; ou encore lorsqu'après la répression de la révolte de la Jamaïque, on procéda à la destruction en grand des habitations, brûlant les unes et démolissant les autres à coups de canon. Ecoutez ce qui se dit aux colonies anglaises sur des hauts faits de ce genre ; vous verrez que généralement on les tient pour justifiés par la nécessité. Ecoutez maintenant ce qui se dit lorsque le coupable est un autre peuple : la même personne déclarera, d'un ton indigné, qu'aucune raison de nécessité ne saurait justifier la chose. Le préjugé produit même des erreurs de

---

1. Je cite ce fait sur l'autorité d'une lettre que me lut dans le temps un officier de l'armée des Indes ; elle lui avait été écrite par un camarade alors aux Indes.

jugement encore plus fortes. Ainsi des sentiments et des
actions que nous louons comme vertueux, lorsqu'ils ne com-
promettent pas nos propres intérêts et notre propre puissance, sont déclarés par nous mauvais, sitôt que nos intérêts et notre puissance peuvent en souffrir. Soit que nous
lisions la légende de Tell ou un récit historique quelconque,
nous sommes transportés d'admiration à la vue d'une race
opprimée qui reconquiert son indépendance; mais s'agit-il
d'une race opprimée par nous-mêmes, l'admiration se change
en indignation. Nous ne voyons que scélératesse pure dans
les tentatives des Hindous pour secouer notre joug, et nous
n'admettons aucune excuse aux efforts des Irlandais pour
établir leur nationalité indépendante. Nous ignorons absolument que dans tous les cas de ce genre les mobiles sont
les mêmes, et qu'ils doivent être jugés indépendamment du
résultat.

Un préjugé qui nous fait voir faux de la sorte, même
lorsqu'il s'agit de l'extérieur des personnes; qui fausse dé-
mesurément les idées reçues sur les adversaires marquants
et sur leurs actions; qui nous mène à condamner chez les
autres des sévérités et des cruautés auxquelles nous applau-
dissons lorsqu'elles sont commises par nos propres agents;
qui nous fait considérer des actes, exactement de même
nature au fond, comme bons ou mauvais selon qu'ils sont ou
non dirigés contre nous-mêmes, ce préjugé, disons-nous,
pervertit inévitablement nos idées sociologiques. Il est impossible de juger en toute équité les institutions d'un peuple
que l'on méprise; si, comme il arrive souvent, le mépris n'est
pas justifié ou du moins ne l'est qu'en partie, les institutions
de ce peuple seront certainement évaluées au-dessous de leur
valeur, quelle qu'elle soit. Chaque fois que l'antagonisme a
engendré la haine à l'égard d'une autre nation, et par suite
un désir de justifier sa haine en attribuant des défauts
odieux aux membres de cette nation, il arrive forcément que
l'organisation politique des adversaires, la religion qu'ils
professent et les mœurs qui leur sont propres s'associent
dans la pensée à ces défauts odieux — elles deviennent
odieuses elles-mêmes et par conséquent il est impossible
d'étudier leur nature avec le sang-froid exigé par la science.

Un exemple rendra la chose claire. Cette forme de l'égoïsme que nous appelons patriotisme, ayant entre autres effets celui de nous donner une haute opinion de la religion nationale, nous fait estimer trop haut les effets produits par cette religion; et par une suite naturelle, nous estimons trop bas les effets produits par d'autres religions et par d'autres ordres d'influences. Les idées dans lesquelles nous avons été nourris à l'égard du sauvage et des races civilisées en font preuve.

Le mot *sauvage*, qui originairement désignait l'absence de civilisation ou de culture, a pris le sens de cruel et de sanguinaire; cela vient de ce qu'on représente généralement les tribus privées de civilisation ou de culture comme étant cruelles et sanguinaires. La férocité étant devenue dans les esprits un attribut inséparable des races à l'état barbare, lesquelles se distinguent aussi de nous par une religion différente, il est tacitement convenu que leur férocité vient de ce qu'elles n'ont pas notre religion. Mais si, luttant avec succès contre l'influence du patriotisme, nous rétablissons dans leur intégrité les témoignages qui ont subi son action corruptrice, nous serons contraints de modifier cette assomption.

Lisons, par exemple, ce que Cook raconte des Tahitiens à l'époque où il les visita pour la première fois. Nous serons surpris de trouver chez eux certains traits de caractère qui les mettaient au-dessus de leurs hôtes civilisés. Ils commettaient bien quelques petits larcins, mais ce n'était rien en comparaison des matelots, qui volaient les chevilles de fer de leur navire pour payer les femmes sauvages. Lorsque Cook eut établi une pénalité contre les voleurs, les naturels portèrent plainte contre un homme de son équipage — le matelot ayant été reconnu coupable et condamné à subir la peine du fouet, les naturels s'efforcèrent de le sauver; n'ayant pu y parvenir, ils versèrent des larmes à l'aspect des apprêts du supplice. Examinons de même à un point de vue critique les relations de la mort de Cook : nous verrons clairement que les habitants des îles Sandwich montrèrent des dispositions amicales, jusqu'au jour où de mauvais traitements les eurent autorisés à en redouter d'autres pour l'avenir. L'expérience d'une foule d'autres voyageurs montre de même que presque toujours les races non civilisées se montrent très-bienveillantes à la première visite, et que les dispositions hostiles qu'elles témoignent parfois plus tard ne sont que les représailles du mal que leur ont fait les races civilisées. L'histoire des naturels de l'île de la reine Charlotte, qui n'attaquèrent la troupe du capitaine Carteret qu'après en avoir reçu de justes sujets d'irritation [1], peut être prise pour type de l'histoire des rapports entre sauvages et civilisés. Allons aux informations sur le cas du missionnaire Williams, « le Martyr d'Erromanga; » il se trouvera que son assassinat, qu'on a exploité pour prouver la méchanceté de la nature humaine non amendée, n'était qu'une vengeance de violences commises antérieurement par des Européens pervers. Lisez quelques témoignages sur la conduite respective des sauvages et des civilisés.

« Après que nous eûmes tué un homme aux Marquises,
« que nous en eûmes grièvement blessé un autre à l'île de
« Pâques et harponné un troisième avec une gaffe à Tonga-
« tabu; après que nous en eûmes blessé un à Namocka, un
« autre à Mallicolla et tué un à Tanna, les habitants de ces
« diverses localités continuèrent à se montrer polis et inof-
« fensifs à notre égard; ils auraient pourtant pu tirer pleine
« vengeance de nous en tuant nos traînards [2]. »

« Sauf à Cafta, où l'on m'attribua quelque temps des pro-
« jets hostiles, pendant tous mes voyages je n'ai jamais
« reçu d'accueil inhospitalier de personne — sauf des Euro-
« péens, qui n'avaient rien à me reprocher sinon ma pau-
« vreté apparente [3]. »

« En février 1812, les gens de Winnebah (Côte d'Or), s'em-
« parèrent de leur commandant, M. Meredith, et le maltrai-
« tèrent de telle sorte qu'il en mourut. La ville et le fort
« furent détruits par les Anglais. Pendant nombre d'années,
« chaque navire anglais passant devant Winnebah lâchait
« une bordée sur la ville, pour donner aux naturels une idée
« de la vengeance rigoureuse réservée à ceux qui verse-
« raient du sang européen [4]. »

---

1. Hawkesworth. *Voyages*, vol. I, p. 573.
2. Forster. *Observations*, etc., p. 406.
3. Parkyn. *Abyssinia*, vol. II, p. 431.
4. Cruickshank. *Eighteen Years on the Gold Coast of Africa*, vol. I, page 100.

Vous plaît-il, au lieu de ces témoignages isolés, de prendre l'opinion d'un homme qui a rassemblé un grand nombre de témoignages? Washington Irving dit à propos de l'accueil amical fait à Enciso par les naturels de Carthagène (sur la côte de la Nouvelle-Grenade), qui quelques années auparavant avaient subi de cruels traitements de la part des Espagnols :

« Quand nous nous rappelons la vengeance sanglante et
« aveugle dont Ojida et ses compagnons punirent la résis-
« tance naturelle de ce peuple aux envahisseurs, et que
« nous mettons en regard l'esprit de clémence et de modé-
« ration que montra ce même peuple dans une occasion où
« la vengeance s'offrait à lui, nous avouons qu'un doute fu-
« gitif traverse notre esprit et que nous nous demandons si
« on applique toujours bien à qui de droit le nom, arbitraire
« du reste, de sauvage [1].

Il est difficile de contester que ce doute ne soit raisonnable, lorsqu'on a lu le récit des cruautés diaboliques commises en Amérique par les Européens, lors de l'invasion. A Saint-Domingue, par exemple, les Français faisaient mettre les naturels à genoux au bord d'une tranchée profonde et les fusillaient par fournées jusqu'à ce que la tranchée fût pleine, à moins que pour s'épargner de la peine ils ne les menassent en pleine mer, où on les jetait par-dessus bord attachés en grappes. A Saint-Domingue également, les Espagnols faisaient subir de si horribles traitements aux indigènes réduits en esclavage, que ceux-ci se tuaient en masse. Des estampes espagnoles nous ont conservé les divers modes de suicide usités.

L'Anglais alléguera-t-il que ces actes de démons et des myriades d'autres du même genre ont été commis dans d'autres temps par des races civilisées qui ne sont pas la sienne, et qu'ils sont imputables à la religion corrompue que lui, l'Anglais, répudie? Il est bon, en ce cas, de lui rappeler que plusieurs des faits précités parlent contre nous-mêmes, et que sa religion épurée n'a pas empêché sa race de traiter de la même façon les Indiens de l'Amérique du Nord. Nous pourrions le faire rougir en lui racontant les

1. *Companions of Colombus*, p. 115.

abominations qui se commettent dans nos colonies, de nos jours. Sans entrer dans les détails, il suffira de rappeler un fait notoire, le dernier en date[1]. Nous voulons parler des razzias et des massacres qui ont été faits dans les mers du Sud. C'est toujours la même répétition : — trahison à l'égard d'un grand nombre de naturels dont on sacrifie la vie sans pitié; mince vengeance tirée à l'occasion par les indigènes; ceux-ci accusés d'un meurtre atroce; finalement massacre général des naturels, coupables ou innocents.

On voit comment le préjugé du patriotisme peut fausser indirectement les idées, quant aux effets d'une institution. Aveuglés par l'amour-propre national sur la méchanceté de notre conduite à l'égard des races inférieures et ne perdant jamais de vue ce qu'il peut y avoir de bon dans notre propre manière d'agir; oubliant que ces races inférieures se sont presque toujours admirablement comportées envers nous-mêmes et ne nous rappelant que leurs actions mauvaises, dont nous nous gardons de faire remonter la responsabilité à nos propres fautes; nous surfaisons notre nature par rapport à la leur. Et alors, envisageant les uns et les autres en tant que Chrétiens et Païens, nous exagérons le bien produit par les institutions chrétiennes (bien qui est incontestablement grand) et nous n'apprécions pas à leur juste valeur les progrès accomplis en dehors d'elles. C'est chez nous une habitude constante. Nous ignorons, par exemple, les témoignages fournis par l'histoire du Bouddhisme, dont le fondateur inspirait dernièrement au chanoine Liddon les paroles suivantes : « Des chrétiens de bonne foi ne peuvent penser à la vie de ce prince païen sans éprouver un vif sentiment de honte et d'humiliation. » Ignorant tous les témoignages de ce genre, nous ne sommes impressionnés que par un côté des choses. Il s'ensuit que nos idées sociologiques sont faussées, ne correspondent plus aux faits ; en d'autres termes, ne sont pas scientifiques.

Pour montrer quelques-uns des nombreux effets produits sur les autres nations par le patriotisme et faire sentir combien les croyances engendrées par ce sentiment sont perni-

---

1. Voir le *Times* du 22 janvier 1873.

cieuses, nous pouvons nous adresser à la France et à l'Allemagne et leur demander de nous fournir des exemples.

Voyez cette estime exagérée d'eux-mêmes qu'ont montrée les Français. Observez où les a conduits cette confiance excessive dans les ressources de la France, que M. Thiers a tant contribué par ses ouvrages à entretenir et à augmenter. Quand on se rappelle que ce fut la cause du trop peu de cas que faisaient les Français des autres nations qui les conduisit à dédaigner les idées de ces autres nations et à ignorer ce qui se passait chez elles ; quand on se rappelle que lors de la dernière guerre les Français, assurés de la victoire, n'avaient que des cartes d'Allemagne et pas de cartes de France, lacune qui contribua avec une foule d'autres de tous genres à amener des catastrophes ; quand on se rappelle tout ceci, on voit les maux fatals que peut causer l'excès de cette estime de soi-même.

Il en est de même lorsqu'on étudie l'influence du patriotisme sur les Français dans d'autres ordres d'idées. L'*Histoire des doctrines chimiques*, de Wurtz, débute en ces termes : « La chimie est une science française. » En lisant une assertion semblable, on ne peut pas ne point voir que le sentiment qui l'a dictée faussera les comparaisons établies entre ce qui existe en France et ce qui existe ailleurs. Dans les tableaux de bataille inspirés par la guerre de Crimée, ce sont toujours les soldats français qui font tout ; dans l'Apothéose d'Homère, d'Ingres, les poëtes français occupent le premier plan, tandis que Shakespeare est relégué dans un coin de la toile, le corps coupé par le cadre ; en lisant les noms des grands hommes de toutes nations inscrits sur la frise du Palais de l'Industrie, nous trouvons beaucoup de noms français assez inconnus, tandis que celui de Newton, probablement par suite d'un oubli étrange, n'y figure pas. Tous ces faits nous montrent les fruits d'un sentiment national qui, engendrant la conviction que tout ce qui n'est pas français mérite peu l'attention, exerce une influence désastreuse sur les idées et les progrès de la France. Depuis le morceau emphatique où Victor Hugo intitule la France « Sauveur des nations, » jusqu'aux déclamations de ceux qui allaient répétant que détruire Paris serait éteindre le foyer de la civilisation, nous retrouvons partout la conviction que la France est le maître, ce qui implique qu'elle n'a pas besoin d'être l'élève. La diffusion des idées françaises est une chose essentielle pour les autres peuples, la France n'a aucun besoin au contraire de s'assimiler les idées des autres. La vérité serait bien plutôt que, plus que toutes les autres, les idées françaises ont besoin de l'influence étrangère pour tempérer ce qu'elles ont de trop arrêté et de trop dogmatique.

Il va de soi que cette manière de sentir et le mode de penser qui lui est approprié, doivent fausser les spéculations sociologiques. Les ouvrages de M. Comte nous en fournissent au besoin une preuve frappante. Une estime excessive de soi-même, tant sous la forme directe que sous la forme indirecte qui constitue le patriotisme, a mené l'auteur à des erreurs sociologiques étonnantes. Examinez ce plan de réorganisation et de fédération positiviste, dans lequel la France devait naturellement marcher en tête des autres nations ; notez que selon l'auteur, la transformation dont il donnait une formule si rigoureuse devait s'accomplir dans le cours de sa propre génération ; rappelez-vous ce qui s'est passé depuis lors et examinez les probabilités de l'avenir : vous verrez à coup sûr que le préjugé du patriotisme produit de grandes altérations dans la conception des phénomènes sociaux.

L'Allemagne nous montre de son côté comment l'amour-propre national, exalté par la victoire, égare l'opinion relativement aux affaires publiques. Ainsi que me l'écrit un professeur allemand : « On reconnaît hélas ! à trop de signes, » que « l'heureux contraste » que les Allemands avaient présenté jusqu'ici avec la « suffisance française » est en train de disparaître « depuis la gloire de nos dernières victoires ». « Les libéraux allemands, écrit-il encore, ne tarissent pas sur le Germanisme, l'unité allemande, la nation allemande, l'empire allemand, l'armée allemande, la marine allemande, l'église allemande et la science allemande.... Ils se moquent des Français et en somme l'esprit qui les anime est l'esprit français traduit en allemand. »

Pour donner un exemple de la réaction fâcheuse qui s'est produite dans la façon de penser allemande, il raconte une discussion qu'il a eue avec un autre Allemand, professeur de

philosophie estimé. Mon correspondant soutenait que les
sciences psychiques et éthiques gagneraient sous le double
rapport des progrès et de l'influence, s'il s'établissait pour
elles des relations internationales du genre de celles qui
existent pour les sciences physico-mathématiques. « A mon
grand étonnement, dit-il, mon interlocuteur déclara qu'en
supposant une union de ce genre possible, il ne la croyait pas
désirable, parce qu'elle contrarierait l'originalité de la pensée
allemande..... Selon lui, après l'Allemagne, c'était l'Italie qui
dans un avenir prochain semblait avoir le plus de chances
de faire avancer la philosophie. Il avait remarqué, paraît-il,
qu'en Italie on connaît tous les traités de philosophie pu-
bliés en Allemagne, même les plus insignifiants..... Sa préférence pour les Italiens n'avait pas d'autre cause. » Ainsi,
ajoute mon correspondant, « les plus beaux traits du caractère allemand se noient dans une teutomanie exagérée. »

Ces commentaires sur le sentiment allemand nous révèlent une autre vérité. Il existe un antagonisme indirect entre
le sentiment de la nationalité et celui de l'individualité; il en
résulte que lorsque le premier s'exalte c'est aux dépens du
second, et aux dépens de la considération qu'on avait pour
les institutions auxquelles il donne naissance. Mon correspondant écrit à propos des « soi-disant nationaux libéraux » :
— « Un de mes amis assistait dernièrement à une discussion dans laquelle un professeur de philosophie de l'Université de *** soutenait avec un grand sérieux et beaucoup
d'éloquence, qu'il ne manquait plus qu'une seule chose pour
compléter nos institutions allemandes. Cette chose, c'était...
un costume national. D'autres personnes, qui sentent certainement tout le ridicule d'une semblable proposition, n'en
commettent pas moins de leur côté un empiétement tout
aussi absurde et encore plus intolérable sur la liberté individuelle; en effet, en proposant d'établir une église nationale ils visent à obliger les adhérents des divers corps religieux à revêtir un uniforme spirituel. En vérité, je n'aurais
jamais cru qu'un gouvernement allemand pût encourager
des idées aussi monstrueuses, si on ne me les avait exposées à moi-même, au ministère des cultes. »

En voilà assez sur le patriotisme et sur ses effets funestes.

à l'égard des jugements sociologiques. Ces effets sont tellement visibles dans toute l'histoire, qu'il est presque superflu de les indiquer. Consacrons l'espace qui nous reste aux effets funestes du sentiment opposé — l'anti-patriotisme. Bien que les erreurs d'opinion qu'il engendre soient moins graves, il est nécessaire de se mettre en garde contre elles.

En Angleterre, le préjugé de l'anti-patriotisme ne diminue pas d'une façon marquée l'admiration que nous professons pour nos institutions politiques; on lui doit seulement de temps à autre quelque vœu en faveur d'un gouvernement fort, destiné à nous assurer les bienfaits enviés que les autres nations sont censées devoir à leurs gouvernements forts. Il ne modifie pas non plus d'une manière appréciable l'attachement général à nos institutions religieuses; un très-petit nombre de personnes seulement, ennemies de l'indépendance, montrent qu'elles ont subi son influence en se faisant les avocats d'une organisation autoritaire du clergé, propre à remédier à ce qui leur semble un déplorable chaos des croyances religieuses. Mais dans d'autres ordres d'idées, le sentiment dont nous nous occupons s'étale et s'affiche, de façon à exercer une influence fâcheuse sur l'opinion publique. Il est devenu de mode de nous déprécier pour tout ce qui est du domaine des grands travaux intellectuels. C'est la source d'erreurs préjudiciables, qui réagissent sur nos évaluations de notre régime social et sur nos idées sociologiques en général.

Quelle est l'origine de cette injuste dépréciation de nous-mêmes? Dans quelques cas, c'est sans aucun doute l'effet du dégoût soulevé par la suffisance qu'amène l'excès de patriotisme. Dans d'autres, c'est un produit de l'affectation; rabaisser l'Angleterre, indique qu'on connaît à fond les autres pays et pose en homme instruit. Dans le reste des cas, l'ignorance est l'unique cause. Nous laisserons de côté toutes les évaluations injustes de nos facultés et de nos œuvres qui se pourraient justifier en partie, pour ne nous arrêter qu'à un jugement qui ne se justifie aucunement. Parmi la classe de gens qui nous occupe, il est d'usage de parler irrespectueusement de la part revenant à l'Angleterre dans les découvertes et les inventions modernes. Nos journaux répètent de temps en temps que « les Français inventent et que les Anglais perfectionnent. » L'Attorney-général confessait, il n'y a pas longtemps, que les Anglais n'ont pas l'esprit scientifique. Tout récemment, le *Times* disait à propos d'un discours dans lequel M. Gladstone avait déprécié notre époque et ses hommes : « Il y a cependant quelque chose de vrai dans l'assertion que, pour le goût et la culture des sciences abstraites, nous sommes en arrière [1]. » Des phrases comme celles-ci montrent l'anti-patriotisme engendrant une opinion absolument insoutenable. Ce sont de ces théories auxquelles les faits viennent donner un démenti éclatant; la seule manière de se les expliquer est de supposer que ceux qui les émettent ont reçu une éducation exclusivement littéraire.

Pour faciliter la discussion, nous allons prendre un exemple particulier du préjugé de l'anti-patriotisme. M. Matthew Arnold s'est constitué dans ces derniers temps le représentant de ce sentiment. Le motif de M. Arnold est digne du plus grand respect, et une grande partie de ce qu'il a dit contre la vanité mérite d'être approuvé sans réserve. Bien des défauts graves dans notre état social, bien des absurdités dans nos façons d'agir, bien des erreurs dans nos évaluations de nous-mêmes méritent qu'on les signale et qu'on s'y arrête. L'écrivain qui s'acquitte efficacement de la tâche de nous ouvrir les yeux sur ce qui nous manque, nous rend un immense service. Nous n'avons rien à objecter à la condamnation que prononce M. Arnold sur le point de vue ascétique, d'où il est encore d'usage en Angleterre d'envisager la vie. Il insiste avec raison sur l'erreur, si fréquente chez nous, qui consiste à faire trop peu de cas de la prospérité matérielle. La confiance présomptueuse que nous étalons si volontiers en la faveur divine gagnée par notre grande piété, ne mérite pas moins d'être réprouvée. Mais nous craignons que, par esprit de réaction, M. Arnold ne se laisse entraîner trop loin dans la voie de l'anti-patriotisme et qu'il n'affaiblisse l'effet de ses critiques en produisant une contre-réaction. Examinons rapidement quelques-unes de ses idées.

1. *Times*, 23 décembre 1872.

Le procédé généralement employé par M. Arnold ne consiste pas à établir équitablement la balance des témoignages ; à l'expression d'un patriotisme vaniteux, il répond par quelques faits de nature à produire une impression fâcheuse — sans égard à leur valeur quantitative. Ainsi, pour refuter un éloge de la nation anglaise, par M. Rœbuck, il commente un infanticide raconté dans le journal même où avait paru le panégyrique. Pour que cet argument eût quelque valeur, il faudrait que l'infanticide fût propre à l'Angleterre ou y fût du moins plus commun qu'ailleurs et que M. Arnold en donnât la preuve ; mais sa critique tombe d'elle-même pour peu qu'on ait présent à l'esprit le système d'*élevage* qui se pratique sur une grande échelle dans les environs de Paris et l'hécatombe d'enfants qui en est la suite. En se servant de la méthode de M. Arnold, on pourrait établir des conclusions toutes contraires aux siennes.

Supposons, par exemple, que je compte les nombreux assassinats commis de notre temps en Angleterre par des étrangers : l'attentat de Courvoisier, celui de Mᵉ Manning, celui de Barthélemy près du square Fitzroy ; celui de la place Foley (1854-1857), dont l'auteur était Français ; l'attentat de Müller, celui de Kohl dans les marais d'Essex, celui de Lani près de Haymarket, celui de Marguerite Dixblanc, le drame des deux jeunes Allemands, Maï et Nagel, à Chelsea ; enfin l'assassinat qui a eu tout récemment pour théâtre la grande rue Coram ; supposons que je fasse la proportion entre le nombre des meurtriers étrangers et celui des étrangers qui habitent l'Angleterre, et que je prétende juger par là cette éducation continentale qui fait l'objet de l'admiration de M. Arnold. M. Arnold estimerait probablement que la preuve n'est pas tout à fait concluante ; elle l'est pourtant tout autant que les siennes, peut-être même un peu plus.

Supposons aussi que dans le but de critiquer l'administration allemande, je m'étende sur la catastrophe qui a eu lieu à Berlin pendant les fêtes en l'honneur des victoires prussiennes, catastrophe qui coûta la vie à quatorze spectateurs, sans parler de plusieurs centaines de blessés ; ou bien que je prétende juger l'administration allemande

sur les révélations du premier médecin de Berlin, M. Virchow. M. Virchow nous apprend qu'à Berlin, la mortalité est
de 1 sur 3 pour les enfants au-dessous d'un an. Ses recherches statistiques démontrent en outre que la mortalité générale augmente avec une telle rapidité, que « le chiffre des
décès, qui était de 1,000 en 1854, s'éleva à 1,164 de 1851
à 1863, et à 1,817 de 1864 à 1868 [1]. » Supposons, dis-je, que
je m'appuie sur ces faits pour prouver la faiblesse du système social que M. Arnold voudrait nous voir copier, M. Arnold ne se sentirait peut-être pas fortement ébranlé dans
ses convictions. A mon avis pourtant, ces faits constituent
une preuve plus concluante qu'un cas isolé d'infanticide
survenu en Angleterre.

Supposons encore que je prétende juger l'administration
militaire française d'après le nombre des décès en Crimée; M. Lefort, qui en a donné la statistique à la dernière
réunion de l'*Association française pour l'avancement des
Sciences*, a déclaré ce qui suit :

« Dans ces six mois d'hiver 1855-6, alors qu'il n'y a plus
« guère d'hostilités, alors que les Anglais ont seulement en
« six mois 165 blessés, et les Français 323, l'armée anglaise,
« grâce aux précautions prises, n'a que peu de malades et
« ne perd que 606 hommes; l'armée française voit éclater
« au milieu d'elle le typhus, qu'on eût pu éviter, et perd par
« les maladies seules 21,190 hommes. »

Plus loin, à propos des pertes infligées aux deux armées
par le feu, M. Lefort s'exprime en ces termes :

« En Crimée, les armées anglaise et française se trouvent
« exposées aux mêmes besoins, aux mêmes vicissitudes
« atmosphériques, et cependant quelle différence dans la
« mortalité des opérés! Les Anglais perdent 24 de leurs am-
« putés du bras; nous en perdons plus du double, 55 sur 100;
« il en est de même pour l'amputation de la jambe : 35 con-
« tre 71 0/0. »

Supposons, dis-je, que ce soit ma manière de réfuter
l'opinion selon laquelle « ces choses-là sont mieux organisées en France. » M. Arnold ne se déclarerait probable-

---

1. *Lancet*, 28 décembre 1872.

ment pas convaincu. Le contraste serait pourtant d'effet
aussi fâcheux que peut l'être le cas de la fille Wragg, auquel
M. Arnold revient si volontiers avec tant d'insistance. Rien
de plus certain qu'en triant les faits, on peut blanchir ou
noircir à volonté une société.

Du procédé de M. Arnold passons à certaines de ses opinions, à commencer par celle-ci : l'Anglais manque d'idées.
M. Arnold nous dit : — « Il y a le monde des idées, et il
y a le monde de la pratique; les Français sont souvent pour
supprimer l'un et les Anglais pour supprimer l'autre [1]. »
M. Arnold reconnaît que nous réussissons dans le domaine
de l'action, mais il pense que c'est un genre de succès qui
va de pair avec le manque de foi aux conclusions spécula-
tives. En établissant ainsi une antithèse entre la théorie et
la pratique, il admet implicitement que le succès dans la
pratique ne dépend pas de la supériorité dans la théorie.
C'est une erreur. Avant le procédé qui donne un bon résultat,
il y a eu une idée juste. Le succès d'une entreprise présuppose une représentation exacte de toutes les données,
de toutes les conditions et de tous les résultats — qui diffère
de celle qui conduirait à une entreprise malheureuse, en
ce qu'elle fait discerner clairement tout ce qui arrivera,
au lieu de le laisser entrevoir confusément et incomplétement : il y a une idée supérieure. Tout projet est une
idée; tout projet plus ou moins neuf implique une idée plus
ou moins originale; tout projet mis à exécution implique
une idée assez nette pour déterminer l'action; et tout projet
qui réussit implique une idée si juste et si complète que les
résultats se trouvent d'accord avec elle. Nous voyons une
compagnie anglaise fournir Amsterdam d'eau; or l'eau est
l'élément des Hollandais, qui ont été, il y a plusieurs siècles,
nos maîtres dans l'art de la diriger; ne sommes-nous pas
fondés à dire qu'en nous chargeant du soin d'abreuver leur
capitale, les Hollandais prouvent un manque de confiance
dans les résultats théoriques? Me répondra-t-on que c'est un
peuple sans imagination? Soit. Prenons les Italiens. Naples
avait un besoin urgent d'être drainée. Comment se fait-il
qu'en face d'une nécessité aussi impérieuse, ni le gouver-

1. *Essæys in crilicism*, p. 12.

nement italien ni les Italiens n'aient eu l'idée de prendre
l'initiative de l'entreprise? Comment se fait-il que l'idée de
drainer Naples, au lieu d'émaner de Français ou d'Allemands — puisque selon M. Arnold les Français et les Allemands ont plus de foi aux idées que nous — soit émanée
d'une société anglaise qui a proposé d'exécuter les travaux
à ses frais, sans qu'il en coûtât rien à la ville [1]? Et lorsque
nous saurons que même dans leur propre pays, Français et
Allemands nous abandonnent le monopole des entreprises
nouvelles, quelles conclusions en tirerons-nous quant à la
foi relative aux idées? Quand nous découvrons que c'est une
compagnie anglaise qui a éclairé Bordeaux et Toulouse au
gaz, n'en inférons-nous pas que les habitants de ces deux
villes sont pauvres en idées? Une société anglaise, la Compagnie Hydraulique du Rhône, ayant remarqué qu'à Belle-
garde le fleuve forme des rapides qui n'ont pas moins de
40 pieds de chute, a construit un canal dans lequel elle a
détourné un quart du volume d'eau de la rivière; elle s'est
procuré ainsi une force de 10,000 chevaux, qu'elle cède aux
usines. Quand on voit cela et qu'on se demande pourquoi les
Français n'ont pas tiré parti eux-mêmes de cette source de
richesses, n'est-on pas forcé de répondre que l'idée ne leur
en est pas venue? ou bien qu'elle n'est pas venue assez
nette et assez précise pour les décider à tenter l'entreprise?
Et lorsque, en remontant vers le nord, nous découvrons que
non-seulement les principales villes de la Belgique et de la
Hollande, Bruxelles, Anvers, Gand, Rotterdam, Amsterdam,
Harlem, etc., sont éclairées par notre *Société Continentale
du Gaz;* mais encore que la même compagnie éclaire nombre de villes d'Allemagne, Hanovre, Aix-la-Chapelle, Stol-
berg, Cologne, Francfort, Vienne, et que même la capitale
du *geist,* Berlin, a dû attendre pour avoir de la lumière
que cette compagnie lui en donnât, ne sommes-nous pas
obligés de déclarer que les Anglais ont montré plus de
foi aux idées que les Allemands? Les Allemands ont beaucoup d'énergie; ils aiment passablement l'argent et ils n'i-
gnoraient pas qu'on se servait de gaz en Angleterre. Par
conséquent, si ni eux-mêmes ni leurs gouvernements n'ont

1. Voir le *Times* du 22 janvier 1873.

voulu tenter l'entreprise, nous devons en conclure qu'ils calculaient mal les recettes et les bénéfices. Les entreprises anglaises partent souvent d'une idée qui paraît aussi peu pratique que possible : le premier steamer anglais qui vint faire son apparition à Coblentz, en 1817, inaugurant ainsi la navigation à vapeur sur le Rhin, excita un grand étonnement; il en fut de même du premier steamer anglais qui se lança à travers l'Atlantique. Loin d'être trop positifs dans la pratique, nous sommes au contraire d'un idéalisme qui touche au romantisme. L'idée de repêcher un câble, du fond de la mer, à plus de 5,000 mètres de profondeur, semblait digne des *Mille et une Nuits;* elle n'avait pas l'air à sa place dans la vie réelle. L'événement est pourtant venu prouver que ceux qui conduisaient l'opération avaient mis leurs idées d'accord avec les faits — ce qui est la vraie pierre de touche d'une imagination puissante.

Pour montrer combien est dénuée de fondement l'opinion que les idées nouvelles sont moins appréciées et moins cultivées en Angleterre qu'ailleurs, nous avons envie d'énumérer nos inventions modernes de tous genres : depuis celles qui visent directement à un résultat matériel, comme la première locomotive de Trevethick, jusqu'aux machines à calculer de Babbage et à la machine à raisonner de Jevons, qui n'ont aucun but pratique quelconque. Nous nous contenterons d'affirmer à ceux qui liront notre liste, que les inventions qui la composent ne le cèdent ni pour le nombre, ni pour l'importance, à celles d'aucune autre nation pendant la même période de temps, et nous nous abstiendrons d'entrer dans les détails; la description de toutes ces découvertes nous prendrait trop de place, et d'ailleurs la plupart des inventions ayant leur contre-coup immédiat dans la pratique, M. Arnold penserait peut-être qu'elles ne prouvent pas l'abondance des idées : cette proposition est difficile à soutenir, car avant d'être une réalité chaque machine est une théorie. Pour parer à toutes les objections qu'on pourrait être tenté de nous faire, nous nous bornerons aux découvertes scientifiques d'où l'élément pratique est exclu, et l'impression générale étant que les progrès de la science se sont ralentis chez nous dans les temps modernes, nous ne prendrons que les découvertes postérieures à l'an 1800.

HERBERT SPENCER.   16

Commençons par les sciences abstraites et cherchons ce qui a été fait en Logique. Nous avons le rapide, mais fécond exposé des lois de l'induction par sir John Herschell, prélude de leur systématisation définitive par M. Mill. Nous avons dans l'ouvrage du professeur Bain des travaux remarquables sur l'application des méthodes logiques aux sciences et aux affaires de la vie. La logique déductive, elle aussi, a été développée par des conceptions plus avancées. La doctrine de la quantification du prédicat, énoncée en 1827 par M. George Bentham et reproduite depuis sous la forme numérique par le professeur Morgan, est une doctrine qui complète celle d'Aristote ; depuis qu'elle est admise, il est devenu plus facile de reconnaître que la logique déductive est la science des relations que les notions d'espèce renferment, excluent ou dépassent. Quand même il n'y aurait pas autre chose, l'étape du progrès serait considérable pour une seule génération. Mais il est loin d'en être ainsi. Dans l'ouvrage du professeur Boole, *Recherche des lois de la pensée*, l'application à la logique de méthodes analogues à celles des mathématiques constitue un pas beaucoup plus grand en importance et en originalité qu'aucun de ceux qui ont été faits depuis Aristote. Ainsi, chose étrange, l'affirmation citée plus haut « que nous sommes arriérés dans l'appréciation et la conquête de la science abstraite », les plaintes de M. Arnold sur notre manque d'idées, tout cela arrive à une époque où nous avons fait pour l'avancement de la plus abstraite et de la plus idéale des sciences, plus qu'il n'a été fait nulle part ailleurs et dans aucune période du passé !

Dans l'autre division des sciences abstraites, dans les Mathématiques, un récent réveil d'activité a amené des résultats bien frappants. Bien que, pendant une longue période de temps, nous ayons été considérablement retardés par le préjugé du patriotisme et par un respect exagéré pour cette forme de calcul transcendant inaugurée par Newton, depuis que le progrès a recommencé, c'est-à-dire depuis vingt-cinq ans, les Anglais ont repris la tête du mouvement. La méthode des quaternions de sir W. Hamilton est un nouvel instrument de recherches ; qu'elle ait ou non l'importance que quelques-uns lui attribuent, il n'est pas douteux qu'elle n'ajoute une vaste région au monde de la vérité mathématique accessible à notre connaissance. De plus nous avons les découvertes encore plus remarquables de Cayley et de Sylvester, leurs créations et leurs développements dans la haute algèbre. Des juges compétents et impartiaux m'ont affirmé que la théorie des Invariables et les méthodes d'investigation qui en sont sorties, constituent un progrès mathématique plus grand que tous ceux qui ont été faits depuis le calcul différentiel. Ainsi, sans énumérer les découvertes de moindre valeur, il est surabondamment prouvé que cette branche de la science abstraite est également chez nous dans l'état le plus florissant.

Passant de là aux sciences abstraites concrètes, nous ne trouvons pas l'opinion que M. Arnold partage avec un certain nombre de personnes mieux justifiée. Bien que Huyghens ait conçu la lumière comme constituée par des ondulations, il se trompait en concevant ces ondulations comme analogues par leur forme à celles du son, et il était réservé au Dr. Young d'établir la vraie théorie. Pour ce qui est du principe de l'interférence des rayons lumineux, proposé par Young, sir John Herschel a dit : « Envisagé en tant que loi physique, ce principe est presque sans égal dans tout le cercle de la science, pour la beauté, la simplicité, et l'étendue des applications. » Et à propos de la découverte capitale que les ondulations lumineuses sont transversales et non longitudinales, Sir John Herschell a déclaré que Young, à qui revient encore l'honneur de cette découverte, avait montré « une sagacité qui aurait fait honneur à Newton lui-même. » Nous nous contenterons de nommer la découverte de la loi d'expansion des gaz, par Dalton, celle des lois du rayonnement par Leslie, la théorie de la rosée par Wells, la distinction établie par Wollaston entre la quantité et l'intensité de l'électricité, la découverte de l'électrolyse par Nicholson et Carlisle (toutes découvertes capitales), et laissant de côté ceux qui ont pris une part moins importante aux progrès de la physique, nous passons aux grands travaux de Faraday; l'électro-magnétisme, la loi quantitative de l'électrolyse, la magnétisation de la lumière, et le diamagnétisme — sans parler de plusieurs autres d'une importance considérable. Vient ensuite cette grande vérité qu'ont enfin établie des hommes encore vivants — la corrélation et l'équivalence des forces physiques. Les Anglais ont contribué pour une grande part — selon quelques personnes, pour la plus grande — à établir cette vérité. En nous rappelant qu'en Angleterre, la conception de la chaleur comme un mode du mouvement date de Bacon, qui l'a formulée avec une sorte d'intuition qu'on peut qualifier de merveilleuse étant donné l'état de la science à son époque — en nous rappelant aussi que « Locke a exprimé la même idée avec un rare bonheur, » nous arrivons aux Anglais de ce siècle-ci. C'est d'abord Davy, dont les expériences et les arguments sont venus confirmer d'une façon si concluante ceux de Rumford ; c'est l'idée de Roget et le postulatum sur lequel raisonnait habituellement Faraday, qu'une force ne se produit qu'aux dépens d'une autre force ; c'est l'essai de Grove, dans lequel l'origine des diverses formes de force qui se transforment l'une dans l'autre, est éclaircie par de nombreux exemples ; ce sont enfin les recherches de Joule, au moyen desquelles il a établi les relations quantitatives entre la chaleur et le mouvement. Sans nous étendre sur les déductions importantes tirées de cette grande vérité par sir W. Thomson, par Rankine, Tyndall et plusieurs autres, nous nous contenterons de faire remarquer qu'elle est de la plus haute abstraction, ce qui montre une fois de plus combien l'idée que nous combattons est dénuée de fondement.

L'épreuve n'est pas moins concluante pour la Chimie. Pour comprendre l'importance capitale du pas fait par Dalton, lorsqu'en 1808 il ramenait l'aperçu de Higgins à une forme scientifique, il suffit de jeter un coup d'œil sur l'*Introduction à la philosophie chimique*, de Wurtz, et d'observer à quel point la théorie atomistique est le fondement de toutes les découvertes chimiques postérieures. On n'a pas laissé tomber le développement de cette théorie entre des mains étrangères. En réconciliant la théorie des radicaux avec celle des types et en introduisant l'hypothèse des types moléculaires condensés, le professeur Williamson a été l'un des principaux fondateurs des théories modernes sur les combinaisons chimiques. Nous arrivons ensuite à la conception capitale de l'atomicité. En 1851, le professeur Frankland

commençait la classification des éléments d'après leur atomicité ; son système si important est maintenant admis en
Allemagne par ceux qui l'avaient combattu au début —
Kolbe, par exemple, dans ses *Moden der Modernen Che-
mie*. Lorsque nous passons des vérités chimiques d'ordre
général à celles qui ont un caractère plus spécial, leur histoire est la même. La découverte de Davy sur les bases métalliques des alcalis et des terres a produit une révolution
dans les idées des chimistes. Laissant de côté nombre de
travaux se rapportant à des questions de chimie spéciales,
nous distinguerons à cause de leur portée les découvertes
d'Andrews, celles de Tait et particulièrement celles de
Brodie, sur la constitution de l'ozone considéré comme forme
allotropique de l'oxygène ; on peut y ajouter les découvertes
de Brodie sur les formes allotropiques du carbone, qui jettent une si vive lumière sur l'allotropie en général. Viennent ensuite les découvertes capitales, tant générales que
spéciales, de feu le professeur Graham. Les vérités qu'il a
établies sur l'hydratation des composés, l'endosmose et
la diffusion des liquides, la transpiration et la diffusion du
gaz, la dialyse des liquides et la dialyse des gaz et la con-
densation des gaz par les métaux, sont toutes d'une importance majeure. Elles sont cependant encore surpassées par
sa généralisation lumineuse sur l'état cristalloïde et l'état
colloïde de la matière — généralisation qui, tout en jetant
de la lumière sur une foule d'autres phénomènes, nous a
permis de voir clair dans des procédés organiques jusque-
là incompréhensibles. Ces résultats, obtenus grâce à une
série de recherches admirablement méthodiques et poursuivies pendant quarante ans, constituent une révélation
nouvelle des propriétés de la matière.

Il n'est pas vrai non plus que nous ayons failli à remplir
la tâche qui nous revenait dans l'avancement des sciences
concrètes. Prenez la première, l'astronomie. Quoique l'astronomie planétaire n'ait fait que peu de progrès en Angleterre dans la longue période où nos mathématiciens demeu-
rèrent en arrière, quoique le développement de la théorie
de Newton ait été presque entièrement abandonné aux
autres nations, notre activité s'est réveillée dans ces derniers temps. Quand j'aurai nommé le problème inverse des

perturbations et la découverte de Neptune, dont nous partageons l'honneur avec les Français, j'aurai rappelé des travaux assez remarquables. Nous avons fait beaucoup dans l'astronomie sidérale. La conception de Wright et de Durham sur la distribution stellaire avait attiré si peu d'attention en Angleterre, que lorsqu'elle fut plus tard énoncée par Kant (qui connaissait les idées de Wright) et par W. Herschel, elle leur fut attribuée ; cela n'empêche que depuis W. Herschel, les travaux de John Herschel et de plusieurs autres sur l'astronomie sidérale ont beaucoup contribué à l'avancement de cette branche de la science. Les découvertes toutes récentes de M. Huggins sur les vitesses respectives avec lesquelles certaines étoiles s'approchent et d'autres s'éloignent de nous, ont ouvert un champ nouveau aux investigations; et les conclusions auxquelles est parvenu M. Proctor sur le groupement des étoiles et la marche des groupes d'étoiles, conclusions qu'on a reconnues d'accord avec les résultats auxquels M. Huggins était arrivé par une voie différente, nous aident beaucoup à concevoir la constitution de notre voie lactée. Nous ne devons pas oublier non plus tous les travaux qui ont contribué à expliquer la constitution physique et les mouvements des corps célestes : Huggins, Lockyer et plusieurs autres ont élucidé la nature des nébuleuses, et les phénomènes qui se passent dans le soleil et les étoiles.

En géologie, et surtout pour la théorie géologique, les progrès accomplis par l'Angleterre ne sont certainement pas moindres — de bons juges prétendent qu'ils sont bien plus considérables — que ceux accomplis ailleurs. Notons en passant que la géologie anglaise remonte à Ray, dont les idées étaient infiniment plus philosophiques que celles qu'émit longtemps après Werner; et passons à Hutton avec lequel a réellement commencé la géologie rationnelle. A l'insoutenable hypothèse neptunienne, qui affirme l'existence dans le passé d'une action universelle des eaux, dissemblable de ce qui se passe à présent, Hutton a substitué une action des eaux, marines et fluviales, qui n'a cessé d'opérer comme elle opère sous nos yeux et qui est contrebalancée par une action ignée périodique. Il a reconnu que la dénudation produisait des montagnes et des vallées; il a

nié la soi-disant roche primitive ; il a affirmé le métamor-
phisme ; il a enseigné le sens de la non-conformité. Depuis
lui, nous avons fait des progrès rapides dans la même direction. En déterminant l'ordre de superposition des couches
pour toute l'Angleterre, William Smith a frayé les voies aux
généralisations positives ; et en démontrant que la corres-
pondance des couches se détermine avec plus de sûreté
d'après les fossiles qui y sont contenus que d'après leurs
caractères minéraux, il a posé une base pour les classifications ultérieures. La théorie n'a pas tardé à tirer parti des
données meilleures ainsi obtenues. Dans ses *Principes de
géologie*, Lyell a donné un exposé complet de la doctrine
de l'uniformité, doctrine selon laquelle la croûte terrestre
est arrivée à sa structure compliquée actuelle, sous l'action
continue de forces semblables à celles qui agissent encore
de nos jours. Plus récemment, la théorie du professeur Ramsay sur la formation des lacs par les glaciers, est venue
confirmer cette interprétation, et ses travaux, joints à ceux
du professeur Huxley, ont beaucoup contribué à nous éclairer sur l'ancienne distribution des continents et des océans.
Citons aussi la *Théorie des tremblements de terre* de Mallet
— la seule explication scientifique qui ait encore été donnée
de ce phénomène. Il reste encore un fait important à ajouter.
La critique a infiniment plus contribué en Angleterre qu'ailleurs, à saper l'hypothèse grossière « des systèmes » universels de couches, qui avait succédé à l'hypothèse encore plus
grossière des couches universelles, énoncée par Werner.

Nous pensons qu'il est également permis de soutenir que
ce que nous avons fait dans ces derniers temps pour la Biologie n'est pas non plus sans avoir son importance. Nous
nous contenterons d'indiquer en passant que le « système
naturel » de classification des plantes, bien que développé
par les Français, était anglais d'origine, puisque Ray a établi sa première grande division et a exquissé quelques-unes
de ses subdivisions. Passons, parmi les botanistes anglais,
à Brown. Il a fait sur la morphologie, la classification et la
distribution des plantes, une série de recherches qui sont
sans égales pour le nombre et l'importance : le *Prodromus
Floræ Novæ-Hollandiæ* est le travail de classification le
plus remarquable qui ait été fait depuis les *Ordres naturels*

de Jussieu. C'est aussi Brown qui a résolu le mystère de la fécondation des plantes. Nous devons au Dr Hooker, l'idée que la distribution actuelle des plantes a été déterminée par d'anciens changements géologiques et physiques — idée d'où il a tiré plusieurs interprétations d'une haute portée. Dans la physiologie animale, il y a la découverte de Charles Bell sur les fonctions sensitives et motrices des racines nerveuses de la moelle épinière ; découverte sur laquelle reposent de nombreuses explications des phénomènes organiques. Plus récemment, nous avons le grand progrès que M. Darwin a fait faire à la biologie. Le grand-père de M. Darwin avait devancé Lamarck, en formulant la conception générale de la genèse des formes organiques par l'adaptation au milieu, mais il n'avait pas creusé cette idée comme l'a fait Lamarck. M. Darwin, marchant sur les traces de son grand-père, s'aperçut que celui-ci s'était trompé, ainsi que Lamarck, en attribuant les modifications à des causes en partie vraies, mais néanmoins insuffisantes pour expliquer tous les effets. En reconnaissant la cause plus profonde qu'il a appelée la sélection naturelle, M. Darwin a réussi à ramener l'hypothèse, d'une formule qui n'était que partiellement soutenable à une formule entièrement soutenable. Cette idée, qu'il a développée d'une manière si admirable, a été adoptée par la grande majorité des naturalistes ; elle est en train d'opérer une révolution dans les conceptions biologiques de l'univers entier, en rendant plus intelligible la marche de l'évolution organique. Pour emprunter les termes du professeur Cohn, « aucun ouvrage de notre temps n'a exercé sur les conceptions de la science moderne une influence comparable à celle de la première édition de l'*Origine des espèces,* de Charles Darwin [1]. » Nous ne devons pas non plus passer sous silence diverses découvertes de moindre importance, qui sont en partie dépendantes, en partie indépendantes de la précédente : celle de M. Darwin lui-même sur le dimorphisme des fleurs ; la magnifique interprétation de la mimique des insectes, par M. Bates, qui a frayé la voie à une foule d'interprétations

---

1. *Die Entwichelung der. Naturwissenschaft in den letzen fünfundzwanzig Sahren,* par le professeur Dr Ferdinan Cohn. Breslau, 1872.

analogues; les explications de M. Wallace sur le dimorphisme et le polymorphisme chez les *Lépidoptères*. Enfin,
le professeur Huxley, outre qu'il a dissipé plusieurs grosses
erreurs biologiques, originaires du continent, a fait d'importants travaux de morphologie et de classification.

Si nous passons à celle des sciences concrètes qui est
la seconde en rang, la balance ne penche pas non plus
contre nous. De bonne heure les Anglais ont fait faire de
grands pas à la science de l'Esprit; ils ont fourni le point de
départ de la plupart des spéculations que la France et l'Allemagne poursuivirent ensuite avec activité. A ces premières
recherches succéda un calme plat dans la pensée anglaise;
alors se répandit l'idée absurde que les Anglais ne sont pas
propres à la philosophie. Mais au calme plat, qui a pris fin
il y a une quarantaine d'années, a succédé une activité qui
a promptement réparé le temps perdu. Nous ne nous contenterons pas sur ce point de nos propres assertions, et
nous allons citer les témoignages des étrangers. Le premier
chapitre de l'ouvrage du professeur Ribot, *La Psychologie
anglaise contemporaine*, commence en ces termes :

« Le sceptre de la psychologie, dit M. Stuart Mill, est dé-
« cidément revenu à l'Angleterre. » On pourrait soutenir
« qu'il n'en est jamais sorti. Sans doute, les études psycho-
« logiques y sont maintenant cultivées par des hommes de
« premier ordre qui, par la solidité de leur méthode, et ce
« qui est plus rare, par la précision de leurs résultats, ont
« fait entrer la science dans une période nouvelle; mais c'est
« plutôt un redoublement qu'un renouvellement d'éclat. »

En nous tournant du côté de l'Éthique considérée sous
son aspect psychologique, nous trouvons de même des témoignages émanés d'étrangers et attestant qu'aux penseurs
anglais revient la plus grande part dans l'élaboration d'un
système scientifique. Dans la préface de son dernier ouvrage,
La Morale nella Filosofia positiva (*positiva* signifie simplement ici *scientifique*), le professeur Barzellotti, de Florence, déclare s'être borné pour cette raison à un exposé
des spéculations anglaises dans cette branche de la science.

Si au lieu de psychologie et d'éthique, il est question de
Philosophie en général, nous pouvons invoquer des témoignages aussi peu suspects de partialité. Dans le premier

numéro de *La critique Philosophique* (8 février 1872), publiée sous la direction de M. Rénouvier, le rédacteur gérant, M. Pillon, a écrit ce qui suit :

« On travaille beaucoup dans le champ des idées en Angle-
« terre..... Non-seulement l'Angleterre surpasse la France
« par l'ardeur et le travail, ce qui est malheureusement bien
« peu dire, et par l'intérêt des investigations et des débats
« de ses penseurs, mais même elle laisse loin derrière elle
« l'Allemagne en ce dernier point. »

Plus récemment encore, dans le principal recueil périodique français, M. Martins a parlé des nouvelles idées nées dans la libre Angleterre et appelées à transformer un jour les sciences naturelles [1].

Ainsi, pendant que M. Arnold se lamente sur notre pauvreté d'imagination, les autres pays découvrent que la production des idées est très-active en Angleterre. Tandis qu'il juge nos conceptions banales, nos voisins trouvent qu'elles sont neuves au point d'être révolutionnaires. Chose bizarre, au même moment où il reproche à ses compatriotes de manquer de *geist*, les Français assurent que le *geist* est plus commun ici que partout ailleurs! Les témoignages de ce genre ne nous font pas défaut non plus de la part des autres nations. Dans la conférence citée plus haut, le docteur Cohn, tout en réclamant pour les travailleurs sérieux de l'Allemagne la supériorité du nombre, a dit : — « L'Angleterre surtout a été riche de tout temps, et l'est particulièrement en ce moment, en hommes dont les ouvrages scientifiques sont remarquables par leur clarté, leur profondeur, la recherche d'érudition et l'indépendance de pensée qu'ils révèlent. » C'est reconnaître une fois de plus que loin de se traîner dans les vieilles ornières, les Anglais fraient des voies nouvelles : en d'autres termes, qu'ils sont extraordinairement imaginatifs.

Dans son essai sur les *Fonctions de la Critique à l'époque actuelle*, M. Arnold insiste sur ce fait, que la chose dont nous aurions le plus besoin en ce moment, dans toutes les branches de la science, serait de « voir l'objet tel qu'il est réellement en lui-même; » et dans la *Guirlande de l'a-*

1. *Revue des Deux-Mondes*, 1er février 1873, p. 731.

mitié, l'*alter ego* de M. Arnold, Arminius, nous exhorte, nous autres Philistins, « à chercher sans trève ni repos, jusqu'à ce que nous voyions mieux la réalité des choses. » Nous venons précisément de faire ce que M. Arnold recommande; non pas en glanant des faits accidentels, mais en procédant à un examen systématique. Nous ne doutons pas que M. Arnold n'ait suivi lui-même son propre conseil et qu'il ne connaisse parfaitement tous les témoignages précités, ainsi que tous ceux qu'on pourrait y ajouter. Cela étant, quand nous voyons M. Arnold tirer des mêmes faits une conclusion si différente de celle qui se présente à notre esprit, nous éprouvons quelque embarras. Si une personne quelconque, se servant des données que nous venons de lui fournir, assurait que l'Angleterre a plus fait depuis le commencement du siècle pour l'avancement de la science, qu'aucun pays n'a fait à aucune époque dans un laps de temps égal, sa conclusion nous paraîtrait moins éloignée de la vérité que celle que M. Arnold — chose étrange — tire des mêmes données.

Passons maintenant à ce qui nous intéresse plus directement — aux effets produits sur les spéculations sociologiques par le préjugé de l'anti-patriotisme. Ici se présente une question qu'il n'est pas indispensable de résoudre. Chez M. Arnold, que nous nous sommes permis de prendre pour type, la disposition à déprécier ce qui est anglais a-t-elle été la cause et l'admiration exagérée des institutions étrangères a-t-elle été l'effet, ou bien est-ce son admiration des institutions étrangères qui a été la cause et sa tendance à déprécier notre état social qui a été l'effet? Il nous suffira de remarquer que les deux se tiennent. M. Arnold supporte impatiemment l'état déréglé et, selon lui, anarchique, de notre société; on sent à tout instant qu'il aspire à plus d'administration et plus de contrôle. « La force, jusqu'à ce que le droit soit prêt, » est une des maximes qu'il répète volontiers avec conviction. M. Arnold croit apparemment qu'on peut passer sans transition d'un système coercitif à un système non-coercitif; il ignore qu'il devra y avoir entre la force et le droit un compromis sans cesse renouvelé pendant lequel la force ira déclinant à mesure que le droit grandira, et que chaque pas ver un bien final sera accompagné d'un mal temporaire. Estimant qu'il nous faut plus de force et exaltant les institutions coercitives, M. Arnold soutient que notre littérature même gagnerait à être placée sous une autorité d'où elle recevrait sa direction. Tout en étant d'opinion qu'une Académie ne réussirait pas en Angleterre, il jette des regards d'envie sur l'Académie française ; il voudrait que nous aussi eussions au-dessus de nous une influence de ce genre, car c'est à elle qu'il attribue certaines supériorités de la littérature française.

L'Académie française a été instituée, comme l'explique M. Arnold, « pour travailler avec tout le soin et toute la diligence possible à donner des règles sûres à la langue, à la rendre pure, éloquente, propre à traiter les questions d'art et de science ». Voyons si elle a rempli sa destination en corrigeant les défectuosités les plus saillantes de la langue.

De nos jours encore, les Français se servent à chaque instant de la locution *qu'est-ce que c'est ?* et même *qu'est-ce que c'est que cela ?* En Angleterre, quand on entend dire dans quelque district reculé, *what is that there here*, expression qui correspond à la locution française précitée, on en conclut que la personne qui parle est absolument dépourvue d'instruction ; en effet, l'emploi de deux mots inutiles prouve que le langage ne se moule pas exactement sur la pensée, et chez nous, même les personnes n'ayant reçu qu'une demi-instruction savent adapter le mot à l'idée. Comment se fait-il que cette phrase française contenant cinq mots inutiles (six même, en comptant *cela* pour deux) n'ait pas été exclue de la langue par la critique purifiante de l'Académie française ? — pas même de la langue des classes lettrées ?

Ou encore, pourquoi l'Académie n'a-t-elle pas condamné, défendu et banni de la langue, l'emploi de la double négation ? Si un Anglais laissait échapper la phrase *I didn't say nothing*, on en concluerait premièrement qu'il a vécu avec des gens sans éducation et en second lieu que son esprit ne perçoit que confusément le rapport existant entre le mot et l'idée. En français, la seconde négation est éty-

mologiquement affirmative ; cependant, comme en prenant
un sens négatif elle est devenue à la fois redondante et
illogique, il aurait fallu en interdire l'usage au lieu de l'imposer.

Autre question. Pourquoi l'Académie n'a-t-elle pas sys-
tématisé les genres? Quiconque considère le langage comme
un instrument de la pensée, d'autant meilleur que chaque
partie spéciale s'adapte avec plus de précision à une fonction spéciale, ne saurait douter que l'emploi arbitraire des
genres ne soit un défaut. Régler cet emploi, de telle sorte
que les marques distinctives du genre éveillassent toujours
l'idée d'attributs appartenant réellement au sujet, au lieu de
faire penser le plus souvent à des attributs qu'il n'a pas,
serait sans contredit un progrès. Pourquoi donc l'Académie
n'a-t-elle pas introduit cette réforme, dont elle avait un
exemple sous les yeux, dans la langue française ?

Voici une question encore plus significative. Comment
est-on arrivé en anglais, sans le secours d'aucune Académie,
à systématiser les genres? M. Arnold et tous ceux qui
n'ont foi, comme lui, qu'aux agents pourvus d'une organisation visible, pourraient bien, en cherchant la réponse à
cette question, perdre un peu de leur confiance dans les
procédés artificiels pour en prendre au contraire dans les
phénomènes naturels. En recherchant l'origine du langage
en général, nous voyons que toutes ces formes compliquées,
tous ces rouages s'adaptant les uns aux autres avec une
précision merveilleuse, se sont dégagés d'eux-mêmes, sans
le secours ni la surveillance d'aucun corps constitué, Académie ou autre; de même, en recherchant l'origine de ce
perfectionnement particulier de la langue, nous trouvons qu'il
est aussi venu naturellement. Nous dirons plus : ce perfectionnement a été rendu possible par un de ces états anarchi-
ques dont M. Arnold a horreur. A la suite du conflit entre nos
vieux dialectes, qui étaient assez proches parents pour exercer une action commune, mais assez différents pour ne pas
s'accorder sur les genres, les genres arbitraires sont tombés en désuétude et ceux qui avaient une raison d'être ont
été conservés. C'est là un changement qu'une Académie —
si nous avions possédé dans ce temps-là une Académie —
se serait sans doute appliquée de son mieux à empêcher,

car pendant la période de transition il a dû y avoir un mépris des règles et une corruption apparente de la langue, dont on ne pouvait attendre aucun bienfait.

Voici un autre fait peu en rapport aussi avec l'idée que se fait M. Arnold de la valeur de l'Académie française. Compiler un dictionnaire faisant autorité était une entreprise qui lui convenait.

Nous ne rappellerons que pour mémoire le contraste bien connu entre la lenteur de l'Académie et l'activité déployée par le docteur Johnson dans une entreprise analogue. Ce que nous tenons surtout à faire remarquer ici, c'est le contraste du même genre présenté dernièrement par l'Académie et M. Littré. L'Académie travaille depuis longtemps à deux dictionnaires; l'un est une nouvelle édition de son dictionnaire primitif, l'autre un dictionnaire historique. Le premier est à la lettre D; quant à l'autre, un fascicule paru il y a quinze ans et comprenant les lettres A-B n'a pas encore eu de successeur. Pendant ce temps, M. Littré faisait à lui seul un dictionnaire contenant tout ce que l'Académie se propose de mettre dans les siens et beaucoup d'autres choses en plus. Rapprochons de ce contraste un fait significatif : en 1863, l'Académie refusa d'admettre M. Littré dans son sein ; il ne fut élu qu'en 1873, après une opposition violente.

On avait le droit de compter que l'Académie française, obéissant à sa destination primitive, s'acquitterait de ces sortes de devoirs ; laissons-les cependant de côté pour ne nous occuper que de celui sur lequel insiste le plus M. Arnold, le devoir de conserver « intacte la belle qualité de l'esprit français, » et d'exercer « dans le domaine du goût et du bon ton l'autorité d'un maître reconnu » (pour nous servir de sa paraphrase complaisante de la définition de M. Renan). A notre avis, il sera encore permis de contester à l'Académie les grands bienfaits que M. Arnold lui attribue et de la soupçonner plutôt d'avoir causé de grands maux. Quand on songe à la conduite passée de l'Académie, il ne semble pas improbable que par le choix de ses membres elle ait encouragé la mauvaise littérature au détriment de la bonne. Lisez la célèbre lettre de Paul-Louis Courrier, dans laquelle, entre autres passages fâcheux pour l'Académie, se trouve ceci:

« Un duc et pair honore l'Académie Française, qui ne veut
« point de Boileau, refuse La Bruyère.... mais reçoit tout
« d'abord Chapelain et Conrart. De même nous voyons à
« l'Académie grecque le vicomte invité, Coraï repoussé,
« lorsque Jomard y entre comme dans un moulin [1]. »

Les jugements qu'elle a portés sur les grandes œuvres
littéraires n'ont rien non plus qui doive encourager la confiance : témoin sa condamnation du *Cid*, maintenant une des
gloires de la littérature française. Les doctrines qu'elle a
soutenues en critique étaient également discutables. Rien
ne prouve qu'elle n'ait pas fait plus de mal que de bien en
défendant les règles de l'art dramatique qui barrèrent si
longtemps le chemin au drame romantique, et en fomentant
le sentiment qui faisait traiter Shakespeare de « barbare
ivre. » Et quand nous considérons, au lieu de ces exemples choisis du bon goût littéraire français, cités par M. Arnold, des exemples prouvant un grand raffinement dans
le sens opposé, nous avons le droit de douter qu'en
somme l'effet produit ait été considérable. Si la France,
comme le pense M. Arnold, « est le pays où le *peuple* a l'esprit le plus éveillé, » ce n'est évidemment pas aux enseignements de l'Académie qu'il est éveillé : la preuve en
est dans la récente résurrection du *Père Duchesne*, non
moins remarquable par son obscénité que par sa prodigieuse bêtise. Mais regardons seulement où l'on nous dit de
regarder, dans les sphères où l'Académie exerce son rôle de
critique sur la littérature française ; là encore nous trouvons
des raisons d'être sceptiques. Dernièrement par exemple,
l'Académie a décerné le prix Halphen à l'auteur d'une série
de poèmes intitulés l'*Invasion*, sur lesquels M. Patin, le
plus bienveillant des critiques, s'est exprimé en ces termes :

« Ils se distinguent surtout par une chaleur de sentiment
« et une verve qu'on aimerait à voir plus contenus, mais
« contre lesquelles on hésite à invoquer les froides règles du
« goût, quelque juste que puisse en être l'application dans
« d'autres circonstances. »

Ainsi l'Académie se fait le courtisan du sentiment populaire. Au lieu de contenir l'effervescence d'un patriotisme

1. *Œuvres de Paul-Louis Courrier.* (Paris, 1845.)

dont l'excès est un malheur pour la France, elle l'encourage, même aux dépens du bon goût.

En dernier lieu, nous ferons remarquer qu'un certain nombre de Français pris parmi les plus instruits, moins satisfaits apparemment que M. Arnold de l'organisation de l'Académie-type, viennent de fonder une *Association française pour l'avancement des Sciences*, conçue sur le modèle d'une de nos Sociétés anglaises. Leur prospectus a paru dans la *Revue scientifique* du 20 janvier 1872; en voici un fragment, débutant par un exposé de la fondation de notre Société Royale.

« Il y avait cinquante-huit membres présents à cette réu-
« nion. Chacun d'eux souscrivit, sans plus attendre, une
« action de cinquante guinées ; c'est à peu près treize cents
« francs de notre monnaie, qui en vaudraient aujourd'hui
« bien près de deux mille cinq. Le lendemain, la *Société*
« *(Institution) royale de Londres* était constituée.

« On sait ce qu'elle est devenue depuis.

« Ce qu'ont fait les Anglais en 1799, d'illustres savants
« de notre pays veulent le renouveler aujourd'hui pour la
« France.

« Eux aussi, ils ont jugé, comme Rumfort au siècle der-
« nier, que la vieille suprématie du nom français dans tous
« les ordres de sciences commençait à être sérieusement
« ébranlée, et risquait de s'écrouler un jour.

« A Dieu ne plaise qu'ils accusent l'Académie de cette dé-
« cadence! ils en font presque tous partie eux-mêmes. Mais
« l'Académie, qui a conservé en Europe le prestige de son
« nom, s'enferme de plus en plus dans la majesté de sa gran-
« deur. Elle ne possède ni des moyens d'action assez puis-
« sants ni une énergie assez active pour les mettre en œuvre.

« Le nerf de la guerre, l'argent, lui manque, et plus encore
« peut-être l'initiative intelligente et hardie. Elle s'est en-
« dormie dans le respect de ses traditions séculaires.»

Un autre étranger, M. Alphonse de Candolle, a témoigné plus récemment encore, dans son *Histoire des Sciences et des Savants*, en faveur des méthodes par lesquelles nous aidons les progrès intellectuels, comparées aux méthodes continentales. La crainte de M. de Candolle est que nous n'abandonnions notre système pour adopter celui du continent. Il s'exprime dans les termes suivants sur la science en Angleterre :

« Je ne vois qu'un seul indice de faiblesse pour l'avenir,
« c'est une disposition croissante des hommes de science à
« solliciter l'appui du gouvernement. On dirait qu'ils ne se
« fient plus aux forces individuelles, dont le résultat pour-
« tant a été si admirable dans leur pays [1]. »

Nous trouvons ici un autre contraste parallèle à celui que nous avons déjà signalé. Il en est pour les systèmes anglais comme pour les idées anglaises — dépréciés chez nous, ils sont prônés ailleurs. Tandis que M. Arnold exalte les institutions françaises, les Français, sentant leurs défauts, adoptent les institutions anglaises. Nous avons le droit d'en conclure qu'en dépit de tout son désir de « voir les choses telles qu'elles sont en elles-mêmes, » M. Arnold n'a pas réussi dans le cas présent, et qu'en s'efforçant d'échapper à l'influence du patriotisme, il s'est laissé emporter trop loin par l'anti-patriotisme.

Un dernier exemple des effets produits sur M. Arnold par le préjugé de l'anti-patriotisme mérite qu'on s'y arrête un instant. En évaluant trop haut les institutions régulatrices des autres pays, il est conduit à évaluer trop bas les institutions anglaises dont l'organisation n'est pas celle qui lui semblerait désirable et qui gênent l'action de l'autorité. Nous faisons allusion à ces nombreuses organisations *dissidentes* caractérisant notre « anarchie », l'antithèse, selon M. Arnold, de la « culture ».

M. Arnold estime qu'en tant que nation, nous montrons une foi exagérée aux mécanismes.

« La foi aux mécanismes! C'est là, vous dis-je, que gît le
« danger..... Qu'est-ce que la liberté sinon un mécanisme?
« Qu'est-ce que la population sinon un mécanisme? Qu'est-
« ce que le charbon sinon un mécanisme? Qu'est-ce que les
« chemins de fer sinon un mécanisme? Qu'est-ce que la
« richesse sinon un mécanisme? Qu'est-ce que les organi-
« sations religieuses sinon un mécanisme [2] ? »

Et cette idée l'amène à considérer le désir de voir abolir

1. *Histoire des sciences et des savants,* etc.
2. *Culture and Anarchy,* p. 16.

les taxes payées à l'église et certaines restrictions imposées
à la liberté du mariage, comme la preuve que les dissidents
ont une foi exagérée aux mécanismes; quant à son propre
scepticisme à l'égard des mécanismes, M. Arnold le considère comme prouvé, puisqu'il souhaite une action coercitive
plus forte de la part du gouvernement [1], préconise la haute
surveillance d'une Académie et est partisan d'une église
établie! Nous n'avons pas le loisir d'examiner si une Académie, dans le cas où nous en aurions une, approuverait
cette façon de parler d'après laquelle une action religieuse
volontaire est un mécanisme, mais une action religieuse
coercitive n'est pas un mécanisme. Nous sommes obligé
de passer également sur la comparaison établie par M. Arnold entre l'*ecclésiasticisme* et le *non-conformisme,* par
rapport aux hommes qu'ils ont produits. L'espace nous
manque pour examiner ce qu'il dit des dispositions d'esprit
des deux partis, mais il serait facile de montrer que ses
efforts « pour voir l'objet tel qu'il est réellement en lui-
même » n'ont pas été beaucoup plus heureux dans ce cas
que dans les précédents. Nous nous permettrons ici une
seule critique.

Ce qui nous paraît le plus remarquable dans les idées de
M. Arnold sur le *non-conformisme,* c'est qu'elles sont presque aussi étroites que celles des non-conformistes eux-
mêmes. Les deux manières de voir diffèrent du tout au tout
sous un rapport — l'antipathie prend la place de la sympathie ; mais elles se ressemblent fort pour le manque de largeur. Nous pensions que M. Arnold, évitant de tomber dans
ce provincialisme de pensée qui caractérise d'après lui les
dissidents, jugerait la *dissidence,* non point d'après son
aspect local et temporaire, mais d'après son aspect général, comme un facteur ayant agi dans tous les temps sur
toutes les sociétés. Les non-conformistes regardent le non-
conformisme comme une phase du protestantisme en Angleterre ; nous pensions néanmoins que les études de
M. Arnold sur les autres nations, les autres siècles et les
autres religions, avaient dû l'amener à considérer le non
conformisme comme une force universelle se retrouvant dans

1. *Culture and Anarchy,* pp. 130-140.

toute société; force qui a son incarnation particulière dans
notre pays et à notre époque, mais qu'on ne peut comprendre qu'en l'étudiant dans toutes ses autres incarnations.
Que le phénomène se produise chez les Juifs ou chez les
Grecs, dans l'Europe catholique ou dans l'Angleterre protestante, c'est toujours le même esprit et la même tendance.
Chaque fois qu'il y a dissidence avec une croyance reçue,
quelle qu'elle soit, il y a *non-conformisme*. Dire hautement
qu'on est en divergence avec la religion établie, celle qui est
l'autorité, et lui faire ouvertement de l'opposition, c'est être
en *dissidence*, qu'il s'agisse de paganisme ou de christianisme, de monothéisme ou de polythéisme. Les attitu-
des respectives des dissidents et des hommes au pouvoir
sont essentiellement les mêmes dans tous les cas; elles
amènent toujours les injures et les persécutions. Les
Grecs qui emprisonnaient Socrate obéissaient exactement
au même sentiment que les catholiques qui brûlaient Cram-
mer, ou les prêtres protestants qui emprisonnaient Bunyan
et lapidaient Wesley. Les manifestations de sentiment sont
essentiellement les mêmes, les maux qu'elles entraînent
sont essentiellement les mêmes, et les bienfaits qui en résultent sont aussi essentiellement les mêmes. N'est-il pas
évident que si l'on ne s'écartait jamais de ce qui existe
déjà, qu'il s'agisse de politique, de religion, de convenances, ou de n'importe quoi, il ne saurait y avoir progrès?
Et n'est-ce pas un corollaire évident de cette proposition,
que les maux temporaires accompagnant la divergence sont
plus que contrebalancés par le bien éventuel? La subordination est certainement essentielle, ainsi que le soutient
M. Arnold; mais l'insubordination, elle aussi, est certainement essentielle au progrès. Dans un agrégat social comme
dans tout autre, il y a deux extrêmes fatals à l'évolution : la
rigidité et l'incohérence. Une plasticité moyenne, voilà la
bonne condition. Il faut que d'un côté la force qui réside
dans un ensemble d'habitudes et d'idées, dans une organisation établie, soit assez grande pour offrir une résistance considérable au changement, et que de l'autre côté il y ait une
originalité, un esprit d'indépendance, une opposition à l'autorité, assez vigoureux pour surmonter peu à peu la résistance.
Tandis que le non-conformisme politique qu'on appelle le

radicalisme, a pour fonction de modifier graduellement une catégorie d'institutions, le non-conformisme religieux que nous appelons la *Dissidence* est chargé d'en modifier graduellement une autre.

Si M. Arnold ne se place pas à ce point de vue, qui n'a rien de provincial et qui le conduirait à regarder les *dissidents* avec moins d'horreur, cela vient en partie, croyons-nous, de ce que sous l'influence du préjugé anti-patriotique il estime au-dessus de leur valeur les entraves des autres pays et fait trop peu de cas de notre liberté anglaise. C'est un exemple de plus des effets perturbateurs de l'anti-patriotisme sur les spéculations sociologiques.

Résumons cette argumentation un peu trop longue. Nous avons surabondamment démontré que par le fait de son incorporation dans sa société, le citoyen est dans une certaine mesure impuissant à estimer à leur juste valeur les hommes et les actes de cette société, par rapport à ceux d'une autre. Nous avons fait voir non moins clairement, que le citoyen cherchant à échapper à ces influences de race, de pays, et de localité, qui faussent son jugement, tombe dans un extrême opposé produisant le même effet. Du périhélie du patriotisme il est emporté vers l'aphélie de l'anti-patriotisme, et il est presque certain qu'il se formera des idées qui, au lieu d'être pour ainsi dire circulaires et bien équilibrées de tous les côtés, seront plus ou moins excentriques.

On peut échapper en partie à cette difficulté en basant principalement ses conclusions sociologiques sur des comparaisons tirées d'autres sociétés, à l'exclusion de la nôtre. Mais même alors ces sentiments funestes feront plus ou moins sentir leur influence ; nous ne pouvons pas examiner les institutions des autres nations, sans que les ressemblances ou les différences que nous leur trouvons avec les nôtres éveillent notre sympathie ou notre antipathie. En établissant nos conclusions, faisons de notre mieux la part des erreurs dans lesquelles nous sommes ainsi conduits à tomber. Force nous est de laisser le soin de les supprimer complétement à un avenir où la décroissance de l'antagonisme entre sociétés amènera une décroissance dans l'intensité de ces sentiments funestes.

CHAPITRE X

LES PRÉJUGÉS DE CLASSES

Un *sollicitor* à côté de qui je me trouvais à dîner — il y a de cela bien des années — se plaignait amèrement du sort que les *Cours de Comté,* dont l'institution était alors toute récente, faisaient à sa profession. A la façon dont il s'étendait sur ce sujet, on voyait qu'il s'attendait à me trouver d'accord avec lui pour les condamner. Il était tellement incapable de dépasser le point de vue professionnel, qu'à ses yeux ce qui était un grief pour lui devait aussi en être un pour moi. Il oubliait que n'étant pas homme de loi je devais me réjouir de voir la justice devenir moins coûteuse, comme me le prouvaient ses lamentations.

Il n'est presque personne dont les opinions ne soient faussées par le préjugé dont ceci nous offre un exemple Les officiers de marine ne cachent pas leur intime persuasion que l'Angleterre court un danger imminent, parce qu'on n'a pas donné satisfaction complète au mouvement d'opinion réclamant l'augmentation du nombre des vaisseaux de guerre et des matelots. Les débats sur le système d'achat ont prouvé la ferme conviction des militaires, que notre sûreté nationale dépend de la conservation d'une armée organisée comme celle qui les a formés et dans laquelle ils ont conquis leurs grades. L'opposition du clergé aux *Lois sur les Grains* a montré comment les dispositions qu'on aurait dû s'attendre à rencontrer chez des ministres du Christ ont pu disparaître complétement devant des considérations plus conformes à leurs intérêts et à leurs alliances. Il en est de même dans toutes les classes et toutes les sous-classes. Ecoutez les murmures, lorsqu'une absence de la reine est cause qu'on dépense moins pour les divertissements et les plaisirs de la saison ; vous verrez que les marchands de Londres se persuadent que la nation souffre lorsqu'il y a un temps d'arrêt dans la consommation des superfluités. Etudiez la controverse qui est pendante entre les magasins coopératifs et les détaillants ; vous verrez que l'esprit du boutiquier est dominé par l'idée que la société commet une injustice en abandonnant sa boutique pour les magasins coopératifs ; il ne se rend pas compte le moins du monde que le système distributif actuel n'est qu'un moyen de faire parvenir commodément et économiquement les marchandises au consommateur, et qu'il doit céder la place s'il surgit un autre système plus commode et plus économique. Il en est de même des autres catégories, générales et particulières, de commerçants — il en est de même des négociants qui ont combattu le rappel des lois sur la navigation ; il en est de même des rubaniers de Coventry qui sont partisans du libre-échange pour tout, sauf pour les rubans.

Le préjugé de classe, comme celui du patriotisme, est un reflet de l'égoïsme ; il a, comme lui, ses avantages et ses inconvénients. Le vif attachement que les citoyens éprouvent pour leur pays produit cette coopération enthousiaste, grâce à laquelle l'intégrité de la nation se maintient en face des autres nations, tendant toutes à assujettir et à dominer leurs voisins ; de même l'esprit de corps, plus ou moins manifeste dans chacune des parties spécialisées de la communauté, inspire des mesures propres à conserver l'intégrité de cette partie vis à vis des autres, toutes plus ou moins en antagonisme avec elle. L'égoïsme des individus conduit à l'égoïsme des classes et produit, outre les efforts individuels pour s'approprier une part exagérée des produits agrégés de l'activité sociale, un effort collectif dirigé vers le même but. Les tendances agressives qui se développent ainsi dans chaque classe doivent être contrebalancées par des tendances également agressives dans les autres classes. En un mot, les sentiments impliqués se développent par une action réciproque, et il en est de même des organisations respectives dans lesquelles ils s'incarnent. De grandes classes de la communauté, distinctes entre elles par le rang, et des sous-classes distinguées par des professions spéciales, se forment en coalitions séparées, et fondent des organes séparés pour soutenir leurs intérêts : la raison invoquée est toujours la même — les nécessités de la défense personnelle.

Il résulte pour la société certains avantages de ce que chacun de ces groupes s'affirme et cherche à se conserver ; par là, chaque division et subdivision conserve la force dont elle a besoin pour accomplir sa fonction ; par contre, il en résulte aussi divers inconvénients, entre autres la disposition à envisager tous les arrangements sociaux au point de vue de leurs rapports avec les intérêts de classe, et par suite l'incapacité de juger sainement leurs effets sur l'ensemble de la société. Les habitudes de pensée produites par cette disposition ne faussent pas seulement le jugement dans les questions qui touchent directement au bien-être de la classe ; elles le faussent aussi dans celles qui ne le touchent au plus que très-indirectement. Elles favorisent une certaine théorie des relations sociales de tous genres, elle fait naître des sentiments en rapport avec cette théorie ; un tour caractéristique est donné aux idées courantes sur les affaires publiques en général. Prenons un exemple.

Hyde-Park, quel que soit son propriétaire nominal, est ouvert dans l'intérêt du public ; les promeneurs à cheval et en voiture n'ont droit à aucun avantage particulier. Or il se trouve que les équipages et les cavaliers en profitent largement ; des portions de terrain considérables ont été aménagées tout exprès pour eux et l'espace qui leur était primitivement réservé a été augmenté à diverses reprises. Parmi les personnes n'ayant ni chevaux de selle ni voitures, un très-petit nombre seulement, appartenant presque toutes aux classes aisées, vont fréquemment se promener à Hyde-Park. Quant à la masse des habitants de Londres, trop occupés pour aller aussi loin, ils n'y mettent pour ainsi dire jamais les pieds et leur part du bénéfice général est à peu près nulle. Eh bien! que pensent ces quelques privilégiés qui profitent constamment et presque exclusivement de Hyde-Park, lorsque par occasion la foule en profite à son tour? Ils se fâchent quand, à de longs intervalles, une portion minime du parc, très-éloignée des endroits fréquentés, est occupée pendant quelques heures d'une façon désagréable pour eux — Rotten-Row fût-il presque désert ce jour-là et les pistes aux trois quarts vides. Toute personne désintéressée dans la question peut distinguer ici l'influence du *préjugé de classe;* mais elle ne se fera une idée complète de la force de perversion de cette influence, qu'en lisant les lettres de certains membres de la classe gouvernante, publiées par le *Times* au mois de novembre dernier, au moment où s'agitait la question des *Réglements des parcs.* Un de ces correspondants, signant « Un libéral, membre du parlement, » exprime le dégoût que lui inspirent certains discours, et offre, si d'autres personnes veulent se joindre à lui, de punir à coups de poing les orateurs déplaisants. Quelques jours plus tard, un autre législateur, mû par le même sentiment, répondait dans le *Times :*

« Si M. P. (membre du parlement) est sincère dans son
« désir de réunir quelques honnêtes gens qui se chargent de
« faire exécuter la loi, je peux lui promettre un appui solide
« de la part de personnes qui ne craignent pas d'en accepter
« toutes les conséquences.

         « Je suis, monsieur, votre obéissant serviteur,

                       « Un ex. M. P. »

Ainsi nous voyons les sentiments de classe étouffer si complétement le jugement politique rationnel, que deux législateurs — chose admirable — proposent de violer la loi pour la défendre !

Nous avons vu dernièrement le préjugé de classe produire en plus grand le même effet, engendrer le dédain pour les principes lentement et laborieusement établis du gouvernement constitutionnel, et pousser à revenir aux principes des gouvernements barbares. Lisez les débats sur les dépenses du gouverneur Eyre et étudiez les votes ; vous verrez que des actes qui selon le *Grand Juge* « ont imprimé une tache, non-seulement à ceux qui y avaient pris part, mais encore au nom même de l'Angleterre, » trouvent néanmoins de nombreux défenseurs parmi les hommes aimant l'autorité et haïssant la résistance par position : — marins, officiers, fonctionnaires, etc. Ce n'est pas tout. On s'est appliqué à marquer de plusieurs manières, entre autres en ouvrant une souscription pour les *Frais de témoignage de l'affaire Eyre*, qu'on approuvait des actes arrêtant inutilement le jeu du gouvernement régulier pour lui substituer l'action d'un despotisme absolu. On faisait montre d'ignorer de parti-pris la question capitale soulevée par cet incident, à savoir si un agent exécutif peut s'écarter, à son caprice, de ces règles administratives qui protégent la vie et la liberté des hommes contre la tyrannie.

Les protestations soulevées par la révocation de M. Cowan ont donné depuis lors un autre exemple du préjugé de classe. M. Cowan avait mis à mort des émeutiers de Kooka, qui s'étaient rendus prisonniers. Le gouvernement de l'Inde ayant reconnu, après enquête, que cette tuerie d'hommes massacrés sans forme de procès et contrairement aux ordres n'avait pas l'excuse d'un danger pressant, cessa d'employer l'officier qui avait commis un acte si extraordinaire, et envoya dans une autre province le supérieur qui l'avait approuvé. La punition ne semble pas excessive. On pourrait même dire que le gouvernement a usé d'une extrême indulgence, en se contentant de traiter ces officiers comme on traite un ouvrier qui a fait mal son ouvrage. Vous allez voir l'opinion d'un homme chez qui se trahit le préjugé des classes gouvernantes, accentué par le séjour de l'Inde. Dans une lettre publiée par le *Times* du 15 mai 1872, feu sir Donald M'Leod écrivait au sujet de cette destitution et de ce déplacement :

« Toutes les informations qui m'arrivent concourent à « prouver qu'on s'est à peu près ôté pour l'avenir toute « chance de rencontrer dans les circonstances critiques la « vigueur d'action ou l'initiative personnelle. Le traitement « infligé à ces officiers paraît avoir excité dans l'armée une « surprise et une consternation générales. »

Passons du sentiment de sympathie excité par M. Cowan,
au sentiment d'horreur inspiré à la même classe d'Anglais
par un homme coupable d'avoir tué le renard qui mangeait ses
poules. Nous verrons clairement les étonnantes perversions
d'idées et de sentiments, amenées par l'examen des actions
à un point de vue de classe. Voici un paragraphe emprunté à
un journal de fraîche date :

« Cinq renards empoisonnés ont été trouvés aux environs
« de Pezance. L'indignation est grande parmi les chasseurs
« de l'ouest. 500 francs de récompense sont promis à qui
« fera connaître l'empoisonneur. »

Ainsi pour un homicide, commis en masse, au mépris de
la religion, de l'équité et de la loi — approbation ; l'on
blâme la plus douce des punitions. Pour un *vulpicide* que
ne condamnent ni la religion, ni l'équité, ni aucune loi quelconque sauf celles des sportmen et qui a pour excuse la défense de la propriété — fureur ; l'on réclame à grands cris
des pénalités !

Point n'est besoin de donner ici d'autres exemples de la
manière dont le préjugé de classe fausse les idées sociologiques sur des points particuliers. Ils s'offrent d'eux-
mêmes dans toutes les conversations de salon, dans tous
les journaux de polémique et de toutes les publications pro-
fessionnelles. Les effets qui méritent plus particulièrement
d'attirer ici notre attention, sont les effets généraux — ceux
qui se produisent sur l'esprit des hautes et des basses
classes. Observons à quel point les préjugés qui naissent
des positions sociales respectives, faussent les idées des
patrons et des ouvriers. Nous commencerons par les ouvriers.

Ainsi que nous l'avons antérieurement démontré, de simples associations d'idées, surtout lorsqu'il vient s'y joindre
des émotions, affectent nos opinions, non-seulement sans
raison, mais encore contre toute raison — elles nous mènent à croire, par exemple, qu'un endroit où il nous est
arrivé plusieurs fois des choses pénibles a quelque chose
de désagréable en soi. Les lieux qui rappellent des souvenirs heureux seront charmants en eux-mêmes. On est
surtout sujet à ces erreurs de jugement, lorsque les objets

associés dans notre esprit à une idée de plaisir ou de douleur sont des *personnes*. Celui qui, même sans le vouloir,
a été une cause ordinaire de jouissances, est jugé favora-
blement; celui qui a infligé fréquemment la souffrance
même involontairement, est jugé défavorablement. De là
vient la tendance universelle à blâmer les *individus* et à
les rendre responsables du *système*, chaque fois qu'il y a
antagonisme social.

Ce qui précède peut s'appliquer aux idées que se forment
les classes ouvrières, de ceux qui les emploient directement et de ceux qui occupent les hautes positions sociales.
Les artisans et les paysans ressentant vivement ce qu'ils ont
à endurer, et s'en prenant pour des griefs réels aux hommes
qui achètent leur travail et à ceux dont l'influence est prépon-
dérante sur la confection des lois, concluent que les hommes
placés au-dessus d'eux sont personnellement méchants,
qu'on les envisage isolément ou en corps — qu'ils sont
égoïstes, tyranniques, chacun dans sa mesure. Il ne leur
vient jamais à l'esprit, que les maux dont ils se plaignent
résultent de la nature humaine moyenne de notre époque.
Sans les préjugés de classe, ils trouveraient dans leurs propres rapports mutuels nombre de preuves que si les fonctions
sociales supérieures étaient exercées par des individus pris
parmi eux, les injustices dont ils se plaignent seraient certainement aussi grandes, plus grandes peut-être, qu'elles
ne le sont. Un seul fait, bien notoire, devrait les en convaincre : c'est que les ouvriers qui font des économies et deviennent patrons, ne sont pas plus considérés que les autres,
et souvent même moins, par ceux qu'ils font travailler. Les
témoignages affluent à cet égard. Que les ouvriers aillent regarder ce qui se passe dans toute cuisine où il y a plusieurs
domestiques. Ils verront des gens qui se disputent la haute
main, qui rejettent leurs fautes les uns sur les autres, tyran-
nisent les nouveaux venus et leur font faire leur ouvrage, se
livrent à toutes les variétés d'inconduite résultant de l'absence de sens moral; les maux qui se développent à l'intérieur de ces groupes restreints surpassent très-souvent
en intensité ceux qui envahissent la société en général. Ce
qui se passe dans les ateliers démontre que les artisans ne
s'épargnent pas non plus les mauvais traitements entre eux.

En cachant les outils de ceux qui ne se conforment pas à des usages déraisonnables et en gâtant leur ouvrage, les ouvriers prouvent combien la liberté individuelle est peu respectée parmi eux. Cela ressort encore mieux de l'organisation intérieure des *trades-combinations*. Sans parler des meurtres commis de temps à autre sur les hommes qui affirment leur droit de vendre librement leur main-d'œuvre ; sans nous arrêter aux actes de violence ou d'intimidation auxquels sont en butte les ouvriers qui prennent l'ouvrage refusé par les grévistes ; il suffira de citer la tyrannie exercée par les agents des *trades-unions*. Ceux-ci montrent quotidiennement par leurs actes, que le pouvoir gouvernant que les ouvriers se sont donné à eux-mêmes leur cause des maux au moins aussi grands, que les pouvoirs gouvernants, politiques ou sociaux, qu'ils décrient. Quand les chefs d'une association dont fait partie un houilleur défendent à cet homme de travailler plus de trois jours par semaine et lui interdisent de gagner en ces trois jours plus d'une certaine somme — quand le houilleur n'ose pas accepter de son patron un supplément de salaire pour les journées de travail extraordinaire — quand il allègue pour raison de son refus que ses camarades le tourmenteraient et qu'on ne parlerait même plus à sa femme ; il devient manifeste que lui et tous les autres se sont donnés une tyrannie pire que celle dont ils se plaignaient. Le bon ouvrier capable de faire plus de besogne dans un temps donné, que ses camarades, mais n'osant pas, de peur d'être exclu de la société et ne recueillant pas, par conséquent, les fruits de sa supériorité, verrait, s'il portait dans l'examen des faits un esprit affranchi du préjugé de classe, qu'il est plus sérieusement lésé par ses confrères que par les actes du Parlement ou les coalitions de capitalistes. Il verrait en outre que le sentiment de la justice n'est certainement pas plus développé dans sa propre classe, que dans celles qu'il trouve si injustes.

Le sentiment qui fausse ainsi les idées des ouvriers les empêche aussi de voir que chacune de leurs unions tend à son bénéfice égoïste aux dépens de la population industrielle en général. Quand une association de charpentiers ou de mécaniciens limite par un règlement le nombre des apprentis, dans le but de maintenir pour ses membres le taux des salaires, elle dit tacitement à tout aspirant apprenti excédant le nombre voulu : « Va faire ton apprentissage ailleurs; » ce qui est dire indirectement à tous les autres corps de métier : « Faites baisser vos salaires si vous voulez, en augmentant le nombre de vos membres, mais nous ne le voulons pas pour nous. »

Et quand les autres corps de métier font chacun de leur côté la même chose, le résultat général est que les ouvriers de tout ordre, faisant partie d'une corporation, disent à l'excédant de fils d'artisans qui cherchent de l'ouvrage : « Aucun de nous ne permettra à son patron de vous occuper. » De sorte que chaque métier, dans son ardeur à se protéger, ne tient aucun compte des autres et sacrifie une portion de chaque génération naissante d'artisans.

Ce n'est pas là le seul procédé par lequel chaque classe d'artisans recherche son intérêt au détriment de la classe des ouvriers en général. Nous ne faisons pas allusion aux maçons en briques, qui en se mettant en grève forcent leurs manœuvres à quitter l'ouvrage; ni aux houilleurs actuellement en grève, qui ont contraint les ouvriers des usines à fer de quitter leur travail; nous pensions aux corps de métier qui manœuvrent pour faire monter les salaires; aucun d'eux ne tient compte de ce qu'une hausse éventuelle sur le prix de la marchandise produite est un désavantage pour toutes les autres classes d'artisans. Le préjugé de classe, entretenant dans les esprits la conviction que la question se pose uniquement entre patron et ouvrier, capital et main-d'œuvre, empêche de voir que tous les consommateurs sont intéressés à la chose et que l'immense majorité des consommateurs appartient aux classes ouvrières elles-mêmes. Si le nom de consommateur est prononcé, on ne se souvient que de ceux des classes aisées, qu'on estime pouvoir supporter un enchérissement. Lisez ce passage du journal de M. George Potter; il a été lu au dernier congrès de Leed.

« En fait, le consommateur, au milieu de notre recherche
« de civilisation et d'un luxe insolent, avec les espérances
« impatientes qui le caractérisent à notre époque et dans
« notre pays, est toujours prêt à prendre l'alarme et à verser

« les fioles de sa colère sur ceux qu'il soupçonne de faire
« des choses qui pouvant ôter une plume à son lit, une
« épice à son plat ou un morceau de charbon à son feu;
« malheureusement pour les chances d'équité, le poids de
« sa colère tombe rarement sur les capitalistes; il vient
« infailliblement s'abattre sur l'humble travailleur qui a osé
« défendre ses droits et son indépendance. »

On pourrait supposer d'après cela que tous les artisans,
habiles ou non, tous les ouvriers agricoles, tous les autres
travailleurs en général, ainsi que leurs femmes et leurs
enfants, vivent de l'air du temps — qu'ils n'ont besoin ni de
manger, ni de s'habiller, ni de se loger, ni de se meubler,
et que par conséquent l'enchérissement des denrées ne
les touche pas. Quelque préparé qu'on pût être aux effets
funestes du préjugé de classe, on ne se serait guères
attendu à en rencontrer d'aussi grands. Il semble devoir
être évident, même pour le partisan le plus résolu des *trades-
unions*, qu'une grève faisant doubler le prix du charbon
affecte relativement peu les quelques milliers de consommateurs riches dont il a été question, tandis qu'elle fait
sentir vivement ses effets aux millions de consommateurs
pauvres pour lesquels le chauffage est un article important
du budget. Il semble devoir sauter à tous les yeux que pour
presque tous les produits de l'industrie, le mal causé par
une hausse de prix tombe plus lourdement sur les très-
nombreux travailleurs à gages, que sur les peu nombreux
possesseurs de revenus grands ou petits.

Si les ouvriers avaient le jugement moins faussé par le
préjugé de classe, ils deviendraient plus accessibles à cette
vérité, que s'il ne surgit pas des formes d'organisation industrielles meilleures, venant anéantir celles qu'ils considèrent comme oppressives, c'est que cela est impraticable. Ils
verraient que l'impossibilité de formes meilleures résulte
des imperfections de la nature humaine, morale et intellectuelle, telle qu'elle existe actuellement. Si les ouvriers de
n'importe quel état pouvaient s'organiser et se gouverner
de telle sorte, que la part de profit leur revenant en tant
qu'ouvriers fût plus considérable, et l'intérêt à servir au
capital employé moindre qu'il ne l'est maintenant; s'ils
pouvaient en même temps vendre les produits meilleur

marché qu'on ne les vend avec l'organisation actuelle des affaires : nul doute que le système en vigueur ne fût abandonné. S'il se maintient, s'il n'est pas remplacé par une organisation industrielle meilleure, c'est que la nature des ouvriers eux-mêmes n'est pas assez bonne, ou du moins n'est assez bonne que chez peu d'entre eux. Les organisations d'un type supérieur deviennent heureusement possibles dans une certaine mesure; elles ont obtenu çà et là des succès encourageants. Mais généralement partout, les masses ne sont ni assez prévoyantes, ni assez consciencieuses, ni assez intelligentes. Examinons les faits.

Les ouvriers marquent leur manque de prévoyance, d'une part en gaspillant leur argent quand ils obtiennent des salaires élevés, et d'autre part en négligeant l'occasion de profiter des modifications apportées par le système coopératif à l'organisation industrielle. Lors de la fondation de la compagnie *des Wagons de Gloucester*, il avait été décidé qu'on réserverait aux ouvriers mille actions de 250 fr.; on était convenu que pour plus de facilité les versements se feraient par 25 fr., à intervalles de trois mois. Comme beaucoup d'hommes gagnaient jusqu'à 62 fr. 50 c. par semaine et que la vie n'était pas chère dans le pays, on pensait qu'avec ces facilités les ouvriers pourraient facilement prendre des actions. Les circonstances dans lesquelles débutait l'entreprise promettaient à la Compagnie la prospérité à laquelle elle est parvenue dans la suite. Le président ne se distinguait pas moins par son habileté à diriger de vastes entreprises que par la sympathie pour les classes ouvrières qui lui avait suggéré la mesure en question. Le directeur était fils de ses œuvres; il inspirait tant de confiance aux ouvriers, qu'un grand nombre d'entre eux avaient émigré avec lui des comtés du centre au moment où la compagnie s'était formée. Il entra de grand cœur dans les vues du président et me dit à moi-même qu'il avait vu avec joie fonder une affaire dans laquelle les employés auraient un intérêt. Directeur et président virent leurs espérances déçues. Au bout d'un an, on n'avait pas placé une seule des mille actions, qui furent alors distribuées aux propriétaires. Sans doute, les résultats ont été plus encourageants dans d'autres cas; ce fait n'en vient pas moins faire nombre avec ceux qui prouvent que la proportion des ouvriers suffisamment prévoyants n'est pas assez grande, pour permettre un développement considérable d'organisations industrielles meilleures [1].

Des organisations industrielles plus avancées exigent en outre chez leurs membres un sentiment de la justice plus raffiné que celui qui règne maintenant. Pour que les liens de la coopération puissent être resserrés, il faut que la confiance réciproque devienne plus étroite — ce qui n'est possible que moyennant un respect plus grand des droits d'autrui. Quand on voit, d'une part, les membres d'une société de secours aux malades continuer assez souvent à recevoir des allocations après que l'incapacité de travail a cessé, tellement qu'on est obligé de les faire espionner; quand on voit, d'autre part, les hommes chargés de gérer des fonds, les détourner et rendre la société insolvable, on ne peut s'empêcher de conclure qu'un des obstacles qui s'opposent à une union efficace des ouvriers, sous leur propre direction et à l'exclusion de toute autre, est le défaut de délicatesse de conscience. On voit les bons ouvriers demander tant par heure, parce que « moins ne suffirait pas à leurs besoins, » et cependant les ouvriers médiocres travaillant en sous-ordre ne reçoivent guère que la moitié du même tarif et sont empêchés par des réglements rigoureux de passer dans la classe des habiles; nous ne découvrons pas là un sens moral tellement supérieur à celui du patron, qu'il promette le succès à des combinaisons industrielles supérieures à celles qui existent. Tant que les ouvriers se croiront le droit de se coaliser

---

1. Peu de temps après la première publication de ce chapitre, j'ai vu un autre exemple du même genre. A un *Congrès coopératif*, M. Head (de la maison Fox, Head et Cie, de Middlesborough) remarqua que depuis six ans il avait mis toute son âme à appliquer ce principe dans la Société industrielle de Middlesborough, avec laquelle il était en rapports. Dans cette Société industrielle, il n'existait pour le moment aucun arrangement fournissant aux ouvriers un moyen de placer leurs épargnes. A l'origine, une des clauses du contrat faisait une stipulation à cet effet, mais comme il était arrivé une seule fois en trois ans qu'un ouvrier de la maison vînt demander à placer ses économies, la susdite clause avait été abolie. La maison en avait conclu que cette partie du projet était de beaucoup en avance sur le temps. *Times*, 15 avril 1872.

pour ne vendre leur travail qu'à un certain prix et refuseront aux patrons celui de se coaliser pareillement pour ne l'acheter qu'à un certain prix, ils prouveront que leur conception de l'équité n'est pas assez élevée pour rendre praticable une forme de coopération exigeant que chacun reconnaisse les droits d'autrui aussi pleinement que les siens propres. Parmi leurs idées fausses sur la justice, il en est une qui suffirait à elle seule à empêcher le succès — c'est l'idée que la justice exige un partage égal des bénéfices entre les producteurs, et non, liberté égale pour tous de tirer le meilleur parti possible de ses capacités. La politique générale des trades-unions tend partout à empêcher le supérieur de profiter de sa supériorité, de peur que l'inférieur ne soit désavantagé; c'est une politique qui, appliquée dans une combinaison industrielle quelconque, la met forcément hors d'état de lutter avec les combinaisons basées sur le principe que les bénéfices seront proportionnés à la somme de capacité dépensée.

Ainsi, par son influence sur les travailleurs en général, le préjugé de classe obscurcit encore cette vérité, déjà difficile à distinguer, qu'il en est du type existant d'organisation industrielle comme du type actuel d'organisation politique; c'est à peu près le meilleur qui soit possible avec la nature humaine actuelle. Les maux qu'il entraîne ne sont autres que les maux qu'attirent aux hommes leurs propres imperfections. La relation de maître à ouvrier doit être supportée, parce que pour le moment aucune autre ne remplirait mieux son objet. Les intérêts particuliers mis à part, l'organisation industrielle que nous voyons autour de nous doit être regardée comme étant de celles où le prix de revient de l'administration, quoique ayant diminué, est encore excessif. Dans toute combinaison industrielle, il faut un agent régulateur. Cet agent régulateur, quel qu'il soit, doit être payé, ce qui nécessite une déduction sur le produit total du travail réglé. Avec le système actuel, la portion du produit total passant à payer l'administration est considérable; il y aura sans doute plus tard, avec de meilleurs systèmes, une diminution de ce côté. Pour le moment, notre système relativement coûteux a pour lui d'être le seul qui réussisse. L'administration coûte cher, parce que les hommes à conduire sont imparfaits. A mesure que leurs défauts s'atténueront, elle deviendra plus économique et par conséquent eux-mêmes auront une part plus grande des bénéfices.

Qu'on ne se méprenne pas sur notre pensée. Nos critiques ne signifient point que les ouvriers n'aient pas de justes griefs ; elles ne signifient pas non plus que les *trades-combinations* et les grèves n'aient pas de justification suffisante. On peut parfaitement soutenir que lorsque les hommes se sont mis à faire des esclaves de leurs prisonniers, au lieu de les manger, c'était un progrès ; cet esclavage, mauvais absolument, était bon relativement — entre les choses praticables à cette époque, c'était encore la meilleure. On peut soutenir pareillement, que lorsque l'esclavage fit place à un servage reconnaissant certains droits personnels, le nouvel arrangement, bien que contraire à l'équité au point de vue abstrait, était plus équitable que l'ancien, et constituait la plus grande amélioration compatible avec la nature humaine du temps. On peut parfaitement soutenir que lorsque les serfs furent remplacés par des hommes libres travaillant pour de l'argent, mais tenus, en tant que classe, dans une subordination extrême, cette nouvelle relation entre ceux qui travaillaient et ceux qui faisaient travailler, était, quoique mauvaise en soi, la meilleure qui pût alors être établie. De même peut-on soutenir qu'actuellement, bien que la forme du gouvernement industriel soit la cause de maux sérieux, ces maux, bien moindres que ceux des temps passés, sont aussi faibles que le permet la nature humaine. Ils ne proviennent pas d'une injustice particulière de la classe qui fait travailler et il n'est possible d'y remédier qu'au fur et à mesure du progrès général de l'humanité.

D'un autre côté, tout en soutenant que la politique des trades-unions et la conduite des grévistes dénotent une injustice égale à celle des classes qui font travailler, il est logique d'admettre et même d'affirmer, que les mauvaises actions des *trades-combinations* sont l'accompagnement inévitable d'une défense forcée. L'égoïsme résistant à l'égoïsme commet nécessairement des fautes du genre de celles dont il se plaint ; il est impossible d'opposer une résistance efficace à des procédés durs, sans recourir soi-même à des moyens durs. Il est d'ailleurs hors de doute que les inconvénients des coalitions ouvrières, tout grands qu'ils soient, sont accompagnés de certains avantages qui seront suivis dans la suite par de plus grands. Ce sont les maux inséparables de la transition vers des arrangements meilleurs.

Mon but n'est pas de condamner ni d'approuver les idées de ceux qui reçoivent l'ouvrage, ou leur manière d'agir avec ceux qui le donnent ; il est uniquement de montrer comment le préjugé de classe fausse les jugements des ouvriers sur les relations sociales — combien il leur rend difficile de comprendre que le système industriel actuel est un produit de la nature humaine actuelle et ne saurait progresser plus vite qu'elle.

Les classes qui gouvernent et qui font travailler ont le préjugé contraire non moins accusé. A leur point de vue, la conduite de leurs concitoyens pauvres dans toutes ces luttes est uniformément blâmable. Une grève leur cause toujours plus ou moins d'embarras ; c'est pour eux une preuve suffisante que la grève a tort. Une indépendance qui conduit à refuser l'ouvrage au-dessous d'un certain salaire ou à exiger une réduction du temps de travail, leur paraît chose intolérable. La masse se préoccupant si peu du bien-être du petit nombre, constitue un grief intolérable aux yeux du petit nombre. M. Georges Potter se trompe lorsqu'il parle du consommateur comme s'il était toujours riche ; la vérité est que neuf fois sur dix il est pauvre ; mais M. Potter a raison lorsqu'il représente le consommateur riche indigné de ce que les ouvriers osent adopter une marche tendant à faire enchérir les objets de première nécessité et à rendre le luxe plus dispendieux. Ce sentiment, souvent exprimé dans des conversations particulières, s'est manifesté publiquement lors de la dernière grève des ouvriers gaziers ; on a proposé hautement de réprimer par la force des actes entraînant d'aussi grands ennuis. Le même esprit se retrouve dans l'interprétation forcée de la loi qui valut aux accusés la pénalité réservée aux complots, au lieu de celle qu'encourent les violations de contrat ; la dernière, qui était bien méritée, aurait parfaitement suffi.

Cette manière de voir des classes qui font travailler se montre chaque jour dans le mal qu'on dit des domestiques. Lisez *Le plus grand fléau de la vie*, ou écoutez les plaintes des ménagères ; vous vous apercevrez que les maîtres sont si préoccupés de leurs propres intérêts qu'il ne reste que peu de place dans leur esprit pour les intérêts de leurs domestiques des deux sexes. Ce titre : *Le plus grand fléau de la vie*, signifie que la seule existence digne d'être mentionnée, est celle des gens se faisant servir par des domestiques ; l'auteur ne se doute pas qu'un livre portant le même titre, mais écrit par un domestique sur les maîtres, pourrait être rempli de critiques tout aussi sévères et de griefs infiniment plus sérieux. On s'étend beaucoup sur l'indépendance croissante des domestiques, il semble que ce soit un changement très-regrettable. On ne voit pas que cet accroissement d'indépendance implique un accroissement de prospérité des classes fournissant les domestiques, et que cette amélioration de la condition du grand nombre est un bien beaucoup plus important que le mal qui en résulte pour le petit nombre. On ne comprend pas que si les domestiques, étant très-recherchés et se plaçant facilement, ne veulent plus se soumettre aux mêmes restrictions qu'autrefois — dans les questions de costume, par exemple — ce changement est partie intégrante du progrès vers un état social évidemment moins commode pour les classes dirigeantes et peu nombreuses, mais impliquant l'élévation des classes nombreuses et dirigées.

Le sentiment manifesté par le riche quand il parle du pauvre, ou qu'il a affaire à lui, n'est au fond qu'une forme adoucie de celui que manifestaient les propriétaires de serfs ou d'esclaves. Dans les premiers temps, on traitait les vilains comme s'ils n'étaient mis au monde que pour être utiles à leurs propriétaires ; de nos jours encore, l'idée tacite mais bien compréhensible des classes d'élite est que leur convenance vient en première ligne et que le bien-être des masses n'est qu'une considération secondaire. On aurait bien étonné un de nos vieux thanes en lui disant que son existence en tant que propriétaire de vilains n'avait qu'une justification : c'est que la vie de ses serfs était en somme mieux protégée et moins misérable que si elle ne lui eût point appartenu. Les classes dominantes actuelles ne seront pas moins surprises d'entendre, que leur seule raison d'être légitime est l'amélioration de la vie des gens du peuple, qui résulte de leur action régulatrice. C'est cependant, préjugé de classe à part, une vérité incontestable. Au point de vue moral, la sujétion du grand nombre au petit nombre n'a jamais eu d'autre justification que de favoriser le développement du bien-être dans les masses. Ce développement est aujourd'hui la seule justification de ce qui subsiste encore de la subordination de classe à classe. La conception existante devra finir par se renouveler du tout au tout. La vieille théorie du gouvernement politique a été tellement transformée, qu'au lieu d'être le propriétaire de la nation, l'agent gouvernant a fini par être considéré comme son serviteur; la vieille théorie du gouvernement industriel et social devra de même subir une transformation faisant sentir aux classes dirigeantes, occupées dans une juste mesure de la recherche de leurs propres intérêts, que ces intérêts sont subordonnés à ceux des masses dont elles gouvernent le travail.

Les préjugés qui rendent ces choses difficiles à comprendre aux maîtres et aux gouvernants sont cause qu'ils ont aussi de la peine à concevoir que l'affaiblissement de l'ascendant de classe et l'effacement des distinctions puissent être accompagnés d'un progrès, non-seulement dans l'existence des classes dirigées, mais aussi dans celle des classes dirigeantes. Les sentiments et les idées propres à l'organisation sociale existante empêchent les riches de voir que leurs tracas, leurs dégoûts et leurs désappointements résultent indirectement de ce système social en apparence si favorable à leur bien-être. Ils trouveraient cependant de fortes raisons de le soupçonner, s'ils voulaient contempler le passé. Le baron des temps féodaux n'imaginait pas la possibilité d'arrangements sociaux infiniment plus avantageux pour lui que ceux qu'il défendait avec ardeur; il ne voyait pas que dans les arrangements qu'il défendait se trouvaient les causes de ses innombrables souffrances et ennuis. Si on lui avait dit qu'un noble pourrait être bien plus heureux sans un château fortifié ayant sa garnison, ses passages secrets et ses donjons pour les prisonniers; que ce noble

pourrait n'avoir ni herse ni pont-levis, ni hommes d'armes,
ni sentinelles et être plus en sûreté. — ni vassaux ni mer-
cenaires et courir moins de dangers — ne pas posséder un
seul serf et être plus riche : cela lui aurait paru d'une
absurdité touchant à la folie. Il aurait été inutile de faire
valoir que ce régime, en apparence si avantageux pour lui,
était cause de mille souffrances diverses — querelles perpétuelles avec les voisins, guerres, surprises, trahisons, ven-
geances des égaux, perfidies des inférieurs; obligation de ne
jamais quitter son armure et ses armes; disputes éternelles
des serviteurs et des vassaux entre eux ; grossièreté et mo-
notonie de l'alimentation fournie par une agriculture languis-
sante; absence de confort telle que pas un domestique d'à
présent ne se soumettrait à ce régime; le tout aboutissant à
une usure générale qui abrégeait la vie, lorsque celle-ci n'é-
tait pas tranchée violemment par la guerre ou l'assassinat. Ce
que le préjugé de classe de l'époque l'empêchait absolument
de distinguer est devenu très-visible aux yeux de ses représentants modernes. Le pair d'aujourd'hui sait que sans
avoir les moyens de défense de son prédécesseur, sa suite et
ses serfs, il est plus heureux que lui. Sa maison de campagne
est plus sûre que ne l'était une tour crénelée; il est plus
en sécurité au milieu de ses domestiques sans armes, que
l'ancien seigneur féodal entouré de ses gardes ; il court
moins de dangers en sortant désarmé, que n'en courait le
chevalier vêtu d'une cotte de maille et portant lance et épée.
S'il n'a pas de vassaux prêts à prendre les armes sur un signe de lui, il n'a pas non plus de suzerain pouvant l'appeler
à donner sa vie pour une querelle qui ne le regarde pas. S'il
ne peut forcer personne à travailler, le travail des hommes
libres le rend infiniment plus riche que l'ancien propriétaire de serfs; à mesure qu'il perdait le droit de contrôle
direct sur les travailleurs, se développait un système industriel lui fournissant un confort et un luxe inconnus, même
en rêve, à celui qui tenait les travailleurs à sa merci.

N'avons-nous pas le droit d'en conclure que, de même
que les sentiments et les idées appropriés à l'état social
d'autrefois empêchaient les classes dominantes de voir combien de maux il attirait sur leur tête et combien un autre
état social dans lequel leur pouvoir serait moins grand pour-

rait valoir mieux pour elles ; de même les classes dominantes d'aujourd'hui sont empêchées de voir combien les formes existantes de la subordination de classe à classe tournent à leur propre désavantage, et combien celles qui les représenteront dans l'avenir pourront se trouver plus heureuses dans des positions sociales moins prééminentes ? Bien qu'elles reconnaissent à l'occasion que leur suprématie entraîne indirectement certains maux, elles ne voient pas que par accumulation ces maux constituent une pénalité attirée par leur suprématie. Tout en répétant la réflexion banale que le bonheur ne s'achète pas, elles n'en tirent pas la conclusion qu'un système qui les déçoit ainsi doit être fautif. Vous entendez avouer de temps à autre qu'une grande fortune est un pesant fardeau ; la vie d'un pair riche finit, dit-on, par ressembler, grâce à la quantité des affaires, à celle d'un attorney. Tous les plaisirs inventés par ceux à qui de vastes revenus et de nombreuses propriétés permettent de multiplier les sources de jouissances, aboutissent en dernier résultat à des charges et à des chances de contrariétés de plus. Ajoutez aux franches confessions les aveux faciles ; vous trouverez en fin de compte qu'à part ces anxiétés et ces ennuis, la vie donnée par les richesses et les honneurs n'a pas de quoi satisfaire. — le dedans diffère ici immensément du dehors. Dans les moments d'abandon, ceux-là se plaignent « d'être condamnés à tourner la meule sociale » et ils se croient néanmoins obligés d'entretenir son monotone mouvement. Ainsi que chacun peut le voir, la vie fashionable se passe, non pas à être heureux, mais à faire semblant d'être heureux. Ceux qui mènent cette vie n'en tirent pourtant pas la conclusion évidente.

Pour le spectateur désintéressé, il est visible que les avantages procurés aux classes régulatrices d'aujourd'hui par la forme actuelle d'organisation sociale, sont pleins d'inconvénients déguisés, et que la fortune exagérée permettant de vivre dans l'oisiveté donne tout le contraire des satisfactions qu'on en attendait. Exactement comme les mesures de sûreté des temps féodaux étaient l'accompagnement d'un état social donnant plus que l'équivalence en danger ; de même les trop grandes facilités de plaisir des riches sont l'accompagnement d'un état social donnant le contre-poids en ennuis. Les jouissances obtenues par ceux

qui font de la recherche du plaisir une affaire se réduisent
à un minimum, tandis que la peine, la fatigue, la contrariété,
la jalousie, le désappointement montent au maximum.

Toute personne qui étudiera le côté psychologique de la
question verra que c'est là un résultat inévitable. La vie de
l'homme de plaisir est une vie manquée, par la raison qu'elle
laisse oisifs des côtés entiers de la nature humaine : elle
néglige les satisfactions que procure l'activité fructueuse et
il y manque la sérénité que donne la conscience des services
rendus. Les jouissances égoïstes poursuivies sans relâche
blasent, parce que la satisfaction de nos appétits ne suffit
pas, à beaucoup près, à occuper tout le temps où nous ne
dormons pas, et nous laisse des heures vides, ou gaspillées
dans la recherche du plaisir après que le désir a cessé. Les
jouissances égoïstes blasent aussi par l'absence du contraste
violent naissant de ce qu'une moitié de la vie est donnée
au travail. Ces causes négatives de mécontentement viennent
s'ajouter à la cause positive indiquée — l'absence de la
satisfaction due au succès dans le travail. Une des jouissances les plus solides et les plus durables, est celle que
procure le sentiment de la valeur personnelle s'affirmant
sans cesse à la conscience par une activité efficace ; et
c'est en partie parce qu'il y a lacune de ce côté, que la
vie oisive est frustrée dans ses espérances. En dernier lieu,
en laissant dormir les activités altruistes ou celles qu'on
sent pouvoir être utiles de façon ou d'autre à autrui, elle
cause des maux analogues aux précédents : Privé de certains
plaisirs positifs d'un ordre élevé, difficiles à épuiser, l'homme
se rejette encore davantage sur les plaisirs égoïstes, qui
amènent de nouveau la satiété. Nous pouvons attribuer ces
sentiments et la lassitude et le mécontentement qui en
résultent, à l'organisation sociale, qui fait affluer vers les
classes régulatrices une part des produits assez forte, pour
permettre de grandes accumulations pourvoyant aux besoins
de descendants inutiles.

Ce préjugé du riche en faveur d'arrangements si profi-
tables en apparence à son confort et à ses plaisirs, lui cachant
les peines indirectement attirées sur lui par de prétendus
avantages, l'empêche en même temps de voir ce qu'il y a de

dégradant à n'être qu'un consommateur inutile de ce que les autres produisent. Tout au contraire, l'idée qu'il est honorable de ne rien faire que s'amuser, et relativement déshonorant de passer sa vie à procurer aux autres les moyens de jouir, subsiste encore, quoique bien affaiblie. Ici encore, notre état social temporaire a son idéal d'honneur particulier et temporaire ; les sentiments et les idées accompagnant cet état s'opposent à ce qu'on en puisse concevoir un autre, dans lequel ce qui semble aujourd'hui admirable sera jugé honteux.

Il suffit pourtant d'aider l'imagination en étudiant d'autres époques et d'autres sociétés, très-différentes de la nôtre, pour voir tout au moins que la chose est possible. A la manière de sentir des *Fijiens,* qui sont dévorés de l'ambition d'être reconnus publiquement pour des meurtriers, opposons celle des races civilisées qui évitent avec horreur un assassin ; le contraste nous prouve d'une façon incontestable qu'il y a tel état social où les hommes se font gloire de sentiments et d'actions qui dans un autre leur vaudraient l'exécration publique. Nous devons en conclure que de même que nous regardons avec étonnement ces Fijiens qui estiment le meurtre chose honorable ; de même les hommes futurs, vivant dans une société plus avancée, regarderont avec étonnement nos contemporains, qui mettent leur orgueil à consommer beaucoup et à ne rien produire et se préoccupent fort peu du bien-être de la communauté, pourvu qu'elle leur fournisse de bons dîners, des lits moelleux, et des lieux de flânerie agréables.

Nous pouvons distinguer non-seulement la possibilité mais encore la probabilité d'un changement semblable dans la manière de sentir. Observez d'abord le sentiment prédominant aujourd'hui encore en Chine ; l'idée qu'il est honorable de ne rien faire, plus solidement enracinée qu'ici, y pousse les riches à laisser croître leurs ongles jusqu'à ce qu'on soit obligé de les replier et de les attacher ; les dames s'y soumettent à des tortures prolongées pour que leurs pieds meurtris attestent leur impuissance pour le travail. Rappelez-vous ensuite le temps où le commerce était tenu pour chose déshonorante par les classes supérieures ; tant en Angleterre que sur le continent, c'était un article de foi énergiquement maintenu. Remarquez maintenant combien de propriétaires fonciers entrent dans les affaires ; on voit jusqu'à des fils de pairs prendre un métier ou se faire marchands. Remarquez aussi, chez les riches, le sentiment que leur classe a des devoirs à remplir envers la chose publique, et que ceux d'entre eux qui demeurent absolument désœuvrés méritent d'être blâmés. Nous avons donc évidemment des raisons de conclure que le progrès vers une organisation régulatrice plus avancée sera accompagné d'une transformation, dans le sens indiqué, de la conception de l'honneur. On arrivera à s'émerveiller qu'il ait pu exister des gens qui jugeaient admirable de jouir sans travailler, aux dépens d'autres qui travaillaient sans jouir.

Mais l'état mental, temporairement adapté, des classes qui gouvernent et qui font travailler exclut plus ou moins complétement des pensées et des sentiments de cette nature. Habitués dès l'enfance aux formes de subordination actuellement existantes, les regardant comme parties intégrantes d'un ordre naturel et permanent, trouvant leur satisfaction dans la suprématie et leurs convenances dans la possession de l'autorité, les régulateurs continuent à ne pas avoir conscience que ce système, tout imposé qu'il est par les défauts de la nature humaine d'aujourd'hui, attire des pénalités sur eux-mêmes aussi bien que sur leurs subordonnés, et que sa théorie générale de la vie est aussi fausse que vile.

Nous en avons dit assez pour montrer que du préjugé de classe surgissent de nouveaux obstacles, s'opposant à ce qu'on ait en sociologie des idées justes. En tant que partie d'une des grandes divisions de sa communauté, et ensuite en tant que partie d'une subdivision particulière, le citoyen acquiert des sentiments et des idées adaptés à sa situation et influençant inévitablement ses opinions sur les affaires publiques. Ils affectent également sa conception du passé, son interprétation du présent, ses prévisions de l'avenir.

Les membres des classes dirigées, étant maintenus à l'égard des classes dirigeantes dans un état d'antagonisme plus ou moins marqué, sont empêchés par cela même de voir la nécessité et les avantages de cette organisation qui semble la cause de leurs souffrances, ou la nécessité et les avantages des formes plus dures de la régulation industrielle qui existait dans le passé ; ils ne voient pas non plus que les organisations industrielles perfectionnées de l'avenir ne peuvent être amenées que par le perfectionnement de leur propre nature. D'autre part, les membres des classes dirigeantes sont à demi aveuglés sur certains faits : les défauts des classes ouvrières sont ceux d'hommes comme eux, placés dans des conditions différentes ; le système actuel peut être défendu, non point parce qu'il leur est commode, mais parce que de tous ceux praticables c'est encore le meilleur pour la communauté en général. Ils sont par suite à demi-aveuglés aussi sur les vices des arrangements sociaux passés ; ils ne voient pas la perversité de ceux qui, dans les états sociaux antérieurs, usaient avec moins de douceur qu'on ne le fait de nos jours du pouvoir conféré par la classe. Ils ont en même temps peine à comprendre, que l'état social actuel n'est, comme les précédents, que transitoire et que les classes régulatrices de l'avenir pourront avoir à la fois moins de pouvoir et plus de bonheur.

Malheureusement pour la science sociale, le préjugé de classe est, comme celui du patriotisme, nécessaire jusqu'à un certain point à la conservation de la société. Il a avec lui un autre point de ressemblance ; souvent on n'échappe à son influence que par un effort qui jette l'esprit dans l'extrême opposé et substitue à l'approbation une désapprobation sans mélange. Dans l'un comme dans l'autre cas, nous devons conclure que l'obstacle en résultant pour des conclusions bien équilibrées diminuera à mesure que l'évolution sociale grandira.

CHAPITRE XI

LE PRÉJUGÉ POLITIQUE.

Chaque jour amène des événements montrant à l'homme politique ce que seront vraisemblablement les événements du lendemain et servant de matériaux à celui qui étudie la science sociale. On ne peut guère lire un journal sans y trouver un fait, qui, outre la signification immédiate dont s'empare le tacticien de parti, ne renferme une signification finale précieuse pour le sociologiste. Ainsi, à propos de préjugé politique, un journal irlandais vient m'en fournir un exemple au moment même où j'écris. On lit dans *La Nation*, à propos de la dernière défaite du ministère :

« M. Gladstone et son administration sont précipités à bas
« du pouvoir ; la tentative inique faite pour semer à volée sur
« l'Irlande la semence de l'irréligion et de l'incrédulité, est
« retombée comme la foudre sur ses auteurs. Les hommes
« qui ont abusé si longtemps l'Irlande par des promesses
« spécieuses, qui nous ont raillés par des simulacres de
« réformes et insultés par des concessions stériles, qui
« n'ont trafiqué des maux du pays que pour les aggraver,
« et qui, le miel sur les lèvres, ont foulé aux pieds les der-
« niers vestiges de la liberté du pays, sont aujourd'hui des
« vaincus et des proscrits.

Ce déploiement de sentiment peut être envisagé à plu-

sieurs points de vue; il montre quelle sera, selon toute
apparence, la conduite des « Nationalistes » dans l'avenir
immédiat; à un point de vue plus général elle nous offre
un trait du caractère irlandais de nature à justifier le jugement sévère porté par M. Froude sur la conduite de l'Irlande
dans le passé; enfin, à un point de vue tout à fait général,
elle nous fournit, d'après le procédé adopté en cet ouvrage,
un exemple frappant de la manière dont le préjugé politique
fausse les jugements des hommes.

Quand nous nous rappelons que tout homme jugeant ses
antagonistes, leurs idées et leurs actes, se laisse plus ou
moins influencer par l'esprit de parti politique, nous sentons la grandeur de l'obstacle auquel se heurte ici la science
sociale. Je ne veux pas dire simplement que l'esprit de parti
détermine souvent l'opinion sur les questions pendantes;
c'est une chose connue et l'on a vu plus d'une fois les con-
servateurs repousser une mesure parce qu'elle était proposée par les libéraux, et l'appuyer plus tard quand elle
était reprise par quelqu'un de leur parti. Je veux parler
des effets, bien plus importants, qu'il produit sur la façon
de comprendre le passé et l'avenir, et par suite sur les conceptions sociologiques en général. Les sympathies et les
antipathies politiques, entretenues par la lutte des partis
tenant chacun pour tel ou tel genre d'institutions, deviennent des sympathies ou des antipathies qui s'étendent aux
institutions analogues des autres nations subsistantes, ou
des nations disparues. Ces sympathies et ces antipathies
produisent inévitablement une tendance à accepter ou à
rejeter le témoignage favorable ou défavorable à ces institutions. On sait à quel point diffèrent les deux tableaux de
la démocratie athénienne dus au tory Mitford et au radical
Grote, et c'est là un exemple auquel il serait facile de trouver
plus d'un pendant. Nous ne saurions mieux faire pour prouver les effets funestes du préjugé politique, que de citer
quelques fragments de la conférence de M. Froude sur *La
méthode scientifique appliquée à l'histoire.*

« Thucydide écrit pour exposer les vices de la démocratie;
« Tacite, l'historien des Césars, pour montrer combien le
« Césarisme est haïssable [1].

1. Froude, *Short Studies on Great Subjects*, 2ᵉ série, 1871, p. 480.

« Lisez ce que dit Macaulay de la condition du prolétaire
« anglais il y a un siècle ou deux ; vous vous étonnerez
« qu'il ait pu vivre. Lisez Cobbett, et je puis même ajouter
« Hallam ; vous vous étonnerez qu'il supporte le contraste
« de sa misère actuelle avec sa prospérité passée [1].

« Un prélat catholique irlandais me disait un jour savoir
« pertinemment que deux millions de personnes, hommes,
« femmes et enfants avaient péri dans la grande famine de
« 1846. Je lui demandai s'il ne comptait pas ceux qui avaient
« émigré. Il répéta qu'il était mort deux millions de per-
« sonnes, sans compter celles qui avaient émigré. Nous
« pourrions affirmer, ajouta-t-il, qu'il n'est pas une de ces
« morts qui ne retombe sur le gouvernement anglais. » Je
« racontai ce propos à un homme de loi distingué de Dublin,
« un protestant. Ses yeux gris étincelèrent. « Il a dit deux
« milions ? répliqua-t-il ; il a dit cela ? — il n'en est pas mort
« mille ! — pas même cinq cents. » Autant qu'on peut cal-
« culer en comparant le recensement de 1851 à celui de
« 1841, et en tenant compte d'une part de l'émigration, dont le
« relevé est fait avec soin, et d'autre part de l'accroissement
« normal de la population, le chiffre véritable était de deux
« cent mille environ [2]. »

Inutile d'insister davantage sur ce point. On sait d'avance,
étant connues les idées politiques de chacun, comment les
journaux des divers partis jugeront un acte quelconque du
ministère ; on peut prédire les différentes opinions que tels
et tels orateurs émettront sur la même mesure et qui seront
applaudies par les meetings ; ce sont là des faits d'où tout
le monde peut conclure que l'homme politique a besoin de
modérer considérablement ses sentiments, avant d'inter-
préter les événements du passé avec une vérité même relalative, et d'en tirer pour l'avenir des pronostics justes.

Au lieu de nous appesantir sur cette vérité, nous vou-
drions appeler l'attention sur d'autres vérités de même nature, mais moins apparentes. Outre les variétés de préjugés
politiques indiqués par les noms des différents partis, il en
existe d'autres qui outrepassent pour ainsi dire les limites
de parti. Dans le chapitre intitulé DIFFICULTÉS SUBJECTIVES

1. Froude, *Short Studies on Great Subjects,* 2ᵉ série, 1871, p. 483.
2. Ibid, p. 483-4.

venant des passions, nous avons déjà analysé le sentiment
qui leur donne naissance — celui qui est inspiré par l'agent
gouvernant. A ce qui a été dit alors des effets généraux de
ce sentiment sur les recherches sociologiques, il est nécessaire d'ajouter quelque chose sur ses effets particuliers. Et
d'abord, examinons une erreur bien commune dans les jugements des hommes sur les affaires humaines, et qui se
retrouve au fond de toutes les autres erreurs entretenues
par le préjugé politique.

Les résultats sont proportionnés aux moyens employés.
— Voilà le principe, tacitement admis, qui entraîne une foule
d'erreurs dans la vie privée et dans la vie publique. Dans la
vie privée, chacun reconnaît la fausseté de ce principe et
continue cependant à agir comme s'il le croyait vrai. Re-
prenons de nouveau, à ce point de vue, une expérience familière sur laquelle nous avons récemment insisté.

« Comme je serai heureux, pense l'enfant, quand je serai
aussi vieux que mon grand frère et que j'aurai tout ce
qu'il ne veut pas me laisser avoir. » Le frère aîné pense de
son côté : « Comme je serai heureux quand j'aurai ma maison,
comme mon père, et que je serai libre de faire ce qu'il me
plaira. » Le père : « Comme je serai heureux quand j'aurai
réussi et que j'aurai de grands revenus, une maison de
campagne, des voitures, des chevaux et une position sociale plus élevée. » A chaque âge cependant, la possession
des moyens de satisfaction ardemment désirés ne donne pas
tout le bonheur attendu et amène une foule d'ennuis.

Le service des domestiques montre à merveille combien
il est faux que les résultats soient proportionnés aux moyens
employés. Il est très-naturel de calculer que si un domestique fait une certaine quantité d'ouvrage, deux domestiques
en feront le double et ainsi de suite. En pratique, les résultats
contredisent absolument cette théorie de sens commun. Non-
seulement la quantité d'ouvrage fait n'augmente pas proportionnellement au nombre des domestiques, mais il arrive
même souvent qu'elle suit la progression inverse; diminuez
le nombre des domestiques, il y aura progrès pour la quantité et la qualité de l'ouvrage.

Prenez aussi la relation existant entre les livres et l'instruction. Il est naturel de supposer que quiconque a sous la main des mines de renseignements, finira par être bien informé. En général cependant, c'est au moment où l'homme commence à accumuler les livres qu'il cesse de s'en servir. Son activité à remplir son cerveau de faits est en raison inverse de son ardeur à couvrir ses rayons de volumes. Une remarque devenue banale, est que les hommes distingués par leur savoir sont souvent ceux qui ont eu grand peine à se procurer des livres. Ici encore, il y a disproportion entre les résultats et les moyens employés.

Il n'en sera pas autrement si nous faisons un pas de plus dans la même direction — si au lieu de penser aux livres en tant que moyens d'informations, nous pensons aux informations en tant que moyens de diriger la conduite. Voyons-nous que la pénétration se mesure à l'acquit? D'après le nombre des faits amassés, qui sont les moyens d'arriver à la vérité essentielle, pourra-t-on calculer la somme de vérité qui sera obtenue? En aucune façon. Sagesse et savoir ne marchent pas nécessairement de front. Il est indispensable de posséder des données pour en arriver à la généralisation, mais un encombrement de données non généralisées est un obstacle à la généralisation. Quand il n'y a pas d'ordre dans l'instruction d'un homme, plus il saura de choses et plus la confusion de ses idées sera extrême. Lorsque les faits ne sont pas transformés en faculté par l'assimilation, plus ils sont nombreux plus l'esprit fléchit sous son fardeau, accablé et non soulagé par chaque acquisition nouvelle. Un travailleur peut devenir un Daniel Lambert de science et rester parfaitement inutile à lui-même et aux autres. Voici donc encore un cas où les résultats ne sont pas proportionnés aux moyens employés.

Il en est de même de l'éducation et des agents créés en vue de l'éducation. Prenez pour exemple l'emploi de la langue. Tout enfant auquel son père peut donner l'éducation *fashionable*, est dès l'âge le plus tendre bourré de grammaire, rompu à l'analyse grammaticale, dressé à trouver les fautes de langage. Après son temps de collége, pendant lequel les mots, leur sens et leur juste emploi l'absorbent presque uniquement, il passe dans une université où une grande part de son attention — souvent la plus grande — est consacrée à la culture littéraire, et où il a sans cesse sous les yeux des modèles de style, en vers et en prose. Voilà pour la préparation; passons au résultat. Il est notoire que nos commentateurs d'auteurs classiques sont au nombre de nos plus mauvais écrivains anglais. Les lecteurs du *Punch* n'ont pas oublié combien ils ont ri, il y a quelques années, de certaines citations tirées d'une lettre publiée par le Prévôt et le Principal d'Eton. Le Principal de Winchester nous a donné dernièrement en toute innocence, sans se douter qu'il avait commis des fautes énormes, un exemple de l'anglais produit par l'étude prolongée de la langue. Si de ces maîtres, qui sont littéralement une élite dans l'élite, nous passons à une autre élite triée par un procédé différent et presque entièrement composée d'hommes appartenant également à la classe instruite — d'hommes qui sont épurés par la Chambre des Communes et de nouveau épurés par le ministère, nous sommes encore désappointés. De même qu'au temps de la dernière génération, les discours du trône, qui sont rédigés par ceux qu'on dresse si laborieusement à faire un juste emploi des mots, fournissaient à une grammaire anglaise ses exemples de locutions vicieuses; de même un ouvrage sur le style pourrait puiser de nos jours dans les documents exposés chaque année aux yeux du monde entier par le gouvernement anglais, des exemples d'amphibologies, d'illogismes et de pléonasmes. Si de là nous passons aux œuvres des hommes n'ayant pas subi cette longue préparation, nous sommes encore plus frappés de l'anomalie apparente que nous rencontrons. Rien ne fera mieux sentir la grandeur de cette anomalie que de mettre dans la bouche de certains de nos écrivains, sans éducation première, les expressions usitées par leurs confrères cultivés. Représentez-vous Cobbett, qui s'est fait lui-même, écrivant à tête reposée la phrase suivante, contenue dans le dernier discours de la Couronne :

« J'ai gardé *en vue* le double *objet* d'avoir équitablement
« *égard* aux circonstances actuelles, et d'assurer aux tran-
« sactions commerciales et maritimes des deux pays un ré-
« gime d'un caractère plus permanent et reposant sur *une*
« *base égale et réciproque* [1]. »

1. Voir les journaux du 7 février 1873.

Figurez-vous·le poète qui savait « peu de latin et encore moins de grec, » donnant l'ordre suivant :

« Aucun discours de cette nature ne sera prononcé dans un « lieu où le rassemblement des personnes désirant l'écouter « *pourrait causer un empêchement à l'usage* par le public « d'une route ou promenade quelconque [1]. »

Cet ordre, et la demi-douzaine de phrases filandreuses et inutiles qui l'enchâssent, se trouvent dans les dix-huit lignes par lesquelles le ministère déclarait se retirer de la lutte engagée au sujet de Hyde-Park. Imaginez maintenant Burns le laboureur, imprimant la phrase suivante, qui est sortie de la plume d'un de nos érudits, choisi pour diriger l'éducation des fils de *gentlemen*.

« Je ne vous aurais pas importuné de ce détail (qui était « vraiment inutile dans ma lettre précédente), n'était que je « pourrais sembler avoir attaché de l'importance aux dates, « ce que l'accident de l'enfant m'a empêché d'être capable « de prétendre faire [2]. »

Représentez-vous le chaudronnier Bunyan publiant la période que voici, qui a été écrite par un de nos évêques.

« Si les 546 gentlemen qui ont signé la protestation rela-« tive aux diaconesses, avaient jugé à propos de faire des « objections à ce que j'eusse formellement autorisé une dia-« conesse à exercer dans la paroisse de Dilton Marsh, ou à ce « dout ils parlent lorsqu'ils disent que « Reconnaissance avait « été faite, (je présume que c'était sur un rapport dont au-« cune partie ni portion n'avait été adoptée par une résolu-« tion du Synode) quant aux sœurs vivant ensemble d'une « manière plus conventuelle et sous une règle plus sévère, » « je n'aurais pas cru nécessaire de faire plus que de rece-« voir avec un silence respectueux l'expression de leur opi-« nion, etc., etc. [3]. »

Si on aime mieux prendre pour point de comparaison des écrivains modernes ayant fait eux-mêmes leur éduca-tion, figurez-vous cette phrase venant de Hugh Miller, d'A-lexandre Smith, de Gérald Massey, du *Tisserand de Nor-wich* (W. J. Fox) ou de l'*Ouvrier-Mécanicien*. Dirons-nous

1. V. le *Times* et le *Post.* du 11 février 1873.
2. *Times,* 25 nov. 1872.
3. *Times,* 27 nov. 1872.

que pour ce qui est de la culture littéraire les résultats sont proportionnés aux moyens employés ? ou ne dirons-nous pas plutôt que dans ce cas-ci comme dans les autres, la relation est loin d'être aussi simple ?

Nulle part donc nous ne voyons vérifiée cette supposition que nous sommes si disposés à faire. La quantité d'effet ne varie pas proportionnellement à la quantité de moyen employé. C'est une vérité constante, qu'il s'agisse d'une machine, d'une méthode d'éducation ou d'une institution sociale. Menez un paysan voir une machine nouvelle ; son admiration sera proportionnée au nombre des rouages. Ecoutez les critiques d'un bon ingénieur et vous verrez que toute cette complication lui fait prévoir un insuccès car son but est de simplifier et non de compliquer; il sait que chaque roue ou chaque levier en plus implique de la force d'inertie et du frottement à vaincre, et parfois des déviations à rectifier. Il en est de même en tout. Dans une certaine mesure les moyens sont nécessaires pour obtenir des résultats ; au delà, les résultats diminuent proportionnellement à l'augmentation des moyens.

Cette confiance exagérée dans les moyens, jointe au préjugé inévitable de tous les citoyens en faveur des agents gouvernementaux, favorise la multiplication des lois. Elle entretient l'idée que plus les actions d'une société seront réglées dans tous leurs détails par des agents artificiels, mieux cela vaudra pour la société. Il en résulte dans les spéculations sociologiques qu'on exagère les bienfaits des lois et qu'on ferme les yeux sur les maux dont elles sont causes.

Une loi portant sur un agrégat aussi prodigieusement compliqué qu'une société, produit rarement — si même elle le fait jamais — autant d'effet direct qu'on en attendait, et elle produit invariablement des effets indirects, très variés et très-importants, qu'on n'attendait pas. Ceci s'applique même aux réformes fondamentales : je prendrai comme exemple, les deux modifications que nous avons vu apporter à la constitution de la Chambre des Communes. Partisans et adversaires du premier Bill de Réforme s'attendaient également à ce que les classes moyennes prissent beaucoup de leurs représentants dans leurs propres rangs. Les uns et les autres se trompaient. La composition de la Chambre des Communes demeura à peu de chose près ce qu'elle était. Mais tandis que le résultat spécial et immédiat sur lequel on avait compté ne se produisit pas, il y en avait d'indirects et de généraux, très-étendus, que personne n'avait prévus. Il en a été de même pour la dernière réforme. Des voix éloquentes avaient prophétisé l'envahissement de la Chambre des Communes par les délégués des classes ouvrières ; on s'attendait généralement à voir arriver tout au moins une minorité d'ouvriers. Tout le monde se trompait encore. Le changement visible auquel on s'attendait n'a pas eu lieu ; en revanche, il s'est produit un accroissement du sentiment de la responsabilité qui a déjà considérablement modifié l'action gouvernementale. Il en est toujours ainsi. S'il est une chose pouvant être prédite à coup sûr, c'est que les résultats attendus d'une loi seront surpassés de beaucoup par les résultats inattendus. De simples actions physiques suffiraient pour nous amener à cette conclusion. Nous allons en examiner une.

Vous voyez que cette feuille de tôle n'est pas parfaitement plate ; elle est un peu gondolée sur la gauche. Comment faire pour l'aplatir ? — C'est bien simple, direz-vous. Nous n'avons qu'à prendre un marteau et à frapper sur la bosse. — Bon ; voilà un marteau ; je vous obéis et je donne un coup. — Plus fort — Cela n'y fait rien. Vous voulez un autre coup ? Soit ; un, deux, trois. La bosse y est toujours ; le mal n'a pas diminué ; il a plutôt augmenté. Mais ce n'est pas tout. Regardez comme la plaque est faussée maintenant près de l'autre bord. Où elle était plate elle est recourbée. Nous avons fait de belle besogne. Au lieu de corriger le défaut primitif, nous en avons ajouté un second. Si nous avions appelé un ouvrier sachant planer, il nous aurait dit que nous n'obtiendrions aucun bon résultat, au contraire, en frappant sur la partie saillante. Il nous aurait montré à donner nos coups de marteau plus loin, dans des directions variées et d'une certaine manière ; le mal aurait été attaqué indirectement, et non pas directement. Ce n'est pas aussi simple que vous le pensiez.

Ces méthodes dites de sens-commun dans lesquelles votre

confiance est si grande, ne réussissent pas même avec une
feuille de métal. Que sera-ce avec une société? « Croyez-
vous qu'il soit plus facile de jouer de moi que de la flûte ? »
demande Hamlet. L'humanité est-elle plus facile à redresser
qu'une feuille de tôle ?

Je ne doute point que bien des personnes ne reconnaissent pas cette vérité, que plus un agrégat est complexe, plus
les effets amenés par une force accidentelle sont multiples,
confus et incalculables; par suite une société est de tous
les agrégats celui sur lequel il est le plus difficile d'agir
de la manière voulue et non d'une manière inintention-
nelle. Ces personnes demanderont la preuve de la difficulté.
La réponse serait peut-être plus facile si les preuves étaient
moins abondantes. Elles nous sont si familières qu'elles
semblent avoir perdu leur signification — absolument
comme les formules de politesse et les prières perpétuellement répétées. Il n'est pour ainsi dire pas un *Act* du
Parlement dont le préambule n'en fournisse sa part; il se
présente sous des formes variées dans le rapport de toute
commission quelconque; à toute personne réclamant des
exemples, nous n'en citerons qu'un, qui serait instructif
pour certains de nos enthousiastes irréfléchis, s'ils étaient
corrigibles. Nous voulons parler des mesures contre l'ivrognerie.

Nous ne nous arrêterons pas aux résultats de la loi Maine,
qui empêche les voyageurs d'obtenir les stimulants dont ils
ont un pressant besoin et n'empêche pas les gens sédentaires de boire en secret; nous tenons le fait d'une personne
dont l'expérience personnelle a vérifié les opinions du public.
Nous ne nous arrêterons pas non plus aux mesures rigoureuses prises en Écosse en 1617, « pour réprimer le vice
honteux et détestable, chaque jour grandissant, de l'ivrognerie; » elles ne produisirent évidemment pas l'eff t es-
péré. Nous nous bornerons au *Licensing Act*, 9e de George II,
chap. 23, destiné à arrêter la vente des spiritueux (principalement du gin) par des licences prohibitives.

« Tindal nous dit que peu de mois après son adoption, les
« commissaires de l'accise reconnurent eux-mêmes l'impos-
« sibilité ou le peu de sagesse qu'il y aurait à l'appliquer
« rigoureusement.... Smollett, qui a fait un si sombre ta-

« bleau de l'état de choses auquel la Loi était destinée à
« mettre fin, a peint en couleurs non moins fortes les maux
« qu'elle a causés : « La populace, écrit-il, ne tarda pas à
« briser toute entrave. On continua de vendre la liqueur à
« tous les coins de rue, sans avoir obtenu de licence ni ac-
« quitté les droits ; les dénonciateurs étaient intimidés par
« les menaces du peuple ; et, soit indolence soit corruption,
« les juges de paix négligeaient de faire exécuter la loi. » Il
« ajoute qu'en résumé, « on reconnut avec le temps que
« depuis la création de ces lourds impôts, la consommation
« de gin augmentait considérablement chaque année [1]. »

En 1743, lorsque cette loi fut rapportée, les débats établi-
rent ce qui suit :

« La quantité de gin distillée en Angleterre, qui en 1684,
« lors de l'importation de cette industrie, avait été de
« 527,000 gallons, s'était élevée à 948,000 en 1694, à
« 1,375,000 en 1704, à 2,000,000 en 1714, à 3,520,000 en
« 1724, à 4,947,000 en 1734, et à non moins de 7,160,000 en
« 1742..... On arrêtait la vente au détail (des spiritueux)
« en donnant les plus fortes primes possible aux dénoncia-
« teurs..... La perspective de gagner de l'argent en surpre-
« nant les fraudes (des détaillants sans licence), invitait
« bien des gens à faire commerce de dénonciation ; et la faci-
« lité avec laquelle on faisait la preuve du crime encoura-
« geait quelques personnes à porter de faux témoignages
« pour satisfaire leurs rancunes ou leur avarice ; la multi-
« tude des dénonciations devint un fléau public et les ma-
« gistrats eux-mêmes se plaignaient de ce que la loi était
« inexécutable. Les parjures des dénonciateurs étaient de-
« venus si communs et si flagrants que les gens du peuple
« attribuaient toutes les dénonciations à la malignité ; ou du
« moins, se considérant comme opprimés par la loi, ils re-
« gardaient tout homme en favorisant l'exécution comme
« leur ennemi ; ils déclarèrent donc la guerre aux dénon-
« ciateurs, dont beaucoup furent traités avec une grande
« cruauté et quelques-uns même massacrés dans la rue [2]. »

Voici donc un cas dans lequel il y a eu à la fois absence

1. V. Craik, in Pict. Hist., vol. IV, p. 853.
2. Ibid., vol. IV, pag. 853.

du bien attendu et production de maux inattendus énormes.
Pour reprendre notre image, le gauchissement primitif, au
lieu d'être diminué par ces coups directs, a été augmenté ;
on a créé en même temps de nouvelles déformations sérieuses. On a encouragé la fraude, le mensonge, la malignité, la cruauté, l'assassinat, le mépris de la loi et les
autres déviations visibles que nous avons signalées, et on a
en outre causé ou augmenté une multitude de petits écarts
de sentiments et d'idées. A l'accroissement direct du vice
visé, s'est ajoutée une démoralisation indirecte.

A l'erreur accréditée que les résultats sont proportionnés
aux moyens employés, vient se joindre un autre effet du préjugé politique général : celui d'entretenir une foi exagérée
dans les formes politiques. La tendance à tout attribuer à
un agent immédiat et visible et à oublier les forces cachées
sans lesquelles l'agent est sans valeur — cette tendance par
suite de laquelle l'enfant regardant une machine à vapeur
suppose que la combinaison des pièces est tout, sans se
rendre compte que la machine ne peut rien sans une chaudière génératrice de vapeur et la chaudière rien sans eau et
sans combustible ; cette tendance conduit les citoyens à se
figurer qu'on peut se procurer un bon gouvernement en
arrangeant la chose publique de telle ou telle façon. Dispo-
sons notre machine politique de la bonne manière, disent-
ils, et tout ira bien.

Cette croyance aux vertus innées des constitutions, est
cependant aussi dénuée de fondement que l'était celle aux
supériorités naturelles des personnages royaux. De même
qu'anciennement la fidélité envers les gouvernants entre-
tenait la foi en leurs pouvoirs et en leurs vertus, malgré
les continuels démentis infligés par les faits ; de même,
dans nos temps modernes, la fidélité envers les formes
constitutionnelles entretient la foi en leur valeur intrinsèque, malgré les faits, qui prouvent constamment que leur
valeur est toute conditionnelle. Les gouvernements des
sociétés industrielles montrent bien que les seules formes
efficaces sont celles qui sont sorties naturellement du caractère de l'homme, et que faute du caractère convenable les
formes obtenues artificiellement demeureront sans effica-

cité. Examinons un exemple typique de ce genre de gouvernement.

Les propriétaires d'un certain chemin de fer (j'en étais; je parle ici par expérience personnelle) furent convoqués à un meeting extraordinaire. Les lettres de convocation annonçaient que les directeurs avaient consenti à affermer leur ligne à une autre compagnie; ils étaient convenus de tout; la compagnie prenant le bail était entrée en possession, et les propriétaires étaient appelés à donner leur approbation au jour indiqué. Le meeting eut lieu. Le président rendit compte des négociations et du marché conclu. On proposa, et jusqu'à un certain point on discuta une motion portant approbation de cet arrangement — quant à la conduite extraordinaire du conseil de direction, il n'en fut pas même question. Au moment où la proposition allait être mise aux voix, un seul propriétaire protesta contre l'usurpation étonnante impliquée par la transaction. Il dit qu'il s'était manifesté une fausse conception de la relation entre les conseils de direction et les propriétaires; les directeurs en sont venus à se croire l'autorité suprême et à considérer les propriétaires comme leurs subordonnés, tandis qu'en réalité les directeurs n'étaient que de simples agents, nommés pour agir en l'absence de leurs commettants, les propriétaires, auxquels ils demeuraient assujettis; dans toute affaire appartenant à un particulier, si le propriétaire absent recevait tout à coup de son gérant la nouvelle qu'il a affermé l'établissement, que le loueur est entré en possession et qu'on a besoin pour le bail de sa signature, à lui propriétaire, le prompt retour de ce dernier serait suivi d'un résultat tout différent du résultat attendu — c'est-à-dire qu'on renverrait le gérant pour avoir outrepassé aussi outrageusement ses attributions. — Cette protestation contre la violation préméditée des principes inscrits dans les statuts des compagnies resta absolument sans écho — pas une voix sympathique ne s'éleva pour s'y joindre, même sous une forme adoucie. Non-seulement la proposition tendant à approuver fut votée, mais elle le fut sans qu'on sût au juste en quoi consistait la convention. On n'avait pas daigné nous donner d'autres renseignements que le compte-rendu verbal du président; le texte de la convention n'avait pas été imprimé et distribué avant le meeting et il était impossible de se le procurer à l'assemblée. Et ce qui est admirable, c'est que cette même société de propriétaires avait déjà été trompée une fois par cette même compagnie qui prenait le bail! — On nous avait fait entreprendre la construction de la ligne sur la foi d'une soi-disant garantie qui se trouva ne rien garantir du tout!

Vous voyez la morale. La constitution de cette société était purement démocratique, comme celle de toutes les compagnies en général. Les propriétaires nommaient leurs directeurs, ceux-ci leur président, et il y avait des stipulations spéciales pour limiter le pouvoir des directeurs et les remplacer en cas de besoin. Ces formes de gouvernement libre étaient cependant tombées en désuétude. Il en est du reste toujours ainsi. Sauf dans les cas où une gestion scandaleuse, des malversations causant des pertes considérables, ont provoqué parmi eux une agitation révolutionnaire, les propriétaires de chemins de fer n'exercent pas leurs droits. Les directeurs sortants étant réélus comme si c'était une simple formalité, le conseil devient en pratique un corps fermé; généralement, un de ses membres, le plus souvent le président, acquiert la haute-main, et l'on tombe ainsi dans un gouvernement tenant le milieu entre l'oligarchie et la monarchie. C'est la règle et non l'exception, remarquez-le bien; cela se passe parmi des gens qui ont reçu pour la plupart une bonne éducation et dont beaucoup sont fort instruits — des gens riches, commerçants, hommes de loi, clergymen, etc. Cet exemple réfuterait amplement, s'il en était besoin, l'idée que les hommes soient préparés par l'instruction à faire un juste exercice du pouvoir.

Revenons à notre sujet. Quiconque cherche à discerner la vérité se dégageant des faits de ce genre, peut voir que les formes de gouvernement n'ont de valeur qu'autant qu'elles sont des produits du *caractère* national. Aucun arrangement politique, quelque habilement imaginé qu'il soit, ne fera rien par lui-même. La connaissance la plus approfondie des propriétés de ces arrangements ne suffira pas. Rien ne suffira, si ce n'est le caractère auquel ces arrangements sont adaptés — une nature ayant donné les arrangements, par voie d'évolution, durant le cours du progrès social. Et chaque fois qu'il n'y a pas convenance intime

entre la nature et les arrangements — chaque fois que les
arrangements établis subitement par une révolution, ou
poussés trop loin par une réforme, sont d'un type plus élevé
que le type exigé par le caractère national, il y a toujours
une lacune proportionnée à la disconvenance. Nous pourrions citer à l'appui les exemples dont fourmillent l'histoire
de la Grèce moderne, celles de l'Amérique du Sud et du
Mexique. Nous pourrions aussi nous arrêter à l'enseignement donné par la France (nous en avons déjà dit quelques
mots en passant); là, le cycle politique nous montre sans
cesse que la nouvelle démocratie n'est que l'ancien despotisme sous un nom différent; les mots *Liberté*, *Égalité*,
Fraternité, sont inscrits comme autrefois sur les monuments publics, et, comme autrefois aussi, ces mots se traduisent en haines de parti violentes, en injures et en attaques au sein de l'Assemblée, en arrestations en masse des
ennemis des hommes au pouvoir; en interdictions de réunions publiques et en suppressions de journaux — et, toujours comme autrefois, des écrivains qui se posent en chauds
partisans de la liberté politique se réjouissent des mesures
garrottant et bâillonnant leurs adversaires. Mais prenons
plutôt un cas moins différent du nôtre.

La même vérité se manifeste aux États-Unis, par des
voies différentes et d'une manière moins frappante, mais
cependant avec une clarté suffisante. Nous ne parlons pas
seulement des exemples extrêmes fournis à une certaine
époque par la Californie; là, sous le régime de cette liberté
politique absolue qui aux yeux de quelques personnes est
l'unique condition du bien-être social, la plupart des hommes
vivaient dans une appréhension continuelle d'être tués et
les autres montraient avec orgueil, sur la poignée de leurs
pistolets, les entailles marquant le nombre d'hommes qu'ils
avaient abattus. Nous ne nous arrêterons pas non plus à
l'état de société qui règne dans l'Ouest, sous un régime
républicain; ici, la femme blanche qui épouse un nègre est
brûlée vive; des bandes mystérieuses assassinent la nuit
les gens dont la conduite leur déplaît; la foule arrête les
trains pour *lyncher* les coupables qui s'y trouvent; porter
un revolver est chose allant de soi; on a recours contre les
juges à l'intimidation et il devient souvent impossible d'exer-

cer la justice. Nous nous contentons d'indiquer en passant
ces exemples extrêmes du degré d'oppression intolérable
auquel on peut arriver, sous des institutions garantissant
nominalement les hommes de l'oppression — on en arrive
à ne plus être libre d'exprimer son opinion, ou de conduire
à sa guise sa vie privée. Sans aller si loin, nous trouverons
dans les états de l'Est bien assez de preuves que les réalités de la liberté ne sont pas nécessairement en rapport
avec ses formes. Un état de choses dans lequel les gens se
font justice eux-mêmes, sont loués de l'avoir fait et presque
toujours acquittés en cas de poursuite, est un état de choses
ayant rétrogradé, sous ce rapport, à l'inverse de la civilisation ; en effet, l'un des traits essentiels du progrès politique
est la disparition graduelle des représailles personnelles et
la suprématie croissante d'un pouvoir gouvernant réglant
les différends entre individus et punissant les agresseurs.
La sécurité des individus diminue en proportion de l'affaiblissement de ce pouvoir gouvernant. La vénalité des juges,
les fraudes financières dont les nombreuses victimes restent
sans aucun recours, la corruption de l'administration de
New-York, qui fait si peu de chose avec de si lourds impôts
nous montrent comment la sécurité, diminuée de cette manière générale, l'est encore par des voies plus spéciales.
Les actes des corps législatifs nous présentent, sous un
autre aspect, le même spectacle — ainsi les avantages
déloyaux que certains individus prennent sur les autres, en
se prêtant aux tripotages des Crédits-Mobiliers et consorts.
La forme extérieure du gouvernement libre subsiste ; mais
intérieurement a grandi une réalité faisant que le gouvernement n'est pas libre. Le corps des politiques de profession, qui entrent dans la vie publique pour gagner de l'argent, organisent leurs forces et se créent une tactique, est
devenu, par le fait, une classe dirigeante absolument différente de celle que la constitution se proposait d'assurer au
pays, et ayant des intérêts tout différents de ceux du
public.

Il faut dénoncer sans relâche cette adoration des moyens
de la liberté remplaçant la liberté elle-même. Les votes
n'ont pas de vertu intrinsèque. La possession de représen-

tants n'est pas un bienfait en soi. Ce ne sont là que les moyens d'atteindre un but. Le but est d'assurer les conditions permettant à un citoyen d'organiser sa vie, sans autres obstacles de la part de ses concitoyens que ceux qui résultent de leurs droits mutuels — c'est d'assurer à chaque citoyen tous les résultats avantageux justement acquis, de ses activités. La valeur des moyens se doit estimer à la mesure dans laquelle ce but est rempli. Un citoyen en possession nominale de tous les moyens, mais n'atteignant qu'imparfaitement le but, est moins libre que celui arrivant à un meilleur résultat avec des moyens incomplets.

Mais il est inutile d'aller demander à l'étranger la preuve que les formes politiques n'ont de valeur qu'autant qu'elles sont vivifiées par le caractère national ; nous en avons des preuves chez nous. Nous ne voulons pas parler de celles que nous fournit l'histoire constitutionnelle du passé — nous ne pensons pas uniquement à cette foule de faits qui nous montrent le pouvoir nominal de notre corps représentatif ne devenant un pouvoir réel que par degrés, et la Chambre des Communes, indépendante en théorie, mettant des siècles à s'affranchir du joug de la royauté et de l'aristocratie et à acquérir une indépendance pratique. Nous voulons parler du temps présent, et d'actes commis par notre corps représentatif dans toute la plénitude de son pouvoir. Cette assemblée de députés, choisie par de grands collèges électoraux et par conséquent si propre en apparence à défendre l'individu d'un rang quelconque contre toute violation de ses droits, autorise cependant elle-même de nouvelles violations de ces droits. Un gouvernement populaire a établi, sans l'ombre de résistance, une organisation officielle faisant litière des principes essentiels du gouvernement constitutionnel ; devenu depuis encore plus populaire, il a approuvé et maintenu après mûre réflexion cette organisation. Nous allons exposer sommairement la marche qui a conduit à ces résultats.

Le 20 juin 1864, au moment où allaient sonner 2 heures du matin, avait lieu la première lecture d'une Loi conférant à la police, dans quelques localités, certains droits nouveaux. Le 27 du même mois — Hansard n'indique pas l'heure — on procéda à la seconde lecture qui passa sans une observation. Le 30 juin, au moment où allaient sonner 2 heures du matin, on nomma, sans discussion, une commission chargée d'examiner la loi proposée. Le 15 juillet, cette commission déposa son rapport. Le 19, le Bill fut renvoyé à la commission qui déposa le même jour son rapport — le tout en silence. Le 20 juillet, les amendements furent discutés. Le 21 juillet on passa à la troisième lecture et la loi fut votée — encore en silence. Transmise le lendemain à la chambre des Lords, elle passa par toutes les phases réglementaires en quatre jours (ou trois?) au milieu d'un silence non moins profond. Cette loi ne s'étant pas trouvée à l'épreuve assez énergique pour répondre aux vues des officiers de l'armée de terre et de mer (qui selon le témoignage d'un des membres de la commission, en avaient été les promoteurs) fut « amendée » en 1866. Le 16 mars de la même année, à 1 heure du matin, première lecture de la loi amendant la précédente; deuxième lecture le 22; le secrétaire de l'Amirauté expose que le projet de loi a pour but de protéger la santé des soldats et des matelots, et déclare « qu'on se proposait de remettre en vigueur, avec addition de pouvoirs nouveaux, une loi adoptée en 1864. » Pour la première fois, deux membres présentent de courtes observations contre le projet. Le 9 avril on nomme une commission dont la plupart des membres avaient fait partie de la précédente, et où prédominait l'élément militaire et marin. Le 20, dépôt du rapport de la Commission. Le 26, le Bill est renvoyé à la commission au moment où 2 heures du matin allaient sonner; enfin, le rapport ayant provoqué quelques courtes observations, il y eut protestation, sous prétexte que le Bill ne devait pas être discuté en séance publique. Veuillez remarquer comment fut accueillie la seule opposition directe qui se soit produite. Quelqu'un ayant proposé, dans le but d'apporter une restriction à la clause définissant les pouvoirs de la police, d'ajouter ces mots : « les juges devant qui il sera déposé de ces faits, exigeront dans tous les cas des confirmations et des témoignages à l'appui, émanés de personnes ne faisant pas partie de la police, » cet amendement fut rejeté sans un seul mot. Enfin, en 1869, cette loi fut approuvée et aggravée par la Chambre des Communes actuelle.

Et maintenant, qu'était-ce que cette Loi adoptée la première fois sans une observation quelconque, et votée de nouveau, sous sa forme soi-disant amendée, après de courtes observations prononcées au milieu des réclamations, les commentaires « étant interdits ? » Quelle était cette mesure, si manifestement bonne qu'il était jugé superflu de la discuter ? C'était une mesure qui, dans des localités données, plaçait toute une moitié de la population sous la juridiction sommaire des magistrats, par rapport à certains actes. En outre, ceux qui devaient porter l'accusation et dont le seul témoignage suffisait pour établir la prévention, étaient les agents de la loi, des hommes attendant leur avancement de leur zèle, exposés en permanence à la tentation de créer et d'établir des délits. Ce n'est pas tout ; on rendit la preuve de l'accusation relativement facile en se bornant à exiger qu'un seul magistrat local fût convaincu, sur la déposition sous serment d'un de ces agents de la loi, que la personne accusée était coupable des actes allégués — ces actes tenus alors pour prouvés, étaient punis par des examens périodiques d'une nature repoussante et par l'inclusion forcée dans une classe dégradée. Une Chambre des Communes nommée par de grands colléges électoraux, dans beaucoup desquels prédomine l'élément ouvrier, a déployé une ardeur sans pareille à fabriquer une loi, grâce à laquelle il est plusieurs districts où une femme ou fille d'ouvrier ne conserve sa liberté intacte, que jusqu'au jour où le témoignage d'un agent de police fait croire à un magistrat qu'elle se prostitue ! Quand même il y aurait nécessité urgente (nous avons vu que ce n'était pas le cas) de dispenser des précautions établies contre l'injustice, ce Bill n'aurait dû, coûte que coûte, être adopté qu'après une discussion approfondie et un examen consciencieux ; tous les efforts tendirent à l'envelopper de mystère, sous prétexte que la décence s'opposait à la discussion ! Pendant ce temps, la question Mordaunt et d'autres du même genre sont rapportées avec une minutie proportionnée à la quantité de détails équivoques qu'elles font connaître ! Ce n'est pas tout. Non-seulement les dispositions de la Loi facilitent l'établissement de la prévention aux hommes qui doivent être tentés d'accuser, mais ces mêmes hommes sont protégés contre les pénalités que pourraient leur attirer les abus de pouvoir. La pauvre femme qui poursuit un agent pour lui avoir intenté à tort une accusation fatale à sa réputation, se trouve en face de l'alternative suivante : perdante, elle paie les dépens du défenseur ; gagnante, elle n'en paie pas moins sa part de dépens : il faut un ordre spécial du juge pour qu'elle ne supporte pas les frais ! Et voilà la justice « équitable » dispensée par le gouvernement le plus libre, quant à la forme, que nous ayons jamais eu ! [1].

Qu'on n'aille pas conclure de notre raisonnement que nous n'attachons pas d'importance aux formes du gouvernement tout en soutenant qu'elles n'ont de valeur qu'autant qu'un caractère *national leur communique la vie*, il est logique de soutenir aussi qu'elles sont essentielles en tant qu'agents par l'intermédiaire desquels ce caractère national donne ses effets. Un enfant n'arrivera à rien avec un outil dont le poids et les dimensions ont été calculés pour la main d'un homme. Un homme ne fera rien de bon avec l'outil de l'enfant : il lui en faut un adapté à sa main plus large et à son bras plus vigoureux. A chacun l'outil est indispensable, mais les résultats obtenus par chacun seront proportionnés, non pas seulement à la grandeur ou à la structure de l'outil, mais encore à son adaptation aux forces de

---

1. En citant plus haut cette législation, à propos de l'altération du témoignage, nous opposions la promptitude à accepter les exposés incomplets destinés à justifier une législation de ce genre, au mépris avec lequel on traite les innombrables faits prouvant que des abus criants résulteront inévitablement des arrangements pris. Depuis que ce passage a été écrit, il a reçu une confirmation éclatante. Un assassinat a été commis à Lille par une bande de faux agents de police (l'un deux était un employé du gouvernement) et les débats ont révélé que depuis trois ans la population de Lille subissait une terreur organisée sortie du système de l'inspection des filles publiques. Bien que pendant ce laps de trois années, cinq cents femmes, au dire d'un des criminels, soient tombées entre leurs griffes — bien que les hommes aient été rançonnés et les femmes outragées sur une si grande échelle, cela continuait par la raison (si simple qu'il semble superflu de l'expliquer au moyen d'exemples) que les victimes aimaient mieux se soumettre que de compromettre leur réputation ; cela durerait sans doute encore, sans l'assassinat d'une des victimes. Voici qui convaincra quelques personnes, mais non sans doute, celles qui en vertu de ce qu'il leur plaît d'intituler « une législation pratique, » préfèrent l'induction basée sur un Livre Bleu à celle qui s'appuie sur l'Histoire universelle.

l'ouvrier. De même des machines politiques. On peut soutenir qu'une machine politique n'a de valeur qu'autant qu'il existe la force de caractère nécessaire pour s'en servir, et en même temps qu'une machine politique convenable est indispensable. Ici encore, les résultats ne sont pas proportionnés aux moyens employés ; ils sont proportionnés à la force, qui pour agir convenablement a besoin de certains moyens.

Il faut aussi se tenir en garde contre un autre préjugé politique encore plus général et plus subtil. Outre cette confiance exagérée dans les lois et les formes politiques alimentée par la vénération qu'inspirent les agents régulateurs, il existe chez les hommes même les moins influencés par cette vénération, une foi vague à la possibilité immédiate de quelque chose de beaucoup meilleur que ce qui est — ils admettent tacitement que, même en prenant les hommes tels qu'ils sont, les affaires publiques pourraient être infiniment mieux gouvernées. Rien ne montrera mieux l'attitude mentale de ces personnes, qu'une conversation imaginaire entre l'une d'elles et un membre du Parlement.

« Pourquoi vos agents ont-ils augmenté, sur une simple conjecture, ce que j'avais à payer pour l'*income-tax ?* ils me forcent ainsi à payer une somme que je ne dois pas et à laisser établir un précédent pour l'avenir, ou à compromettre mes affaires en perdant un temps précieux à prouver que j'ai été taxé trop haut. Vous m'obligez à choisir entre deux pertes, l'une directe et l'autre indirecte, uniquement parce que votre répartiteur s'imagine, ou fait semblant de s'imaginer, que j'ai dissimulé une partie de mon revenu. Pourquoi permettez-vous cela ? Pourquoi renverser ici le principe que vous tenez pour équitable dans les différends entre citoyens — celui d'après lequel c'est au réclamant de prouver ses droits et non pas à l'autre de prouver que la réclamation est mal fondée. Est-ce en vertu d'anciens usages politiques que vous agissez ainsi ? Est-ce pour l'harmonie, à cause de l'ancien usage tout récemment aboli de faire supporter les frais de la défense à celui que vous avez injustement accusé, bien que dans les procès entre citoyens vous exigiez tous les dépens du perdant ? Votre désir est-il de continuer la tradition des gouvernants du bon vieux temps, qui réquisitionnaient des ouvriers et les indemnisaient selon leur bon plaisir, ou bien celle des gouvernants encore plus anciens qui prenaient ce dont ils avaient besoin? Voudriez-vous continuer cette tradition en mettant dans votre poche le plus possible de ce que je gagne, quitte à moi à en rattraper ce que je pourrai? Vous comptez sans doute que j'aimerai mieux me résigner à cette perte que d'endurer les tracas, les difficultés et les maux de toutes sortes, sans lesquels il est impossible de recouvrer ce que vous avez injustement accaparé? On m'a élevé à considérer le gouvernement et ses fonctionnaires comme mes protecteurs et je trouve en eux des agresseurs contre lesquels j'ai à me défendre. »

« — Comment voulez-vous qu'on fasse? Nos agents ne peuvent pas fournir la preuve qu'une personne paie trop peu pour l'income-tax. Il faut ou s'en tenir au système en vigueur, ou renoncer à la taxe. »

« — Voilà qui ne me regarde pas. Je me borne à constater, que dans les différends entre citoyens vous n'admettez pas ce moyen de défense. Quand un plaignant réclame sans pouvoir faire la preuve, vous n'exigez pas du défendeur de prouver, sous peine d'être condamné, que la réclamation est mal fondée. Vous dites que sans preuves il n'y a rien à faire. Pourquoi ignorez-vous ce principe quand c'est votre agent qui pose la réclamation? Pourquoi tant d'iniquité peut-elle couler de la fontaine d'équité? Est-ce pour rester conséquent avec ce système de jurisprudence criminelle, qui professe qu'un homme doit être tenu pour innocent jusqu'à ce que sa culpabilité ait été prouvée, que vous le traitez avant le jugement en condamné? — comme vous avez fait pour le Dr Hessel. Ces magistrats de Middlesex, nommés par vous, qui ne voient rien de dur pour un homme ayant reçu de l'éducation à être séquestré dans une cellule et assujetti aux règlements des prisons, parce qu'il est simplement soupçonné d'un meurtre, représentent-ils réellement vos idées? »

« — Les magistrats pensaient que le règlement ne leur permettait pas d'établir une distinction. Vous ne voudriez pas introduire dans la discipline des prisons une législation fondée sur les distinctions de classes? »

« — Je me rappelle que ce fut une de leurs excuses et j'applaudis de grand cœur à cette tentative pour établir l'égalité
de traitement entre les classes. J'applaudis d'autant meilleur
cœur, que cette application du principe de l'égalité est fort
différente de celles dont vous êtes coutumier. Par exemple,
quand vous congédiez un fonctionnaire grassement payé
pour quelque sinécure, vous lui donnez une grosse pension,
probablement parce que son train de vie dispendieux l'avait
empêché de faire des économies ; s'agit-il d'un ouvrier d'arsenal, vous ne lui donnez aucune compensation en le renvoyant,
probablement parce que sur le prix d'une journée il est facile
de mettre de côté de quoi vivre. Soit dit en passant. Ce
qui m'occupe en ce moment, c'est cette action de votre
système judiciaire qui, de protecteur qu'il devrait être, le
transforme en agresseur des citoyens, riches ou pauvres.
Les exemples que j'ai cités ne sont que des détails insignifiants de l'état de choses général. La loi est encore,
comme jadis, un nom redouté. Mon homme de loi me recommande fortement, parce qu'il est mon ami, de ne pas m'a-
dresser à vous pour m'aider à rentrer dans des biens qui
m'ont été frauduleusement enlevés, et je sens aux remarques
des gens de ma connaissance qu'ils me tiendraient pour un
homme perdu si j'entrais dans votre Cour de Justice. Que
j'agisse ou non, je suis en danger. Tels sont vos arrangements que je puis être étranglé, pécuniairement parlant, par
un individu qui se prétendra lésé par moi. J'ai le choix entre
me laisser voler par le drôle qui cherche à me faire chanter,
et aller me défendre devant la Cour de la Chancellerie, où je
serai probablement encore plus volé par vos agents.

« Ce n'est pas tout ; quand vous m'aurez rendu justice,
comme vous le promettez hautement, en prononçant en
ma faveur et en condamnant le drôle aux frais, il se trouve
que je pourrai encore être ruiné, parce que si mon coquin
n'a pas de fortune je serai obligé de payer mes dépens. Il
ne manque qu'une chose pour rendre votre système conséquent d'un bout à l'autre : c'est que lorsque j'appelle
votre policeman au secours contre un voleur, votre policeman ne me frappe encore plus fort que le voleur et n'achève
de vider ma bourse. »

« — Pourquoi tant d'impatience? N'allons-nous pas réfor-

mer tout cela? N'a-t-on pas proposé, la session dernière,
d'établir une Cour d'Appel composée de quatre pairs aux
appointements de 175.000 fr. chacun? Le Gouvernement n'a-
t-il pas présenté, tout au début de la session actuelle, une
loi destinée à prévenir les conflits entre la Loi et l'Équité et à
faciliter les appels ? »

« — Merci d'avance pour ce perfectionnement. Ayant failli
être ruiné par un procès, ce sera une consolation de penser
que je puis achever ma ruine par un second et que cela ne
traînera pas comme la première fois. En attendant, je vous
serais obligé si au lieu de faciliter les appels, ce qui a l'air de
vous paraître la chose importante, vous vouliez bien diminuer les occasions d'appel en arrangeant vos lois de façon
à ce qu'il nous soit possible, à moi ou tout au moins au
juge, de les connaître ; je vous serais en outre très-
obligé de vouloir bien me donner des remèdes plus simples
contre les agressions, en place de ces remèdes tellement
coûteux, mensongers et dangereux, que plutôt que d'y recourir j'aime mieux souffrir les agressions en silence. Je
fais tous les jours l'expérience de la futilité de votre système. Je pars pour un voyage, croyant, sur la foi de l'indica-
teur, être avant la nuit à une certaine ville éloignée ; le train
arrive à un embranchement avec une heure de retard; voilà
mon plan bouleversé — il m'en coûte une nuit passée par
les chemins et la perte de la demi-journée suivante. J'ai
pris les premières pour être à mon aise, confortable, en
bonne société ; il se trouve qu'à une ville où il y a foire,
le conducteur introduit dans mon compartiment, sous prétexte que les troisièmes sont pleines, plus de voyageurs
qu'il n'y a de places — et des voyageurs dont la tenue et l'o-
deur sont insupportables. Je suis donc volé de deux façons.
A l'une des fraudes, je ne puis rien; quant à l'autre, le remède, s'il y en a, n'est pas pratique. Me répondra-t-on que
pour ce qui est d'avoir manqué aux engagements pris
à l'égard de l'heure, la compagnie s'est mise, ou prétend
s'être mise, à l'abri, en prévenant qu'elle déclinait toute
responsabilité à cet égard? Mais c'est une de vos innombrables négligences d'avoir toléré cette déclaration. Si je
donne à la compagnie une pièce fausse ou que je voyage
en première avec un billet de seconde, vous n'admettez

pas que je plaide l'irresponsabilité. Vous regardez le contrat comme parfaitement défini en ce qui me concerne, et vous souffrez qu'en pratique il demeure indéfini pour l'autre partie contractante. Considérez maintenant les effets généraux de votre négligence. Il est rare qu'un train arrive à l'heure, et le résultat de cette inexactitude chronique est la multiplication d'accidents augmentant le chiffre de la mortalité. »

« — Et la doctrine du laissez-faire? Je vous croyais d'avis que moins le gouvernement se mêle de ces sortes de choses, mieux cela vaut, et vous venez vous plaindre de ce que la loi ne veille pas à ce que vous soyez à l'aise dans votre wagon, ou à ce que vous arriviez à temps au terme de votre voyage! Je suppose que vous êtes partisan de la proposition faite à la Chambre pendant la dernière session, pour obliger les compagnies à donner des boules d'eau chaude aux secondes. »

« — En vérité, vous me confondez. Je n'aurais jamais cru qu'une intelligence ordinaire, à plus forte raison une intelligence législative, c'est-à-dire d'élite, pût tomber dans une pareille confusion. Je ne vous blâme point de ne pas veiller à ce que je sois à l'aise et à ce que j'arrive à l'heure. Je vous blâme de ne pas assurer l'exécution des contrats. De même que je proteste contre votre négligence, quand vous tolérez qu'une compagnie prenne mon argent et ne me donne pas en échange tout ce que j'ai payé; de même je protesterais avec autant d'énergie, si vous régliez combien on me donnera de confort pour mon argent. Je n'ai sûrement pas besoin de vous rappeler que votre loi civile en général procède du principe que vous n'avez pas à vous occuper de savoir si un marché est bon ou mauvais; c'est affaire aux contractants; mais une fois le marché conclu, votre devoir est d'en assurer l'exécution. Les hommes ne peuvent vivre réunis en société qu'autant que ce principe est respecté. La condition de toute vie, humaine ou autre, est que l'effort produit rapportera de quoi réparer la déperdition résultant de l'effort — et plus ou moins de surplus. Une créature qui dépense continûment de la force sans qu'il y ait restitution sous forme d'aliments, meurt; une créature est tuée indirectement partout ce qui empêche une prompte restitution après une dépense de force. Ceci s'applique aux êtres humains tout comme aux autres. Dans une société, la plupart des citoyens ne tirent pas directement leur nourriture de l'exercice de leurs facultés ; ils l'en tirent indirectement : chacun donne le produit de ses facultés, exercées à sa façon particulière, en échange du produit des facultés d'autrui, exercées autrement. La condition sans laquelle il est impossible d'obtenir, dans une société, la nourriture ainsi destinée à remplacer la matière dépensée par l'effort, c'est l'exécution du contrat. Ne pas exécuter un contrat, c'est laisser faire une dépense de force dans l'attente d'une restitution et refuser ensuite cette restitution. Sauvegarder le contrat, c'est donc sauvegarder le principe fondamental de toute vie, sous la forme que lui ont donnée les arrangements sociaux. Je vous blâme parce qu'en ne sauvegardant pas ce principe fondamental, vous souffrez que la vie soit entravée et sacrifiée de mille façons indirectes. Vous êtes, je le reconnais, plein de sollicitude à l'endroit des dangers que mes propres actes pourraient faire courir à ma vie. Bien que vous ne me garantissiez que très-incomplétement du mal venant d'autrui, vous semblez particulièrement préoccupé d'éviter que je ne m'en fasse à moi-même. Rivalisant avec sir Peter Laurie, qui s'est illustré par sa fameuse menace « de supprimer le suicide, » vous faites ce qui dépend de vous pour m'empêcher de me rompre les os. Votre extrême souci de ma personne se montre, par exemple, lorsque vous établissez un règlement me défendant de descendre d'un train avant l'arrêt complet; si je saute, que je me sois fait mal ou non, vous décidez de me faire du mal en me mettant à l'amende [1]. Non content de me punir de la sorte lorsque je cours risque de me punir moi-même, vous montrez votre aimable sollicitude à mon égard en prenant de l'argent dans ma poche pour me pourvoir de différentes choses commodes — des bains, des lavoirs, des livres gratis. Dans ma poche, ai-je dit? Pas toujours. Quelquefois dans la poche des gens que cela gêne le plus; comme, par exemple, lorsque vous demandez à de malheureux écrivains à qui leurs livres coûtent au lieu de rapporter, de les donner

1. Voyez le *Times* du 11 décembre 1872.

gratis à vos bibliothèques publiques, afin que moi et d'autres puissions les lire sans frais. C'est le riche volant Lazare pour donner l'aumône aux gens bien mis ! Mais toutes ces choses que vous m'offrez, je ne les demande pas, et la seule chose que je demande, vous ne voulez pas me l'assurer. Je n'ai pas besoin que vous vérifiiez pour moi la nature de la couronne du soleil, ni que vous trouviez un passage au nord-ouest, ni que vous exploriez le fond de la mer; j'ai besoin que vous me mettiez à l'abri de toute agression en rendant la punition des agresseurs, tant civils que criminels, prompte, sûre, non ruineuse pour les plaignants. Vous persistez à faire autre chose. Au lieu du pain dû à mes efforts, vous me donnez une pierre — un bloc sculpté venant d'Ephèse. Je me contente parfaitement de ne jouir que de ce que j'ai gagné par mes propres efforts, et de n'avoir d'autres plaisirs et d'autres sources de renseignements que ceux que je paie. Je suis parfaitement content de supporter les maux que m'attirent mes propres défauts — convaincu, en vérité, que pour moi et pour tout le monde c'est la seule discipline salutaire. Mais vous ne faites pas ce qui serait nécessaire. Lorsqu'il s'agit de m'assurer la libre jouissance des biens achetés au prix de mes efforts vous êtes négligent, mais vous insistez pour me donner aux dépens des autres des biens que mes efforts n'ont pas payés et pour m'éviter des punitions que j'ai méritées. »

« — Vous n'êtes pas raisonnable. Nous faisons de notre mieux, avec la masse énorme d'affaires qui passent devant nous. Nous siégeons en commissions, nous lisons les rapports et les dépositions, nous discutons jusqu'à une ou deux heures du matin. Une session après l'autre, nous travaillons avec assiduité à toutes sortes de mesures en vue du bien public — nous inventons des plans d'éducation populaire; nous améliorons les conditions sanitaires des villes; nous faisons des enquêtes sur l'impureté des rivières; nous discutons des systèmes en vue de la répression de l'ivrognerie; nous imposons de bâtir les maisons d'une certaine façon afin qu'elles ne puissent pas tomber; nous envoyons des commissaires faciliter l'émigration; et ainsi de suite. En quelque lieu que vous alliez, vous verrez des signes de notre activité. Ici, ce sont des jardins publics créés par nos lieutenants locaux, les municipalités; là nous avons construit des phares pour prévenir les naufrages. Partout nous avons établi des inspecteurs pour veiller à la salubrité publique; partout il y a des vaccinateurs chargés de s'assurer qu'on prend les précautions nécessaires contre la petite-vérole; si vous trouvant par hasard dans un district où nos dispositions sont en vigueur, vous ne savez pas mettre un frein à vos passions, nous faisons de notre mieux pour vous assurer une saine...

« — Oui, je sais de quoi vous voulez parler. C'est à l'avenant du reste de votre politique. Vous ne me protégez pas contre les autres, mais vous insistez pour me protéger contre moi-même. Si vous manquez à faire la chose essentielle, c'est que votre temps se passe à faire des choses non-essentielles. Pensez-vous que vos cadeaux compensent les injustices que vous me laissez endurer? Je n'ai que faire de vos douceurs et de vos gratuités; ce qu'il me faut, c'est la sécurité contre les attaques, directes et indirectes; une sécurité réelle et non pas nominale. Voyez dans quelle impasse je me trouve. Vous me défendez (en quoi vous avez parfaitement raison) de me rendre justice moi-même et vous déclarez vous en charger. Je n'ai pas le droit de prendre des voies sommaires pour me garantir d'un empiètement, réclamer mon bien, ou m'emparer de ce qu'un marché m'assure en échange de mes services. Vous me dites que je suis tenu de recourir à votre assistance pour faire valoir mon droit. Mais ce recours attire généralement sur les gens des maux si effroyables, que j'aime mieux me laisser léser. De sorte que dans la pratique, après m'avoir interdit de me défendre moi-même, vous manquez à me défendre. Cela gâte ma vie et celle de tous les citoyens en général. Les transactions sont gênées; il y a perte de temps et de travail; le prix de la vie augmente. Les honnêtes gens sont trompés et les coquins prospèrent. Les débiteurs jouent leurs créanciers; les banqueroutiers arrondissent leur bourse et recommencent sur une plus grande échelle; les fraudes financières, qui causent les ruines par milliers, demeurent impunies. »

Ainsi parle notre impatient. Voyez maintenant combien sa position est intenable. Il suppose réellement qu'on pourrait obtenir un gouvernement guidé par des principes rationnels! Il part du principe qu'il est possible de tirer d'une communauté moralement et intellectuellement imparfaite, une régulation législative qui ne soit pas proportionnellement imparfaite! C'est une erreur. La chose n'est faisable pour aucune espèce de gouvernement, sur quelque système qu'il se base. Un peuple qui n'est ni bon ni sage, ne peut pas choisir, ou se procurer par tout autre procédé, un autocrate bon et sage. La bonté et la sagesse ne caractériseront pas plus les familles successives d'une oligarchie héréditaire, sortie d'un peuple méchant et insensé, qu'elles ne caractériseront une dynastie de rois. Aucun système représentatif, restreint ou universel, direct ou indirect, ne fera autre chose que représenter la nature moyenne des citoyens. Notre ami n'a qu'à étudier les discours électoraux; il verra qu'on gagne des voix en flattant les préjugés absurdes et en caressant les espérances irréalisables, mais qu'on en perd en avouant franchement les vérités sévères et en s'efforçant de détruire les espoirs chimériques : cette lecture lui ôtera l'idée qu'un peuple qui n'est pas vraiment raisonnable puisse se donner un gouvernement qui le soit. Qu'il observe comment les choses se passent; il verra que l'alambic électoral, quand on y jette l'immense ferment des passions et des idées politiques, ne distille pas seulement de la sagesse mais aussi de la folie; quelquefois c'est la folie qui domine. En y regardant de près, il pourra même entrevoir que non seulement la conscience du corps constitué est inférieure à la conscience moyenne de l'individu, mais qu'encore l'intelligence du corps constitué partage cette infériorité. Dans un collége, la minorité sage est exposée à être noyée par la majorité folle; souvent la folie seule finit par être représentéé. Dans l'assemblée, la foule des médiocrités gouverne à son tour par le fait les quelques supériorités : les hommes supérieurs sont obligés de n'exprimer que les idées à la portée de tous et de garder les vues profondes, les meilleures, pour eux-mêmes. Notre ami n'a qu'à se rappeler les bah! bah! accueillant à la Chambre des Communes les principes abstraits; il sentira de suite que la sagesse n'a qu'à se taire, laissant la sottise s'étaler à cœur joie. S'il désire un exemple montrant que l'intelligence des membres pris en corps donne un résultat inférieur à celui que donnerait l'intelligence du membre moyen, il en trouvera dans ce nombre immense de dispositions con-

tradictoires et cette confusion de langage qui ont soulevé
dernièrement les protestations des juges contre les *Acts* du
Parlement.

L'idée qu'une nation peut se procurer sous la forme d'une
loi quelque chose comme la raison incarnée, lorsqu'elle-
même n'est pas douée d'une certaine dose de sagesse et de
raison, est donc improbable *a priori* et réfutée *a posteriori*.
Croire qu'une législation et une administration véritablement
bonnes peuvent aller de pair avec une humanité qui ne l'est
pas, c'est une erreur chronique. Notre forme de gouvernement fournissant le moyen de formuler et de faire valoir ses
droits, est la meilleure qu'on ait encore eue pour prévenir les
agressions de classe à classe et d'individu à individu; il n'en
est pas moins aussi illusoire d'attendre d'elle que des autres formes de gouvernement, une capacité et une rectitude
supérieures à celles de la société dont elle est sortie. Des
critiques comme celles que nous avons citées, partant de
l'idée qu'on peut remédier aux imperfections en criant contre
les agents gouvernants existants ou en les remplaçant,
découlent de la variété la plus subtile du préjugé politique,
celle dont il est le plus difficile de se débarrasser.

On peut dire qu'après le préjugé de classe, le préjugé
politique est celui qui fausse le plus sérieusement les conceptions sociologiques. Chacun le voit, au moins dans une
certaine mesure, en ce qui touche le préjugé de parti. Il
saute aux yeux du radical que les préjugés du tory l'aveuglent
sur un mal présent ou sur un bien futur. Il saute aux yeux
du tory que le radical ne distingue pas le bon côté de ce qu'il
voudrait détruire, et n'aperçoit pas les maux qu'entraînera
vraisemblablement l'institution qu'il souhaite d'établir. Mais
il ne vient à l'esprit d'aucun des deux que son adversaire
aussi soit nécessaire que lui-même. Le radical, avec son idéal
irréalisable, ne sait pas que son enthousiasme servira à
faire avancer les choses, mais beaucoup moins qu'il ne le
pense, et il ne veut pas admettre que la résistance du tory soit
un modérateur salutaire. Le tory, dans son obstination, ne peut
pas voir que l'ordre de choses établi n'est bon que relativement et que son propre appui n'est qu'un moyen d'empêcher
des changements prématurés; il ne sait pas non plus reconnaître dans l'antagonisme amer et les ardentes espérances

du radical, les agents sans lesquels il ne pouvait y avoir progrès. Ainsi, aucun des deux ne comprend pleinement sa propre fonction ou celle de son adversaire, et tout ce qui leur manque pour les comprendre leur manque pour comprendre les phénomènes sociaux.

Des variétés de préjugés politiques d'une nature moins spéciale sont en sociologie la source d'autres idées fausses non moins fâcheuses. Il y a l'éternelle illusion commune aux radicaux et aux torys, que la législation est toute-puissante et que les choses se feront parce qu'on y aura pourvu par des lois; il y a la confiance en telle ou telle forme de gouvernement, basée sur l'idée qu'une fois établi, un gouvernement conservera sa forme et fonctionnera comme on se l'était proposé; il y a l'espoir que par un procédé quelconque on pourra séparer la sagesse collective de la sottise collective, et lui donner la haute-main de façon à ce qu'elle dirige les choses dans la bonne voie. Tous ces sentiments présupposent le préjugé politique général coexistant inévitablement avec la subordination aux agents politiques. L'effet qu'il produit sur les spéculations sociologiques est d'encourager à concevoir une société comme un objet fabriqué par des hommes d'état, et de détourner l'esprit des phénomènes de l'évolution sociale. Tant que l'agent régulateur absorbe les pensées, on n'accorde guère d'attention aux phénomènes et aux résultats surprenants dus aux forces dirigées. L'œil distrait ne distingue pas la genèse des innombrables agents de production, d'échange et de distribution, genèse qui a suivi spontanément son cours, arrêtée souvent ou tout au moins ralentie par les gouvernements. On arrive de la sorte, en contemplant continuellement le pouvoir qui maintient l'ordre et rarement, ou même jamais, les activités maintenues dans l'ordre, à une théorie de la société basée sur un seul côté des choses.

Il en est évidemment de cette variété de préjugé comme de ceux que nous avons déjà examinés — il est dans un certain rapport nécessaire avec la phase provisoire du progrès. Il ne peut diminuer plus vite que la société n'avance. Une conscience sociale bien équilibrée est tout comme une conscience individuelle bien équilibrée, l'accompagnement d'une évolution supérieure.

CHAPITRE XII

LES PRÉJUGÉS THÉOLOGIQUES

« Quelle belle bûche pour le feu de l'enfer ! » s'écriait un Wahabite à la vue d'un Hindou corpulent. Cette expression énergique, citée par M. Gifford Palgrave [1] pour donner l'idée de la foi de certains fanatiques Musulmans, nous prépare à leur mode habituel de penser sur Dieu et sur l'homme. En voici un échantillon.

Abd-el-Lateef, Wahabite, prêchant un jour les gens de Riad, racontait la tradition d'après laquelle Mahomet aurait déclaré que ses adhérents se diviseraient en soixante-treize sectes, dont soixante-douze étaient destinées au feu de l'enfer et une seulement au paradis. « — Et à quels signes, « ô messager de Dieu, reconnaîtra-t-on cette secte bienheu- « reuse à qui est assurée la possession exclusive du paradis ? » « Mahomet avait répondu : « — Ce sont ceux qui seront sem- « blables en tout à moi-même et à mes compagnons. » « C'est nous, ajouta Abd-el-Lateef à demi voix, d'un ton « profondément convaincu, c'est nous, par la miséricorde « de Dieu, les gens de Riad [2]. »

L'important, pour le but que nous nous proposons en ce moment, n'est pas d'observer le parallélisme existant entre

1. Journey through Central and Eastern Arabia, vol. II, p. 370.
2. Ibid., vol. II, p. 22.

cette conception et celles qui ont eu et ont encore cours
parmi les sectes chrétiennes; c'est plutôt d'observer les
effets produits par les conceptions de cette nature sur la
manière de voir des hommes à l'égard de ceux qui n'ont pas
leurs croyances et à l'égard des sociétés différentes de la
leur. Voici un autre exemple qui fera encore mieux sentir
combien le préjugé théologique peut faire interpréter faussement les faits sociaux.

Turner, Erskine et les membres de l'Expédition d'Explo-
ration Américaine représentent sous un jour très-favorable
le caractère des Samoans, comparé au caractère des non-
civilisés en général. Ils sont, comme tous les sauvages,
« indolents, avides, inconstants et trompeurs, » mais on
les dit aussi « gais... désireux de plaire et très-hospita-
liers. Les deux sexes sont extrêmement attachés et dé-
voués à leurs enfants, » et la vieillesse est très-respectée.
« Un homme ne peut supporter d'être traité de ladre ou
accusé de désobligeance. » Les femmes « se distinguent par
leur honnêteté et leurs vertus domestiques. » L'infanticide
est inconnu chez les Samoans. Ils traitent toujours les malades avec humanité et les soignent aussi bien que possible.
Voyons maintenant ce qu'on dit de leurs voisins cannibales, les Fijiens. Ils n'ont que de l'indifférence pour la vie
humaine; ils vivent dans une appréhension perpétuelle les
uns des autres; d'après Jackson, la perfidie passe chez eux
pour vertu. « Aux yeux du Fijien, verser le sang n'est pas
un crime, c'est une gloire. » Ils tuent les vieillards, les
infirmes, les malades. L'infanticide couvre plus de la moitié, près des deux tiers des naissances; « une des premières choses qu'on enseigne à l'enfant est de frapper sa
mère; » on encourage la colère et la vengeance. L'inférieur
qui a négligé les salutations de rigueur est mis à mort; on
enterre des esclaves tout vifs au pied des poteaux destinés à soutenir la maison du roi; lance-t-on un canot, dix
hommes et plus, massacrés sur le pont, lui donnent un
baptême de sang. Les femmes, les courtisans et les aides-
de-camp d'un chef sont étranglés à sa mort — c'est un honneur. Le cannibalisme y est si effréné, qu'un chef, faisant

l'éloge de son fils mort, terminait son panégyrique en ces termes : « Quand ses femmes l'offensaient, il les tuait et les mangeait. » On rôtissait parfois les victimes toutes vives avant de les dévorer ; Fanoa, un de leurs chefs, trancha le bras d'un de ses cousins, but le sang, fit cuire la chair et la mangea devant son propriétaire qui fut ensuite découpé en morceaux. Leurs dieux ont même caractère et mêmes mœurs. Ils vivent des âmes de ceux qui sont mangés par les hommes ; ils les font au préalable « rôtir ; » (*les âmes* ne sont ici que de simples duplicatas matériels). Ils sont « orgueilleux et vindicatifs, font la guerre, s'entretuent et s'entre-mangent ; » parmi les titres honorifiques qu'on leur décerne, nous trouvons « l'adultère, le voleur de femmes, le mangeur de cervelle, le tueur. »

Tels sont les Samoans et les Fijiens. Informons-nous de ce que les Fijiens pensent des Samoans. « Les Fijiens regardaient les Samoans avec horreur, parce que ceux-ci n'avaient pas de religion, ne possédaient pas de divinités et n'observaient aucun des rites sanguinaires usités dans les autres îles. » — Cela s'accorde parfaitement avec ce que raconte Jackson que, s'étant conduit irrespectueusement vis-à-vis d'un de leurs dieux, les Fijiens l'appelèrent d'un ton irrité « l'infidèle blanc. »

Chacun peut saisir au vol la morale de la chose et apercevoir, sans grande réflexion, son application aux idées et aux sentiments des races civilisées. Le féroce Fijien pense sans aucun doute que dévorer une victime humaine au nom d'une de ses divinités anthropophages est un acte méritoire ; il pense d'autre part que son voisin le Samoan, qui ne sacrifie pas à des dieux cannibales, mais est juste et bon envers ses semblables, fait preuve par là de bassesse en même temps que d'impiété. Avec cette manière d'interpréter les faits, le Fijien ne peut se former une idée rationnelle de la société Samoanne. Pour rester d'accord avec sa religion, il fait des vices les vertus et réciproquement ; les bienfaits de certains arrangements sociaux doivent lui paraître des maux — en supposant qu'il y réfléchisse, — et les maux des biens.

Donc, généralement parlant, tout système de théologie dogmatique, avec les sentiments qu'il fait naître, devient un obstacle à la science sociale. Les sympathies provoquées

par une croyance et les antipathies corrélatives éveillées
par les autres faussent les interprétations de tous les faits
touchant à la religion. On regarde telles institutions et leurs
résultats avec une disposition à voir tout ce qui est bon,
et telles autres avec une disposition à voir tout ce qui est
mauvais. Jetons un coup d'œil sur quelques-unes des perversions d'opinion qui en sont la conséquence.

Nous avons déjà vu, par induction, que l'élément théologique d'une religion, subordonnant complétement l'élément
moral dans les premiers stages de la civilisation et le
subordonnant très-fortement dans les stages postérieurs,
conserve un type de bien et de mal peut-être relativement
bon, mais peut-être absolument mauvais — c'est-à-dire
qu'il est bon par rapport aux exigences du lieu et de l'é-
poque, mauvais par rapport aux exigences d'une société
idéale; de la sorte, de fausses notions du bien et du mal,
sanctifiées par leur association avec la théologie, conduisent
à de fausses appréciations sur les effets des institutions. Il
est évident que les conclusions sociologiques seront viciées,
si les bons et les mauvais effets ne sont pas respectivement
reconnus pour tels. Nous allons en donner un exemple qui
mérite d'être cité. Voici, selon M. Palgrave, la morale wahabite.

« — Le premier des grands péchés est d'accorder les hon-
« neurs divins à une créature.

« — Naturellement, répondis-je; l'énormité d'un semblable
« péché est incontestable. Mais si c'est là le premier, il doit
« y en avoir un second; quel est-il?

« — Boire la chose honteuse, me fut-il répondu sans hé-
« sitation (en français, fumer du tabac).

« — Et le meurtre, l'adultère, le faux témoignage? sug-
gérai-je.

« — Dieu est clément et miséricordieux, répliqua mon
« ami; ce ne sont là que de petits péchés.

« — Ainsi il n'y a que deux grands péchés, être polythéiste et
« fumer? continuai-je, bien que j'eusse grand'peine à garder
« mon sérieux. Abd el-Kareem, du ton le plus convaincu, ré-
« pondit gravement « qu'effectivement, c'était bien cela [1]. »

1. Journey through Central and Eastern Arabia, vol. II, p. 11.

Il est clair qu'une religion faisant de fumer un des crimes les plus noirs et n'ayant qu'une molle désapprobation pour les pires actions que l'homme puisse commettre contre le prochain, supprime tout ce qui ressemblerait à une Science Sociale. Du moment que l'on ne juge pas les actes, les mœurs et les lois, d'après leur importance pour le bien-être matériel, les idées de mieux et de pire, en tant qu'appliquées aux arrangements sociaux, ne peuvent exister; les notions de progrès et de décadence sont exclues. Ce qui est si évidemment vrai dans ce cas, l'est plus ou moins dans tous. Au temps présent, comme dans les temps passés, dans notre société comme dans les autres, les actes publics sont jugés d'après deux critériums — celui de l'approbation divine supposée et celui de l'utilité au bonheur de l'humanité. Bien qu'au fur et à mesure du progrès de la civilisation, grandisse la conviction que le second critérium est équivalent au premier — bien qu'on en arrive par suite à s'occuper plus directement de l'utilité au bonheur de l'humanité : le critérium de l'approbation divine , tel que chacun l'infère de sa religion particulière , n'en continue pas moins à être d'un usage très-général. On fait consister la mauvaise conduite à désobéir aux commandements supposés; on ne voit pas que son caractère propre est de causer la souffrance à soi-même et aux autres. Il en résulte inévitablement, au point de vue des idées sociologiques, qu'on juge les institutions et les actions d'après leur congruité ou leur incongruité apparente avec le culte établi, plutôt que d'après leur tendance à favoriser ou à empêcher le bien-être.

Mon attention a été attirée sur ces effets du préjugé théologique par une personne dont la disposition d'esprit me fournit souvent matière à spéculation. C'est un vieillard chez qui, par un contraste frappant, la religion de la haine coexiste avec celle de l'amour. D'une part il se lève de grand matin pour faire ses dévotions, se rend à l'église au péril d'une santé fragile, reste toujours à la communion, affiche enfin ce qui s'appelle une piété exemplaire. D'autre part ses pensées sont toujours dirigées sur les choses de la guerre : les combats sur terre et sur mer sont pour lui des sujets d'un intérêt inépuisable ; il adore les récits de batailles et n'a que le canon à la bouche. Il serait exagéré de dire qu'il partage ses lectures entre la Bible et Alison ou quelque ouvrage du même genre, mais cela donnerait une idée de l'état de ses sentiments. Tantôt vous l'entendez jeter feu et flamme contre le *dis-establishment* de l'église d'Irlande, qu'il considère comme un sacrilége; tantôt, lorsqu'on vient à parler d'art, il déclare admirer entre toutes, les gravures représentant le combat de Cœur-de-Lion et de Saladin ou Wellington à Waterloo. Au moment où il vient d'exprimer un sentiment bienveillant — ce qui lui arrive souvent, rendons-lui cette justice — il passe brusquement à quelque aventure sanglante dont le récit fait trembler sa voix de plaisir. Je m'étais d'abord étonné de ces contradictions de sentiments et de croyances; j'en ai trouvé l'explication en observant que l'esprit de soumission prédominait de beaucoup dans sa conscience religieuse sur l'élément moral. En observant les mouvements de son esprit, je vis clairement que Dieu était symbolisé dans son imagination par une espèce de capitaine de vaisseau d'une puissance transcendante, et que le sentiment qui le poussait à l'église ressemblait fort à celui qui le faisait aller à l'appel au temps où il était aspirant. Du jour où l'on avait reconnu chez lui la prédominance du sentiment qui est commun à toutes les religions, quel que soit le nom de la divinité adorée et quelque nature qu'on lui attribue, on s'expliquait comment le sentiment auquel la religion chrétienne fait tout particulièrement appel était si facilement étouffé. Il devenait plus aisé de comprendre comment il pouvait souhaiter, lors des émeutes de Hyde-Park, que nous eussions Louis-Napoléon sous la main pour mitrailler la populace, ou pourquoi il s'épanouissait en racontant les exploits des bandes de marins chargées, au temps de sa jeunesse, de faire la presse.

Il est facile maintenant de voir que le préjugé théologique, amenant à se conformer aux règles de la morale par des motifs de pure obéissance et non à cause de la valeur intrinsèque des principes, doit obscurcir les vérités sociologiques. On tend à substituer la reconnaissance extérieure des principes à leur reconnaissance réelle. Tant qu'ils ne sont pas enfreints assez directement pour suggérer l'idée de désobéissance il n'y a pas de difficulté à les enfreindre indirectement, car on n'a pas été habitué à contempler les conséquences détournées des choses. De là vient que des arrangements sociaux essentiellement en désaccord avec les principes de morale de la religion, n'offensent nullement des personnes que tout ce qui semble en désaccord avec la théologie blesse profondément. Conserver les dogmes et les formes de la religion devient la chose capitale, la chose essentielle par excellence; la chose secondaire, souvent sacrifiée, c'est d'assurer entre les hommes les relations qu'exigerait l'esprit de la religion. La controverse engagée sur le *Credo* d'Athanase nous fait voir à quel point les conceptions du bien et du mal sont faussées en ce qui touche les affaires sociales. Voici des théologiens qui croient notre prospérité nationale compromise si l'on n'est pas obligé de réciter dans toutes les églises que le Père, le Fils et le Saint-Esprit sont chacun tout-puissants; que néanmoins il n'y a pas trois tout-puissants mais un seul; que l'un de ces tout-puissants a souffert sur la croix et est descendu aux enfers pour en apaiser un autre; et que quiconque ne croira pas ces choses «périra éternellement.'» Ils assurent que si l'État force ses prêtres à menacer des peines éternelles ceux qui mettent ces dogmes en question, tout ira bien; mais si l'on permet aux prêtres à qui ces menace rappellent le culte du diable des sauvages, usurpant le nom de christianisme, de les passer sous silence, malheur à la nation! Il est évident qu'un préjugé théologique menant à une conviction semblable exclut entièrement la sociologie, considérée comme une science.

Sous ses formes particulières tout aussi bien que sous sa forme générale, le préjugé théologique est une cause d'erreur dans les évaluations des sociétés et des institutions. Les antipathies de sectes, qui naissent des différences de doctrine, rendent les membres de chaque communauté religieuse incapables de juger équitablement les autres communautés. Il est toujours difficile, souvent impossible, au fanatique, de concevoir que son système religeux et sa ferveur n'ont qu'une vérité et une valeur relatives; ou de concevoir que d'autres croyances et d'autres fanatismes peuvent avoir leur vérité et leur valeur relatives. L'adhérent d'un *credo* est bien obligé de remarquer que la confiance des adhérents des autres *credos* est égale à la sienne — il lui e . difficile de ne pas réfléchir quelquefois que dans presque tous les cas, ces adhérents des autres *credos* n'ont fait, comme lui-même, qu'accepter les dogmes généralement admis dans leur pays et dans leur famille; malgré cela, grâce au préjugé théologique spécial engendré par l'éducation et le milieu, il a peine à s'imaginer que certains de ces autres *credos* se justifient au moins aussi bien que le sien, et que les autres peuvent avoir, outre une certaine valeur absolue, le mérite de convenir parfaitement aux peuples qui les ont adoptés.

Nous ne saurions douter, par exemple, que les sentiments de M. Whalley ou de M. Newdegate à l'égard du catholicisme ne leur inspirent une répugnance extrême à reconnaître les services rendus autrefois par cette religion à la civilisation européenne. Il doit leur être à peu près impossible d'entendre dire sans impatience, que le catholicisme rend encore actuellement quelques services. La tendance vers l'unification, produite dans chaque groupe de petites sociétés par un *credo* commun imposé d'autorité, n'a-t-elle pas produit de grands biens dans les premiers temps? — Le pouvoir papal, qu'on supposait avoir été délégué par Dieu et qui tendait par suite à se surbordonner les autorités politiques pendant les turbulents âges féodaux, n'a-t-il pas servi à refréner la guerre et à seconder la civilisation? — La tendance prononcée qu'accuse le christianisme naissant à tomber dans des paganismes locaux et distincts, n'a-t-elle pas été avantageusement réprimée par un système ecclésiastique pourvu d'un chef unique supposé infaillible? — La morale n'a-t-elle pas été épurée, les mœurs adoucies, la condition des esclaves améliorée et celle des femmes élevée par l'influence de l'Église, en dépit des superstitions et des bigots? — Autant de questions que le Dr. Cumming ou tout autre adversaire acharné du papisme ne saurait aborder d'un esprit impartial.

De même le sens et la valeur du protestantisme demeurent cachés au catholique. Pour l'ultramontain, persuadé que la prospérité temporelle ne dépend pas moins que le salut éternel de la soumission à l'Église, il n'est pas croyable que l'autorité de l'Église n'ait qu'une valeur transitoire et que chaque refus de reconnaître cette autorité, provoqué par l'avancement de la science et la transformation du sentiment, ait été un pas vers un régime social supérieur. Le papiste convaincu regarde naturellement un schisme comme un crime ; un livre jetant le doute sur les croyances établies est pour lui l'œuvre du démon. Nous n'avons pas lieu de nous étonner quand ses lèvres laissent échapper une parole du genre de celle que prononça un maire de Bordeaux et qu'applaudit si fort le comte de Chambord : « Le Diable a été le premier protestant ; » ou quand les protestants eux-mêmes sont vilipendés en termes trop révoltants pour être répétés. Il est clair qu'un préjugé théologique semblable, entretenant de pareilles idées sur la moralité protestante, doit entraîner des appréciations extrêmement fausses des institutions protestantes et de tout qui s'y rattache.

En Angleterre même, le préjugé théologique spécial fausse les jugements des conformistes et des non-conformistes d'une manière moins frappante mais néanmoins assez marquée. N'attendez pas du dissident zélé une appréciation équitable des services rendus par notre église nationale. Il ne voit que les inconvénients. Le système du secours volontaire aurait-il fait, il y a quelques siècles, tout ce qu'il est en état de faire maintenant ? — Un protestantisme salarié par l'État n'était-il pas jadis la meilleure chose praticable ? — Ce sont des questions que selon toute probabilité le dissident ne discutera pas impartialement.

L'anglican, au contraire, répugnera à croire que l'union de l'Église et de l'État ne soit avantageuse que pendant une certaine phase du progrès. Il sait que les divisions vont chaque jour croissant au sein de l'Église épiscopale, tandis que l'initiative industrielle accomplit, chaque jour aussi, une part plus grande de la besogne dont l'État s'était primitivement chargé ; mais il n'aime pas à penser qu'il existe une relation entre ce fait et celui qu'en dehors de l'Église épiscopale les dissidents gagnent du terrain. Il lui est impossible d'accepter l'idée que ces changements font partie d'un changement général par suite duquel les agents politiques et religieux, qui ont été en se différenciant dès l'origine, sont en voie de se séparer et de se spécialiser. Il n'admet pas que de même que le protestantisme en général a été une révolte contre un ecclésiasticisme dominant sur l'Europe, de même notre dissidence est une révolte contre un ecclésiasticisme dominant sur l'Angleterre; ce sont des stages successifs du même développement salutaire. En un mot, ses préjugés l'empêchent de contempler les faits d'une manière favorable à leur interprétation scientifique.

Partout, le préjugé théologique spécial, accompagnant un corps spécial de doctrines, préjuge inévitablement une foule de questions sociologiques. L'homme qui tenant un *credo* pour absolument vrai tient par induction tous les autres — et ils sont innombrables — pour absolument faux, ne peut pas admettre que la valeur d'un *credo* soit relative. L'idée qu'un système religieux particulier est, au sens général, partie naturelle de la société particulière dans laquelle il se trouve, lui est entièrement étrangère ; elle lui répugne. Il juge son système de théologie dogmatique bon pour tous les pays et toutes les époques. Il ne doute pas qu'une fois implanté dans une horde de sauvages, il ne soit dûment compris et apprécié par eux et ne produise les mêmes effets sur les sauvages que sur lui. Ainsi prévenu, il passe pardessus les faits venant prouver en tous pays qu'un peuple n'est pas plus capable de recevoir subitement une forme de religion supérieure qu'une forme de gouvernement supérieure, et que religion ou gouvernement subissent inévitablement un avilissement les réduisant bientôt à ne différer que nominalement de leurs prédécesseurs. En d'autres termes, son préjugé théologique spécial l'aveugle sur une classe importante de vérités sociologiques.

li est inutile d'insister plus longuement sur les effets du préjugé théologique. Nous allons tourner notre attention sur les perversions de jugement causées par le préjugé anti-théologique. Ce n'est pas seulement contre l'action des dogmes religieux qu'il faut se tenir en garde, c'est aussi contre leur réaction. Citons d'abord un exemple de l'indignation que manifestent plus ou moins contre la religion établie tous ceux qui s'en émancipent.

« Un roi du Népaul, Rum-Bahadur, dont la charmante « reine, voyant son joli visage défiguré par la petite-vérole, « s'était empoisonnée, maudit son royaume, ses médecins

« et les dieux du Népaul et les voua tous à la vengeance.
« Il ordonna, en premier lieu, de fouetter les médecins et
« de leur couper le nez et l'oreille droite, puis il assou-
« vit sa vengeance sur les dieux du Népaul ; après les avoir
« accablés des injures les plus grossières, il les accusa de
« lui avoir extorqué sous de faux prétextes 12,000 chèvres,
« plusieurs quintaux de confiture, 2,000 gallons de lait, etc. »
« Il fit amener devant le palais toute son artillerie, dont le
« calibre variait de 3 à 12... On chargea les pièces jusqu'à la
« gueule et le roi marcha sur le quartier-général des dieux...
« Les canons furent braqués sur les diverses divinités,
« les plus saintes ayant l'honneur des gros calibres. Au
« commandement de faire feu, beaucoup de chefs et de sol-
« dats, saisis de panique, prirent la fuite ; les autres hési-
« taient à obéir à cet ordre sacrilége ; plusieurs canonniers
« furent massacrés et alors seulement le feu s'ouvrit. Dieux
« et déesses descendirent de leurs positions sacrées : au
« bout de six heures d'une canonnade bien nourrie, il ne
« restait plus trace des divinités [1]. »

Ce cas d'iconoclasme, l'un des plus remarquables que nous
connaissions, montre sous une forme extrême la réaction
accompagnant d'ordinaire l'abandon d'une vieille croyance ;
l'hostilité est alors proportionnée à la profondeur de la soumission antérieure. En transformant les cathédrales en
écuries et en insultant à dessein les lieux et les symboles
consacrés, les Puritains manifestaient ce sentiment d'une
manière marquée ; les révolutionnaires français le manifestaient de même, lorsqu'ils renversaient les sacristies et les
autels, faisaient des cartouches avec les livres de messe,
buvaient de l'eau-de-vie dans les calices, mangeaient des
maquereaux dans les patènes, contrefaisaient les proces-
sions religieuses et se livraient à des orgies dans les églises.
De nos jours, les liens moins étroits se brisant au prix de
luttes moins violentes, leur rupture est suivie d'une haine
et d'une opposition moins excessives ; néanmoins le rejet
de l'ancienne forme entraîne généralement la substitution
à la sympathie primitive d'une antipathie plus ou moins

---

1. *Five Years' Residence at Nepaul.* Capit. Thomas Smith, vol. I,
p. 168.

prononcée ; la perversion de jugement causée par l'antipathie prend la place de celle qui venait de la sympathie. Ce
qui était vénéré comme absolument vrai est maintenant dé-
daigné comme absolument faux ; ce qu'on gardait pré-
cieusement comme un trésor inestimable est rejeté comme
sans valeur.

Chez quelques personnes cet état du sentiment et de la foi
subsiste. Chez d'autres la réaction est suivie avec le temps
d'une contre-réaction. Pour nous servir d'une figure de Carlyle, les vieux vêtements devenus trop étroits ont été arrachés
et rejetés avec mépris ; vient un jour où on les examine avec
plus de sang-froid ; on reconnaît alors que dans leur temps
ils ont fait un bon service — et qui sait? peut-être se de-
mande-t-on s'ils n'ont pas été mis au rebut trop tôt. Cette
contre-réaction peut être forte ou faible : quoi qu'il en soit
ce n'est que lorsqu'elle a été suffisante qu'il devient possible de former des jugements équilibrés, tant sur les questions religieuses que sur les questions de science sociale
dans lesquelles entre l'élément religieux.

Arrêtons-nous un instant aux erreurs *sociologiques*
causées par le préjugé anti-théologique chez ceux qui le conservent dans toute sa force. Ne pensant qu'à la part d'erreur
contenue dans le *credo* rejeté, ils ne voient pas la part de
vérité qu'il représente ; ne contemplant que ses mauvais
effets, ils ferment les yeux sur les bons ; ils pensent que son
abandon général serait un bien sans mélange. Voyons ce que
présuppose cette conclusion.

Il est admis d'abord, qu'on pourrait se procurer une direction de conduite suffisante, pour la vie publique et pour la
vie privée ; en second lieu, qu'un code de morale rationnellement élaboré par les hommes, tels qu'ils sont de nos jours,
produirait l'effet voulu. Aucune de ces deux propositions
ne résiste à l'examen des faits. Nous n'avons qu'à observer
la manière d'agir des hommes, telle qu'elle se présente à
tout instant à nos regards ; nous voyons que l'intelligence
moyenne, incapable de guider la conduite même dans les
choses simples où il suffirait d'une dose de raison très-mo-
dérée, est forcément incapable de comprendre avec la clarté
requise les sanctions naturelles des principes de la morale.

L'incapacité et l'étourderie de la masse des hommes, jusque dans la routine de la vie, montrent l'absence complète chez eux de la clairvoyance qui, en l'absence d'un code de conduite faisant autorité, serait nécessaire pour se conduire. Faisons l'historique d'une de vos journées ; le défaut de réflexion se trahira vingt fois.

Vous vous levez et en vous habillant vous prenez une fiole contenant un tonique qui vous a été ordonné ; vous comptez les premières gouttes, mais voici que le liquide se met à couler le long de la bouteille, par la raison qu'on a façonné le rebord du goulot sans s'occuper de sa destination. Cependant des millions de ces fioles sont annuellement fabriquées par les verriers et vendues par des milliers de droguistes : preuve qu'on ne fait pas dans le commerce de grands frais de bon sens. Vous voulez ensuite vous servir de votre miroir ; il ne reste pas dans la position où vous le mettez ou, si c'est ce qu'on appelle un miroir à « boîte », il ne conserve sa position que grâce à un système coûteux que quelques frais de raisonnement eussent rendu inutile. Si la disposition était telle que le centre de gravité du miroir se trouvât sur la ligne joignant les points d'appui, ce qui ne serait pas plus compliqué à faire, le miroir resterait fixe dans toutes les positions où vous le mettriez. On fabrique tous les ans dix mille miroirs sans s'occuper d'une chose si nécessaire et si simple. Vous descendez déjeuner ; vous voulez prendre de la sauce avec votre poisson ; la bouteille a le même défaut que la fiole ; elle est toute visqueuse des gouttes qui coulent le long du verre et elle tache la nappe. Voilà une autre catégorie de commerçants également si économes de réflexion, qu'ils ne font rien pour parer à un inconvénient évident. Le déjeuner achevé, vous prenez votre journal, avant de vous asseoir vous voudriez mettre un peu de charbon sur le feu ; vous en prenez un morceau avec les pincettes ; il vous échappe ; s'il est gros il faudra vous y reprendre à plusieurs fois avant de réussir à l'enlever : tout cela parce que les extrémités de la pincette sont polies. Les générations de fabricants et de marchands de garnitures de cheminées se succèdent, sans qu'on ait l'idée si simple de garnir de pointes l'intérieur de ces extrémités polies ou de les dépolir au moyen de quelques coups de ciseau. Vous parvenez enfin à saisir votre morceau de charbon et à le poser sur le feu et vous prenez votre journal. Vous n'êtes pas au bas de la première colonne, que les changements de position auxquels vous invitent vos sensations viennent vous rappeler que les hommes ne savent pas encore faire un fauteuil. Le principe qui devrait servir de guide est pourtant assez simple. L'avantage que l'on obtient en remplaçant un siége dur par un mou — celui de distribuer la pression du poids sur une surface plus grande et de la diminuer ainsi sur chaque point particulier — doit être demandé à la *forme* du fauteuil. On sera à son aise si la forme et l'inclinaison relative du siége et du dos sont calculées de façon à distribuer également le poids du tronc et des membres sur la plus grande surface possible, en conservant aux différentes parties du corps, autant que faire se peut, leur position naturelle. On commence seulement, après tant de siècles de civilisation, à arriver (par le tâtonnement, non par le raisonnement) à un à-peu-près de la forme requise.

Telles sont les expériences de la première heure ; cela continue de même toute la journée. Observez et critiquez ; vous verrez que même lorsqu'il s'agit d'actes du ressort de leur profession, l'immense majorité des hommes ne dépensent qu'une somme très-minime d'intelligence. Faites faire à un ouvrier une chose un peu nouvelle ; il n'y a pas d'explications ni de croquis, si clairs qu'ils soient, qui puissent l'empêcher de commettre de grosses bévues ; si vous témoignez quelque surprise, il vous répondra qu'il n'a pas été élevé à faire ça ; il est bien rare qu'il paraisse le moins du monde honteux de s'avouer incapable de faire une chose qu'il n'a pas apprise. Il en est de même dans les sphères d'activité plus élevées. Rappelez-vous que presque toujours ce sont des étrangers qui inventent les perfectionnements introduits dans les manufactures ; cela montre de suite avec quelle routine intelligente sont généralement dirigés ces établissements. Voyez comment les commerçants conduisent leurs affaires ; vous verrez qu'ils se contentent de se traîner dans les ornières creusées par d'innombrables générations d'essais et d'erreurs. En vérité, il semble presque que la plupart des hommes se donnent pour but de traverser la vie en dépensant le moins de pensée possible.

Comment donc compter sur la dose d'esprit de conduite qui serait nécessaire, en l'absence de règles reçues par héritage et faisant autorité, pour les obliger à comprendre pourquoi étant donnée la nature des choses, tel mode d'action est nuisible et tel autre bienfaisant; pour les obliger à regarder plus loin que le résultat immédiat et à distinguer nettement les résultats indirects et éloignés, tels qu'ils se produisent sur soi-même, sur les autres et sur la société?

Il n'est pas nécessaire, pour voir l'incapacité des hommes en pareille matière, de recourir à l'induction. Prenez une action sur laquelle le code saint reste muet. Écoutez causer sur le jeu; si on le blâme, écoutez les raisons du blâme. Le jeu tend à ruiner le joueur; il compromet le bien-être de la famille et celui des amis; il détourne du travail et mène dans la mauvaise compagnie. Les raisons invoquées contre lui sont toutes de cet ordre. Rarement on reconnaît la raison essentielle. Rarement on blâme le jeu parce que c'est un acte qui procure le plaisir aux dépens d'autrui. Normalement, quand on obtient une jouissance ou l'argent qui l'achètera, c'est qu'il y a eu dépense équivalente d'un effort de nature à profiter de manière ou d'autre au bien général; et en second lieu, que ceux dont on reçoit l'argent obtiennent, directement ou non, l'équivalent en jouissance. Au jeu c'est le contraire qui arrive. Le bénéfice réalisé n'implique aucune dépense d'effort et le bonheur du gagnant fait le malheur du perdant. Cette espèce d'action est donc essentiellement anti-sociale; elle dessèche les sympathies, développe un égoïsme dur et produit ainsi une détérioration générale du caractère et de la conduite.

Ils se laissent donc évidemment égarer par un espoir chimérique, ceux qui croient que dans un âge de raison imaginaire, remplaçant tout d'un coup notre âge de foi semi-rationnel, un code basé directement sur des considérations d'utilité pourrait guider sainement la conduite. Un bon système de morale utilitaire ne peut pas encore être imaginé, même par l'élite, et il est tout-à-fait au-dessus de l'intelligence des masses. Le code reçu par héritage et imposé par la théologie a cela de bon, qu'il formule avec une vérité approximative, les résultats accumulés de l'expérience humaine. Il s'est formé empiriquement et non rationnellement. Pendant le passé l'humanité finissait par marcher droit après avoir essayé toutes les manières possibles d'aller de travers. Arrêtée habituellement dans la mauvaise voie par le malheur, la souffrance et la mort, elle continuait d'avancer dans la bonne parce qu'elle ne s'y heurtait pas aux mêmes obstacles. Il y a eu développement de croyances correspondant à ces résultats, bons et mauvais. De là vient que le code de conduite, incarnation des découvertes faites lentement et presque inconsciemment par une longue série de générations, a pour lui l'autorité.

Ce n'est pas tout. S'il était possible de remplacer brusquement un système de règles, établi par la tradition et auquel on attribue une consécration surnaturelle, par un autre système élaboré rationnellement, celui-ci n'agirait pas suffisamment. Croire le contraire, c'est croire que les croyances et les actions des hommes sont entièrement déterminées par l'intelligence. Elles le sont bien plus par le sentiment.

Il y a une différence énorme entre l'assentiment formel donné à une proposition incontestable et la foi efficiente qui fait agir conformément à cette proposition. Souvent l'argument le plus concluant ne réussit pas à produire une conviction capable d'influencer la conduite ; et souvent une simple assertion articulée avec emphase et assurance produit en l'absence de preuves, ou même en présence de preuves contraires, une conviction inébranlable. Il en est surtout ainsi parmi les gens peu cultivés. Nous voyons non-seulement le ton affirmatif et l'air d'autorité créer chez eux la foi, mais encore leur foi diminuer à la suite d'explications. Ce n'est pas le témoignage logique et concluant qui engendre la conviction dans leur esprit — c'est d'entendre parler le langage naturel à la conviction. Ils sont incapables de suivre l'enchaînement des témoignages ; en essayant de le faire ils se perdent ; les prémisses et la conclusion, dont ils ne perçoivent pas la relation nécessaire, deviennent moins cohérentes que lorsqu'on les juxtapose et que leur connexion est rendue plus étroite par les émotions que soulève toujours une affirmation énergique.

Il est vrai de même que les esprits les plus cultivés, capables de critiquer le témoignage et de peser les arguments avec la dernière précision, ne sont pas néanmoins assez raisonnables pour être guidés par l'entendement pur sans mélange de passion. Vous voyez continuellement des hommes très-instruits faire de propos délibéré des choses qu'ils savent mauvaises, souffrir les maux qu'amène la faute, être arrêtés pendant un certain temps par le souvenir vivant de ces maux, et recommencer lorsque le souvenir s'en est affaibli. Il arrive souvent que la conscience émotionnelle étouffe absolument la conscience intellectuelle ; c'est ce que nous voyons chez les hypocondriaques. L'homme atteint d'une prostration morale aura beau savoir par les attestations de ses médecins et par de nombreuses expériences personnelles que ses idées noires sont des illusions provenant de son état physique, les preuves les plus concluantes ne feront pas qu'il puisse les chasser : il sera toujours sûr qu'il va lui arriver de grands malheurs.

Tous ces faits et une foule d'autres de même nature prouvent que l'influence d'un code de morale dépend infiniment plus des émotions provoquées par ses injonctions, que du sentiment qu'il est utile d'y obéir. Les sentiments inspirés à l'enfance, à l'endroit de la morale, par le spectacle de la sanction sociale et religieuse que reçoivent ses principes, influencent bien plus la conduite que l'idée que l'obéissance à des principes de ce genre conduit au bien-être. En l'absence des sentiments que fait naître le spectacle de ces sanctions, la foi utilitaire ne suffit pas ordinairement à produire l'obéissance.

Il est vrai que chez les races élevées et spécialement chez les membres supérieurs de ces races élevées, les sentiments sont maintenant en très-grande partie d'accord avec ces principes; les sympathies, devenues organiques chez les hommes les plus développés, font qu'ils se conforment spontanément aux préceptes altruistes. Cependant même pour eux la sanction sociale, qui est en partie dérivée de la sanction religieuse, a de l'importance pour fortifier l'influence de ces préceptes. Pour les personnes douées de moins de sentiment moral, les deux sanctions, sociale et religieuse, sont des secours encore plus importants pour la direction de la conduite.

Le préjugé anti-théologique conduit donc à des erreurs sérieuses; en empêchant de discerner la part essentielle qu'ont eue jusqu'ici les systèmes religieux à fortifier certaines règles de conduite, règles qui étaient bonnes, en partie à un point de vue absolu, en partie relativement aux besoins de l'époque; il a aussi l'inconvénient de faire naître l'idée que ces règles pourraient dès à présent être établies sur des bases rationnelles, de manière à gouverner efficacement les hommes par l'entremise de l'intelligence.

Ces erreurs, produits du préjugé anti-théologique, ne sont rien encore comparées à celle dont il nous reste à parler. L'antagonisme à l'égard des croyances superstitieuses mène généralement à les rejeter entièrement. On suppose que tant de faux ne peut pas être mêlé de vrai. La vérité, visible seulement lorsque l'hostilité s'est dépensée, c'est que les fausses croyances rejetées étaient superficielles et cachaient une idée juste. Ceux qui défendent les systèmes religieux supposent comme ceux qui les attaquent, que tout dépend du salut de tel et tel dogme contesté, tandis que les dogmes ne sont que des formes temporaires de ce qui est permanent.

Le procédé d'évolution qui a graduellement modifié et fait progresser les conceptions humaines de l'univers continuera à les modifier et à les faire progresser dans l'avenir. Les idées de Cause et d'Origine, qui se sont lentement transformées, se transformeront encore davantage; mais aucune de leurs transformations, fût-elle extrême, ne les bannira de la conscience; aussi les sentiments correspondants ne pourront-ils jamais disparaître. Pas plus en cela qu'en autre chose l'évolution ne s'écartera de sa direction générale primitive : elle continuera à suivre les mêmes lignes que jusqu'à présent. Si nous désirons voir où elle tend, nous n'avons qu'à observer qu'il y a eu jusqu'à présent décroissance dans le caractère concret du sentiment religieux, pour conclure que dans l'avenir ce caractère concret diminuera encore, laissant un résidu de conscience pour lequel il n'est pas de forme convenable, mais qui n'en est pas moins persistant et puissant.

En dépit des apparences, l'évolution du sentiment religieux a été continue dès le commencement; il était encore en germe qu'il avait déjà, au fond, la même nature qu'à l'époque de son plus grand développement. Il s'est manifesté d'abord chez le sauvage par les sentiments qu'éprouvait celui-ci en voyant un autre homme déployer une puissance supérieure à la sienne — en reconnaissant chez son chef certaine habileté, certaine sagacité, dont il ne s'expliquait pas les résultats, quelque chose en un mot qui contenait un élément de mystère et l'étonnait. Le cours ordinaire des choses ne présentait rien de merveilleux à son esprit incapable de spéculation. Les conséquences régulières, les relations constantes n'étaient pas à ses yeux des problèmes ayant besoin d'explication. Sa surprise ne s'éveillait, il ne songeait à se poser des questions qu'en face des anomalies présentées par l'ordre des causes qui lui était le plus familier, c'est-à-dire la volonté et les facultés humaines. C'est seulement lorsque les autres classes de phénomènes ont donné lieu à des expériences assez nombreuses pour permettre une généralisation, que leurs anomalies éveillent la même idée de mystère et le même sentiment d'étonnement. De là une sorte de fétichisme.

Passons par-dessus les états intermédiaires. Le fait à noter, c'est qu'à peine l'explication des anomalies a-t-elle dissipé l'étonnement qu'elles excitaient, qu'on commence à s'étonner des uniformités ; une nouvelle question se pose — : D'où viennent les uniformités ? A mesure que la science fait passer plus de choses de la catégorie des choses irrégulières dans celle des choses régulières, le mystère planant sur les explications superstitieuses qu'on en donnait s'attache aux applications scientifiques; la multitude des mystères particuliers disparaît dans un mystère général. L'astronome, après avoir démontré que les mouvements du système solaire impliquent une force uniforme et agissent d'une façon invariable, se trouve absolument incapable de concevoir cette force. Pour s'aider à se représenter l'action du soleil sur la terre, il fait intervenir un milieu; il voit qu'il *faut* faire cette supposition s'il veut avoir une idée quelconque de ce qui se passe; mais pourtant le mystère reparaît quand il se demande quelle est la constitution de ce milieu. Tout en étant forcé de se servir comme symboles des éléments de l'éther, il voit que ce ne sont que des

symboles. Il en est de même du physicien et du chimiste.
L'hypothèse d'atomes et de molécules leur permet de formuler de nombreuses explications que l'expérience vint
confirmer, mais les derniers éléments de la matière ne peuvent être rationnellement conçus. Au lieu des mystères particuliers présentés par ces actions matérielles qu'ils ont expliquées, ils sont placés en face du mystère que présente
la matière universelle et qui se trouve être absolu. Ainsi,
à partir du moment où le sauvage reçoit comme le germe
d'une idée de mystère en reconnaissant chez un autre une
puissance qui dépasse la sienne, et reçoit en même temps le
germe d'un sentiment de respect, le progrès a lieu; il se fait
dans le sens d'une reconnaissance finale d'un mystère placé
au-delà de tout acte et de tout apparence, et le respect se
transporte de quelque chose de spécial et d'occasionnel à
quelque chose d'universel et de continu.

Personne ne doit donc s'attendre à voir le sentiment religieux disparaître ou changer la direction de son évolution.
Les particularités des formes qu'il a revêtues, autrefois fortement accusées, sont devenues moins distinctes par suite
des progrès intellectuels accomplis; elles continueront à
s'effacer mais la substance du sentiment persistera. L'objet de ce sentiment ne peut être remplacé par un autre
objet, comme le croient ceux qui voient dans la « Religion
de l'humanité » la religion de l'avenir; c'est là une opinion
qui ne repose ni sur l'induction ni sur la déduction. Quelque
dominant que puisse devenir le sentiment moral voué à
l'humanité, il ne pourra jamais se substituer au sentiment
appelé proprement religieux, éveillé par ce qui existe au-
delà de l'humanité et au-delà de toutes choses. L'enfant
peut pour un instant, en se cachant la tête sous sa couver-
ture, échapper à la conscience des ténèbres qui l'environnent; mais cette conscience, bien que rendue moins vive,
subsiste, et l'imagination continue à s'occuper de ce qui est
placé au-delà des limites de la perception. Une chose
comme « une religion de l'humanité » ne pourra jamais faire
plus que de bannir pour un moment la pensée d'une Puissance dont l'humanité n'est qu'un produit secondaire et fu-
gitif — d'une puissance qui poursuivait le cours de ses
manifestations toujours nouvelles avant que l'humanité

n'existât et dont les manifestations continueront quand l'humanité aura cessé d'être.

Le préjugé anti-théologique empêche de reconnaître les vérités de cet ordre. Quand on ignore la vérité d'où procèdent les religions on méconnaît la valeur des institutions religieuses dans le passé, on les croit inutiles dans le présent et on se persuade que dans l'avenir elles disparaîtront, sans être remplacées par d'autres. De là des erreurs dans les raisonnements sociologiques.

Ainsi, aux diverses espèces de préjugés contre lesquels nous devons nous mettre en garde dans l'étude de la science sociale, il faut ajouter le préjugé produit par les croyances et les sentiments religieux. Il est peut-être plus puissant qu'aucun autre pour fausser les idées. Sous la forme générale de bigoterie théologique et sous la forme particulière de bigoterie sectaire, il affecte nos jugements sur les affaires publiques, et la réaction contre lui fait dévier nos jugements en sens contraire.

Le préjugé théologique sous sa forme générale tend à faire prédominer l'élément de soumission de la religion sur son élément moral; — il tend par suite à faire apprécier les actions d'après leur accord extérieur avec un dogme plutôt que d'après leur accord intrinsèque avec le bien-être de l'humanité, et il s'oppose à ce qu'on estime la valeur des arrangements sociaux par l'analyse de leurs résultats. Pendant que le préjugé théologique général introduit dans la sociologie un élément de fausseté par l'emploi d'un critérium étranger à la science proprement dite, le préjugé théologique spécial y jette d'autres éléments de fausseté par les critériums spéciaux de même espèce dont il se sert. Les institutions, anciennes ou nouvelles, dans notre patrie ou à l'étranger, sont envisagées au point de vue de leur conformité ou de leur non-conformité avec certains dogmes particuliers; c'est d'après cela qu'on les approuve ou qu'on les blâme : il en résulte évidemment, que les dogmes différant suivant les temps et les lieux, les jugements sociologiques qui en subissent l'influence doivent forcément être erronés dans tous les cas moins un, et probablement dans tous.

D'un autre côté, le préjugé anti-théologique fausse les conceptions des phénomènes sociaux, en estimant les systèmes religieux au-dessous de leur valeur. Il produit une certaine répugnance à reconnaître qu'un système religieux est un facteur normal et essentiel de toute société dans son évolution; que les particularités en sont liées avec les conditions sociales et que si la forme en est temporaire la substance en est permanente. Par cela même que le préjugé anti-théologique conduit à ignorer de telles vérités ou à les apprécier inexactement, il produit de fausses interprétations.

Il est difficile de conserver l'équilibre nécessaire au milieu des sympathies ou des antipathies que soulève inévitablement la contemplation des croyances religieuses. En présence de cette débâcle théologique qui s'accomplit si rapidement de tous les côtés, beaucoup se sont mis à craindre, quelques-uns à espérer, qu'il n'en restera rien. Ces craintes et ces espérances sont également sans fondement; il faut s'en affranchir avant de pouvoir former des jugements équitables dans la science sociale. De même que les transformations qui se sont succédées jusqu'à présent, la transformation qui se poursuit aujourd'hui n'est qu'un progrès par lequel on passe d'une forme inférieure à une forme plus élevée et plus convenable; ni cette transformation, ni celles qui viendront plus tard ne détruiront ce qui se transforme, pas plus que ne l'ont fait les transformations passées.

CHAPITRE XIII

DISCIPLINE.

Dans les huit chapitres précédents nous avons examiné une à une chacune de ces « Difficultés de la science sociale » que nous avions indiquées d'une façon générale dans le chapitre portant ce titre. Nous avons mis en garde celui qui l'étudie contre les erreurs où il est sujet à tomber soit par suite de la nature des phénomènes eux-mêmes et des conditions dans lesquelles ils se présentent, soit à cause de la nature propre de l'observateur, dont les perceptions et les jugements peuvent être faussés à la fois par ses dispositions originelles et ses dispositions acquises ; il nous reste à dire quelque chose des études préliminaires indispensables. Nous n'entendons pas par là les études qui fournissent les données nécessaires, mais les études qui donnent la discipline nécessaire. La rectitude des pensées sur un sujet quelconque dépend beaucoup des habitudes de l'intelligence ; et les habitudes de l'intelligence dépendent en partie de la nature, en partie des influences artificielles auxquelles l'esprit a été soumis.

De même que chaque personne trahit dans ses actes physiques certaines particularités qui la distinguent des autres, de même ses actes intellectuels offrent certaines particularités qui impriment un certain caractère à toutes ses conceptions. Il y a des tics de pensée aussi bien que

des tics musculaires. L'esprit peut avoir certaines dispositions acquises à envisager les choses sous un certain
aspect. comme le corps a certaines dispositions à diriger
ses mouvements d'une façon particulière. Il y a des perversions intellectuelles dues à certaines façons de traiter l'esprit, comme il y a une maladresse incurable due à certaines
actions physiques répétées tous les jours.

Toute discipline mentale, outre ses effets directs sur les
facultés mises en jeu, a des effets indirects sur les facultés
laissées inactives ; et lorsqu'un avantage spécial est obtenu
au moyen d'une discipline spéciale poussée à l'extrême, il
en résulte inévitablement un dommage plus ou moins général pour le reste de l'esprit, qui par une conséquence
nécessaire reste privé de discipline. Cet antagonisme entre
le corps et le cerveau que nous constatons chez ceux qui,
poussant à l'extrême l'activité cérébrale, affaiblissent leur
corps et chez ceux qui poussant à l'extrême l'activité corporelle laissent leur cerveau dans l'inertie, cet antagonisme
existe aussi entre les différentes parties du corps lui-même
et entre les différentes parties du cerveau. On en trouve un
exemple dans la supériorité de force et de grosseur qui se
remarque dans le bras droit et dans la supériorité d'adresse
de la main droite ; il est évident que l'incapacité relative
de la main gauche, qui provient de ce qu'on exerce la main
droite, serait encore plus marquée si l'on employait uniquement la main droite dans toutes les circonstances. Le même
fait se produit pour les facultés mentales. L'antagonisme
fondamental entre le sentiment et la connaissance, qui s'observe dans tous les actes de l'esprit, depuis le conflit entre
la passion et la raison jusqu'au conflit entre la sensation et la
perception, en est l'exemple le plus éclatant. Dans l'intelligence elle-même, nous rencontrons un antagonisme semblable
entre la perception et le raisonnement. Les hommes ayant une
grande aptitude à accumuler les observations sont rarement
aptes à généraliser ; par contre, les hommes aptes à généraliser utilisent le plus souvent les observations des autres,
et s'ils observent eux-mêmes c'est moins par goût pour
les faits particuliers que par suite de leur désir d'utiliser
ces faits. Nous pouvons aller encore plus loin et constater
cet antagonisme entre les raisonnements généraux et les

raisonnements particuliers. Une personne disposée aux spéculations à longue portée se livre rarement à ces investigations par lesquelles on atteint des vérités particulières, tandis que les savants spécialistes ont ordinairement peu de tendance à s'occuper de vastes considérations.

Il n'en faut pas davantage pour montrer clairement que les habitudes de la pensée résultent des diverses sortes d'activité mentale, et que chaque homme est influencé par ses habitudes de pensée dans le jugement qu'il porte sur toute question se présentant à lui. Il n'est pas moins évident que plus une question est complexe et plus elle offre de faces diverses, plus les habitudes de la pensée contribuent à déterminer les conclusions auxquelles on arrive. Quand le sujet est simple et n'a pas beaucoup d'aspects différents, s'il s'agit, par exemple, d'une vérité géométrique ou d'une action mécanique, les perversions de jugement résultant de la tournure de l'esprit sont relativement peu nombreuses; mais lorsque le sujet est complexe et hétérogène, lorsqu'il peut être envisagé par la pensée d'une foule de façons différentes, la tournure de l'esprit affecte considérablement la forme de la conception.

Aussi n'est-il rien de plus important pour l'étude de la science sociale que de bonnes habitudes de pensée, et ces bonnes habitudes ne peuvent s'acquérir que par l'étude des sciences en général. En effet, la sociologie est une science embrassant tous les phénomènes qui font l'objet des autres sciences. Elle présente ces relations nécessaires dont traitent les sciences abstraites; elle présente ces connexions entre la cause et l'effet avec lesquelles on se familiarise en étudiant les sciences abstraites-concrètes; enfin, elle présente ce concours de causes et cette production de résultats contingents, que nous montrent les sciences concrètes, mais plus spécialement les sciences organiques. Par suite, pour acquérir les habitudes d'esprit qui conduisent à penser juste en sociologie, l'intelligence doit se familiariser avec les idées fondamentales que met en lumière chacune des classes de sciences; il ne faut pas qu'elle se laisse absorber par des idées empruntées exclusivement à l'une de ces classes, ou à deux quelconques d'entre elles.

Pour mieux éclaircir ce point, nous allons indiquer brièvement la discipline, indispensable, que chaque classe de sciences procure à l'esprit, et aussi les mauvaises habitudes intellectuelles résultant de l'étude exclusive de cette classe.

Un esprit absolument étranger aux sciences abstraites ne peut avoir un sentiment convenable des *nécessités de relation*. Examinez les pensées d'un homme entièrement ignorant, à qui l'on n'a pas même montré ces rapports précis et exacts que l'on rencontre en arithmétique ; vous verrez qu'il n'est pas complétement convaincu que les données une fois posées la conséquence est inévitable. Ce qui a pour vous l'apparence d'une certitude ne lui semble pas à l'abri du doute. Même les hommes que leur éducation a quelque peu familiarisés avec les opérations numériques et leurs résultats, ne témoignent pas d'une foi absolue dans la dépendance de la conclusion vis-à-vis des prémisses, chaque fois qu'il s'agit d'une relation purement logique.

L'étude des sciences abstraites, la logique et les mathématiques, peut seule donner une foi inébranlable dans les nécessités de rèlation. La logique, qui traite des nécessités de relation de l'ordre le plus simple, est utile à cet égard, mais moins cependant qu'elle ne pourrait l'être, parce que les symboles dont elle se sert ne se traduisant pas en pensées, les connexions qu'elle établit ne sont pas réellement représentées. Lorsqu'à une déduction logique exprimée d'une façon abstraite on substitue un exemple assez concret pour qu'on puisse reconnaître les dépendances réciproques, alors et seulement alors, il y a un exercice des facultés mentales permettant de saisir la nécessité logique. De même, dans la discipline fournie par les mathématiques, il faut remarquer que l'habitude de s'occuper des relations numériques nécessaires, bien qu'utile dans une certaine mesure pour développer le sentiment de la nécessité, n'est pas extrêmement utile ; car dans l'immense majorité des cas, l'esprit, absorbé par les symboles qu'il emploie et n'apercevant pas derrière eux les groupes d'unités qu'ils remplacent, ne se représente pas réellement les relations exprimées et n'en saisit pas la nécessité ; par suite il n'y a pas une reproduction continuelle de l'idée de nécessité. C'est la plus spéciale des divisions des mathématiques, celle qui s'occupe des relations d'éten-

due, qui plus que toute autre étude fournit des idées nécessaires et par là fortifie et précise le sentiment de la nécessité
en général. Une démonstration géométrique présente successivement les prémisses et la conclusion d'une façon telle,
que la relation dont on s'occupe est vue par la pensée et
ne se dissimule pas sous un pur symbole. A chaque pas
on découvre quelque connexion de position ou de quantité ne pouvant pas ne pas exister, et l'habitude de faire
ces pas rend vif et familier le sentiment de connexions
semblables.

Mais quelque utile, quelque indispensable que soit la discipline mathématique, spécialement la discipline géométrique, comme moyen de préparer l'esprit à reconnaître dans
toute la nature les identités absolues, elle est propre pourtant, si l'on s'y livre exclusivement ou trop habituellement,
à produire des perversions de la pensée en général. Inévitablement elle donne à l'esprit un pli particulier, et non moins
inévitablement ce pli particulier affecte toutes les opérations intellectuelle, — il cause une tendance à envisager
au point de vue mathématique des sujets hors de la portée
des mathématiques. Le mathématicien a toujours affaire à
des phénomènes dont les éléments sont peu nombreux et
bien définis. Les problèmes les plus complexes le sont toujours beaucoup moins que ceux des sciences concrètes. Mais
quand il s'occupe de ceux-ci il ne peut s'empêcher de raisonner comme il en a pris l'habitude; en traitant les questions des sciences concrètes, il ne prend qu'un petit nombre
de facteurs, leur attribue implicitement une détermination
qu'ils n'ont pas, et procède d'après la méthode mathématique pour tirer une conclusion positive de ces données,
comme si elles étaient déterminées et exactes.

De là cette vérité, dont on voit tant d'exemples, que dans
les matières contingentes, les mathématiciens sont mauvais
raisonneurs. Aux anciens exemples M. Michel Chasles vient
d'en ajouter un nouveau, en se montrant incapable de juger de
la valeur des preuves dans l'affaire des contrefaçons Newton-
Pascal. Feu le professeur De Morgan en fournit un autre : à
force d'appliquer son esprit à examiner microscopiquement
un petit détail d'une question, il n'en apercevait pas les points
principaux.

La culture des sciences abstraites concrètes donne à la pensée une nouvelle habitude qu'on ne saurait acquérir autrement, et qui est essentielle pour penser juste en général, par conséquent pour penser juste en sociologie. La familiarité avec les divers ordres de phénomènes physiques et chimiques précise et fortifie le sentiment *de la cause et de l'effet.*

Les choses qui nous environnent nous donnent par expérience l'idée de forces spéciales et celle de la force en général. Les gens sans culture tirent de cette expérience une certaine foi à la causalité; ainsi lorsqu'ils voient un effet qui les frappe, ils l'attribuent d'ordinaire à une cause suffisante, et en présence d'une cause d'une importance donnée, ils s'attendent à un effet proportionné. Il en est notamment ainsi quand il s'agit d'actions simples et mécaniques. Mais ces impressions fournies par la vie quotidienne ne donnent à l'esprit qu'une idée vague des relations de causalité, si elles ne sont fortifiées par l'étude de la science physique. Il suffit de rappeler la facilité avec laquelle on admet les prétendus faits du spiritualisme, dont la plupart impliquent la négation positive de l'axiome de mécanique d'après lequel l'action et la réaction sont toujours égales et de sens contraire, pour montrer combien la façon ordinaire d'envisager la causalité est peu quantitative — combien elle est éloignée de toute idée de proportion entre la quantité de force dépensée et la quantité d'effet obtenu. Très généralement aussi, la façon d'envisager la causation n'est même pas exacte au point de vue qualitatif; on entend souvent exprimer les notions les plus absurdes sur l'effet que doit produire telle ou telle cause. Prenez pour exemple cette croyance populaire, qu'en mettant un bouc dans l'écurie on préserve la santé des chevaux; notez que l'idée est adoptée sur la foi des grooms et des cochers par les maîtres, gens ayant reçu de l'éducation ; j'ai entendu dernièrement un général américain affirmer le fait, avec l'assentiment de deux fonctionnaires anglais en retraite. Evidemment cette disposition à admettre sur de semblables témoignages qu'une cause comme celle-là peut produire de pareils effets, implique une notion de la causalité qui, même au point de vue qualitatif, est de l'ordre le plus grossier. Et cette notion se trahit partout dans les superstitions dont on retrouve la trace dans toutes les classes.

Nous pouvons conclure de là que les observations, non comparées ni analysées, faites par les hommes dans le cours de leurs rapports avec les choses environnantes, ne suffisent pas pour leur donner des idées pleinement rationnelles sur l'enchaînement des faits. Il faut faire subir un examen critique aux phénomènes physiques, mesurer les facteurs et leurs résultats et comparer différents cas entre eux, pour arriver à des idées claires sur la nécessité de la dépendance causale. Cette investigation des phénomènes physiques est précisément l'affaire des sciences abstraites-concrètes. Chaque expérience faite par le physicien ou le chimiste rafraîchit en lui la conscience d'une vérité qu'il a déjà constatée un nombre incalculable de fois dans ses expériences antérieures, à savoir que de certains antécédents d'une nature particulière découlera inévitablement une certaine espèce de conséquences. Les habitudes de pensée produites par ces expériences continuellement répétées, toujours les mêmes, toujours exactes, rendent impossible de se représenter un effet comme n'ayant pas de cause, ou une cause comme se dépensant sans avoir d'effet ; elles rendent également impossible de se représenter un effet hors de proportion avec sa cause, ou une cause hors de proportion avec son effet.

Cependant, bien que l'étude des sciences abstraites-concrètes, poursuivie expérimentalement, fortifie et éclaircisse la conscience de la causalité, c'est une discipline insuffisante si on la prend isolément. Quand on s'y livre exclusivement, elle engendre une habitude d'esprit qui entraîne à des conclusions erronées, lorsqu'on a affaire à des phénomènes d'un ordre plus élevé. Les procédés de recherche en physique sont essentiellement analytiques ; l'emploi journalier de ces procédés produit deux tendances : à envisager isolément les facteurs qu'on a à démêler, à identifier et à mesurer, et celle à s'en tenir aux résultats obtenus, comme s'ils étaient les résultats définitifs à chercher. Quand le chimiste a saturé, neutralisé, décomposé, précipité, et enfin séparé les éléments, il est en mesure de déterminer quelle quantité de celui-ci était combinée avec une quantité donnée de celui-là ; quand il a vérifié le résultat en reprenant son analyse par une autre voie, ses recherches sur ce point sont terminées; il en est de même des recherches analogues sur les autres affinités de l'élément, après que celles-ci ont été déterminées qualitativement et quantitativement. Il a l'habitude de se débarrasser des facteurs concomitants causes de perturbation, ou de les négliger autant que possible, afin de reconnaître et de mesurer l'un d'entre eux, et puis un autre; son but est atteint quand il s'est rendu compte de tous les facteurs, considérés isolément. Il en est de même du physicien. Supposons que le problème soit la propagation du son dans l'air et l'explication de sa vitesse. La vitesse calculée par Newton est inférieure d'un sixième à celle que fournit l'observation, et Laplace entreprend d'expliquer l'anomalie. Il reconnaît que la compression produite dans l'air par chaque onde sonore developpe de la chaleur; il détermine la vitesse additionnelle qui en est la conséquence; il l'ajoute à la vitesse précédemment calculée, il voit que le résultat est d'accord avec l'observation; et alors, ayant décomposé le phénomène en ses éléments constituants et ayant mesuré chacun d'eux, il considère sa tâche comme achevée. Il en est toujours ainsi : le physicien a l'habitude d'identifier, de distinguer, d'évaluer les facteurs, et de s'arrêter lorsqu'il a fait tout cela d'une façon complète.

Portée dans l'interprétation des choses en général, cette habitude y produit à peu près les mêmes effets que l'habitude mathématique. Elle tend à former des conceptions indûment simples et indûment définies, et elle encourage notre propension naturelle à nous contenter de résultats immédiats. L'habitude de s'occuper quotidiennement des facteurs simples des phénomènes, de facteurs que très-peu d'autres viennent compliquer et qui sont séparés par la pensée de leurs combinaisons, conduit inévitablement à envisager les choses environnantes d'une façon plutôt analytique que synthétique. Cette habitude conduit à considérer les causes simples à part du *plexus* compliqué de causes coopérantes qui se manifestent dans les phénomènes naturels d'ordre supérieur, et produit une tendance à supposer qu'une fois les résultats de ces causes simples bien déterminés, il ne reste plus rien à se demander.

Ainsi la science physique, bien que propre à développer

la notion de la causalité dans ses formes simples et définies et à préparer ainsi l'esprit à l'étudier dans ses formes complexes, n'est pas suffisante par elle-même pour rendre ces formes complexes complétement intelligibles. Pour montrer par un exemple combien elle est insuffisante pour cet objet, je pourrais citer un homme, mathématicien et physicien distingué, qui par son mérite s'est placé au premier rang; il a néanmoins montré à plusieurs reprises un défaut de jugement, chaque fois qu'il abordait les questions des sciences concrètes, où les données sont plus nombreuses et moins précises. Choisissant des prémisses qu'il admettait tout au moins gratuitement et qui en certains cas étaient improbables, il procédait par des méthodes rigoureuses à en déduire des conclusions précises et il affirmait ensuite ces conclusions comme si elles avaient une certitude en rapport avec la rigueur de ses méthodes.

La discipline qui apporte le correctif nécessaire est fournie par les sciences concrètes. L'étude des *formes* des phénomènes, qui fait l'objet de la logique et des mathématiques, est nécessaire, mais elle est loin d'être suffisante. L'étude des *facteurs* des phénomènes, qui fait l'objet de la mécanique, de la physique et de la chimie est essentielle aussi; mais elle ne suffit ni par elle-même, ni même lorsqu'on y joint l'étude des formes. L'étude des *produits* eux-mêmes, pris dans leur ensemble, n'est pas moins nécessaire. L'attention exclusive donnée aux formes et aux facteurs, non-seulement ne peut conduire à des conceptions vraies des produits, mais tend même à en donner des conceptions fausses. Il faut que l'esprit joigne aux habitudes analytiques des habitudes synthétiques. Envisagée à son point de vue véritable, l'analyse a pour fonction principale de préparer les voies à la synthèse; et pour conserver l'équilibre mental, il ne suffit pas de reconnaître que la synthèse est le but et que l'analyse n'est que le moyen, il faut aussi pratiquer la synthèse concurremment avec l'analyse.

Toutes les sciences concrètes familiarisent l'esprit avec des conceptions fondamentales que ne fournissent ni les sciences abstraites, ni les sciences abstraites-concrètes : — les conceptions de *continuité*, de *complexité* et de *contin-*

gence. Les plus simples des sciences concrètes, l'astronomie et la géologie, fournissent l'idée de continuité avec une
grande netteté; nous n'entendons pas par là simplement la
continuité d'existence, mais la continuité de causation, la
production incessante des effets — l'action sans fin de chaque force. Dans l'esprit d'un astronome, l'idée est profondément gravée qu'une planète détournée de sa trajectoire par une autre planète ou par l'action combinée de
plusieurs astres, suivra dans tout le temps à venir une
route différente de celle qu'elle aurait suivie sans cette perturbation; il reconnaît que la réaction qu'elle exerce à son
tour sur la planète ou les planètes perturbatrices a également des effets, qui se compliqueront sans cesse, se diffu-
seront lentement, mais ne seront jamais anéantis pendant
les incommensurables périodes de l'avenir. De même le
géologue voit dans chaque changement de l'écorce terrestre, produit par l'action ignée ou l'action aqueuse, un
facteur nouveau qui influera indéfiniment sur tous les changements subséquents. Le soulèvement d'une portion du fond
de la mer modifie la direction des courants océaniques et
par là le climat des terres adjacentes; il agit sur les pluies
et les vents dominants, sur la dénudation des côtes et sur
les alluvions, sur la flore et sur la faune; ces effets deviennent autant de causes qui agissent incessamment par
des voies de plus en plus multiples. On peut toujours suivre
le travail persistant de chaque force et la complication progressive des résultats, à mesure que les époques géologiques se succèdent.

Ces conceptions ne résultent à aucun degré de l'étude
des sciences abstraites et abstraites-concrètes; les sciences
concrètes inorganiques nous les fournissent d'une façon qui
bien qu'incontestable ne les impose pas à notre attention;
mais elles nous sont fournies d'une façon claire et frappante par les sciences concrètes-organiques — celles qui
traitent des choses vivantes. Tout organisme, si nous savons comprendre les leçons qu'il nous donne, nous montre
la continuité et la complexité dans les causes. Les faits
ordinaires d'hérédité mettent en lumière cette continuité
— très-nettement dans les cas où il y a union entre deux
variétés aussi distinctes que le blanc et le nègre et où les

traces du sang nègre reparaissent de génération en génération ; mieux encore dans les animaux domestiques, où
des traits hérités d'un ancêtre éloigné montrent l'action
persistante de causes remontant très-haut. Les phénomènes
organiques nous familiarisent avec la complexité des causes,
en montrant que chaque conséquence est le résultat du
concours de beaucoup d'antécédents et que chaque influence produit des résultats multiples. En observant comment une dose donnée d'une substance donnée produit sur
deux personnes des effets qui ne sont pas exactement identiques, et produit sur la même personne des effets différents selon l'état de sa constitution, on voit combien sont
complexes les combinaisons de facteurs amenant les changements de l'organisme et combien, par conséquent, chaque changement particulier est contingent. Nous n'avons
qu'à examiner ce qui arrive après une lésion, au pied par
exemple, pour voir que si elle est permanente elle altère
la tenue et l'attitude du corps, le mouvement des bras et
enfin les traits, qui prennent l'expression contractée accompagnant la douleur ou la gêne. En somme, par son influence
sur le système musculaire, le système nerveux et le système viscéral, ce mal local agit et réagit sur la structure et
les fonctions du corps entier et produit des effets qui, en
se diffusant, se compliquent d'une façon incalculable.

Non-seulement l'étude de la science de la vie impose de
mille manières à l'attention les notions fondamentales de
continuité, de complexité, de contingence, de causalité ;
mais encore elle conduit à une autre conception importante
que les sciences concrètes inorganiques ne sauraient fournir — la conception de ce qu'on pourrait appeler la causalité *fructifiante*. En effet, les corps vivants, qui se distinguent des corps non-vivants en ce qu'ils se propagent, s'en
distinguent aussi en ce que chez eux certaines actions s'accumulent au lieu de se dissiper comme chez les autres.
Non-seulement les organismes, pris dans leur ensemble, se
reproduisent, de sorte que par leur multiplication, de faibles
commencements peuvent amener de grands résultats ; mais
encore il en est de même de leurs composants, qu'ils soient
normaux ou morbides. Ainsi une petite quantité de virus
introduite dans un organisme n'a pas un effet propor-

tionné à son importance, comme cela a lieu pour un agent ou une masse inorganique ; elle s'approprie les matériaux que lui fournit le sang de l'organisme, prend ainsi un accroissement considérable et produit des effets hors de toute proportion avec la quantité originairement introduite — effets qui se perpétuent avec une intensité croissante pendant tout le reste de la vie de l'organisme. Il en est ainsi pour le développement d'un agent interne aussi bien que pour l'invasion d'un agent externe. Une quantité microscopique de matière séminale peut servir de véhicule à une particularité constitutionnelle héréditaire, infinitésimale même par rapport à cette petite quantité ; cinquante ans après, il peut en résulter la goutte ou la folie ; au bout de cette longue durée, des actions et des produits lentement développés se manifestent par de grands dérangements dans les fonctions ou dans la structure. C'est là un trait caractéristique des phénomènes organiques. En même temps que les changements *destructifs* s'accomplissant dans les tissus des corps vivants produisent continuellement des effets qui s'atténuent par la subdivision, comme les effets des forces inorganiques ; les changements *constructifs* qui s'y accomplissent aussi, et par lesquels les corps vivants se distinguent des corps non vivants, produisent certaines classes d'effets qui s'accroissent à mesure qu'ils se diffusent — ils augmentent sans cesse en volume aussi bien qu'en variété.

Ainsi l'étude de la science de la vie est essentielle comme discipline ; en partie parce qu'elle familiarise l'esprit avec les idées fondamentales de continuité, de complexité, de contingence, de causalité, plus clairement et de plus de façons que ne le font les autres sciences concrètes, et en partie parce qu'elle familiarise l'esprit avec l'idée fondamentale de causalité fructifiante, que les autres sciences concrètes ne fournissent pas du tout. Ce n'est pas que les sciences organiques, cultivées exclusivement, puissent fournir ces conceptions sous une forme claire ; il faut être versé dans les sciences abstraites-concrètes pour saisir comme il faut l'idée de causalité simple. Étudiées seules, les sciences organiques tendent plutôt à rendre obscures les idées de causalité ; car la complication des facteurs et la contingence des résultats y est si grande, qu'on ne peut établir de relations définies entre les antécédents et les conséquents ; les uns et les autres ne se présentent pas dans une connexion assez étroite pour que la conception d'action causale, qualitative et quantitative, soit suffisamment distincte. Avant tout, la discipline de la physique et de la chimie est indispensable pour préciser les idées des relations nécessaires, entre la nature et l'intensité des forces, et entre la nature et l'intensité de leurs effets ; on peut alors aborder l'étude des phénomènes organiques avec le sentiment très-net que, bien que les procédés de causalité y soient souvent trop complexes pour être explicables, *il y a* pourtant une causalité, non moins nécessaire et non moins exacte que dans les cas plus simples.

Appliquons maintenant ces considérations sur la discipline intellectuelle à notre sujet immédiat. Pour étudier avec fruit la science sociale, il faut des habitudes d'esprit produites par l'étude de toutes les sciences dont nous avons parlé. Il ne s'agit pas, bien entendu, d'une étude complète ni même poussée très-loin ; il suffit de se rendre maître des idées capitales fournies par chacune de ces sciences. En effet, comme nous l'avons déjà dit, les phénomènes sociaux embrassent des phénomènes de tout ordre.

On ne peut nier qu'il ne s'y trouve des nécessités de relation semblables à celles dont traitent les sciences abstraites, puisque l'on voit les sociétés présenter des faits de nombre et de quantité. Il est également indiscutable que les actions des hommes réunis en société se conforment aux lois des forces physiques, dans leurs mouvements et dans leurs opérations productives. Tout ce qui se pense et tout ce qui se fait dans le cours de la vie sociale, on le pense et on le fait conformément aux lois de la vie individuelle ; c'est là aussi une vérité — presque un axiome, bien que peu de gens semblent en avoir conscience.

Ainsi la culture scientifique en général est nécessaire, et par-dessus tout la culture de la science de la vie. Celle-ci est plus impérieusement exigée parce que les conceptions de continuité, de complexité et de contingence dans la causalité, aussi bien que la conception de causalité ructifiante, lui sont communes avec la science de la société. Elle procure une discipline spécialement appropriée, par la raison qu'elle seule, parmi les sciences, familiarise avec ces idées capitales, en présente les données sous des formes facilement saisissables, et prépare ainsi l'esprit à en reconnaître les données dans la science sociale, où tout en se présentant aussi constamment elles sont moins facilement saisissables.

L'importance suprême de ce dernier genre de culture n'a pas pu être démontrée d'une façon complète par ces courtes explications. Outre qu'il engendre des habitudes d'esprit appropriées à l'étude de la science sociale, il procure aussi des conceptions spéciales qui sont comme les clefs de cette science. La science de la vie fournit à la science de la société certaines grandes généralisations, sans lesquelles celle-ci ne pourrait exister. Passons à l'examen des relations qu'elles ont entre elles.

CHAPITRE XIV

PRÉPARATION PAR LA BIOLOGIE

La parabole du semeur peut s'appliquer aux progrès de la science. De temps en temps on sème des idées nouvelles et elles ne germent pas, ou, après avoir germé, elles meurent faute d'un terrain convenable, jusqu'à ce qu'enfin elles soient semées dans des conditions qui leur permettent de prendre racine et de fleurir. On en trouve un exemple, entre mille, dans l'histoire de la vérité que nous allons traiter ici : la sociologie est dépendante de la biologie. Même en limitant nos recherches à notre propre société, nous pouvons suivre les traces de cette idée jusqu'à plus de trois siècles en arrière. Dans le premier livre du *Gouvernement ecclésiastique*, de Hooker, elle est énoncée aussi clairement que le permettait l'état de la science à cette époque, — elle l'est même plus clairement qu'on ne l'aurait attendu d'un temps où la science et les méthodes scientifiques étaient si peu avancées. Non-seulement Hooker conçoit la notion générale des lois naturelles, non-seulement il admet que les actions humaines procèdent du désir guidé par la connaissance et ainsi, en un certain sens, obéissent à une loi ; mais encore il reconnaît que la formation des sociétés est déterminée par les attributs des individus, et que l'organisation des gouvernements découle de la nature des hommes qui se sont associés pour pouvoir mieux satisfaire à leurs besoins. Bien que cette doctrine soit obscurcie par une doctrine théologique dont il faut la dégager, elle est exprimée avec beaucoup de clarté; il ne lui manque qu'une meilleure définition et plus de développement pour être vraiment scientifique.

Cette idée reparaît plusieurs fois dans les écrivains anglais postérieurs. Je n'en citerai qu'un exemple, pris dans l'*Essai sur l'histoire de la société civile*, publié il y a un siècle par le D\' Adam Ferguson. La première partie de cet essai traite des « caractères généraux de la nature humaine. » Dans la section I, Ferguson signale l'universalité de la tendance à vivre en société, montre que cette disposition dépend de certaines affections et de certains antagonismes ; il indique l'influence de la mémoire, de la prévoyance, du langage, du naturel communicatif, et allègue que « ces faits doivent être pris pour base de tous nos raisonnements sur l'homme. » Bien que la façon dont les phénomènes sociaux dérivent des phénomènes de la nature humaine individuelle ne soit aperçue que d'une manière vague et générale, cependant elle est aperçue; il y a conception de la relation de causalité.

Pour que cette conception prît une forme définie, il fallait d'une part que les connaissances scientifiques fussent devenues plus étendues et plus précises, et d'autre part que l'esprit scientifique se fût fortifié. C'est à M. Comte, qui vivait à un moment où ces conditions se trouvaient remplies, que revient l'honneur d'avoir mis en lumière avec une précision relative la connexion entre la science de la vie et la science de la société. Il a vu clairement que les faits qui se produisent dans les associations humaines sont de même nature que ceux qui se produisent dans les groupes d'êtres inférieurs vivant en troupes ; et que dans un cas comme dans l'autre il faut étudier les individus avant de pouvoir comprendre les assemblages. Aussi a-t-il placé la biologie avant la sociologie dans sa classification des sciences. Il a regardé la biologie comme une préparation nécessaire aux études sociologiques, non-seulement parce que les phénomènes de la vie collective, dérivant des phénomènes de la vie individuelle, ne peuvent être convenablement coordonnés qu'après que ceux-ci l'ont été ; mais aussi parce que les méthodes d'investigation qu'emploie la biologie sont des méthodes dont la sociologie doit également se servir. Il fait voir cette dépendance d'une façon très-satisfaisante, par divers moyens qu'il serait trop long de spécifier.

On peut soutenir, il est vrai, que certaines de ses autres idées l'ont empêché de voir toutes les conséquences de cette dépendance. Ainsi, par exemple, quand il parle de « l'anarchie intellectuelle qui est la véritable source de notre anarchie morale; » quand il décèle ainsi la conviction, visible dans tout son *Cours de philosophie positive*, qu'une saine théorie amènerait une saine pratique, il devient clair que la relation entre les attributs des citoyens et les phénomènes de la vie sociale est inexactement conçue par lui ; cette relation a·des origines trop profondes pour être altérée par un simple changement des idées régnantes. De plus, en niant, comme il le fait, que l'espèce soit indéfiniment modifiable, il montre qu'il ignore une des vérités capitales empruntées par la sociologie à la biologie — une vérité dont l'oubli entache d'erreur toutes les explications sociologiques. Bien qu'il admette que l'homme est modifiable, dans une certaine mesure, au point de vue physique et au point de vue intellectuel, le dogme de la fixité des espèces, auquel il adhère, l'oblige à concevoir d'une façon beaucoup trop étroite les changements individuels et sociaux. De là viennent chez lui plusieurs idées fausses, entre autres cette erreur grave, que les différentes formes de sociétés observées sur toute la surface du globe, parmi les races sauvages et les races civilisées, ne sont que des stages différents d'une évolution identique ; la vérité est que les types sociaux, de même que les types des organismes individuels, ne forment pas de série et ne peuvent se classer qu'en groupes et en sous-groupes divergents.

Il n'arrive pas non plus à concevoir la science sociale de la seule façon qui puisse en faire le couronnement naturel des sciences plus simples. Il ne voit pas qu'elle étudie les formes les plus complexes de ces échanges continuels par lesquels se renouvelle à chaque instant dans tout l'univers la distribution de la matière et du mouvement. Il faut savoir comprendre que les transformations s'accomplissant pendant la croissance, la maturité et le déclin des sociétés obéissent aux mêmes principes que celles qui s'accomplissent dans les agrégats de tous les ordres, organiques et inorganiques ; il faut reconnaître que la marche des choses est, dans tous les cas, déterminée par des forces, et qu'on ne peut· l'expliquer scientifiquement sans l'exprimer en fonction de ces forces ; alors seulement on arrive à concevoir la sociologie comme une science, dans toute la force du terme.

Néanmoins nous ne devons pas méconnaître l'importance du pas fait par M. Comte. Sa façon d'envisager les faits est vraiment philosophique. Les chapitres d'introduction à sa *Sociologie* contiennent, mêlées à des vues particulières qu'on ne saurait admettre, bien des pensées vraies en même temps que grandes et fécondes ; ils témoignent d'une largeur et d'une profondeur de conception qui n'avaient encore jamais été atteintes. En dehors de l'exactitude de ses doctrines sociologiques, il l'emporte sur tous ceux qui l'avaient précédé par la manière dont il conçoit les phénomènes sociaux ; entre autres supériorités, il a celle d'avoir reconnu la dépendance de la sociologie vis-à-vis de la biologie.

Laissons de côté l'histoire de cette idée pour examiner l'idée elle-même. Les deux sciences sont connexes à deux points de vue différents, d'une égale importance. En premier lieu, toutes les actions sociales étant déterminées par les actions des individus et toutes les actions des individus étant réglées par les lois générales de la vie, l'interprétation rationnelle des actions sociales suppose la connaissance des lois de la vie. En second lieu, une société dans son ensemble, considérée à part des unités vivantes qui la composent, présente des phénomènes de croissance, de structure et de fonctions, analogues aux phénomènes de croissance, de structure et de fonctions que présente l'individu ; et ceux-ci sont la clef des autres. Nous commencerons par cette connexion, résultat de l'analogie.

Les figures de langage qui nous trompent souvent en faisant croire à une identité complète, là où il n'existe que des ressemblances légères, nous trompent aussi quelquefois en nous portant à considérer une corrélation véritable comme une pure fantaisie. Quand on se sert d'une métaphore pour exprimer une similitude réelle, on donne à penser que cette similitude n'est qu'imaginaire; on obscurcit ainsi la perception d'une connexion intrinsèque. C'est ce qui arrive pour les expressions, « corps politique, » « organisation politique » etc., qui assimilent tacitement une société à un être vivant; on les prend pour des expressions ayant leur raison d'être, mais ne correspondant pas à une réalité et tendant plutôt à entretenir une fiction. Pourtant les métaphores sont ici plus que des métaphores, dans le sens ordinaire du mot. Ce sont des façons de parler où se fait jour une vérité d'abord obscurément perçue, mais qui s'éclaircit à mesure qu'on examine de plus près le témoignage. Il y a analogie réelle entre l'organisme individuel et l'organisme social; cela devient incontestable dès que l'on a reconnu que tous deux sont également soumis à certaines nécessités qui en déterminent la structure.

La dépendance mutuelle des parties fournit à toute organisation son point de départ et sa direction. Tant que dans une masse de matière vivante toutes les parties sont semblables, tant qu'elles vivent et s'accroissent de la même façon sans s'aider l'une l'autre, il n'y a pas d'organisation; ce sont là les caractères de cet agrégat uniforme de protoplasma, qui occupe la place la plus humble parmi les choses vivantes. Privé de propriétés distinctes, à peine doué de mouvement, il ne peut s'adapter aux circonstances; il est à la merci de l'action destructive du milieu ambiant. Pour que cette masse sans organisation devienne une masse organisée, possédant les propriétés et les caractères de ce que nous appelons un organisme, il faut que les parties qui la constituent perdent leur similitude originaire et que chacune prenne le rôle qui convient à sa situation à l'égard des choses extérieures. Ces différences de fonction et les différences de structure qui en découlent, d'abord faiblement marquées, peu nombreuses et peu accusées, deviennent précises et nombreuses à mesure que l'organisation se perfectionne; et en même temps elles arrivent à mieux remplir leur but.

Les types des sociétés plus ou moins élevées se distinguent par des traits d'organisation qu'on peut caractériser par les mêmes expressions; il en est de même dans chaque société des différentes périodes de son développement. Dans les tribus primitives il n'y a pas de parties différentes. A l'origine, tous les hommes exercent leur activité de la même manière; ils sont indépendants l'un de l'autre sauf dans des cas accidentels. Il n'y a même pas de commandement régulièrement établi; en temps de guerre seulement, il y a une subordination spontanée et temporaire à ceux qui se montrent les chefs les plus habiles. Ces agrégats sociaux informes tendent, en vertu de la loi du progrès, à devenir plus considérables, et les différences entre les parties qui les composent deviennent toujours plus grandes, plus précises et plus nombreuses. A mesure que la société se développe, ses unités tombent dans divers ordres d'activités déterminés par des différences dans les conditions locales ou dans les facultés individuelles; par là se forment peu à peu des organismes sociaux permanents, dont les organismes primaires se compliquent déjà, au moment où ils se dessinent, d'organismes secondaires qui se dessineront à leur tour, et ainsi de suite.

N'y eût-il pas autre chose, l'analogie serait déjà féconde; mais ce n'est pas tout. Ces deux métamorphoses ont une cause commune. Considérons d'abord un animal composé de parties identiques, dont chacune vit isolément par elle-même et pour elle-même : à quelle condition pourra-t-il se modifier en sorte que chaque partie ait une fonction différente à remplir? Évidemment, pour que chaque partie sorte de cet état primitif où elle subvenait pour son propre compte à tous les besoins vitaux et arrive à un état où elle subviendra d'une façon surabondante à un certain besoin vital, il faut que les autres parties prennent en même temps d'autres activités spéciales, et subviennent pour elle aux autres besoins vitaux. Une des parties d'un être vivant ne peut se consacrer exclusivement à la fonction respiratoire et cesser de pourvoir à sa propre nutrition, si elle n'est suppléée dans cette dernière fonction par d'autres parties se consacrant exclusivement à absorber la nourriture. En d'autres termes, il faut qu'il y ait échange de services. L'organisation n'est possible dans un individu, qu'à la condition que l'ensemble soit dépendant de chaque partie et chaque partie dépendante de l'ensemble.

Il est clair que ceci est également vrai de l'organisation sociale. Un membre d'une société primitive ne peut se vouer à un ordre d'activité satisfaisant à un seul de ses besoins personnels, si ceux au profit desquels il exerce son activité spéciale ne le font profiter en retour du produit de leurs activités spéciales. S'il fabrique des armes au lieu de continuer à chasser, il faut qu'il participe au produit de la chasse en échange des armes qu'il fournit aux chasseurs. S'il devient un cultivateur et ne peut plus se défendre lui-même, il faut qu'il soit défendu par ceux qui se sont spécialisés défenseurs. C'est-à-dire que la mutuelle dépendance des parties est une condition essentielle du début et des progrès de l'organisation sociale, aussi bien que du début et des progrès de l'organisation individuelle.

On voit sans aller plus loin qu'il ne s'agit pas ici d'une ressemblance apparente, mais d'un parallélisme fondamental dans les principes de l'organisation. Nous n'avons pourtant qu'effleuré les analogies. Plus nous avancerons, plus nous verrons qu'elles sont étroites. En effet, demandons-nous ce que supposent ces expressions de dépendance réciproque, d'échange de services. Elles supposent un certain mode de communication entre les parties qui dépendent l'une de l'autre. Des parties s'acquittant de certaines fonctions au profit l'une de l'autre, doivent avoir des moyens de se porter l'une à l'autre les produits de leurs fonctions respectives ou de se transmettre les profits résultant de ces fonctions (quand ce ne sont pas des produits matériels). Évidemment, plus l'organisation est élevée, plus les moyens d'accomplir ces échanges deviennent compliqués. Ceci a lieu également dans les deux cas.

Dans les types inférieurs des organismes individuels, l'échange de services entre les parties faiblement différenciées s'effectue d'une façon lente et vague, par une diffusion irrégulière des matières nutritives, élaborées en commun, et par une propagation irrégulière de faibles excitations, amenant une coordination grossière entre les actes de chaque partie. Il en est de même dans les agrégats sociaux, lorsqu'ils sont petits et simples. Il n'y a pas d'arrangements définis pour l'échange des services; il n'y en a que d'indéfinis. Les produits, tels que les vivres, les peaux, les armes, se troquent irrégulièrement entre producteurs et consommateurs, dans tout le corps social; il n'y a pas de système commercial ou distributif, de même que dans l'animal rudimentaire il n'y a pas de système vasculaire. L'organisme social de type inférieur, comme l'organisme individuel de type inférieur, n'a pas non plus le moyen de faire concorder les actions des parties éloignées. Quand il faut que ces parties concourent à repousser un ennemi, l'alarme se répand de proche en proche à travers une population éparpillée, précisément comme dans un animal d'espèce inférieure il y a diffusion lente et irrégulière du stimulus d'un point à tous les autres.

Dans les deux cas, l'évolution d'un organisme plus vaste, plus complexe et plus actif, implique des organes de plus en plus efficaces pour porter d'une partie à l'autre les produits matériels de chaque partie, et des organes de plus en plus efficaces pour faire coopérer les parties de façon à ce que leurs activités soient maintenues dans des relations convenables, relativement au temps et à l'intensité. Les faits nous le prouvent à chaque instant. A mesure que, l'organisme individuel parvient à une structure élevée, à quelque classe qu'il appartienne, il se forme un système complexe de canaux par lesquels le fonds commun de matières nutritives (augmenté sur un point par l'absorption, transformé sur un autre par la sécrétion, ici purifié par l'excrétion, là modifié par l'échange des gaz) se distribue à travers tout le corps pour nourrir les différentes parties, dont chacune accomplit sa fonction spéciale. De même, lorsque l'organisme social parvient à une structure élevée, quel qu'en soit le type politique il se développe une organisation commerciale, étendue et compliquée, pour distribuer les marchandises; elle envoie ses courants hétérogènes à travers tout le royaume, par des canaux allant aboutir à la boutique du détaillant; elle met sous la main de chaque citoyen le nécessaire et le superflu qui ont été produits par les autres tandis que lui-même travaillait à produire aussi sa part de richesses, ou à accomplir, en tout ou en partie, quelque autre fonction profitable à tous les autres. Semblablement, le développement d'un organisme individuel, à quelque classe qu'il appartienne, est toujours accompagné d'un développement du système nerveux, qui facilite et proportionne l'action combinée des diverses parties et leur permet de s'adapter aux diverses circonstances ; en même temps, le développement d'un organisme social coïncide toujours avec le développement d'un centre de direction général, de plusieurs centres locaux et d'arrangements destinés à communiquer les informations et les impulsions et à faire concorder toutes les sortes d'activités des différentes parties.

Or, si cette connexion fondamentale existe, on ne peut saisir rationnellement les vérités sociologiques avant d'avoir saisi rationnellement les vérités biologiques. Les deux sciences se rendent d'ailleurs des services réciproques. Il suffit de jeter un coup d'œil sur les progrès de la biologie pour constater qu'elle doit à la sociologie l'idée capitale sur laquelle nous nous sommes étendus, et qu'après avoir emprunté à la sociologie la théorie du développement, elle lu restitue cette théorie devenue plus précise, enrichie d'exemples innombrables et prête à s'étendre dans des directions nouvelles. La conception lumineuse énoncée pour la première fois par M. Milne-Edwards, né en France, mais notre compatriote par le sang — la conception de « la division physiologique du travail, » tire son origine de la généralisation à laquelle l'économie politique était arrivée antérieurement. On a d'abord reconnu qu'il y a avantage pour la société à ce que ses membres se distribuent en différents groupes, consacrés chacun à une industrie différente, pour laquelle il acquiert une aptitude spéciale et s'entoure de facilités plus grandes. Cela a conduit à reconnaître qu'il y a avantage pour un organisme individuel à ce que ses différentes parties, originairement identiques et douées d'activités identiques, se partagent entre elles ces activités, en sorte que chacune, ayant une fonction distincte, s'y approprie spécialement.

Transportée de la sociologie dans la biologie, cette conception a reçu par cela même une grande extension. Au lieu de se limiter aux fonctions de la nutrition, on a vu qu'elle s'appliquait à toutes les fonctions quelconques. Il s'est trouvé que l'arrangement de l'organisation entière, et non pas seulement celui des viscères, était conforme à ce principe

fondamental — on a vu qu'il pouvait même servir à expliquer les différences survenant entre les membres, primitivement semblables. Remarquez que cette idée, après être devenue en biologie une théorie générale expliquant tout,
est retournée à la sociologie prête à être pour elle aussi
une théorie embrassant tout. Car il est maintenant devenu
évident que le principe de la division du travail s'applique
non-seulement aux arrangements industriels, mais aux arrangements sociaux en général. Le progrès de l'organisation
a été partout le même, depuis le premier pas qui a donné un
chef gouvernant, se distinguant quelque peu par ses actes de
ceux qu'il gouvernait. Soit dans la formation d'une classe régulatrice plus ou moins distincte des classes gouvernées —
soit dans la division de cette classe régulatrice en plusieurs
autres, politique, ecclésiastique, etc., — soit dans la séparation des devoirs à l'intérieur de chaque classe, séparation
marquée par la gradation des rangs — partout nous pouvons
reconnaître cette loi fondamentale que l'organisation industrielle nous a révélée. Une fois que nous avons saisi cette
vérité, que la biologie emprunte à la sociologie et lui rend
avec usure, l'ensemble des phénomènes qu'une société présente à un moment donné et la série des développements
grâce auxquels elle s'est élevée jusque-là s'illuminent tout à
coup ; l'analyse raisonnée en devient relativement claire.

Etant reconnue cette connexion fondamentale, il est aisé
de voir combien il importe, pour pénétrer dans l'étude de la
vie sociale, de se familiariser avec les vérités de la vie individuelle. En effet la vie individuelle nous présente cette division
du travail, cet échange de services de façons bien diverses qui
toutes sont aisées à saisir, parce que la structure et les fonctions s'offrent à nous sous une forme directement accessible
aux sens. Ce n'est que lorsqu'une multitude d'exemples biologiques auront gravé dans l'esprit l'idée d'une dépendance
réciproque croissante, accompagnant une spécialisation croissante, et qu'on aura ainsi déterminé une habitude de pensée,
qu'on pourra apprécier convenablement les applications
sociologiques de ce principe.

Laissons de côté l'influence indirecte que la biologie exerce
sur la sociologie, en lui fournissant une conception ration-

nelle du développement et de l'organisation de la société, et passons à l'influence directe qu'elle exerce sur elle en lui fournissant une théorie exacte de l'unité sociale, l'Homme. En effet, la biologie, outre qu'elle est connexe avec la sociologie d'une façon médiate par un certain parallélisme entre les groupes de phénomènes dont s'occupe chacune des deux sciences, est immédiatement connexe avec elle parce qu'elle a dans son domaine la créature dont les propriétés sont le point de départ de l'évolution sociale. L'être humain est à la fois le problème final de la biologie et le facteur initial de a sociologie.

Si l'homme était partout le même, s'il n'était pas soumis au changement, si l'on pouvait considérer comme des constantes les attributs humains produisant les phénomènes sociaux, le sociologiste n'aurait guère à s'enquérir des vérités capitales dont nous avons parlé plus haut. Mais, puisque l'homme est modifiable aussi bien que tous les autres animaux, puisque les modifications qu'il subit sont comme pour les autres animaux déterminées par le milieu ambiant — et puisque ce milieu ambiant est en partie constitué par les arrangements sociaux, il devient nécessaire au sociologiste de connaître les lois auxquelles les êtres organisés se conforment en général dans leurs modifications. Sans cela il se trompera continuellement comme penseur et comme homme pratique. Comme penseur, il ne saura pas comprendre l'action et la réaction croissantes des institutions et du caractère, qui se modifient lentement et réciproquement dans le cours des générations. Comme homme pratique, l'appui qu'il donnera à telle ou telle mesure politique sans être guidé par une théorie exacte des effets qu'elle peut produire sur les citoyens, sera probablement plus nuisible qu'utile, car il y a plus de manières de se tromper que de voir juste. On reconnaîtra combien il est nécessaire d'avoir des lumières sur ce point, si l'on veut se rappeler que presque jamais on ne s'inquiète des modifications qu'une chose nouvelle, en politique ou ailleurs, doit produire sur la nature humaine. On n'envisage que l'influence immédiate sur les actions et on néglige entièrement l'influence, infiniment plus importante, sur le physique et le moral des générations futures.

Toutefois les vérités biologiques qui peuvent mettre un

frein à ces spéculations politiques hasardées et à ces actes politiques téméraires sont des vérités bien évidentes; il semble que chacun doit être capable de les constater, même sans avoir fait une étude spéciale de la biologie. Les facultés de tout genre se fortifient par l'exercice et s'affaiblissent quand elles restent inactives ; les modifications qui affectent un individu se transmettent à sa postérité ; ce sont là des faits qui s'imposent à l'attention et tout le monde les admet plus ou moins. Bien que les preuves en faveur de l'hérédité semblent assez obscures, si l'on s'attache aux détails, à cause des innombrables différences des parents et des ancêtres, lesquels ont chacun une part d'influence variable dans chaque nouveau produit, cependant si l'on examine l'ensemble l'évidence est accablante. Sans s'arrêter à la masse inépuisable de preuves fournies par les animaux domestiques de toute espèce, modifiés par les éleveurs, les preuves fournies par les races humaines elles-mêmes sont amplement suffisantes. Il est indubitable que chaque variété de l'humanité va se reproduisant de telle sorte que les générations voisines sont presque identiques, quelque sensibles que puissent devenir les divergences au bout d'une longue suite de générations. On reconnaît toujours les Chinois pour des Chinois, en quelque partie du globe qu'on les rencontre ; quiconque voit un nègre peut affirmer que ses ancêtres étaient noirs ; personne ne doute que les variétés de race moins caractérisées ne soient très-persistantes. D'autre part il est certain que la ressemblance qui subsiste entre les membres d'une même branche humaine, tant que les conditions vitales demeurent les mêmes, fait place à une différence qui s'accroît peu à peu dans le cours des siècles, lorsque les membres de cette branche, se répandant dans des séjours divers, se trouvent soumis à des conditions dissemblables. Si nous admettons l'unité originaire de la race humaine, nous sommes forcés d'admettre ces divergences, résultant de ces causes ; même dans le cas où nous n'admettrions pas l'unité originaire, les races que la parenté de leurs idiomes nous fait classer comme aryennes prouvent que des modes de vie différents produisent, dans la suite des temps, des différences physiques et morales permanentes ; l'Hindou et l'Anglais, le Grec et l'Allemand présentent, au double point de vue du corps et de l'esprit, un contraste incontestable, ne pouvant provenir que du milieu matériel, moral et social, qui a agi d'une façon continue sur leurs activités et par suite sur leur constitution. C'est pourquoi, ainsi qu'il a été dit plus haut, on pourrait croire qu'il est à peine besoin d'études biologiques pour habituer l'esprit à ces faits considérables, qui jouent un rôle si important dans les conclusions sociologiques.

Nous voyons pourtant qu'on ne peut se dispenser d'une étude approfondie de la biologie. Il est nécessaire de mettre avec méthode sous les yeux des citoyens ces faits que si peu d'entre eux songent à examiner et à méditer; il est nécessaire qu'ils y reconnaissent les lois universelles de la nature vivante. Il faut pour cela une multiplicité d'exemples de tout genre, souvent répétés et reproduits avec insistance. C'est seulement ainsi qu'on peut les amener à être suffisamment convaincus que tous les êtres organiques sont modifiables, que les modifications peuvent être héritées, que par suite les conséquences éloignées de toute influence nouvelle mise en contact avec les membres d'une communauté, sont toujours sérieuses.

Pour donner une forme plus précise et plus frappante à cette conclusion générale, qu'on nous permette d'examiner ici certaines entreprises poursuivies par des philanthropes et des législateurs enthousiastes d'avantages immédiats, mais n'ayant tenu aucun compte des vérités biologiques; si ces vérités avaient été gravées dans leur esprit elles les auraient arrêtés ou du moins fait hésiter.

Toute espèce d'animal va se multipliant jusqu'à ce qu'elle arrive à la limite où la mortalité, avec ses causes variées, balance sa fécondité. Diminuez la mortalité en supprimant ou en affaiblissant l'une de ces causes, le nombre des individus s'accroît jusqu'au moment où la mortalité et la fécondité se trouvent de nouveau en équilibre. Quel que soit le nombre des influences funestes supprimées, on en arrive toujours là, car les influences funestes qui subsistent deviennent plus intenses. Ou bien la difficulté de se procurer des moyens de subsistance augmente; ou bien quelque ennemi de l'espèce, se multipliant à mesure

que la proie est plus abondante, devient plus destructeur;
ou bien certaine maladie, favorisée par la proximité, devient
plus fréquente. Cette loi générale, dont on trouve partout
des applications parmi les espèces inférieures, pèse aussi
sur la race humaine. Il est vrai que dans ce cas elle est
souvent contrariée et obscurcie. Grâce à l'émigration, la
population peut partiellement éluder les limites contre lesquelles elle se heurte sans cesse ; grâce à l'augmentation
de la production, ces limites reculent continuellement; enfin, grâce aux progrès de la science on peut combattre les
agents destructeurs. Mais ce ne sont là que des modifications à une action et une réaction inévitables.

Considérons maintenant les rapports existant entre cette
loi générale et les mesures législatives adoptées pour
prévenir certaines causes de mort. Chaque individu succombe toujours faute de pouvoir triompher d'une certaine action du milieu ambiant. Cela peut être une force mécanique
à laquelle les énergies de sa structure physique ne sauraient résister ; cela peut être un gaz délétère qui, absorbé
dans la circulation du sang, dérange les phénomènes qui se
produisent dans le corps de façon à en rompre finalement
l'équilibre; cela peut être une absorption de sa chaleur animale par les corps environnants, trop considérable pour
que ses forces affaiblies puissent y suffire. Dans tous les
cas, c'est une ou plusieurs des nombreuses forces qui agissent sur lui et en présence desquelles doit se déployer son
activité vitale. Il peut succomber plus ou moins vite, selon
la vigueur de son organisation et les incidents de sa carrière.
Mais dans le cours naturel des choses, ceux qui sont imparfaitement organisés succombent avant d'avoir une postérité
et les organisations plus vigoureuses concourent seules à
produire la génération suivante. Il résulte évidemment de
là que le nombre de ceux qui continuent à vivre et à se
reproduire est aussi grand que le permettent les conditions existantes ; s'il devient plus difficile de résister à
l'ensemble des influences contraires, un plus grand nombre
de faibles disparaissent de bonne heure ; si par la suppression ou l'atténuation de quelqu'une de ces influences l'ensemble devient plus favorable, il y a accroissement du
nombre des êtres faibles qui survivent et qui laissent une

postérité. De là deux conséquences immédiates, concourant à la même conséquence finale. D'abord la population s'accroît plus qu'elle ne l'aurait fait sans cela, et tout le monde se trouve ainsi soumis à d'autres actions destructives plus intenses. En second lieu le mariage de ces faibles, qui survivent désormais, avec les forts qui autrement auraient seuls survécu, altère la constitution générale et la fait descendre au degré de force nécessaire pour correspondre à ces conditions plus favorables. En d'autres termes, il se produit peu à peu un état de choses dans lequel la diminution du pouvoir de résister aux causes destructives qui se trouvent atténuées et l'accroissement d'intensité de toutes les autres causes destructives, résultat du chiffre plus élevé de la population, ramènent l'équilibre entre la mortalité et la fécondité : la race est devenue quelque peu plus nombreuse et quelque peu plus faible.

Un effet général analogue se produit aussi d'une autre façon, quelque loin que le progrès soit poussé. A mesure que les influences nuisibles sont supprimées ou atténuées, à mesure que les constitutions délicates ont plus de chances de survivre et de se propager, il surgit de nouvelles influences destructives. Si l'on diminue la vitalité moyenne en protégeant plus efficacement le faible contre les conditions défavorables, on verra inévitablement apparaître des maladies nouvelles. Une constitution générale capable de supporter sans inconvénient certaines variations atmosphériques et certaines autres actions défavorables, devient sujette, si la tonicité en est affaiblie, à de nouvelles espèces de perturbations et à de nouvelles causes de mort. Pour en trouver des exemples il suffit de se reporter aux nombreuses maladies inconnues parmi les barbares et dont souffrent les races civilisées. Ce n'est pas seulement par suite de causes de ce genre que la mortalité s'accroît d'un côté à mesure qu'elle décroît de l'autre. Les précautions prises contre la mort sont elles-mêmes jusqu'à un certain point de nouvelles causes de mort. Chaque disposition prise pour éviter un mal, chaque surcroît d'effort, chaque travail extraordinaire destiné à veiller sur nous-mêmes, rend la vie plus difficile. En effet, dans une société où la population s'accroît plus vite que les moyens de subsistance, où les efforts nécessaires

pour subvenir aux besoins vitaux sont si grands qu'ils amènent çà et là des décès prématurés, on ne peut surcharger les
producteurs en les appelant à entretenir une classe nouvelle de non-producteurs, sans augmenter leurs fatigues
d'une façon pouvant dans bien des cas devenir fatale. A
mesure qu'on entre plus avant dans l'application du système, à mesure que la constitution s'affaiblit davantage, que
les précautions indispensables se multiplient et que les
frais qu'elles exigent augmentent, il peut arriver qu'en imposant à ces constitutions affaiblies une dépense physiologique plus considérable, on les fasse succomber d'autant
plus tôt : la mortalité qu'on a évitée sous une forme reparaît
sous une autre.

Pour concevoir plus clairement la situation qui en résulte,
qu'on suppose la société ainsi produite composée de vieillards. La vieillesse diffère de la jeunesse et de l'âge mûr en
ce qu'elle est moins capable de résister aux influences qui
tendent à déranger les fonctions ; elle soutient aussi moins
bien l'effort nécessaire pour se procurer la nourriture, les
vêtements et le logement grâce auxquels on peut combattre
ces influences ; si les hommes plus jeunes ne lui viennent
en aide, la vie du vieillard devient difficile et pénible parce
que sa vigueur diminue et qu'il est plus exposé aux dérangements produits par les forces extérieures. Ceux qui
bien que jeunes ont une constitution faible, se trouvent
dans une position analogue ; ils sont de même plus exposés à des dérangements, et lorsqu'ils ont à subvenir à
leurs besoins, ils sont de même écrasés par des efforts relativement grands pour eux et rendus plus grands par les précautions à observer. Une société de gens affaiblis doit donc
mener la vie que mènerait une société composée de vieillards n'ayant personne pour les servir. La ressemblance se
complète en ce que, dans les deux cas, la vie manque de
cette énergie débordante qui rend le travail facile et le plaisir vif. A mesure que la vigueur décline, non-seulement les
causes de douleur se multiplient tandis qu'un fardeau plus
lourd s'impose à l'énergie humaine, mais la possibilité du
plaisir devient plus rare ; on est privé de bien des jouissances dont l'exercice physique est la condition ou l'accompagnement, et les autres ne suffisent plus à ranimer une

ardeur qui s'éteint. Pour résumer, lorsque le type moyen des constitutions s'abaisse à un certain niveau de force, *au-dessous de celui qui peut résister sans difficulté aux efforts, aux perturbations et aux dangers ordinaires*, la mortalité n'est pas toujours diminuée et d'autre part la vie devient un fardeau et cesse d'être une jouissance.

Nous voyons bien l'objection qu'on peut faire à ce raisonnement ; c'est qu'en le poussant jusqu'au bout, on arriverait à contester toute amélioration sociale. Peut-être dira-t-on que les mesures tendant à maintenir l'ordre sont elles-mêmes sujettes à critique, parce qu'il en résulte une race d'hommes moins propres à se protéger eux-mêmes. On en déduira sans doute comme corollaire qu'il ne faut supprimer aucune des influences funestes à la santé. Nous n'avons pas à nous occuper de semblables critiques parce que nous n'avons nullement entendu admettre sans restriction les conclusions posées plus haut. Évidemment, jusqu'à une certaine limite, la suppression des causes destructives laisse une balance de bénéfice. Le simple fait qu'avec une population beaucoup plus nombreuse la longévité est aujourd'hui plus grande qu'autrefois, suffit presque à prouver que jusqu'ici la diminution de certaines causes de mortalité l'a emporté sur l'accroissement des autres. On peut soupçonner qu'il y a à cela une sérieuse compensation, en voyant combien nous rencontrons peu de gens vraiment forts, et combien les maladies chroniques sont fréquentes malgré les soins donnés à la santé ; on peut en conclure que la vie physique est inférieure en qualité à ce qu'elle a été bien qu'elle soit plus considérable en quantité : malgré tout il y a probablement en somme un avantage acquis. Ce que nous avons voulu montrer, c'est uniquement qu'il y a des limites aux avantages obtenus par ce système. Les législateurs, et en général le public, supposent que si par certaines mesures on prévient un certain nombre de décès, c'est un profit net. Ce raisonnement est erroné. Dans tous les cas il y a une déduction à faire sur le bénéfice, et si les mesures de ce genre se multiplient, les déductions peuvent absorber le bénéfice et laisser une perte à la place. Où doit-on s'arrêter dans cette voie ? c'est une question qui reste ouverte. Ici notre but est simplement de montrer comment les conclusions rationnelles de la sociologie reposent sur une vérité biologique de grande portée, et de montrer aussi comment des maux terribles peuvent résulter de l'ignorance de cette vérité.

D'autres maux non-moins sérieux sont la conséquence d'actes législatifs ou d'actes individuels, isolés ou combinés, dans lesquels une vérité biologique analogue est méconnüe ou dédaignée. Outre qu'on néglige ordinairement ce fait, que la qualité d'une société baisse sous le rapport physique par la conservation artificielle de ses membres les plus faibles, on néglige tout aussi habituellement cet autre fait, que la qualité d'une société baisse sous le rapport intellectuel et moral par la conservation artificielle des individus le moins capables de prendre soin d'eux-mêmes.

Si quelqu'un conteste que les enfants ressemblent à leurs parents par leur caractère et leur capacité, s'il soutient que les fils et petits-fils de criminels ont des tendances aussi bonnes que les hommes dont les parents et les grands parents étaient industrieux et honnêtes, il peut admettre sans inconséquence que peu importe à la société de quelles familles sortent les générations successives. Il peut ne voir aucun inconvénient à ce que les plus actifs, les plus capables, les plus prudents, les plus consciencieux meurent sans postérité, tandis que les gens insouciants et malhonnêtes laissent beaucoup d'enfants. Mais quiconque n'adopte pas cette théorie absurde doit admettre que les arrangements sociaux sont extrêmement funestes quand ils s'opposent à la multiplication des individus le mieux doués intellectuellement, et qu'ils favorisent la multiplication des moins bien doués.

En effet, si l'on aide les moins méritants à se propager en les affranchissant de la mortalité à laquelle les vouerait naturellement leur défaut de mérite, le mérite deviendra de plus en plus rare de génération en génération. D'un emploi moins actif des facultés tendant à la conservation de l'individu et déjà insuffisantes, résultera pour la postérité une dose encore moindre de ces facultés. La loi générale que nous avons constatée plus haut dans ses applications au corps, peut être constatée ici dans ses applications à l'intelligence. La suppression de certaines difficultés contre lesquelles

l'intelligence et l'activité ont à lutter a pour conséquence une
aptitude moindre à faire face aux difficultés et aux dangers.
Lorsque les plus capables se marient avec les moins capables, conservés ainsi artificiellement, non-seulement la
faculté de se conserver est en moyenne moindre chez leurs
enfants qu'elle ne l'aurait été autrement, mais leur incapacité est dans certains cas poussée à l'extrême. De petites
difficultés et de petits dangers deviennent funestes quand
on a écarté les grands. Ce n'est pas là le seul inconvénient.
Ces membres de la population, qui ne savent pas prendre
soin d'eux-mêmes et dont il faut s'occuper, font inévitablement peser sur les autres une besogne de plus; soit parce
qu'il faut leur fournir les choses nécessaires à la vie, soit
parce qu'il faut exercer sur eux une surveillance indispensable, soit pour les deux raisons à la fois. C'est-à-dire
qu'outre leur propre conservation et la conservation de
leurs familles, les bons ont aussi à veiller à la conservation
des mauvais et de leurs familles et sont ainsi exposés à
être surmenés. Dans certains cas cette situation les empêche de se marier; dans d'autres elle restreint le nombre
de leurs enfants ou les oblige à ne leur donner qu'une nourriture insuffisante; dans d'autres cas encore elle les enlève
à leur famille; de toute façon elle tend à arrêter la propagation des capables, à altérer leur constitution et à les
ramener au niveau des incapables.

Nourrir les capables aux dépens des incapables, c'est
une grande cruauté. C'est une réserve de misères amassée
à dessein pour les générations futures. On ne peut faire un
plus triste cadeau à la postérité que de l'encombrer d'un
nombre toujours croissant d'imbéciles, de paresseux et de
criminels. Aider les méchants à se multiplier, c'est au fond
préparer malicieusement à nos descendants une multitude
d'ennemis. On a le droit de se demander si la sotte philanthropie qui ne pense qu'à adoucir les maux du moment et
persiste à ne pas voir les maux indirects, ne produit pas au
total une plus grande somme de misère que l'égoïsme extrême.
En refusant d'envisager les conséquences éloignées de sa
générosité inconsidérée, celui qui donne sans réfléchir est
à peine d'un degré au-dessus de l'ivrogne qui ne songe qu'au
plaisir d'aujourd'hui et ignore les douleurs de demain, ou

du prodigue qui cherche les jouissances immédiates au prix de la pauvreté finale. Sous un rapport il est pire ; car jouissant lui-même sur le moment de la douceur de faire plaisir, il lègue à d'autres les misères futures auxquelles lui-même échappe. Il est une chose qui appelle une réprobation encore plus sévère : c'est ce gaspillage d'argent inspiré par une fausse interprétation de la maxime « que la charité efface une multitude de péchés. » Chez les nombreuses personnes qui s'imaginent, par suite de cette fausse interprétation, qu'en donnant beaucoup elles peuvent expier leurs mauvaises actions, nous pouvons reconnaître un élément de véritable bassesse — on s'efforce d'acquérir une bonne place dans l'autre monde, sans s'inquiéter de ce qu'il en peut coûter à ses semblables.

Dans quelle mesure la supériorité intellectuelle peut-elle protéger l'infériorité intellectuelle des maux résultant de son infériorité, avec bénéfice pour la société? Question trop complexe pour être discutée ici tout au long. Il est sans aucun doute dans l'ordre des choses, que l'affection des père et mère, les égards de la famille, la sympathie spontanée des amis et même celle des étrangers, adoucissent les souffrances réservées à l'incapacité et les chagrins attirés par les désirs irréalisables. La peine que la sympathie pousse les forts à se donner pour les faibles a certainement, dans bien des cas, une bonne influence morale, compensant jusqu'à un certain point un mal dans un sens par un bien dans un autre. On peut admettre sans restriction que l'altruisme individuel, laissé à lui-même, agira avantageusement — tout autant du moins qu'il n'ira pas jusqu'à favoriser la multiplication des mauvais. Mais les agents qui entreprennent de protéger les incapables pris en masse, font un mal incontestable : ils arrêtent ce travail d'élimination naturelle par lequel la société s'épure continuellement elle-même. Non-seulement ils contribuent à conserver les mauvais et à détruire les bons, mais les compensations apportées par l'altruisme individuel font ici presque entièrement défaut. Un appareil gouvernemental fonctionnant mécaniquement, distribuant de l'argent donné à contre-cœur par des contribuables, ne produit que peu ou point d'effet moralisateur sur les capables en compensation de la multiplication des incapables. Il est inutile de s'appesantir ici sur les questions embarrassantes que soulève ce sujet. Mon but est simplement de montrer qu'une politique rationnelle doit reconnaître certaines vérités générales de la biologie; et (c'est sur ce point que j'insiste) lorsque l'étude de ces vérités générales, grâce aux applications qu'en fournit le monde vivant, les a transformées en conceptions réelles, alors, et seulement alors, on est énergiquement convaincu qu'en les méconnaissant on arrivera à commettre des fautes énormes [1].

Les vérités biologiques et leurs corollaires, présentés sous cette forme particulière comme base des conclusions sociologiques, servent d'introduction à une vérité biologique plus générale, qui comprend toutes les autres et sur laquelle repose toute législation rationnelle. Nous voulons parler de cette vérité, qu'un organisme quelconque, y compris l'organisme humain, s'adapte toujours, à la fois directement et indirectement, à ses conditions d'existence.

Les actions qui ont produit toutes les variétés d'hommes — donnant au nègre et à l'Hindou des constitutions qui les font prospérer sous des climats fatals aux Européens, et au

---

1. La plupart des lecteurs penseront que dans les deux dernières sections, je n'ai fait que développer les idées de M. Darwin, dans leurs applications à la race humaine. On m'excusera donc si je prends la liberté de faire remarquer que les mêmes idées, sous une forme différente, sont contenues dans les chapitres XXV et XXVIII de mon ouvrage *Social Statics*, publié en décembre 1850, et qu'elles sont exposées avec encore plus de précision dans le numéro de la *Revue de Westminster* d'avril 1852 (pp. 498-500). Ainsi que le déclare M. Darwin lui-même, d'autres avant lui avaient reconnu l'action de ce qu'il a appelé la *Sélection naturelle*, mais sans en voir toute la portée et tous les effets. Dans l'article précité, je soutenais que « cette inévitable surabondance numérique, cet accroissement constant de la population au delà des moyens d'existence, » nécessitent l'élimination perpétuelle « de ceux chez qui la faculté de conservation est la moindre; » que tous étant soumis à la « difficulté croissante de gagner leur vie, imposée par l'excès de fécondité, » il y a en moyenne progrès par l'effet de cette pression; puisque « ceux-là seuls qui *progressent* sous son influence survivent éventuellement; » et ceux-là « doivent être les élus de leur génération. » Je n'avais pas reconnu toutefois, dans l'essai en question, ce que M. Darwin appelle « la variation spontanée, » ni cette *divergence du type* qu'il montre résultant de la sélection naturelle.

Fuégien une constitution qui lui permet de braver nu un froid que d'autres races ont peine à supporter avec de bons vêtements — développant chez les races Tartares des habitudes nomades presque invincibles, et chez les Indiens de l'Amérique du Nord des désirs et des aptitudes qui les préparent à la vie de chasseurs et leur rendent la vie civilisée intolérable — les actions qui effectuent ces choses, sont toujours à l'œuvre, occupées à mouler les citoyens sur les circonstances. Tandis que la nature physique des citoyens s'adapte aux influences physiques et aux activités industrielles de leur localité, leur nature mentale s'adapte à la structure de la société dans laquelle ils vivent. Nous avons vu qu'il y avait toujours convenance approximative entre l'unité sociale et son agrégat social; toutefois la convenance ne peut jamais être qu'approximative et la ré-adaptation se poursuit sans interruption. Si une société pouvait demeurer immobile, on arriverait de suite à quelque chose comme un équilibre permanent entre la nature de l'individu et celle de la société. Mais le type de chaque société est continuellement modifié par deux causes : — la croissance, et l'action des sociétés limitrophes, que leur influence se fasse sentir par la guerre ou autrement. La croissance d'une société mène inévitablement à une modification de la structure; il en est de même de toute altération dans le rapport entre les activités déprédatrices et les activités industrielles. Il s'ensuit qu'une métamorphose sociale continuelle, entraînant une altération continuelle des conditions auxquelles est soumise la vie du citoyen, produit chez lui une adaptation de caractère; cette adaptation, tendant toujours à se compléter, est toujours aussi rendue incomplète par une nouvelle métamorphose sociale.

Chaque société et chaque phase d'une société présentent donc des conditions plus ou moins particulières, auxquelles la nature des citoyens va s'adaptant; mais il y a en outre certaines conditions générales; la communauté ne peut subsister que quand elles sont à peu près remplies, et la vie sociale ne peut être complète que quand elles le sont tout-à-fait. Chaque citoyen doit user de sa liberté d'action de façon à ne pas entraver celle des autres. Il ne doit rien défalquer du bien-être commun; il faut pour cela qu'il accom-

plisse une fonction, ou partie de fonction, représentant au
moins la valeur de ce qu'il consomme, et en outre qu'il
laisse les autres libres d'accomplir leurs fonctions et de
poursuivre leurs plaisirs. La somme de bonheur est évidemment moindre dans une société dont les membres ne peuvent vivre sans se gêner mutuellement que dans celle où
cette gêne n'existe pas — le nombre et les conditions physiques étant égaux par hypothèse. La somme de bonheur
sera évidemment encore plus grande, dans la société dont
les membres s'entr'aideront volontairement.

Or, envisagée sous un de ses principaux aspects, la civilisation est un moyen de développer dans les citoyens une
nature capable de satisfaire à ces conditions essentielles ;
abstraction faite de la partie superflue de la législation, les
lois et les moyens employés pour en assurer l'exécution sont
les expressions et les incarnations de ces conditions essentielles. D'une part, les cruels systèmes d'esclavage et de
servage, la punition sévère du vagabondage, qui caractérisaient les types sociaux médiocrement développés, représentent la nécessité pour l'unité sociale de pourvoir à sa
propre subsistance. D'autre part, les punitions édictées
contre le meurtre, les voies de fait, le vol, etc., et les pénalités contre les violations de contrat, représentent la nécessité pour le citoyen de pourvoir à sa subsistance sans faire
tort aux autres citoyens, soit directement, soit indirectement en prenant ou en interceptant les bénéfices de leur
travail. Il n'est pas besoin de détails pour montrer qu'un
des traits fondamentaux du progrès social est un accroissement de l'énergie industrielle menant les citoyens à pourvoir d'eux-mêmes à leur subsistance, sans y être contraints
par les procédés rigoureux jadis en usage; on voit aussi
qu'un autre trait fondamental est l'établissement graduel
chez les citoyens d'un caractère tel qu'ils se nuisent et
se gênent de moins en moins les uns les autres; en même
temps se développe un système de répression légale comprimant de plus en plus les dispositions agressives. En d'autres termes, tandis que la marche de la civilisation nous
montre ces conditions essentielles mieux reconnues et mieux
exécutées, elle nous montre aussi l'humanité se moulant sur
elles. Ce sont là des preuves que la loi biologique de l'adap-

tation, vraie pour toutes les autres espèces, l'est aussi pour l'espèce humaine, et que les modifications de la nature humaine, depuis que les sociétés ont commencé à se développer, ont consisté en une adaptation aux conditions impliquées par la vie sociale harmonique; nous apprenons par là que la seule chose nécessaire est le maintien rigoureux de ces conditions. Tout le monde voit que la fonction immédiate de nos principales institutions sociales est d'assurer une vie sociale régulière, en rendant ces conditions impératives; mais très-peu de personnes voient que leur autre fonction, plus importante en un sens, est de rendre les hommes propres à remplir spontanément ces conditions. Les deux fonctions sont inséparables. Les lois biologiques que nous avons examinées ont pour corollaire forcé que si ces conditions sont maintenues, la nature humaine s'y adaptera lentement; mais elles ont aussi pour corollaire forcé, que l'assujettissement à ces conditions est la seule discipline capable de mettre l'homme d'accord avec l'état social. Imposez ces conditions, l'adaptation continuera. Qu'il y ait relâchement, il y aura ralentissement proportionnel du travail d'adaptation. Abolissez ces conditions : après la dissolution sociale qui en sera la conséquence commencera (à moins qu'on ne les rétablisse) une adaptation aux conditions résultant de la dissolution — celles de la vie sauvage. Ce sont là des conclusions auxquelles il est impossible d'échapper si l'homme est assujetti, avec les créatures vivantes en général, aux lois de la vie.

On serait, à la vérité, fondé à soutenir que si des hommes peu appropriés à l'état social sont rigoureusement assujettis à ces conditions, l'effet sera mauvais : une contrainte intolérable sera suivie d'une réaction violente, en supposant qu'elle ne déforme pas ou ne détruise pas la vie. L'analogie nous enseigne que lorsque le milieu ambiant change radicalement, sans qu'il soit possible de s'y soustraire, il n'y a pas adaptation parce qu'il y a mort. Les hommes dont la constitution est appropriée à un climat ne sauraient s'approprier à un climat très-différent en y vivant longtemps, par la raison qu'ils meurent; plusieurs générations ne suffisent pas à acclimater la race. De telles transformations ne peuvent être amenées que par la lente extension de la race à travers des régions intermédiaires, pourvues de climats intermédiaires auxquels les générations successives s'habituent peu à peu. Il en est sans aucun doute de même pour le moral. La nature intellectuelle et affective requise par la haute civilisation ne s'obtient pas en imposant dans toute leur rigueur, à l'homme complétement barbare, le travail et les contraintes nécessaires : il y aurait dépérissement et mort, plutôt qu'adaptation. Mais tant que les institutions d'une société sont indigènes, il n'y a pas à redouter un maintien trop strict des conditions de la vie sociale idéale, puisqu'il ne saurait ni apprécier ces conditions, ni trouver les moyens requis pour les imposer. Notre restriction ne s'applique qu'aux cas anormaux où une race d'un certain type est soumise à une race d'un type très-supérieur. Dans notre cas à nous Anglais, comme dans celui de toutes les sociétés composées de populations approximativement homogènes quant au caractère, et possédant des institutions sorties de ce caractère, on peut parfaitement viser à la plus grande rigueur possible. La politique de clémence, non moins que la politique de justice, consiste à exiger que l'on se conforme à la nécessité essentielle de gagner sa vie et de ne pas commettre d'agression — la politique de justice, parce que ne pas l'exiger c'est manquer à protéger les natures meilleures ou mieux adaptées contre les natures mauvaises ou moins adaptées; la politique de clémence, parce qu'il *faut* en passer par les souffrances qui accompagnent le travail d'adaptation à l'état social, et que mieux vaut en passer par là une seule fois que deux; or c'est ce qui arrive quand le relâchement des conditions a permis de reculer.

Ainsi, ce que traduisent différents préceptes de la religion accréditée — ce que recommandent également les systèmes de morale, qu'ils soient basés sur l'utilité ou sur l'intuition, est aussi ce que prescrit la biologie, généralisant les lois de la vie prise dans son ensemble. Toutes les autres conditions sont sans importance, comparées à la condition capitale de vivre sans nuire aux autres et sans leur être à charge. Tous les moyens destinés à influencer les actions et la nature des hommes sont sans importance, comparés à ceux qui servent à assurer l'exécution de cette condition capitale. Malheureusement, législateurs et philanthropes, occupés de projets qui gênent indirectement l'adaptation au lieu de l'aider, ne prêtent que peu d'attention à faire exécuter et à perfectionner les arrangements par lesquels elle s'effectue.

Qu'il nous soit permis ici, dans l'intérêt du petit nombre de personnes qui soutiennent cette politique de discipline naturelle, de répudier énergiquement pour elle le nom de politique du *laissez-faire*, et de condamner énergiquement la politique contraire, comme entraînant un *laissez-faire* des plus pernicieux. Nous soutenons que lorsque l'État laisse chaque citoyen se faire la part qu'il peut et endurer le mal qu'il s'est attiré par sa faute, ce genre de politique de laissez-faire est éventuellement bienfaisant; mais nous prétendons aussi que lorsque l'Etat le laisse endurer les maux infligés par d'autres citoyens et ne peut être amené sans des frais considérables à prendre sa défense, ce genre de politique de laissez-faire est funeste par ses conséquences, tant prochaines qu'éloignées. Quand une législation ôte à l'homme méritant ce qu'il a gagné par son travail, afin de pouvoir donner au non-méritant des choses qu'il n'a pas gagnées — quand ceux qui font les lois séparent ainsi la cause et la conséquence, unies dans l'ordre de la nature, alors on a le droit de dire : « Cessez d'intervenir. » Mais quand par un procédé quelconque, direct ou indirect, le non-méritant prive le méritant de ce qui lui dû ou le gêne dans la poursuite paisible de son but, alors on a le droit de s'écrier : — « Hâtez-vous d'intervenir; soyez de fait les protecteurs que vous n'êtes que de nom. » Nos politiques et nos philanthropes, qui ne peuvent supporter un laissez-faire salutaire, tolèrent et même défendent un laissez-faire pernicieux au suprême degré. L'agent régulateur qu'on appelle gouvernement nous prend sans hésiter 2,600,000 fr. par an, pour enseigner les arts et établir des musées; mais lorsqu'il s'agit de nous protéger contre les voleurs et les meurtriers, il rend la poursuite des coupables difficile en chicanant sur les frais de témoins; la trésorerie va jusqu'à refuser les déboursés d'un projet admis par le *taxing-master*. N'est-ce pas là un laissez-faire désastreux? On vote sans murmurer des millions pour tirer un consul intrigant des mains d'un roi demi-sauvage, et le

pouvoir exécutif se refuse à dépenser quelques centaines de
mille francs pour augmenter le nombre des juges; il n'en
résulte pas seulement un arriéré considérable et des retards
interminables, mais encore des injustices criantes de toute
sorte; — les frais s'accumulent dans des affaires que les
gens de loi savent ne devoir jamais être plaidées; lorsque ces
affaires arrivent devant la cour, les juges surchargés s'en
débarrassent en désignant de jeunes avocats comme arbi-
tres; combinaison par laquelle les parties n'ont pas seulement à repayer tous leurs agents à des taux extraordinaires,
mais aussi à payer leurs juges [1]. N'est-ce pas encore là un
laissez-faire inique? Dans notre sollicitude pour les nègres
nous avons dépensé plus d'un million par an, et cela en pure
perte, pour empêcher la traite sur la côte orientale d'Afrique; mais nous venons seulement d'assurer à nos propres
matelots un recours contre les armateurs sans scrupules —
nous venons seulement de fournir aux marins attirés par trahison sur des bateaux en mauvais état, une autre alternative que de se noyer ou d'être mis en prison pour violation
de contrat. Ne dirons-nous pas que cela aussi est un laissez-
faire presque criminel dans son indifférence? On proclame
bien haut la nécessité urgente d'apprendre à tous les enfants à lire, à écrire, à faire des analyses, celle de savoir
où est Tombouctou; on prélève des sommes énormes pour
répondre à ces besoins pressants, mais on ne juge pas
nécessaire de mettre les citoyens en état de connaître les
lois auxquelles ils doivent obéir, bien que ces lois soient
autant de commandements dont le gouvernement qui les
édicte doit d'après toute théorie rationnelle assurer l'exécution; néanmoins, dans nombre de cas, le gouvernement
demeure oisif lorsqu'on vient lui dire que ses lois ont été
violées, il laisse les victimes essayer, si bon leur semble, à
leurs risques et périls de les faire exécuter. N'est-ce pas
encore là un laissez-faire démoralisant — un encouragement
à mal faire par une demi-promesse d'impunité? Que dirons-
nous encore du laissez-faire qui jette les hauts cris parce que

---

1. Même alors il y a souvent des délais ruineux. Un avocat
m'a dit que pour une affaire dans laquelle il était lui-même arbitre,
il n'y avait eu que six réunions en deux ans.

l'administration de la justice civile nous coûte 20 millions par an — parce que pour protéger les droits des hommes, nous dépensons annuellement la moitié de ce que coûte un vaisseau cuirassé ! — parce que nous consacrons à prévenir la fraude et à assurer l'exécution des contrats, une somme presque égale à celle que notre plus gros distillateur paie annuellement pour les droits sur l'alcool ! — Nous demandons comment il faut qualifier le laissez-faire qui juge ainsi extravagant d'employer un centième de nos revenus nationaux à maintenir la condition vitale de la prospérité nationale ? Ne serions-nous pas tentés de lui appliquer l'épithète d'insensé, n'était que presque tous les gens d'esprit sain l'approuvent ? Il en est ainsi en toutes choses. Là où une intervention active serait indispensable, on adopte la politique d'abstention; les forces et l'argent s'absorbent à intervenir dans des choses où il faudrait s'abstenir. Les mêmes personnes qui condamnent la politique du laissez-faire dans des questions dont l'importance n'est certes pas vitale, défendent ou tolèrent cette politique dans des questions capitales. Au point de vue biologique, leur manière d'agir est doublement pernicieuse. Elles empêchent l'adaptation de la nature humaine à l'état social de deux manières : par ce qu'elles font et par ce qu'elles ne font pas.

Ni le sujet de ce chapitre, ni ses limites, ne nous permettent d'exposer les autres vérités biologiques constituant des données pour la science sociale. Nous en avons dit assez pour prouver ce qu'il fallait démontrer : — l'utilité des études biologiques pour préparer à comprendre les vérités sociologiques.

L'effet à attendre de ces études, c'est de donner de la force et de la précision à des convictions qui autrement resteraient faibles et vagues. Plusieurs des doctrines que j'ai présentées sous leurs aspects biologiques sont en grande partie admises. Bien des gens en sont venus à soupçonner, d'après ce que le hasard leur a fait connaître des lois de la vie, que les systèmes destinés à protéger les faibles de corps donnent des résultats mélangés. D'autres entrevoient les maux dus à la protection accordée aux insouciants et aux sots. Mais leurs soupçons et leurs scrupules sont sans effet sur leur conduite, parce qu'ils n'ont pas appris par l'étude de la biologie en général à sentir que les mauvais effets sont *inévitables*. Quand d'innombrables exemples leur ont fait voir que toute force, toute faculté, toute aptitude présentée par une créature vivante, proviennent en partie d'un développement dû à l'exercice et en partie de ce que les individus bien doués, échappant mieux aux causes de mortalité et se multipliant davantage que les individus mal doués, causent la disparition graduelle de ceux-ci — quand on a vu que toute perfection, physique ou morale, a été atteinte au moyen de ce travail, que sa cessation arrêterait le progrès et qu'un travail en sens contraire amènerait une décadence universelle — quand on a vu que les maux causés par le mépris de ces vérités peuvent être lents mais qu'ils sont certains : alors naît la conviction qu'il faut que la politique sociale se conforme à ces vérités et que les ignorer est folie.

Si l'on n'était préparé par l'expérience à rencontrer partout l'irrationnel à un degré remarquable chez des êtres qui prétendent se distinguer par leur raison, on aurait pu supposer qu'avant de chercher la façon dont il faut s'y prendre avec les citoyens considérés collectivement, on eût accordé une attention particulière à la nature de ces citoyens considérés individuellement et, par conséquent, à la nature des êtres vivants en général. Amenez un charpentier dans la boutique d'un forgeron et mettez-le à forger, à corroyer, à tremper, à recuire, etc., il comprendra tout seul, sans avoir besoin des railleries du forgeron, combien il est absurde de vouloir fabriquer et réparer des outils, sans avoir appris les propriétés du fer. Que le charpentier défie le forgeron, qui ne connaît pas grand'chose au bois en général et rien du tout aux espèces particulières de bois, de faire son ouvrage; le forgeron est parfaitement sûr de scier de travers, de boucher son rabot et finalement de casser ses outils ou de se couper les doigts. Chacun voit qu'il y a folie à supposer qu'on puisse travailler le bois ou le fer sans un apprentissage familiarisant avec leurs manières de se comporter; mais personne ne voit qu'il y a folie à entreprendre d'inventer des institutions et de façonner la nature humaine de telle ou telle manière, sans une étude préliminaire de l'Homme, et de la Vie en général comme expliquant la vie de l'Homme. Nous exigeons pour des fonctions très-simples une préparation spéciale de plusieurs années, et pour les fonctions les plus compliquées, celles que même les plus sages ne sauraient remplir d'une façon suffisante, nous n'exigeons aucune préparation !

Nous verrons encore plus clairement à quel point sont absurdes les idées régnantes sur ces sujets, en passant à l'examen de la discipline plus spéciale qui devrait précéder l'étude de la science sociale; nous voulons parler de la science mentale.

CHAPITRE XV

PRÉPARATION PAR LA PSYCHOLOGIE

Si un membre quelconque du Parlement invoquait un principe psychologique pour justifier son opposition à une mesure en discussion, les reporters en laisseraient probablement tomber leurs crayons d'étonnement. Alléguer de sang-froid quelque loi de l'association des idées ou quelque trait du développement affectif, comme une raison suffisante de voter pour ou contre une seconde lecture, ce serait mettre à une trop rude épreuve le sérieux de nos législateurs. Quelques cris de « à la question ! » se mêleraient à l'hilarité; tant l'argument invoqué serait visiblement étranger à l'objet de la discussion. Il est vrai qu'au cours des débats, on explique la conduite que les citoyens pourraient tenir avec les arrangements proposés. On fait valoir que telle clause laisse des échappatoires ou serait difficile à exécuter; on insiste sur les probabilités de résistance, de connivence, de corruption, etc.; ce qui est affirmer implicitement, que l'esprit humain possède certains caractères, et que dans telles conditions données il agira probablement de certaine façon. En d'autres termes, il y a reconnaissance implicite de cette vérité, que les effets d'une loi dépendront de son influence sur l'intelligence et les sentiments de l'homme.

Les observations recueillies par le législateur sur la conduite des hommes et en partie classées dans sa mémoire, lui fournissent des notions empiriques qui guident son jugement dans chaque question soulevée ; il estimerait folie de ne point posséder cette science, non systématisée, du caractère et de la manière d'agir des gens. Mais en même temps il trouve absurde l'idée de se guider sur des généralisations précises et non plus sur des généralisations vagues des faits ; il trouve encore plus absurde l'idée de fondre ces généralisations précises, mais secondaires, dans des généralisations exprimant les lois intimes de l'Esprit. Il lui semble infiniment plus rationnel de se guider par l'intuition.

Nous n'entendons pas dire, bien entendu, que son intuition ait peu de valeur. Comment le dirions-nous, n'ayant point oublié l'immense accumulation d'expériences qui ont mis ses pensées en harmonie avec les choses? Nous savons tous que quand l'homme qui a réussi dans ses affaires est pressé par sa femme et ses filles d'entrer au Parlement, afin de relever leur position sociale, il répond invariablement que sa vie occupée ne lui a pas laissé le loisir de se préparer à ce rôle ; que n'ayant pas eu le temps de rassembler et de digérer les volumineux documents relatifs aux effets des institutions et des systèmes politiques, il a peur de mal faire. L'héritier d'une grande propriété, le rejeton d'une noble famille, puissante dans le pays, reçoit-il une députation chargée de lui demander de représenter le comté, nous voyons constamment qu'il allègue l'insuffisance de ses connaissances, insinuant parfois que quand il aura consacré une dizaine d'années aux études indispensables, peut-être se sentira-t-il le courage d'affronter une si lourde responsabilité. Un autre fait bien connu aussi, c'est que lorsque des hommes ayant fait ample provision de renseignements politiques finissent par gagner la confiance des électeurs, qui savent avec quel soin ils se sont préparés, il arrive perpétuellement qu'une fois élus ces hommes s'aperçoivent qu'ils ont mis la main à la pâte trop tôt. Ils avaient sérieusement étudié à l'avance les annales du passé, afin de savoir éviter les mille erreurs législatives qu'on commettait anciennement. Néanmoins, chaque fois qu'on propose une loi sur une matière que d'autres générations avaient déjà réglée par des actes depuis longtemps annulés ou tombés en désuétude, une enquête immense s'ouvre devant eux. Même en se limitant aux 1126 actes abrogés de 1823 à 1829, et aux 770 abrogés en 1861, ils trouvent que lorsqu'il s'agit d'apprendre ce que se proposaient ces lois, comment elles ont fonctionné, pourquoi elles n'ont pas réussi et d'où sont venus leurs mauvais effets, la tâche est rude; ils se sentent néanmoins tenus de l'entreprendre de peur qu'à leur tour ils n'infligent les mêmes maux; et voilà pourquoi tant d'entre eux succombent à la peine et se retirent avec une santé détruite. Bien plus, ceux qui sont doués d'une constitution leur permettant de mener à bonne fin ces enquêtes, sont poursuivis sans relâche par l'obligation d'en entreprendre de nouvelles. Il ne suffit pas d'avoir recherché dans les autres sociétés les résultats des lois abrogées; il faut aussi étudier le travail de législation qui se fait chaque année en Angleterre, plus légèrement encore. Il y a des enseignements à tirer de cet examen; par exemple, de 134 actes publics passés en 1856-57, 66 sont actuellement abrogés, en tout ou en partie [1]. De là vient que chaque automne nous voyons les hommes les plus robustes épuisés par les études auxquelles ils ont dû se livrer pendant la session; ils sont obligés d'aller habiter des endroits où ils puissent de temps à autre fatiguer leurs muscles à galoper derrière les chiens, ou à errer le fusil sur l'épaule à travers les marais, afin de se mettre en état de supporter l'excessive tension imposée à leur système nerveux. Je ne suis naturellement pas assez déraisonnable pour nier que des jugements, même empiriques, qui se basent sur des expériences aussi soigneusement amassées, doivent avoir une grande valeur.

Nous reconnaissons que le législateur a laborieusement recueilli dans l'histoire des institutions et des lois passées et présentes, anglaises et étrangères, une masse énorme de renseignements; nous admettons qu'il n'aurait pas plus l'idée d'appliquer une loi nouvelle avant d'avoir acquis ce genre d'instruction, qu'un étudiant en médecine n'aurait l'idée d'enfoncer un bistouri dans un corps humain avant d'avoir appris l'emplacement des artères; l'anomalie bizarre

1. Voir *the Statistics of Legislation*, lues devant la Société de statistique (mai 1873), par Frédérick H. Janson, esq.

qui appelle ici notre attention, c'est que le législateur désap
prouve l'analyse des phénomènes qu'il a si diligemment
collectionnés et n'a aucune foi dans les conclusions tirées
de leur ensemble. Ne faisant pas très-bien la distinction du
mot « général » et du mot « abstrait, » et regardant comme
abstraits des principes qui dans presque tous les cas sont
généraux, il en parle avec mépris comme si, appartenant à la
sphère de la théorie, ils étaient dépourvus d'intérêt pour le
législateur. Toute vérité d'ordre général, sur laquelle on
insiste comme étant impliquée par une foule de vérités
particulières, lui paraît éloignée de la réalité et sans importance pour la direction de la conduite. Les résultats des
expériences de législation récentes valent à ses yeux la peine
qu'on s'en occupe ; rappelez-lui les expériences du passé ou
celles des autres peuples, qu'il a tant étudiées dans les livres,
il pensera que celles-là aussi, prises isolément, sont dignes
d'attention. Mais si au lieu d'étudier des classes spéciales
d'expériences législatives, une personne compare beaucoup
de classes entre elles, généralise les résultats et propose de
se guider d'après cette généralisation, il secoue la tête d'un
air sceptique. Si on lui propose d'établir un rapport entre
ces résultats et les lois de l'Esprit, il passe du scepticisme
à la raillerie. Légiférer sur la foi d'innombrables observations
non classées, cela lui paraît une marche raisonnable ; mais
relier et systématiser les observations de manière à en
extraire les tendances de la conduite humaine, révélées par
mille exemples ; suivre ces tendances jusqu'à leur source,
située dans la nature mentale des hommes ; tirer de là des
conclusions pour la direction de la conduite, voilà une marche
qui lui semble chimérique.

Passons en revue quelques-uns des faits fondamentaux
qu'il ignore et voyons ce qui résulte de leur ignorance.

La législation rationnelle ne peut avoir d'autre base qu'une
théorie vraie de la conduite ; cette théorie ne peut dériver que
d'une théorie vraie de l'esprit ; la législation rationnelle doit
donc forcément reconnaître que le rapport direct de l'action au
sentiment est une donnée. Dire que le sentiment et la raison
sont dans un rapport constant, c'est énoncer une proposition
qui appelle des restrictions ; en effet, à l'un des extrêmes se

placent des actions automatiques qui ont lieu indépendamment du sentiment, et à l'autre extrême des sentiments si intenses, qu'ils dérangent les fonctions vitales et par suite gênent ou arrêtent l'action. Mais généralement parlant, c'est une loi implicitement reconnue par tout le monde, bien que chacun ne la formule pas nettement, que l'action et le sentiment obéissent aux mêmes variations. La passivité et le défaut d'expression dans la physionomie, deux choses qui impliquent l'immobilité des muscles, passent pour indiquer que l'individu n'éprouve ni beaucoup de sensation ni beaucoup d'émotion. Il est généralement admis au contraire que la mesure des démonstrations extérieures, qu'il s'agisse de mouvements arrivant aux spasmes et aux contorsions, ou de sons aboutissant aux rires, aux cris et aux gémissements, donne la mesure du plaisir ou de la douleur, éprouvés comme sensation ou émotion. De même lorsqu'on voit faire une dépense d'énergie continue, soit dans une lutte de vive force contre un danger, soit dans la poursuite persévérante d'un but, la somme d'effort passe pour indiquer la somme de sentiment.

A cette vérité incontestable dans sa généralité, quelques restrictions qu'y apportent les vérités secondaires, il faut joindre le principe que la connaissance *ne produit pas* l'action. Si je marche sur une épingle ou que par inadvertance je plonge ma main dans de l'eau bouillante, je tressaille : la sensation forte produit le mouvement sans intervention de pensée. Inversement, la proposition qu'une épingle pique, ou celle que l'eau chaude brûle, me laissent impassible. Il est vrai que si à l'une de ces propositions est jointe l'idée que ma peau va être traversée par une épingle ou arrosée d'eau bouillante, il en résultera une tendance plus ou moins prononcée à reculer. Mais ce qui fait reculer, c'est la douleur idéale. L'énoncé que l'épingle piquera ou que l'eau brûlera ne produit aucun effet, tant qu'il n'y a rien de plus qu'une reconnaissance de sa signification ; il ne produit d'effet que lorsque la douleur affirmée verbalement devient une douleur réellement conçue comme imminente, que lorsque naît dans la conscience une représentation de la douleur, forme affaiblie de la douleur sentie antérieurement. C'est-à-dire que dans ce cas comme dans d'autres, la cause du mouvement est un sentiment et non une connaissance.

Ce qui se passe dans ces actions si simples se passe dans d'autres actions plus ou moins complexes. Ce n'est jamais la connaissance qui est le mobile dirigeant de la conduite, c'est toujours le sentiment accompagnant cette connaissance ou excité par elle. L'ivrogne a beau savoir qu'après la débauche d'aujourd'hui viendra le mal de tête de demain, le sentiment de cette vérité ne l'arrête pas, à moins que son imagination ne lui représente distinctement la punition qui l'attend — à moins qu'il ne surgisse dans sa conscience une idée nette de la souffrance qu'il faudra endurer — à moins que quelque chose n'excite assez fortement en lui un sentiment opposé à son désir de boire. Il en est de même de l'imprévoyance en général. Si l'on se représente clairement les maux à venir et que l'on ressente par l'imagination les souffrances dont on est menacé, la disposition à se livrer sans retenue aux jouissances du moment est réprimée ; mais en l'absence de cette conscience des maux futurs, constituée par les idées vagues ou distinctes de douleurs, il n'y a pas résistance efficace au désir passager. On a beau reconnaître que l'insouciance amène la misère, on ne tient aucun compte de cette vérité. La connaissance pure n'affecte pas la conduite — la conduite n'est affectée que lorsque la connaissance passe de la forme intellectuelle, dans laquelle l'idée de misère n'est guère que verbale, à une forme dans laquelle ce terme de la proposition devient une représentation vivante de la misère — un sentiment douloureux.

Il en est ainsi de toute espèce de conduite. Voyez ces gens groupés au bord de la rivière. Un canot a chaviré et un homme est en danger de se noyer. Ils savent tous que si l'on ne va à son secours, le malheureux ne tardera pas à mourir. Aucun d'eux ne nie qu'en se mettant à la nage on pourrait lui sauver la vie. Ils ont appris toute leur vie que c'est un devoir de secourir le prochain en péril ; individuellement ils admettront tous que s'exposer pour sauver un homme est une action digne d'éloge. Néanmoins, quoique plusieurs d'entre eux sachent nager, ils se bornent à crier au secours ou à donner leur avis. Survient un autre individu. Il jette bas son habit et saute à l'eau. En quoi diffère-t-il des premiers ? Pas par la science. La connaissance des premiers est aussi claire que la sienne. Ils savent aussi bien que lui

qu'un homme est en danger de mort et ils savent également
le moyen de le sauver. C'est que chez lui cette connaissance excite plus fortement que chez les autres certaines
émotions corrélatives. Il y a éveil de sentiments chez tous ;
mais chez les uns les sentiments qui arrêtent, et tels que la
peur sont prépondérants, tandis que chez l'autre il y a excédant des sentiments provoqués par la sympathie — unis peut-
être à d'autres sentiments d'un ordre moins élevé. Toutefois,
dans l'un comme dans l'autre cas, la conduite n'est pas déterminée par la connaissance, mais par l'émotion. Ce n'est
évidemment pas en rendant la connaissance de ces spectateurs passifs plus claire qu'on les fera agir autrement ; c'est
en surexcitant chez eux les sentiments les plus élevés.

N'avons-nous pas là une vérité psychologique fondamentale, à laquelle tout système rationnel d'éducation humaine
doit se conformer ? N'est-il pas manifeste qu'une législation
qui l'ignore et qui admet implicitement le contraire, manquera inévitablement son but ? C'est pourtant ce que fait une
grande partie de notre législation ; en ce moment même,
législature et nation secondent d'un commun accord des
projets basés sur le postulatum que la conduite est déterminée par les connaissances et non par les sentiments.

L'idée qui pousse à presser avec tant d'ardeur l'organisation de l'instruction n'est pas autre chose. Qu'est-ce que
l'idée mère commune aux sécularistes et aux dénominationalistes, sinon le principe que la diffusion de l'instruction
est la seule chose nécessaire pour améliorer la conduite ?
S'étant tous nourris de certaines erreurs de statistique, ils se
sont tous persuadés que l'éducation de l'Etat réprimerait
la mauvaise conduite. Ils sont souvent tombés dans les
journaux sur des comparaisons entre le nombre des criminels sachant lire et écrire et celui des criminels illettrés ;
voyant que le nombre des illettrés l'emporte de beaucoup sur
celui des autres, ils admettent la conclusion que l'ignorance
est la cause du crime. Il ne leur vient pas à l'esprit de se
demander si d'autres statistiques, établies d'après le même
système, ne prouveraient pas d'une façon tout aussi concluante que le crime est causé par l'absence d'ablution et
de linge propre, ou par la mauvaise ventilation des loge-

ments, ou par le défaut de chambres à coucher séparées.
Entrez dans une prison quelconque et demandez combien
de prisonniers avaient l'habitude de se baigner le matin ;
vous trouverez que la criminalité va habituellement de pair
avec la saleté de la peau. Faites le compte de ceux qui possédaient un costume de rechange ; la comparaison des
chiffres vous montrera qu'une bien faible proportion de
criminels ont habituellement de quoi changer. Demandez
s'ils logeaient sur les grandes rues ou au fond des cours ;
vous découvrirez que presque tous les criminels des villes
sortent de bouges. Un partisan fanatique de l'abstinence
complète de liqueurs, ou des améliorations hygiéniques,
trouverait de même dans la statistique de quoi justifier non
moins complètement sa croyance. Mais si vous n'acceptez
pas la conclusion, tirée au hasard, qu'ignorance et crime
sont cause et effet; si vous examinez comme ci-dessus si
l'on ne pourrait pas avec tout autant de raison attribuer le
crime à diverses autres causes — vous êtes conduit à voir
qu'il existe une relation réelle entre le crime et un genre
de vie inférieur; que celui-ci est ordinairement la conséquence d'une infériorité originelle de nature ; enfin que l'ignorance n'est qu'un concomitant, qui n'est pas plus que toutes
les autres la cause du crime.

On ne se contente pas de fermer les yeux sur cette objection évidente et sur la conclusion évidente qu'elle implique ; toute insistance sera impuissante à modifier l'idée
qui s'est emparée des hommes. Le désappointement seul
la modifiera désormais. Aucun témoignage, aucun argument, ne peuvent rien changer au flot montant de l'opinion; il faut qu'il se perde dans le cours graduel des choses,
pour qu'une réaction d'opinion puisse se soulever à son
tour. Autrement il serait incompréhensible que cette confiance dans les vertus curatives de l'instruction, que la
négligence des hommes a laissé implanter dans leur esprit
par l'insistance des doctrinaires, survécut aux démentis
absolus que lui inflige l'expérience de chaque jour. N'est-ce
pas le sujet de plainte de toutes les mères et de toutes
les institutrices, qu'il ne suffit pas de recommander perpétuellement le bien et de dénoncer le mal? Ne se plaint-on
pas constamment de ce que le raisonnement, les explica-

tions et la claire démonstration des conséquences sont à peu près sans effet sur un grand nombre de natures, et de ce que là où ils agissent, il y a une différence plus ou moins marquée dans la nature affective quand ils commencent à opérer après avoir d'abord échoué, ne l'attribue-t-on pas à un changement de sentiment plutôt qu'à une différence de compréhension? N'entendons-nous pas aussi toutes les maîtresses de maison dire que les domestiques font généralement très-peu d'attention aux reproches, qu'ils persistent par perversité dans leurs vieilles habitudes, même quand on leur en a prouvé clairement l'absurdité, que ni explications, ni raisonnements n'ont d'effet sur eux, qu'ils ne cèdent qu'à la crainte ou au souvenir de la punition — c'est-à-dire aux émotions éveillées en eux? Si de la vie domestique nous passons à la vie du monde, nous rencontrons à chaque pas des réfutations du même genre. Les banqueroutiers frauduleux, les fondateurs de compagnies en l'air, les fabricants de marchandises falsifiées, ceux qui emploient de fausses marques de fabrique, les détaillants qui se servent de faux poids, les propriétaires de bateaux hors d'état de tenir la mer, ceux qui volent les compagnies d'assurances, ceux qui tripotent sur le turf, la grande majorité des joueurs — tous ces gens ont reçu de l'éducation. Ou bien, pour prendre une forme plus extrême d'abaissement moral, parmi ceux qui de mémoire d'homme ont commis des empoisonnements, n'y a-t-il pas un nombre considérable de gens bien élevés — un nombre aussi grand, proportionnellement aux classes éclairées, que l'est le nombre total des meurtriers comparé à la population totale?

La confiance dans les effets moralisateurs de la culture intellectuelle, que les faits contredisent si catégoriquement, est du reste absurde *a priori*. Quel rapport peut-il y avoir entre apprendre que certains groupes de signes représentent certains mots, et acquérir un sentiment plus élevé du devoir? Comment se fait-il que la facilité à former facilement des signes représentant les sons, pourrait fortifier la volonté de bien faire? Comment la connaissance de la table de multiplication, ou la pratique des additions et des divisions, peuvent-elles développer les sentiments de sympathie au point de réprimer la tendance à nuire au prochain? Comment les dictées d'orthographe et l'analyse grammaticale peuvent-elles développer le sentiment de la justice, pourquoi enfin des accumulations de renseignements géographiques, amassées avec persévérance, accroîtraient-elles le respect de la vérité? Il n'y a guère plus de relation entre ces causes et ces effets, qu'avec la gymnastique qui exerce les doigts et fortifie les jambes. Celui qui espérerait enseigner la géométrie en donnant des leçons de latin, ou qui en dessinant croirait apprendre à jouer du piano, serait jugé bon à mettre dans une maison de fous; il ne serait pourtant guère plus déraisonnable que ceux qui comptent produire des sentiments meilleurs au moyen d'une discipline des facultés intellectuelles.

La foi aux livres de classe et à la lecture est une des superstitions de notre époque. Les livres sont extrêmement surfaits, même comme moyen de culture intellectuelle. Au lieu de mettre la science de seconde main au-dessous de celle de première main, de la considérer comme une science désirable seulement à défaut de l'autre, on la regarde actuellement comme ayant plus de valeur. Une chose quelconque, apprise dans un livre imprimé, rentre dans l'éducation; mais si on l'a apprise en observant la vie et la nature, elle est supposée n'y pas rentrer. Lire, c'est voir par procuration — c'est apprendre indirectement avec les facultés d'un autre homme au lieu d'apprendre directement avec les siennes; telle est la force du préjugé régnant, que le savoir indirect est mis au dessus du savoir direct et usurpe sur lui le nom de culture! Nous sourions quand on vient nous dire qu'aux yeux des sauvages l'écriture a un pouvoir magique; nous rions de l'histoire de ce nègre qui avait mangé les fruits dont on l'avait chargé et qui cachait la lettre sous une pierre de peur qu'elle ne le dénonçât. Les notions courantes sur ce qui est imprimé trahissent pourtant une erreur du même ordre; on attribue une sorte de pouvoir magique aux idées acquises par des moyens artificiels, comparées à celles qui ont été acquises autrement. Cette erreur, pernicieuse jusque dans ses effets sur la culture intellectuelle, produit des effets encore plus pernicieux sur la culture morale; elle fait naître l'idée que cette dernière peut aussi s'acquérir en lisant et en apprenant des leçons par cœur.

Je sais bien qu'on me répondra que c'est de l'enseignement moral et non de l'enseignement intellectuel qu'on attend l'amélioration de la conduite et la diminution du crime. Il est incontestable que la plupart des promoteurs de systèmes d'éducation croient aux effets moralisateurs de l'instruction en général, mais il faut reconnaître qu'il s'en trouve parmi eux qui tiennent l'instruction générale pour insuffisante et soutiennent la nécessité d'enseigner les règles de la bonne conduite. Nous avons déjà expliqué une des raisons pour lesquelles les espérances de ces derniers sont également chimériques : elles partent du principe que l'action d'accepter par l'intelligence certains préceptes de morale produit l'obéissance à ces préceptes. Il y aurait bien d'autres raisons à donner. Nous ne nous arrêterons pas aux démentis fournis par les Chinois, qui apprennent tous les maximes de la morale si élevée de Confucius mais dont la conduite est loin d'être aussi pure. Nous ne nous appesantirons pas davantage sur la leçon à tirer du spectacle offert par les Etats-Unis; grâce à leur système scolaire, la population tout entière y est élevée sous l'influence quotidienne de lectures donnant les principes de la bonne conduite; la vie politique et nombre d'incidents sociaux nous font voir pourtant que la soumission à ces principes n'est rien moins que complète. Nous nous bornerons aux preuves fournies par notre propre société, passée et présente; elles mettent absolument à néant ces grandes espérances.

Qu'avons-nous fait depuis tant de siècles au moyen de nos institutions religieuses, si ce n'est prêcher les bons principes à tous, jeunes et vieux? Quel a été le but des services célébrés tous les dimanches dans nos dix mille églises, sinon d'assurer par des promesses de récompenses et des menaces de punitions l'exécution d'un code de bonne conduite? — promesses et menaces que pendant bien des générations, la population tout entière était contrainte par la force à écouter. A quoi ont servi les innombrables chapelles des dissidents, sinon à prêcher à tous, durant toute leur vie, qu'il fallait faire le bien et s'abstenir du mal? Si l'on croit maintenant qu'il faut faire quelque chose de plus — si malgré des explications, des menaces et des exhortations perpétuelles, la conduite est assez mauvaise pour

mettre la société en danger, quelle raison de croire qu'a-
près que toute cette insistance a échoué une insistance plus
prolongée réussira? Voyons ce qu'on nous propose et les
idées que cela laisse supposer.

L'enseignement par des prêtres n'ayant pas eu l'effet dé-
siré, essayons de l'enseignement par des maîtres d'école.
La lecture de la Bible, faite en chaire, avec accompagnement
d'architecture imposante, de vitraux, de tombes et de
« demi-jour religieux, » s'étant trouvée à l'épreuve, insuffisante, essayons de la lecture de la Bible dans une chambre
nue, où l'œil ne trouve à se reposer que sur des cartes de
géographie et des images d'animaux. Les commandements
et les défenses formulés par un prêtre en surplis, devant
un auditoire dont l'esprit était préparé par le chant et les
orgues, ont été méconnus; voyons si répétés machinalement
sur une mélopée traînante et monotone, devant un maître
d'étude râpé, au milieu du bourdonnement des leçons et du
cliquetis des ardoises ils seront mieux obéis. Voilà, à ce
qu'il semble, des propositions qui ne promettent guères; elles
procèdent de l'idée qu'un précepte moral produira d'autant
plus d'effet qu'il sera reçu sans accompagnement d'émotion,
ou de celle que son efficacité sera proportionnée au nombre
de fois qu'il aura été répété. Ces idées sont toutes deux en
contradiction directe avec les résultats de l'analyse psychologique et de l'expérience journalière. L'influence qu'on peut
exercer en adressant à l'intelligence des vérités morales, est
certainement bien plus grande dans un milieu qui éveille des
émotions du même ordre, comme le fait un service religieux.
Par contre, il n'est pas de plus sûr moyen d'empêcher ces
vérités morales de faire une impression profonde, que de
les associer à des choses prosaïques et vulgaires, au spectacle que présente une réunion d'enfants, aux bruits et aux
odeurs qui s'en élèvent. Et il n'est pas moins certain que les
préceptes qu'on entend fréquemment sans y prêter grande
attention perdent par la répétition le peu d'influence qu'ils
pouvaient avoir. Que voyons nous dans les écoles publiques?
— les écoliers ne deviennent pas plus compatissants les uns
pour les autres à force de s'entendre répéter chaque matin
les préceptes de la religion. Que nous montrent les universités? — De perpétuels services religieux n'ont pas rendu les

étudiants plus sages que la moyenne des jeunes gens? Que nous montrent les villes épiscopales? — Le niveau moral n'y est pas plus élevé qu'ailleurs, et peut-être devons-nous supposer le contraire sur la foi du proverbe anglais « près de l'Eglise, etc.? » Et les fils de pasteurs? — Les a-t-on rendus visiblement supérieurs aux autres à force de leur recommander de se bien conduire, ou n'entendons-nous pas plutôt répéter tout bas que l'effet a été tout opposé? Ou encore, pour citer un dernier exemple, quel spectacle nous offrent les journaux religieux? Sent-on dans leurs articles l'influence des préceptes du Christianisme, plus familiers à leurs rédacteurs qu'aux autres écrivains? N'ont-ils pas plutôt, de tout temps, manqué de charité à l'égard de leurs adversaires [1]?

---

1. Parmi les faits récents prouvant que la répétition des maximes chrétiennes ne développe pas les sentiments chrétiens, en voici deux qui me semblent dignes d'être conservés. J'emprunte le premier au *Church-Herald*, du 14 mai 1873.

« M. J. Stuart-Mill, qui vient d'aller rendre ses comptes, aurait été un écrivain anglais remarquable si la conscience de soi-même, qui était innée chez lui, jointe à une extrême présomption, n'en avaient fait un faquin littéraire de premier ordre. Sa mort n'est une perte pour personne car c'était un pur incrédule, mais un incrédule aimable et un très-dangereux personnage, Le plus tôt ces « lumières de la pensée, » qui partagent ses opinions, iront le rejoindre, le mieux cela vaudra pour l'Eglise et l'Etat. »

Le second exemple nous offre une manifestation de sentiment américaine à mettre en regard de la manifestation anglaise. Elle a été adressée dernièrement à l'un de mes amis, qui m'a autorisé à la rendre publique.

« (*D'un ecclésiastique ayant 28 ans d'exercice.*)

U. S. Amérique, 10 mars 1873.

« *J. Tyndall.* — En réponse aux *insultes* que vos divers ouvrages contiennent contre *leur religion*, les Américains vous ont traité avec une considération distinguée. Que de « charbons ardents » cela doit « amasser sur votre tête! » Vous avez, à plusieurs reprises, levé votre chétif bras contre Dieu et son Christ! Vous avez essayé de priver l'humanité de sa seule consolation dans la vie et de sa soule espérance dans la mort (*vide Fragments of Science*, etc.) *sans lui offrir autre chose en échange* que la « lumière sèche » de vos molécules et de vos atomes. Vous louerons-nous pour avoir fait cela? Nous ne vous louerons pas.

« N'ai-je pas en haine, ô Seigneur, ceux qui te haïssent?

« Tous les suicides qui surviennent dans notre pays (et il y en a tous les jours) sont indirectement l'effet des doctrines *bestiales* de

Nous ne voyons nulle part que la répétition des règles du
bien, déjà connues mais dédaignées, finisse par les faire res-
pecter; nous voyons tout au contraire le respect qu'on avait
pour elles en diminuer [1].

vous, de Darwin, de Spencer, d'Huxley *et id omne genus*. La fosse
est-elle creusée pour vous tous? Malheur à vous qui riez, car vous
pleurerez et vous vous lamenterez.

« Je suis avec le plus profond mépris.

« A. F. F... »

[1]. J'ajouterai ici, pour montrer le peu d'action que l'enseignement pur exerce sur la conduite, un fait frappant qu'il m'a été
donné d'observer personnellement. Il y a une douzaine d'années,
commençait une certaine publication périodique trop sérieuse pour
offrir de l'intérêt au gros public et s'adressant exclusivement aux
gens instruits. La publication se faisait par souscription; après quatre
livraisons, on avait une somme minime à verser.

Les souscripteurs étaient prévenus quand un nouveau versement
était dû. Comme on devait s'y attendre, quelques-uns tenaient
immédiatement compte de l'avis; d'autres plus ou moins tardi-
vement; d'autres enfin n'en tenaient pas compte du tout. Une
grande partie des défaillants, auxquels de nouveaux avertissements
venaient de temps à autre rafraîchir la mémoire, se trouvèrent
bientôt de deux souscriptions en arrière, mais sur une lettre d'avis
des éditeurs quelques-uns s'empressèrent de réparer ce qui n'était
qu'un oubli; il en resta cependant un certain nombre qui continuèrent à recevoir la publication sans la payer. Quand ceux-ci se
trouvèrent de trois souscriptions en arrière, nouvelle lettre des
éditeurs, qui amena quelques paiements et laissa un reste de récalcitrants. Les éditeurs prévinrent alors ces derniers que, faute de
payer, leurs noms seraient rayés de la liste; ceux qui continuèrent
à ne pas donner signe de vie furent finalement rayés. Au bout de
dix ans, on compulsa la liste primitive pour établir la proportion
du nombre des défaillants au total des inscrits et pour calculer
combien chaque profession avait fourni proportionnellement de
défaillants. Voici le tableau de ceux qui refusèrent finalement de
payer ce qu'ils avaient reçu pendant plusieurs années de suite.

Professions inconnues...........................	27	0/0
Médecins.....................................	29	»
Clergymen (presque tous de l'Eglise Établie).......	31	
Séculiers....................................	32	
Journalistes.................................	32	

Admettons que si la proportion est aussi forte pour les journalistes,
cela vient de ce que ces messieurs sont habitués à recevoir des
livres gratis. Nous n'en avons pas moins, en premier lieu, le fait
surprenant, que près d'un tiers de ces hommes instruits ne tinrent

Du reste l'analyse contredit tout autant que les faits l'idée généralement admise. Nous avons déjà vu que la connexion est entre l'action et le sentiment; d'où le corollaire, que la tendance à une action n'augmente que par une transformation fréquente du sentiment en cette action. De même que deux idées souvent répétées dans un certain ordre deviennent cohérentes dans cet ordre; de même que des mouvements musculaires, d'abord difficiles à combiner entre eux et avec les perceptions dirigeantes, deviennent faciles par la pratique et à la longue automatiques; de même la production périodique d'une conduite quelconque par son émotion motrice, rend cette conduite relativement facile. Une habitude morale ne s'acquiert ni par les préceptes, les entendît-on tous les jours; ni par les exemples, à moins qu'on ne les suive : elle ne s'acquiert que par l'action fréquente, déterminée par le sentiment correspondant. Cette vérité, que la science mentale enseigne clairement et qui est d'accord avec les maximes vulgaires, est pourtant entièrement ignorée des fanatiques de l'instruction.

La vérité corrélative est également ignorée, ce qui menace d'avoir des résultats encore plus désastreux. Nous voyons compter sur des bienfaits que les moyens employés ne sauraient procurer, mais nous ne voyons nulle part la conscience des maux qu'entraîneront ces moyens. On s'aveugle à l'endroit de la réaction fâcheuse que les moyens produiront sur la nature des citoyens. C'est au reste ce qui arrive généralement aux hommes absorbés par la poursuite ardente d'un bien qu'ils demandent à l'action gouvernemen-

aucun compte d'un droit bien fondé. En second lieu, nous découvrons en comparant les subdivisions que la classe qui ne se distingue par aucun titre quelconque, celle qui par conséquent doit renfermer les gens d'une éducation moins accomplie, est la classe qui fournit le moins de défaillants; le témoignage tend donc ici à établir une association entre l'accroissement de culture intellectuelle et la diminution de délicatesse de conscience. Un autre point à noter, c'est l'absence de l'effet salutaire généralement attendu de la répétition des préceptes de morale : le clergé et les séculiers sont presque à égalité. Dans l'ensemble comme dans les détails, ce témoignage contredit donc formellement, comme celui que nous avons cité dans le texte, l'idée que la culture intellectuelle élève les sentiments.

tale. La nature des citoyens a déjà souffert de réactions de cette nature, dues à des actions commencées il y a des siècles; les mauvais effets vont être encore accrus par d'autres réactions du même genre.

On se plaint de l'imprévoyance des Anglais. Très-peu d'entre eux mettent de côté en prévision des jours où l'ouvrage n'ira pas; on s'accorde à dire que l'élévation des salaires n'a ordinairement d'autre résultat que de pousser les ouvriers à dépenser et à boire. Nous les avons vus plus haut négliger l'occasion de devenir actionnaires des Compagnies qui les occupent; les personnes les plus soucieuses de leur bien-être perdent courage, en voyant le peu qu'ils font pour relever leur position quand ils en auraient les moyens. On critique cette disposition à s'emparer de la jouissance immédiate, comme si elle était propre au peuple anglais; on compare nos ouvriers à leurs voisins du continent et l'on s'étonne du contraste. A entendre les gens, l'imprévoyance est un trait inexplicable de la race. On ne tient aucun compte de ce que les races auxquelles on compare la nôtre lui sont alliées par le sang. Les Norwégiens sont économes et très-prévoyants. Les Danois sont également ménagers et Defoe a dit, à propos des habitudes dépensières de ses compatriotes, qu'un Hollandais amasse une fortune sur un salaire qui suffirait à peine à faire vivre un Anglais. Il en est de même des Allemands modernes. Les gémissements des Américains, prétendant que les Allemands les évincent de leurs propres affaires en travaillant dur et en vivant de peu, les succès des négociants allemands établis en Angleterre, la préférence dont les domestiques allemands sont l'objet chez nous, nous enseignent que rien, dans les autres rameaux de la race teutonique, ne rappelle ce manque d'empire sur soi-même. Nous ne pouvons pas non plus attribuer ce trait de caractère à l'infusion de sang normand, puisque les descendants des Normands établis en France sont économes et industrieux. Pourquoi donc les Anglais sont-ils imprévoyants? Nous n'en trouvons pas l'explication dans leur origine; cherchons-la dans les conditions sociales auxquelles ils ont été assujettis, nous la trouverons.

Les Anglais sont imprévoyants parce qu'ils ont été dressés

à l'imprévoyance pendant plusieurs siècles. On les a habitués à être dépensiers en les protégeant contre les dures conséquences du désordre. On les a découragés d'avoir de l'ordre, en montrant perpétuellement aux gens d'ordre que les autres n'en étaient pas plus mal dans leurs affaires, au contraire.

On a été jusqu'à punir l'ordre. Les ouvriers travaillant ferme et ne faisant pas de dettes, se sont constamment vus appelés à soutenir les fainéants qui les entouraient; ils ont eu leurs biens saisis par autorité de justice pour nourrir les indigents, et eux-mêmes et leurs enfants se sont trouvés éventuellement réduits à l'indigence [1]. Les femmes pauvres et honnêtes, gagnant leur vie sans être aidées ni encouragées par personne, ont vu les femmes livrées à l'inconduite recevoir de la paroisse des allocations pour leurs enfants illégitimes. Ce système a été poussé si loin, que les femmes ayant plusieurs enfants illégitimes et touchant pour chacun d'eux une certaine rétribution hebdomadaire, prélevée sur la taxe des pauvres, ont été épousées à cause de cette source de revenus. Génération après génération, les honnêtes gens ne demandant rien à personne, ceux qui attendent pour se marier d'avoir de quoi vivre et qui s'efforcent d'élever leur famille tout seuls, ont endossé des charges extraordinaires; on les a empêchés de laisser une postérité qui était à désirer; on a au contraire aidé les débauchés et les paresseux, surtout lorsqu'ils étaient adonnés à ce genre d'hypocrisie et de servilité qui trompe les dépositaires de l'autorité, à mettre au monde et à élever une progéniture caractérisée comme eux-mêmes, par l'absence des traits mentaux nécessaires au bon citoyen. Après des siècles passés ainsi à encourager de notre mieux la multiplication de la race imprévoyante et à entraver la reproduction des prévoyants, nous levons les mains au ciel en nous récriant sur l'imprévoyance du peu-

---

1. Cette punition de la bonne conduite a survécu à la réforme de la loi sur le paupérisme. On en trouvera des exemples dans les « traités sur les *Poor-Laws*, » dont il a déjà été question dans cet ouvrage. Ils sont d'un de mes oncles, mort actuellement, qui en sa qualité d'ecclésiastique et d'administrateur de la taxe des pauvres, a eu occasion d'observer lui-même les faits cités.

ple anglais ! Si des gens ayant élevé par choix les produits de leurs chevaux les plus difficiles et ceux de leurs chiens les moins intelligents, venaient s'étonner au bout d'une vingtaine de générations d'avoir des chevaux vicieux et des chiens stupides, l'absurdité de leur surprise nous semblerait ne se pouvoir comparer qu'à l'absurdité de leur système; mais s'il s'agit d'êtres humains au lieu d'animaux inférieurs, on ne voit d'absurdité ni dans le système, ni dans l'étonnement.

Il se passe maintenant une chose plus grave que de ne pas tenir compte des effets malfaisants produits sur la nature humaine par des siècles d'influences démoralisatrices. Nous établissons de propos délibéré d'autres influences du même genre. Ayant suspendu, autant qu'il dépendait de nous, la discipline civilisatrice de la vie industrielle réglée de façon à assurer la subsistance de l'individu sans faire tort à autrui, nous travaillons maintenant à tarir une autre source de cette discipline civilisatrice. Nous avons fait de notre mieux, pendant une suite de générations, pour diminuer le sentiment de la responsabilité en écartant les maux qu'amène le mépris de la responsabilité; nous sommes en train de pousser le système plus loin, en déchargeant les parents de certaines autres responsabilités qui dans l'ordre de la nature retombent sur eux. Notre moyen de corriger l'insouciance, de décourager les mariages imprévoyants et d'épurer l'idée de devoir, c'est d'encourager l'idée que ce n'est pas aux parents à préparer leurs enfants à la vie, mais que cela incombe à la nation. Tout proclame hautement, partout, la merveilleuse doctrine que les citoyens ne sont pas individuellement responsables de l'éducation de leurs enfants respectifs, mais que ces mêmes citoyens, incorporés dans une société, sont respectivement responsables de l'éducation des enfants des autres ! La qualité de père n'impose pas à A l'obligation d'élever ses rejetons, d'avoir soin de leur esprit aussi bien que de leur corps ; mais la qualité de citoyen l'oblige à élever, quant à l'esprit, les rejetons de B, C, D, etc., dont les devoirs paternels et directs sont de même subordonnés à leurs devoirs indirects envers les enfants des autres ! On a calculé qu'au train dont vont les choses, les parents ne paieront bientôt pour les rétributions scolaires de leurs propres enfants que la sixième partie de ce qu'ils paient pour les enfants en général, tant par les impôts et les taxes, que par les souscriptions volontaires ; en termes de finances, le dividende des enfants en général à la charge des parents sera égal à six fois le dividende de leurs propres enfants. Remontons à quarante ans en arrière et observons combien le dividende du public a grandi, relativement au dividende privé, nous serons autorisés à conclure que le dividende privé va tout à l'heure être entièrement absorbé. La théorie corrélative devient déjà si précise et si définie, qu'on entend dire, du ton dont s'émet une vérité incontestable, que les criminels sont « des erreurs de la société ». On va en arriver à découvrir que puisqu'un bon développement physique est, tout comme un bon développement mental, la condition préalable du bon citoyen (car sans lui le citoyen ne peut pas gagner sa vie et éviter ainsi la mauvaise conduite), la société est responsable de la bonne alimentation et de l'habillement des enfants ; on commence déjà dans les discussions du *School-Board* à reconnaître qu'en bonne logique, il n'y a pas moyen de s'arrêter sur la pente qui mène d'une idée à l'autre. Nous marchons vers un principe bizarre, qui s'affirme tacitement à l'occasion : les gens n'ont qu'à se marier quand ils en ont envie, c'est aux autres à en supporter les conséquences !

Voilà la politique qu'on croit propre à améliorer la conduite. On a rendu les hommes imprévoyants, en les protégeant contre la plupart des mauvais résultats de l'imprévoyance ; on va maintenant les rendre prévoyants, en les protégeant encore mieux contre ces mauvais résultats. Ils ont en partie perdu l'empire sur eux-mêmes, à la suite d'arrangements sociaux rendant cet empire moins nécessaire : on invente d'autres arrangements sociaux qui le rendront encore moins nécessaire et on espère par là l'augmenter. Cet espoir est contraire à l'ordre des choses. Toute vie, y compris la vie humaine, procède d'un principe exactement opposé. Tous les types inférieurs nous font voir que la charge d'élever des petits est ce qui plie les facultés à la discipline la plus élevée. L'instinct paternel et maternel est partout celui qui réveille le plus l'énergie, celui qui aiguise le plus l'intelligence. On parle souvent de l'abnégation et de la sagacité que déploient les créatures inférieures dans le soin de leurs petits. Il est visible que la paternité produit une exaltation mentale unique en son genre. Chaque jour nous apporte la preuve qu'il en est ainsi dans l'humanité. Nous voyons continuellement l'étourdi devenir un homme posé quand il a des enfants à pourvoir ; la maternité fait naître chez la jeune fille frivole et sans cervelle, des sentiments élevés et des capacités jusque-là ignorées. Pour l'un comme pour l'autre, c'est une école journalière d'abnégation, d'industrie, de prévoyance. La relation de parent à enfant fortifie à toute heure l'habitude de sacrifier l'agrément du moment et le plaisir égoïste au plaisir altruiste de chercher le bien-être de sa progéniture. Il y a subordination fréquente des besoins personnels à ceux du prochain et aucune autre influence n'assurerait aussi efficacement la pratique de cette subordination. Ce n'est donc pas en diminuant le sentiment de la responsabilité des parents, mais en l'augmentant, qu'on fortifiera l'empire sur soi-même et qu'on corrigera l'incurie. La politique suivie actuellement avec tant de conviction et d'ardeur est pourtant de nature à diminuer forcément le sentiment de la responsabilité des parents. On va affaiblir cette discipline essentielle des émotions paternelles et maternelles, pour qu'il y ait plus d'enfants sachant lire et apprenant la grammaire et la géographie. On cherche une culture intellectuelle superficielle aux dépens d'une démoralisation profonde.

Nous ne supposons pas que beaucoup de personnes soutiennent sérieusement que l'instruction est importante, mais que le caractère l'est relativement peu. Nous avons tous de temps à autre l'occasion d'observer combien un ouvrier illettré, mais actif, honnête et sobre, est plus précieux pour lui-même et pour les autres que l'ouvrier instruit qui manque de parole, passe son temps au cabaret et néglige sa famille. Si l'on compare entre eux les membres des hautes classes, personne ne doute que le dissipateur ou le joueur, quelque bonne éducation intellectuelle qu'il ait reçue, ne soit inférieur comme unité sociale à l'homme qui n'est pas passé par le *curriculum* consacré, mais qui étant bon travailleur, réussit et assure le sort de ses enfants au lieu de les laisser à la charge de la famille. C'est-à-dire qu'en regardant la chose au point de vue concret, tout le monde voit que la moralité est plus importante à la prospérité sociale que l'instruction. On n'en tire cependant pas le corollaire évident. On ne se demande pas quel effet produiront sur le caractère les procédés artificiels pour la diffusion de l'instruction. Tous les buts auxquels doit viser le législateur sont sans importance comparés à celui de façonner le caractère; ce but est cependant entièrement méconnu.

Qu'on comprenne bien que l'avenir d'une nation dépend de la nature de ses membres, que cette nature se modifie inévitablement dans le sens de l'adaptation aux conditions de milieu; que les sentiments mis en jeu par ces conditions gagneront en force, tandis que ceux auxquels il sera de moins en moins fait appel iront s'amoindrissant; on comprendra alors que ce n'est pas en insistant sur les saines maximes, encore moins par une culture purement intellectuelle, que l'on peut parvenir à améliorer la conduite; on verra que, si on y parvient, c'est seulement par cet exercice quotidien des sentiments élevés, par cette répression des sentiments bas, qui résulte de ce qu'on assujettit les hommes aux exigences de la vie sociale régulière — de ce qu'on les laisse endurer les punitions qui suivent inévitablement la violation de ces exigences et récolter les fruits de la soumission. Voilà la seule éducation nationale.

On peut citer un autre exemple de la nécessité des recherches psychologiques comme guides des conclusions sociologiques; pour être d'une nature toute différente cet exemple n'en a pas moins rapport à des questions d'actualité. Nous voulons parler de la psychologie comparative des deux sexes. Les femmes sont membres de la société, tout comme les hommes; elles tendent à lui donner par leur nature propre certains traits de caractère et certaines manières de faire; il s'ensuit que la question — La nature mentale est-elle la même chez les hommes et chez les femmes? — est importante pour le sociologiste. Si elle est la même, un accroissement de l'influence féminine n'affectera pas sensiblement le type social. Dans le cas contraire le type social sera inévitablement altéré par l'accroissement de cette influence.

Les hommes et les femmes n'ont pas plus l'esprit que le

corps faits de même. Il existe entre eux des différences physiques, correspondant à leurs rôles respectifs dans la conservation de la race, et des différences psychiques, correspondant à la part qui leur revient dans l'éducation et protection des enfants. Supposer que les différences existant entre leurs activités paternelle et maternelle ne sont pas accompagnées de différences entre les facultés mentales, c'est supposer qu'il n'y a pas ici adaptation de facultés spéciales à des fonctions spéciales, ce qui serait un fait unique dans toute la nature [1].

1. Les comparaisons qu'on établit entre l'esprit des hommes et celui des femmes sont généralement fautives à beaucoup d'égards. Voici les principales causes d'erreurs :

Au lieu de comparer la moyenne des femmes à la moyenne des hommes, ou l'élite des femmes à l'élite des hommes, on compare généralement l'élite des femmes à la moyenne des hommes. Il en résulte une impression fausse, à peu près comme si pour juger de la stature relative des deux sexes, on mettait de grandes femmes à côté de petits hommes.

Diverses manifestations naturelles sont grandement altérées, chez l'un et l'autre sexe, par les conventions sociales existantes et soutenues par les hommes et par les femmes. Il y a tels sentiments que sous notre régime de lutte réciproque, avec son idéal de bienséance assorti, un homme ne doit pas manifester, tandis que chez une femme ils sont trouvés admirables. De là répression de certaines manifestations chez l'un, exagération chez l'autre ; ce qui conduit à de fausses appréciations.

Les sentiment sexuel entre en jeu pour modifier la conduite des hommes et des femmes les uns envers les autres. Le seul témoignage auquel on puisse avoir confiance, à l'égard de certains côtés de leur caractère en général, est celui que fournit la conduite d'homme à homme, ou de femme à femme, quand les gens sont placés dans des relations excluant les affections personnelles.

En comparant les facultés intellectuelles des deux sexes, on ne distingue pas suffisamment la réceptivité de la faculté créatrice. Ces deux choses sont presque incommensurables ; la réceptivité peut exister — cela se présente souvent — et être très-développée, là où il n'y a que peu ou même point de faculté créatrice.

Mais la plus grave des erreurs que l'on commet généralement en faisant ces comparaisons, c'est peut-être de négliger la limite du pouvoir mental normal. Chaque sexe est capable, sous l'influence de stimulants particuliers, de manifester des facultés ordinairement réservées à l'autre ; mais nous ne devons pas considérer les déviations amenées par ces causes comme fournissant des points de comparaison convenables. Ainsi, pour prendre un cas extrême, une excitation spéciale peut faire donner du lait aux mamelles des hommes

Il existe entre la structure psychique, aussi bien que physique, de l'homme et de la femme, deux classes de différences déterminées toutes deux par la même nécessité fondamentale — l'adaptation aux devoirs paternels et maternels. La première catégorie de différences résulte de ce que l'arrêt de l'évolution individuelle est un peu plus précoce chez la femme que chez l'homme; cela vient de la nécessité de mettre de la force vitale en réserve pour faire face aux dépenses de la reproduction; chez l'homme, l'évolution individuelle continue jusqu'à ce que la dépense physiologique nécessitée par le soin de sa subsistance balance, à peu de chose près, ce que fournit la nutrition; chez la femme, le développement individuel s'arrête à un moment où la nutrition laisse encore une marge considérable; autrement il ne pourrait y avoir de progéniture. De là vient que les filles sont mûres avant les garçons. De là vient aussi le principal contraste présenté par les formes corporelles; le corps de l'homme se distingue de celui de la femme par la supériorité de taille relative des parties exécutant les actions extérieures et occasionnant une dépense physiologique — les membres, et les viscères thoraciques que leur activité met immédiatement à contribution. De là encore le fait physiologique que pendant toute leur vie, mais particulièrement pendant le laps de temps où elles sont capables d'avoir des enfants, les femmes exhalent moins d'acide carbonique relativement à leur

on connaît plusieurs cas de gynécomastie et on a vu, pendant des famines, de petits enfants privés de leur mère être sauvés de cette façon. Nous ne mettrons pourtant pas cette faculté d'avoir du lait qui doit, quand elle apparaît, s'exercer aux dépens de la force masculine, au nombre des attributs du mâle. De même, sous l'influence d'une discipline spéciale, l'intelligence féminine donnera des produits supérieurs à ceux que peut donner l'intelligence de la plupart des hommes. Mais nous ne devons pas compter cette capacité de production comme réellement féminine, si elle est aux dépens des fonctions naturelles. La seule vigueur mentale normalement féminine est celle qui peut coexister avec la production et l'allaitement du nombre voulu d'enfants bien portants. Une force d'intelligence qui amènerait la disparition d'une société, si elle était générale parmi les femmes de cette société, doit être négligée dans l'estimation de la nature féminine en tant que facteur social.

poids que les hommes; ce qui montre que l'évolution de force est moindre relativement aussi bien qu'absolument. Cette cessation plus précoce et nécessaire de l'évolution individuelle se montre au développement un peu moindre du système nervo-musculaire; il en résulte que les membres qui agissent et le cerveau qui les fait agir sont plus petits. L'esprit reçoit de cet arrêt prématuré deux effets différents. Les manifestations mentales ont un peu moins de force générale ou de solidité; il y a en outre infériorité sensible du côté des deux facultés, l'une intellectuelle, l'autre affective, constituant les produits derniers de l'évolution humaine : le raisonnement abstrait, et la plus abstraite des émotions, le sentiment de la justice — celui qui règle la conduite indépendamment des liens personnels et des sympathies ou antipathies inspirées par les individus [1].

Après cette distinction mentale quantitative, qui devient incidemment qualitative en portant surtout sur les facultés les plus récentes et les plus complexes, viennent les distinctions mentales qualitatives, résultant des relations des hommes et des femmes soit avec leurs enfants soit entre eux. Bien que l'instinct paternel et maternel, qui considéré dans son essence est l'amour du faible, soit commun aux deux sexes, il est visible toutefois qu'il n'est pas identique chez l'un et chez l'autre. La forme particulière de cet instinct qui correspond à la faiblesse du petit enfant, est incontestablement plus dominante chez la femme que chez l'homme. Chez ce dernier, l'instinct est moins éveillé par l'être faible en personne, il a une relation plus généralisée avec tous les êtres relativement faibles qui dépendent de lui. Il est hors de doute, qu'à cet instinct plus spécialisé de la femme se joignent des aptitudes spéciales pour soigner les enfants — une faculté d'intuition adaptée aux besoins et réglant la conduite. On ne saurait nier qu'il n'y ait ici une spécialisation mentale, jointe à la spécialisation physique; et cette spécialisation mentale, bien que se rapportant origi-

---

1. Il est bien entendu qu'en tout cela comme dans ce qui suivra, nous prenons les hommes et les femmes de la même société et de la même époque. Si l'on compare les femmes d'une race avancée aux hommes d'une race qui l'est moins, l'exposé n'est plus vrai.

nairement à l'éducation de la progéniture, affecte jusqu'à un certain point la conduite en général.

Les autres distinctions qualitatives existant entre l'esprit des hommes et celui des femmes, sont sorties de leurs relations mutuelles de fort à faible. Suivons la genèse du caractère humain, en examinant les conditions d'existence traversées par l'humanité dans les premiers temps barbares et durant le cours de la civilisation; nous verrons que le sexe faible a acquis naturellement certains caractères mentaux, par ses rapports avec le sexe fort. Pendant les luttes pour l'existence des tribus sauvages, c'était celles dont les hommes n'étaient pas seulement forts et courageux, mais agressifs, sans scrupules, d'un égoïsme intense qui survivaient. Les hommes des races conquérantes d'où sortirent les races civilisées, étaient donc nécessairement des hommes chez qui prédominaient les traits de caractère brutaux; nécessairement aussi les femmes de ces races, ayant affaire à des brutaux, prospéraient plus ou moins selon qu'elles possédaient, ou acquéraient, une nature appropriée à celle des hommes. Comment les femmes, incapables de défendre leur bien par la force, arrivaient-elles à le défendre autrement? Plusieurs traits de caractère les y aidaient.

Nous pouvons mettre en première ligne le talent de plaire, et le goût du succès, qui en est l'accompagnement. Il est évident que toutes conditions égales d'ailleurs, parmi des femmes vivant à la merci des hommes, celles qui savaient plaire étaient celles qui avaient le plus de chances de vivre et de laisser une postérité. Ce fait (étant admis que les qualités se transmettent davantage du même côté), agissant sur les générations successives, tendait à mettre dans le caractère féminin un désir particulier du succès et la manière d'être qu'entraîne cette recherche.

De même, les femmes de sauvages, ignorant la pitié ont prospéré selon qu'elles savaient déguiser leurs sentiments. Les femmes trahissant l'état d'antagonisme produit en elles par les mauvais traitements, avaient moins de chances de vivre et de laisser une postérité que celles qui dissimulaient leur hostilité; de là, par héritage et par sélection, un développement de ce trait de caractère, proportionné au besoin.

Dans quelques cas, c'était grâce à l'art de la persuasion que les femmes parvenaient à protéger leurs propres personnes et par contre-coup leur progéniture, dans des circonstances où, moins persuasives, elles seraient mortes jeunes ou auraient élevé moins d'enfants.

Il y a une autre faculté qu'on peut citer comme destinée vraisemblablement à être cultivée et à s'établir : celle de distinguer vite les sentiments fugitifs de ceux qui vous entourent. Dans les temps barbares, la femme qui à un geste de son mari sauvage, à une intonation, à la physionomie, devinait instantanément la colère naissante, avait chance d'échapper à des dangers dans lesquels une femme moins habile à interpréter le langage naturel du sentiment se serait précipitée. La culture perpétuelle de ce talent et les chances de vie qu'il donne, nous autorisent à conclure qu'il deviendra chez la femme une véritable faculté. D'ordinaire il se trahit par l'aptitude à deviner aux signes extérieurs la situation d'esprit des gens et il aboutit simplement à des intuitions sans raisons assignables; mais quand il vient s'y joindre, ce qui est rare, un talent d'analyse psychologique, il en résulte une habileté extrêmement remarquable à interpréter les dispositions d'esprit des autres. Nous en connaissons un exemple vivant, qu'aucune femme jusqu'ici n'a égalé et que peu ou point d'hommes ont surpassé.

Nous ne voulons pas dire, bien entendu, que les particularités intellectuelles représentées ici comme ayant été développées chez la femme par les nécessités de la défense vis-à-vis de l'homme, lui soient spéciales : elles se sont aussi développées chez l'homme, comme moyens de défense auxiliaires dans ses rapports avec les autres hommes. La différence est que dans leurs rapports mutuels, les hommes ne dépendaient que jusqu'à un certain point de ces auxiliaires, tandis que dans leurs rapports avec les hommes, les femmes en dépendaient presque entièrement — au dedans aussi bien qu'au dehors du cercle domestique. D'où vient qu'en vertu de cette limitation partielle de l'hérédité par le sexe, démontrée dans toute la nature par mille exemples, ces particularités sont devenues plus prononcées chez les femmes que chez les hommes [1].

1. La validité de ce groupe de conclusions dépendant de l'exis-

De la relation des sexes, en tant qu'appropriée au bien
de la race, dérive un autre trait mental propre à la femme.
Nous voulons parler de l'influence qu'exerce une manifestation de force quelconque, de la part de l'homme, pour déterminer l'attachement chez la femme. On n'a qu'à se demander
ce qui serait arrivé si les femmes s'étaient attachées de
préférence aux hommes faibles, pour voir que ce trait de
caractère devait inévitablement se produire. Si l'habitude
avait été que les faibles, et non les forts, laissassent une
postérité, il en serait résulté une détérioration progressive
de la race. Il est donc arrivé (du moins depuis que l'abolition du mariage par capture ou par achat a permis aux préférences féminines de jouer un rôle important) que parmi des
femmes douées de goûts différents, celles qui étaient fasci-

tence de la limitation partielle de l'hérédité par le sexe, que
nous avons commencé par admettre, on aurait le droit de nous
demander de prouver notre dire. Nous le pourrions, si c'en était le
lieu. On a recueilli sur ce sujet des renseignements qu'il nous
serait facile de donner en détail; ils montrent qu'un parent est bien
plus sujet à transmettre les défauts de conformation et les maladies
aux enfants de son sexe, qu'à ceux de l'autre sexe. Nous pourrions
citer les innombrables exemples de distinctions sexuelles, telles
que le plumage chez les oiseaux, la coloration chez les insectes,
et surtout les merveilleux cas de dimorphisme et de polymorphisme
fournis par les femelles de certaines espèces de lépidoptères,
comme impliquant nécessairement (pour ceux qui acceptent l'hypothèse de l'évolution) la transmission prédominante des traits aux
descendants du même sexe. Il suffira toutefois de citer, comme
s'appliquant plus spécialement à la question, les cas de distinctions
sexuelles qui se sont produits dans la race humaine, chez certaines
variétés à l'exclusion des autres. Le fait que quelques variétés
d'hommes ont de la barbe et que les autres n'en ont point, peut
être considéré comme une forte preuve de cette limitation partielle
de l'hérédité; une preuve encore plus forte nous est fournie par la
particularité des formes féminines qui se rencontre chez quelques
races nègres, spécialement chez les Hottentots, et qui n'établit chez
aucune autre race une différence aussi marquée entre l'homme et
la femme. Il y a aussi le fait, sur lequel Agassiz appelle l'attention,
que chez les Indiens de l'Amérique du Sud le mâle et la femelle
diffèrent moins que chez les nègres ou chez les races supérieures;
cela nous rappelle qu'en Europe et en Orient les hommes et les
femmes ne diffèrent pas exactement de la même façon et au même
degré, soit physiquement, soit mentalement, mais d'une façon et à
des degrés un peu différents, — fait qui serait inexplicable, s'il n'y
avait pas une limitation partielle de l'hérédité par le sexe.

nées par la vigueur physique ou mentale et qui épousaient
des hommes capables de les protéger, elles et leurs enfants,
avaient plus de chances de se survivre dans leur postérité
que les femmes s'attachant aux hommes faibles; les enfants
de ces dernières étaient à la fois moins efficacement protégés et moins en état, s'ils atteignaient l'âge viril, de
pourvoir à leur propre conservation. C'est à cette admiration
inévitable pour la force qu'il convient de rapporter un
fait qu'on traite quelquefois de bizarrerie; les femmes s'at-
tachent davantage aux hommes qui les maltraitent, mais
chez qui la brutalité accompagne la force, qu'aux hommes
faibles dont elles ne reçoivent que de bons traitements.

Cette admiration pour la force, chargée dans le principe
de la fonction indiquée, entraîne l'admiration de la force en
général, elle est plus marquée chez les femmes que chez
les hommes et se manifeste à la fois théologiquement et
politiquement. Il est prouvé de mille manières que l'émotion de respect éveillée par la contemplation de tout ce qui
fait naître l'idée d'une force ou d'une capacité transcendante
et constituant le sentiment religieux, est plus forte chez la
femme que chez l'homme. Nous lisons que chez les Grecs les
femmes étaient plus accessibles que les hommes à l'excitation religieuse. Sir Rutherford Alcock nous dit qu'au Japon
« il est fort rare de voir dans les temples d'autres fidèles que
des femmes et des enfants; les hommes qu'on y rencontre,
toujours extrèmement peu nombreux, appartiennent généralement aux basses classes. » On a compté que « les 5/6 au
moins, et souvent les 9/10 » des pèlerins qui se rendent au
temple de Jaggernaut, sont des femmes. On raconte aussi
que chez les Sikhs les femmes croient à plus de dieux que
les hommes. Tous ces exemples, empruntés à des races et
à des époques différentes, montrent suffisamment que lorsque nous retrouvons un fait analogue dans les pays catholiques et même dans une certaine mesure en Angleterre, il
ne faut pas l'attribuer comme le font bien des gens à l'éducation des femmes; la cause est plus au fond, dans la nature
même. C'est à elle aussi qu'il convient de rapporter le respect plus grand des femmes pour tous les symboles et
toutes les incarnations de l'autorité, gouvernementale et
sociale.

La conclusion à *priori* que pour convenir à leurs fonctions respectives, paternelles et maternelles, les deux sexes doivent présenter des différences mentales, tout comme des différences physiques, se trouve donc justifiée; il en est de même de cette conclusion que leurs relations mutuelles nécessitent des différences secondaires. Les différences intellectuelles qu'on devait s'attendre, dans les conditions données, à trouver entre les hommes et les femmes, sont précisément celles que nous rencontrons. Il ne s'ensuit en aucune façon qu'elles soient fixées quant au degré; c'est le contraire qui s'ensuit. Nous avons vu que quelques-unes d'entre elles ont été déterminées par l'adaptation de la nature des femmes primitives à celle des hommes primitifs; il est permis d'en conclure qu'à mesure que la civilisation réadapte la nature des hommes à des exigences sociales plus élevées, il s'opère un travail d'adaptation correspondant entre la nature des hommes et celle des femmes — ce qui tend à divers égards à diminuer les différences. Nous avons surtout le droit de compter que les particularités mentales développées chez les femmes par les nécessités de la défense contre les hommes des temps barbares iront s'effaçant. Il est également probable que tout en continuant d'être séduites par toute espèce de force, elles le seront moins par la force physique et par les attributs mentaux qui en sont d'ordinaire l'accompagnement; en revanche, les attributs conduisant à l'influence sociale prendront plus d'attrait. On peut compter aussi sur une culture meilleure des femmes, maintenue dans des limites où l'étude ne prenne pas sur le physique, pour contribuer de son côté à affaiblir le contraste. (Nous n'entendons pas par « culture meilleure », l'enseignement pur et simple de la langue et l'extension du déplorable système à la mode, celui qui consiste de farcir la tête des enfants). Elle conduira lentement au résultat qui se retrouve dans tout le monde organique, celui d'une faculté de conservation de l'individu, inverse de la faculté de conservation de la race; elle amènera par suite un arrêt moins précoce de l'évolution individuelle, et une diminution des différences mentales entre les deux sexes résultant de l'arrêt précoce.

Etant admis que tels sont les changements que l'avenir

verra probablement s'accomplir, nous devons en attendant avoir présents à l'esprit les traits qui distinguent la femme sous le rapport de l'intelligence et du sentiment et en prendre note parmi les facteurs des phénomènes sociaux — facteurs infiniment plus importants qu'on ne le suppose généralement. Examinons-les dans l'ordre où nous venons de les citer; nous voyons d'abord l'affection pour le faible, qu'en sa qualité de mère, la femme montre sous une forme plus spéciale que l'homme, influencer inévitablement toutes ses pensées et tous ses sentiments; cette disposition venant se joindre chez elle à un sentiment moins développé de la justice abstraite, elle répond plus volontiers aux appels faits au nom de la pitié qu'à ceux faits au nom de l'équité. Nous avons vu dans les chapitres précédents combien notre politique sociale accorde peu d'attention aux droits des individus sur tout ce qu'ils achètent au prix d'efforts, tant que cette négligence n'attire pas sur la tête des gens des maux évidents ; mais quand les individus souffrent d'une manière assez visible pour exciter la commisération, ils obtiennent de l'aide ; souvent ils en obtiennent autant lorsqu'ils sont eux-mêmes la cause de leurs souffrances que lorsque celles-ci leur viennent des autres — souvent même ils en obtiennent plus. Cette politique sociale, à laquelle les hommes tendent à un degré préjudiciable, les femmes y tendent encore davantage. L'instinct maternel prend son plaisir à conférer les bienfaits indépendamment des mérites — et comme il est partiellement éveillé par tout ce qui montre la faiblesse implorant du secours, (en supposant qu'il n'y ait pas eu éveil d'antagonisme) la femme porte encore plus que l'homme dans l'action sociale une préférence pour la générosité sur la justice. Une autre tendance dont la direction générale est la même, résulte de l'aptitude de l'intelligence féminine à considérer ce qui est concret et prochain, plutôt que ce qui est abstrait et éloigné. Chez la femme, la faculté représentative est prompte et nette pour le personnel, le spécial et l'immédiat ; mais elle saisit avec plus de peine le général et l'impersonnel. Une représentation nette des conséquences simples et directes exclut presque toujours de son esprit celle des conséquences complexes et indirectes. La

conduite respective des pères et des mères, à l'égard des
enfants, éclaircira suffisamment cette différence; la mère
pense surtout à l'effet du moment sur la conduite de l'enfant et s'occupe peu de l'effet éloigné sur son caractère;
le père, au contraire, résiste souvent aux impulsions de la
tendresse en vue du bien final. Cette différence dans la
manière d'apprécier les conséquences affecte les jugements des femmes sur les affaires sociales, aussi bien que
leurs jugements sur les affaires domestiques; elle est cause
qu'elles commettent encore plus que les hommes la faute
de rechercher ce qui semble un bien public immédiat, sans
penser aux maux publics éloignés. Encore une fois, le respect du pouvoir et de l'autorité prédomine chez la femme,
influençant ses idées et ses sentiments à l'égard de toutes
les institutions. Cela tend à fortifier les gouvernements,
politiques et ecclésiastiques. Pour la raison exprimée ci-
dessus, la foi à tout ce qui se présente entouré d'un appareil
imposant est particulièrement grande chez les femmes. Le
doute, la critique, la mise en question de ce qui est établi,
sont rares chez elles. De là vient que dans les affaires
publiques leur influence s'emploie à maintenir les agents
répressifs et non à combattre leur extension; elle pousse au
contraire, sur la promesse d'avantages immédiats, à cette
extension; c'est la conséquence de ce que le bien concret en
vue exclut de la pensée des femmes les maux éloignés
des contraintes légales multipliées. Respectant plus le pouvoir que ne le font les hommes, les femmes par suite
respectent moins la liberté — non cette liberté qui n'est
qu'un mot, mais la vraie, celle qui consiste à permettre à
chacun de vivre sans être gêné par les autres, pourvu que
lui-même ne gêne personne.

En tant que facteurs des phénomènes sociaux, ces traits
mentaux distinctifs de la femme doivent sans cesse rester
présents à l'esprit. Les femmes ont de tout temps joué un
rôle — dans les temps modernes un rôle très-important —
dans l'organisation de la société. Elles exercent une action
à la fois directe et indirecte. Directement, elles ont une
grande part, sinon la plus grande, au gouvernement céré-
monial, qui est le complément du gouvernement politique
et ecclésiastique; en qualité de soutiens de ces autres gou-

vernements, surtout de l'ecclésiastique, leur secours direct
est loin d'être sans importance. Indirectement, elles agissent en modifiant les opinions et les sentiments des hommes
— d'abord pendant le temps de l'éducation, à l'époque où
l'expression des pensées et des sentiments maternels influe
sur les pensées et les sentiments des jeunes garçons; plus
tard à la faveur des relations domestiques et sociales, dans
le cours desquelles les sentiments féminins influencent à
la fois sciemment et inconsciemment les actes publics des
hommes. Est-il désirable que l'influence des femmes sur
l'organisation et la marche de la société augmente? C'est
une question que nous n'aborderons pas. La seule chose
qui ait ici de l'intérêt pour nous, c'est de montrer que dans
une préparation à la science sociale par la psychologie il
faut nécessairement faire entrer la psychologie comparative
des deux sexes, afin que si nous opérons quelque changement ce soit en connaissance de cause.

On peut admettre la proposition générale mise en avant
dans le présent chapitre, sans admettre les propositions
particulières développées en expliquant la proposition générale. Ce que nous avons dit ne modifiera pas les idées de ces
promoteurs de l'éducation si sûrs de savoir en quoi consiste
la meilleure, que dans un esprit essentiellement papalin ils
veulent forcer les enfants à se soumettre à leur régime scolaire, sous peine de pénalités pour les parents récalcitrants.
Nous ne nous attendons pas non plus à avoir produit aucun
effet appréciable sur ceux qui ne font pas entrer en ligne de
compte, la réaction produite sur la nature morale par un
système de culture intellectuelle habituant les parents à
rendre le public responsable de l'esprit de leurs enfants.
Nous ne voyons guère de chance non plus que les personnes qui souhaitent de transformer de fond en comble la
position politique de la femme, soient influencées par nos
considérations sur la psychologie comparative des deux
sexes. Mais on peut, tout en rejetant ces conclusions secondaires, accepter la conclusion générale que les vérités psychologiques sont à la base des vérités sociologiques et que
par conséquent le sociologiste doit les rechercher. Car les
questions suivantes : la discipline de l'intellect modifie-t-elle,

oui ou non, les émotions? le caractère national s'adapte-t-il progressivement, oui ou non, aux conditions sociales? l'esprit de l'homme est-il pareil, oui ou non, à celui de la femme? — ces questions relèvent évidemment de la psychologie; une réponse quelconque à l'une quelconque d'entre elles implique une conclusion psychologique. Par conséquent, quiconque possède sur l'une de ces questions une conviction qu'il voudrait voir se traduire dans une loi, établit une croyance sociologique sur une croyance psychologique : il ne saurait nier que l'une n'est vraie que si l'autre l'est aussi. Cela admis, il est obligé d'admettre qu'il ne peut y avoir de science sociale sans une préparation par la science mentale : car autrement il est contraint d'affirmer que des observations sur l'esprit faites sans méthode et négligemment classées, communes à tout le monde, sont de meilleurs guides que des observations soigneusement recueillies soumises à un examen critique et méthodiquement généralisées.

Toute personne dont l'attention a été une fois appelée sur cette question ne peut manquer de voir qu'il est absurde de supposer qu'il puisse y avoir une interprétation rationnelle des actions combinées des hommes, sans une interprétation rationnelle préalable des pensées et des sentiments inspirant ces actions. Tout ce qui sort d'une société, sans exception, a son origine dans le motif d'un individu; ou dans la réunion des motifs identiques de beaucoup d'individus; ou dans un conflit entre les motifs identiques et associés de personnes ayant certains intérêts, avec les divers motifs de personnes ayant des intérêts différents. La force initiale d'un changement est toujours le sentiment, isolé ou agrégé, guidé vers ses fins par l'intelligence; on n'approchera même pas d'une explication des phénomènes sociaux, si l'on ne reconnaît que les pensées et les sentiments du citoyen sont au nombre de leurs facteurs. Comment un exposé vrai des actions sociales pourrait-il donc se passer d'un exposé vrai de ces pensées et de ces sentiments? Ceux qui ignorent la psychologie en tant que préparation à la science sociale, n'ont évidemment qu'un moyen de défendre leur position ; c'est de prouver qu'à la différence des autres groupes de phénomènes qui exigent des études spéciales, les phénomènes de l'esprit, dans toute leur variété et leur confusion, se comprennent mieux sans études spéciales ; et que la connaissance de la nature humaine donnée par le hasard devient d'autant plus obscure et sujette à induire en erreur, qu'on la complète par des études faites avec ordre et méthode.

CHAPITRE XVI

CONCLUSION

Parmi les lecteurs qui m'ont suivi jusqu'ici, il s'en trouve probablement quelques-uns disposés à penser que le contenu de ce livre sort des limites indiquées par le titre. Sous le titre d'*étude de la science sociale*, nous avons discuté incidemment tant de questions sociologiques, qu'en traitant l'étude de la science nous avons jusqu'à un certain point traité la science elle-même. La critique admise, nous avons une excuse : c'est que cette faute, si c'en est une, ne pouvait guère être évitée. On ne peut rien dire qui ait quelque portée sur l'étude d'une science sans beaucoup parler des vérités générales ou spéciales qui s'y rattachent, ou du moins de ce que l'auteur considère comme des vérités. Ecrire un essai sur l'étude de l'astronomie, dans lequel on n'exprimerait ni directement, ni indirectement, aucune opinion sur la théorie du système solaire de Copernic, où l'on parlerait de la loi de la gravitation sans indiquer si on l'admet ou si on la rejette, serait une tâche difficile à exécuter et, une fois exécutée, elle serait probablement de peu de valeur. Il en est de même pour la science sociale; il est presque impossible à l'écrivain qui expose les moyens d'atteindre les vérités sociologiques de s'empêcher d'exprimer, tacitement ou formellement, son opinion sur ces vérités elles-mêmes; s'il lui était possible de bannir toute expression de son opi-

nion, ce serait aux dépens des éclaircissements né ces
saires pour donner de la force à son exposition.

Telle est notre excuse pour avoir émis beaucoup d'opinions que n'appelait pas le titre de cet ouvrage. C'est surtout
en présentant l'étude de la science sociale comme l'étude
de l'évolution sous sa forme la plus complexe, que nous
avons été obligé de dépasser les bornes de notre sujet spécial. Il est clair que pour ceux qui considèrent les faits sociaux comme ayant pour origine une intervention surnaturelle ou bien la volonté des individus exerçant le pouvoir,
l'étude de ces faits prendra un aspect tout autre que pour
ceux qui les envisagent comme engendrés par un travail de
croissance et de développement, poursuivi à travers les siècles. En se plaçant au premier de ces points de vue, on méconnaît implicitement cette conformité à la loi, dans le sens
scientifique du mot, qu'on affirme au contraire implicitement
en se plaçant à l'autre point de vue; aussi n'y a-t-il que peu
de points communs entre les méthodes de recherches propres à chacun d'eux. La continuité des causes et des effets,
que dans un des cas on est peu disposé à reconnaître, devient dans l'autre le principal objet de l'attention; il en résulte qu'on se forme nécessairement des idées entièrement
différentes du mode d'investigation à employer. Une conclusion préconçue au sujet de la nature des phénomènes
sociaux est donc nécessairement impliquée dans ce qu'on
dit au sujet de la façon de les étudier.

Cependant, tout en admettant que partout, dans cet ouvrage, règne l'hypothèse que les faits présentés par
les sociétés, d'une façon simultanée ou successive, ont
une genèse aussi naturelle que les faits des autres classes,
nous n'admettons pas que cette hypothèse ait été faite
gratuitement et sans preuves. Nous avons examiné au
début les fondements sur lesquels elle repose. Nous avons
scruté une opinion que la plupart des hommes professent,
bien qu'ils n'y conforment pas leur conduite, et d'après laquelle les phénomènes sociaux diffèrent des phénomènes
des autres ordres en ce qu'ils sont soumis à une action
spéciale de la Providence; nous avons vu qu'elle était
absolument discréditée par ceux qui s'en font les inter-
prètes; examinée de près, la théorie du grand homme

ne s'est pas trouvée plus soutenable. Non-seulement nous
avons vu que ces deux systèmes, qui ont leurs racines
dans les modes de pensée naturels à l'homme primitif,
ne supportent pas la critique, mais nous avons vu aussi
que leurs partisans trahissent continuellement la conviction que les changements sociaux sont produits par
des causes naturelles — admettent implicitement, qu'a-
près certains antécédents on doit s'attendre à certaines
conséquences et par suite que la prévision est possible
dans une certaine mesure, et qu'ainsi il y a là matière à
science. De ces arguments négatifs en faveur de l'opinion
que la sociologie est une science, nous avons passé aux
arguments positifs. Nous avons reconnu que tout agrégat
d'unités d'un certain ordre a certains traits, déterminés nécessairement par les propriétés des unités. On pouvait en
conclure, à *priori*, qu'étant donnée la nature des hommes,
qui sont ici les unités, certains caractères des sociétés
étaient déterminés d'avance — les autres caractères étant
déterminés par la coopération des conditions environnantes. La phrase admise sur l'impossibilité d'une science
sociale, implique une fausse conception de la nature de
cette science. En nous servant de l'analogie fournie par la
vie humaine, nous avons vu que le développement, la
structure et les fonctions du corps, fournissent la matière
d'une science biologique, bien que les événements racontés
par les biographes ne soient pas de son domaine; de même
la croissance sociale et le développement concomitant de
l'organisation et des fonctions fournissent la matière d'une
science sociale, bien que les faits dont les historiens em-
plissent leurs pages ne fournissent pas, pour la plupart, de
matériaux à la science. Comprenant ainsi le but de la science,
nous avons vu par la comparaison des sociétés rudimentaires entre elles et avec les sociétés situées aux diverses
étapes du progrès, qu'elles *présentent réellement* certains
traits communs d'organisation et de fonctions aussi bien que
de développement. Des comparaisons analogues, poussées
plus loin, ont ouvert de vastes questions qui appartiennent
à cette même science; par exemple celle des relations entre
la croissance de la société et son organisation. Ces questions sont d'une importance transcendante, comparées à

celles qui occupent l'esprit des politiques et des historiens.

Les difficultés de la science sociale ont ensuite attiré notre attention. Nous avons vu que là, et nulle part ailleurs, les faits à observer et à généraliser se manifestent dans un agrégat dont celui qui les étudie forme partie. En sa qualité de chercheur, il devrait n'avoir aucune préférence pour telle ou telle conclusion à l'égard des phénomènes à généraliser; mais en sa qualité de citoyen, vivant de la vie de la société, mêlé à son organisation, participant à ses activités, respirant l'atmosphère de ses idées et de ses sentiments, il est presque obligé d'adopter les vues qui peuvent favoriser sa coopération harmonique avec ses compatriotes. De là d'immenses obstacles à la science sociale, dont on ne retrouve l'équivalent sur le chemin d'aucune autre science.

Après avoir examiné ainsi ces causes d'erreur d'une façon générale, nous avons passé à l'examen spécial de chacune d'elles. Sous le titre de difficultés objectives, nous avons considéré les mille manières dont se trouvent viciés les témoignages recueillis dans les investigations sociologiques. Nous avons montré par des exemples le peu de foi qu'il fallait attacher à des témoignages faussés par la négligence, le fanatisme, ou l'intérêt personnel, et nous avons vu qu'outre les perversions d'appréciation qui résultent de là, il y en a d'autres provenant d'une tendance à porter toute son attention sur des faits d'un certain ordre, à l'exclusion des faits infiniment plus nombreux des autres ordres. En outre, nous avons montré que la nature des faits sociologiques en rend la perception plus difficile que celle des autres faits, parce que chacun d'eux, au lieu d'être observable dans un seul objet ou dans un acte isolé, n'est atteint que par la constatation et la comparaison de beaucoup d'objets et de beaucoup d'actes. Nous avons fait remarquer que la diffusion des phénomènes sociaux dans l'Espace empêche de les apprécier avec équité, et nous avons signalé aussi l'obstacle encore plus grand résultant de leur distribution dans le Temps — distribution telle, que beaucoup des faits dont on s'occupe mettent des siècles à se développer et que pour en saisir l'ensemble il faut combiner par la pensée des changements innombrables, lents, compliqués et difficiles à suivre.

Outre ces difficultés, que nous avons groupées comme caractérisant la science elle-même considérée objectivement, nous avons vu qu'il y en avait encore d'autres grandes qu'on peut réunir sous le nom de difficultés subjectives. Pour interpréter la conduite que tiennent les hommes en société, chacun est forcé de se servir, comme d'une clef, de sa propre nature — d'attribuer aux autres des pensées et des sentiments analogues aux siens propres; cette interprétation automorphique, qui est indispensable, entraîne inévitablement des erreurs plus ou moins grandes. Très-souvent aussi une difficulté subjective naît du défaut de facultés intellectuelles assez complexes pour saisir ces phénomènes sociaux si compliqués; de plus, peu d'hommes ont acquis par la culture une plasticité intellectuelle suffisante pour concevoir et admettre les réalités, extrêmement variées, manifestées par les sociétés dans les divers temps et les divers lieux et les possibilités innombrables qu'on peut en déduire.

Tout cela n'épuise pas encore la liste des difficultés objectives. Nous avons vu que des obstacles naissent de la partie émotionnelle aussi bien que de la partie intellectuelle de notre nature. Nous avons signalé la façon dont à propos des affaires sociales nos idées sont troublées par des craintes vives ou des espérances ardentes. Nous avons noté le sentiment de l'impatience comme une autre source de jugements erronés. Nous avons montré par des contrastes à quelles fausses appréciations des événements publics les hommes sont conduits par leurs sympathies et leurs antipathies — comment, lorsque leur haine est soulevée, ils condamnent sans restriction des fautes pour lesquelles il y a beaucoup d'excuses, comment au contraire si leur admiration est excitée par des succès brillants, ils pardonnent des fautes incomparablement plus graves et dépourvues d'excuses. Nous avons vu aussi que parmi les perversions de jugements causées par les émotions, il faut compter les perversions énormes produites par la fidélité envers un souverain ou un pouvoir gouvernant autrement personnifié.

Après avoir indiqué ainsi d'une façon générale les perversions de jugement causées par les passions, nous en sommes venus à les considérer spécialement, et à traiter de chacune d'elles comme d'un préjugé particulier. Bien que plusieurs sortes de préjugés se forment, ou du moins se préparent, pendant l'éducation entendue dans un sens général, il en est un que notre système d'éducation nationale développe particulièrement; — nous voulons parler du double préjugé qui se rapporte aux religions de l'amour et de la haine. Bien que nous ayons reconnu la nécessité de ces deux religions, nous avons vu qu'il y a incompatibilité flagrante entre les opinions qu'elles inspirent sur les affaires sociales, et qu'on ne peut former de conceptions scientifiques avant qu'il se soit établi un compromis entre les préceptes du pur égoïsme et ceux du pur altruïsme, professés respectivement par chacune d'elles.

Nous avons observé ensuite comment le préjugé patriotique fausse l'opinion. Tout en reconnaissant qu'une société ne peut subsister que si les citoyens possèdent une somme convenable de patriotisme, nous avons vu que ce sentiment trouble inévitablement le jugement chaque fois qu'on compare des sociétés entre elles, et que les données nécessaires à la science sociale sont viciées par là; nous avons vu aussi qu'en faisant un effort pour échapper à ce préjugé on est sujet à tomber dans le préjugé contraire, ce qui fausse encore les données de la science.

Nous avons trouvé que le préjugé de classe n'était pas moins essentiel, mais qu'il conduisait inévitablement à concevoir les affaires sociales d'après un seul côté des choses. Nous avons noté au passage que les diverses sous-classes ont des préjugés spéciaux, correspondant à leurs intérêts, et nous avons exposé comment les grandes classes, plus distinctes les unes des autres, sont empêchées par des préjugés plus généraux de former des jugements pondérés.

Il était presque superflu d'indiquer qu'en politique le préjugé de parti s'oppose à cette investigation calme qui permet seule d'atteindre aux conclusions de la science sociale. Nous avons toutefois remarqué que le préjugé de parti n'est qu'une forme d'un préjugé politique plus général — celui qui dispose à envisager les affaires sociales à un point de

vue exclusivement politique et à avoir foi à l'action des institutions politiques. Il a été démontré que l'influence de ce
préjugé sur l'étude de la science sociale est nuisible, parce
qu'il concentre trop l'attention sur les phénomènes de la
régulation sociale et détourne la pensée des activités dirigées, constituant un agrégat de phénomènes beaucoup plus
important.

Nous avons passé en dernier lieu au préjugé théologique,
qui sous sa forme générale et sous ses formes particulières
trouble de plusieurs façons nos jugements sur les questions
sociales. Faisant consister la droiture dans l'obéissance à un
commandement supposé divin, il se préoccupe moins de
savoir si un arrangement social quelconque conduit au bien-
être social, que s'il est conforme au *credo* du pays. Il s'ensuit que le préjugé théologique entretient partout et toujours, au sujet des affaires publiques, des conceptions tendant autant à s'écarter de la vérité que le *credo* accepté
dans le lieu et à l'époque donnés s'en écarte lui-même. Au
mal positif ainsi produit se joint un mal négatif, venant de
ce qu'on décourage l'habitude d'estimer les actions par leurs
résultats éventuels — habitude indispensable pour étudier
la science sociale.

Après avoir ainsi examiné, dans l'ensemble et dans les
détails, les difficultés de la science sociale, nous avons
porté notre attention sur la discipline préliminaire requise.
Ce chapitre étant un des derniers, il est presque superflu de
rappeler nos conclusions au lecteur. Nous avons indiqué l'é-
tude des sciences en général comme étant le moyen de donner
des habitudes de pensée convenables; nous avons montré
ensuite que les sciences dont il faut particulièrement s'occuper sont celles qui traitent de la vie et de l'esprit. On ne
peut comprendre les actions sociales sans posséder quelque
connaissance de la nature humaine ; on ne peut connaître à
fond la nature humaine sans posséder quelque connaissance des lois de l'esprit ; il ne saurait y avoir connaissance suffisante des lois de l'esprit sans la connaissance
des lois de la vie. Enfin, pour bien saisir les lois de la vie,
telles qu'elles se manifestent dans l'homme, il faut donner
de l'attention aux lois de la vie en général.

Quel effet espérer de ce tableau des difficultés et de ce programme des études préparatoires? Quel est l'homme que le souvenir des nombreux obstacles s'opposant aux jugements justes, fera hésiter désormais dans ses conclusions politiques? Quel est celui qui estimera nécessaire de se préparer par des recherches aussi variées et aussi étendues? En un mot, quel est l'homme que la conscience des nombreuses sources d'erreur provenant de l'ignorance, du manque de discipline, du défaut de sentiments bien équilibrés, conduira à douter d'une seule des conséquences qu'il a déduites, ou à s'arrêter avant d'en déduire d'autres?

Il ne peut y avoir qu'une seule réponse à ces questions; elle est évidente et tout indiquée par les derniers chapitres. Il faut compter sur très-peu de chose. Toute notre argumentation repose sur l'idée que pour chaque société, et pour chaque phase de son évolution, il y a un mode de pensée et de sentiment approprié, et que tout mode de pensée et de sentiment qui n'est pas adapté au degré d'évolution et aux conditions de milieu ne peut être établi d'une manière permanente. L'opinion moyenne d'une époque et d'un pays quelconque est approximativement en fonction de l'organisation sociale dans ce pays et à cette époque. Il peut y avoir, ainsi que les temps de révolution nous en offrent des exemples, un désaccord très-grand entre les idées qui deviennent courantes, et les arrangements sociaux existants et appropriés dans une grande mesure aux besoins; cependant, même dans ce cas, le désaccord ne fait que marquer la nécessité de remettre les institutions en harmonie avec le caractère. Bien que les compromis successifs qui doivent s'opérer au cours de l'évolution sociale entre la nature modifiée des citoyens et les institutions développées par leurs ancêtres impliquent des dissidences, celles-ci ne sont que partielles et temporaires — tout au moins dans les sociétés en voie d'évolution et non de dissolution. Pour qu'une société subsiste, il faut qu'il y ait harmonie suffisante entre les institutions nécessaires et les idées généralement reçues. Il ne faut donc pas espérer que tout ce qu'on pourra dire sur la science sociale, sur ses difficultés et sur la préparation nécessaire avant de l'étudier, modifie beaucoup les différents modes de pensée sur les affaires sociales.

La seule chose qu'il soit raisonnablement permis d'espérer, c'est que parfois un de nos lecteurs considère, dans un moment de calme, combien ses idées sur les affaires publiques ont été faites pour lui par les circonstances et combien il est probable qu'elles sont fausses, ou seulement partiellement vraies. En réfléchissant à l'incertitude des témoignages qu'il généralise et qu'il a glanés au hasard dans un champ étroit — en faisant le compte des sentiments perturbateurs engendrés par l'éducation, le pays, la classe, le parti, la religion — en voyant, par l'observation de son entourage, que d'autres témoignages, choisis de façon à satisfaire des sentiments différents des siens, ont pour résultat des idées différentes : il pourra se souvenir à l'occasion que de purs accidents ont beaucoup contribué à déterminer ses convictions. Ce souvenir pourra l'amener à ne pas s'attacher aussi fortement à ses convictions; il en viendra peut-être à voir la nécessité de leur faire subir un examen critique et une épuration ; par-dessus tout, il deviendra peut-être moins pressé d'agir sous leur inspiration.

Les quelques personnes capables de concevoir une science sociale pourront donc être, jusqu'à un certain point, influencées par ce que nous avons dit de l'étude de cette science; quant à celles, et c'est le grand nombre, auxquelles une science pareille semble absurde, ou impie, ou même l'un et l'autre, il ne faut naturellement pas espérer avoir produit sur eux un effet quelconque. L'idée de traiter scientifiquement ces phénomènes très-complexes provoque généralement un sentiment analogue à celui qu'éveillait chez les anciens l'idée de traiter scientifiquement des phénomènes plus simples. M. Grote nous dit de Socrate :

« Dans son opinion, la physique et l'astronomie apparte-
« naient à la classe des phénomènes divins, où la recherche
« humaine est insensée, inutile et impie [1]. »

Il dit ailleurs à propos de l'attitude de l'esprit grec en général :

« Aux yeux des premiers Grecs, une description du soleil,
« comme celles que donnent nos traités modernes d'astrono-

---

1. *History of Greece*, vol. I, p. 498.

« mie, aurait semblé non-seulement absurde, mais odieuse et
« impie : plus tard même, à une époque où l'esprit de recher-
« che avait fait des progrès considérables, Anaxagore et d'au-
« tres astronomes furent accusés de blasphème pour avoir
« dépersonnifié Hélios et tenté d'assigner des lois invariables
« aux phénomènes solaires [1]. »

Il y a analogie évidente entre le sentiment qu'on manifes-
tait à cette époque à l'égard des phénomènes de la nature
inorganique, et celui qu'on manifeste de nos jours à l'égard
des phénomènes de la vie et de la société. Attribuer uniquement
ment les actions sociales et les événements politiques à des
causes naturelles et rayer la Providence du nombre des facteurs, c'est pour l'homme religieux de notre siècle ce qu'é-
tait pour le Grec dévot la dépersonnification d'Hélios et l'explication du mouvement des sphères célestes autrement que
par une action directe des dieux. Ainsi que le disait M. Gladstone, dans un discours prononcé peu de temps après l'apparition du second chapitre de ce volume :

« Je lisais dernièrement une discussion sur la manière
« dont certains individus extraordinaires surgissent de temps
« à autre dans les grandes crises de l'histoire de l'humanité,
« comme si un pouvoir invisible et sacré les avait suscités,
« et les avait placés dans des situations particulières en vue
« de buts spéciaux. L'auteur déclare que ces individus ne se
« présentent pas toujours, mais il admet qu'ils sont communs
« — si communs et si remarquables, que dans un âge pré-
« scientifique les hommes seraient exposés à les appeler
« providentiels. Tout cela était dit sans que l'auteur parût se
« douter le moins du monde qu'il avançait une chose pou-
« vant surprendre ou effrayer — il semblait que ce fût un
« lieu commun. Il paraît que dans sa pensée il fut un temps
« où les hommes, perdus dans l'ignorance, pouvaient croire à
« une Providence sans être entièrement déchus de leur droit
« au titre de créatures raisonnables; mais depuis cette épo-
« que un autre pouvoir plus grand s'est élevé sous le nom de
« science; ce pouvoir s'est mis en guerre avec la Providence
« et la Providence a été battue — et nous avons maintenant
« le bonheur de vivre dans un âge scientifique, où la Provi-

1. *History of Greece*, vol. I, p. 466.

« dence ne doit plus être traitée que de rêve chimérique [1]. »

M. Gladstone a donné depuis d'autres exemples de la disposition d'esprit dont témoigne cette citation ; elle est, du reste, très-générale en dehors du monde scientifique. Dans son désir anxieux d'arrêter un mouvement qu'il juge pernicieux, M. Gladstone s'est mis tellement en évidence comme représentant du point de vue anti-scientifique, que nous pouvons à bon droit considérer comme typiques ses opinions sur la matière. Dans un discours prononcé au collége de Liverpool et publié depuis avec des additions, il s'exprime ainsi :

« Quand on se place sur le terrain de ce qu'on appelle l'é-
« volution, Dieu est débarrassé du travail de la création : au
« nom de lois immuables, il est déchargé du gouvernement
« de l'univers. »

Ce passage prouve qu'entre la conception des choses de M. Gladstone et celle des anciens Grecs, la parenté est encore plus étroite que nous ne le disions tout-à-l'heure ; en effet, il signifie que non-seulement l'interprétation scientifique des phénomènes vitaux et sociaux, considérés comme soumis à des lois fixes, mais encore l'interprétation analogue des phénomènes inorganiques, lui répugne. Comme les anciens Grecs, il taxe d'irréligieuse toute explication de la nature dispensant d'une intervention directe de la divinité. Il ne semble pas remarquer que son accusation contre la doctrine de l'évolution peut retomber sur la théorie de la gravitation et sur toute la science de l'astronomie physique ; il paraît avoir oublié que de tout temps chaque progrès de la science a été attaqué pour des raisons du genre de celles qu'il invoque [2].

1. *Morning Post*, 15 mai 1872.
2. Dans l'appendice qu'il a joint à la seconde édition de son discours, M. Gladstone, voulant donner un exemple des idées qu'il condamne, cite la partie des *Premiers Principes* traitant de la réconciliation de la science et de la religion et démontrant que cette réconciliation consiste dans la reconnaissance commune d'une cause ultime qui, bien que toujours présente à la conscience, dépasse la connaissance.
En discutant cette idée, M. Gladstone ajoute : « Ceci rappelle tout à fait la vieille anecdote de cet homme qui voulant se débarrasser d'un importun, lui dit : Monsieur, ma maison a deux côtés et

Il est instructif cependant d'observer qu'au sein de ces idées régnantes, dont M. Gladstone s'est fait l'interprète, et que nous devons noter ici comme excluant la conception d'une science sociale, il s'opère un compromis salutaire entre ce qui est vieux et ce qui est nouveau. De même que dans les idées reçues sur l'ordre des événements dans la vie des individus, il subsiste une association, absolument illogique mais commode pour le moment, entre les idées de causalité naturelle et celles d'intervention providentielle; de même, dans la sphère des conceptions politiques, la croyance à l'intervention divine accompagne sans l'exclure la croyance aux effets naturels, produits sur la société par les agents naturels. Par rapport aux événements de la vie individuelle, nous autres Anglais avons prouvé notre aptitude à entretenir des idées contradictoires; un prince impopulaire est devenu subitement populaire, pour avoir survécu à certains changements anormaux survenus dans son sang; à l'occasion de sa guérison on a reconnu du même coup le secours providentiel et la causalité naturelle, en accordant à Dieu des actions de grâce et au médecin la dignité de baronet. Nous voyons de même que, dans tous nos actes publics, la théorie représentée par M. Gladstone — que les grands hommes sont suscités providentiellement pour exécuter les desseins de Dieu, et que la marche des affaires reçoit surnaturellement telle ou telle direction — n'empêche en aucune façon de prendre des mesures destinées à produire certains résultats désirés, par des voies regardées comme naturelles; elle n'empêche pas non plus de discuter les mérites de ces mesures, comme s'il s'agissait de causes et de conséquences. La prière par laquelle s'ouvre toute séance législative montre qu'on croit nominalement à une direction divine; le vote qui la clôt, décidé sur les raisons données par les ora-

nous allons nous les partager. Vous prendrez le dehors. » La comparaison ne me paraît pas du tout heureuse, car elle admet une interprétation exactement opposée à celle que M. Gladstone a dans l'esprit. La doctrine qu'il combat est que la science, incapable d'aller plus loin que le dehors des choses, ne pourra jamais atteindre ni même concevoir la puissance qui réside en elles; cela étant, on pourrait représenter exactement la situation respective de la religion et de la science, en faisant de sa comparaison une application retournée.

teurs, montre qu'on croit réellement que l'effet produit dé-
pendra des agents mis en jeu.

Il est clair toutefois que la vieille conception, si elle ne
réagit que peu sur la nouvelle pour les actions, réagit énor-
mément quand il s'agit de théories. Il est impossible d'accepter complétement la sociologie pour une science, tant
que survivra la croyance à un ordre social n'obéissant pas
à une loi naturelle. C'est pourquoi, comme nous l'avons déjà
dit, les considérations sur l'étude de la sociologie, qui ont
déjà peu d'influence sur le petit nombre de personnes reconnaissant l'existence d'une science sociale, ne peuvent
guère avoir d'effet sur la foule, qui n'admet pas qu'il y
ait une science sociale.

Nous ne prétendons pas dire qu'il faille regretter de voir
les hommes si peu accessibles aux conceptions scientifiques
des phénomènes sociaux. Ainsi qu'il ressortait implicitement d'un paragraphe précédent, leur résistance fait partie
de l'équilibre indispensable entre les opinions existantes et
les formes de la vie sociale actuellement nécessaire. Pour
que cet équilibre subsiste, il faut qu'avec une phase donnée
du caractère humain il y ait une classe adaptée d'institutions, et une série de pensées et de sentiments à peu près
en harmonie avec ces institutions. Aussi n'est-il pas désirable qu'avec la nature humaine telle que nous la possédons maintenant, les masses acceptent des idées qui ne
sont naturelles qu'à un état social infiniment plus avancé et
au type perfectionné de citoyen allant avec cet état. Ce qui
est désirable, c'est qu'au développement des idées et des
sentiments tendant à produire la transformation se joigne
le maintien des idées et des sentiments tendant à conserver
le *statu quo*. Notre société anglaise présente ce caractère
satisfaisant, à un degré qui n'avait jamais été atteint jusqu'à
présent : en même temps que le progrès mental amène les
changements les plus considérables, on consacre de grands
efforts de pensée et d'énergie à maintenir les arrangements
existants, les croyances et les sentiments actuels — cette
énergie suffit à revivifier quelques-unes des vieilles croyances
et des vieilles formes qui étaient sur leur déclin. Aussi,
quand un homme d'État distingué, qui s'est toujours montré

plein de sollicitude pour le bien de l'humanité, estimant que la défense des croyances établies ne doit pas être entièrement abandonnée à « l'armée permanente » des « prêtres et ministres de la religion, » entreprend de combattre les opinions en désaccord avec les articles de foi qu'il juge essentiels, l'événement peut être considéré comme un signe de plus, parmi tant d'autres, de l'état de santé de notre société. Il nous semble extrêmement désirable que de nos jours un homme dans la position de M. Gladstone, pense comme pense M. Gladstone. Si nous avions pour roi-effectif un homme chez qui la conception purement scientifique des choses serait devenue prédominante et qui par conséquent ne se trouverait pas en harmonie avec notre état social actuel, l'effet serait probablement mauvais et pourrait être désastreux.

On ne saurait le proclamer trop haut : cette politique de compromis dans les institutions, de compromis dans les actions et dans les opinions, qui caractérise spécialement la vie anglaise, est essentielle chez une société traversant les phases transitoires amenées par une croissance et un développement continus. Les illogismes et les absurdités dont fourmillent les opinions courantes et les arrangements existants devaient surgir forcément pendant le cours de perpétuels réajustements à des circonstances perpétuellement changeantes. Des idées et des institutions qui convenaient à un état social passé, mais qui ne s'harmonisent plus avec le nouveau issu du précédent, survivent pendant ce nouvel état social; elles l'ont rendu possible et elles ne disparaissent que lorsqu'il établit ses idées et ses institutions propres; mais tant qu'elles survivent, il y a nécessairement conflit avec les idées et les institutions nouvelles — elles fournissent nécessairement des éléments de contradiction aux pensées et aux actes des hommes. Cependant, comme il faut pour que la vie sociale suive son cours, que le vieux subsiste jusqu'à ce que le nouveau soit prêt, ce compromis perpétuel est l'accompagnement indispensable d'un développement normal. Nous voyons sa nécessité en observant qu'il s'opère également pendant toute l'évolution d'un organisme individuel. Jamais la structure et les organes ne sont parfaits pendant la croissance : toujours l'ancien orga-

nisme est rendu fautif par la taille supérieure qu'il a servi
à produire — toujours la structure transitoire est un compromis entre les exigences du passé et celles de l'avenir, et
satisfait imparfaitement aux exigences du présent. Ce fait,
assez apparent déjà quand il y a simple croissance, l'est
bien plus encore quand il y a métamorphose. Un être
dont l'existence se divise en deux périodes pendant lesquelles il mène deux genres de vie différents, et qui est
obligé, pour s'adapter à la seconde période, de développer une structure qui n'aurait pas convenu à la première,
traverse une phase pendant laquelle il possède partiellement les deux structures — l'ancienne s'en va tandis que
la nouvelle pousse : témoin ce qui arrive aux animaux qui
continuent à respirer de l'eau par des branchies extérieures, pendant la formation des poumons qui leur permettront de respirer de l'air.

C'est ainsi que les choses se passent dans les sociétés,
pour les altérations produites par la croissance aussi bien
que pour les métamorphoses accompagnant un changement
dans le genre de vie — surtout pour celles qui accompagnent le passage de la vie guerroyante à la vie industrielle.
Là aussi, il existe forcément des phases transitoires pendant lesquelles des organisations hétérogènes coexistent; la
première demeure indispensable jusqu'à ce que la seconde
ait assez grandi pour la remplacer. On ferait autant de mal
à une société en détruisant ses vieilles institutions avant
que les nouvelles soient assez bien organisées pour prendre
leur place, qu'on en ferait à un amphibie en amputant ses
branchies avant que ses poumons soient bien développés.

La négation de cette vérité est le trait caractéristique
des réformateurs politiques, sociaux et religieux de notre
époque, de même qu'elle a été celui des réformateurs
des temps passés. Il y a toujours eu, chez les hommes
impatients de redresser les torts et de chasser l'erreur, un
sentiment si vif des maux causés par les vieilles formes et
les vieilles idées, qu'ils ne voient pas les bons effets donnés
jadis par ces vieilles formes et ces vieilles idées. Cette partialité d'opinion est nécessaire en un sens. Ici comme ailleurs il faut la division du travail : il faut que les uns aient
pour fonction d'attaquer, et que pour le faire efficacement

ils sentent vivement le vice de ce qu'ils attaquent; que
d'autres aient pour fonction de défendre, et que pour être
de bons défenseurs ils estiment trop haut ce qu'ils défendent. Mais cet exclusivisme, qu'il faut tolérer comme presque
inévitable, est regrettable à certains égards. Les griefs étant
devenus moins sérieux et les animosités moins vives qu'ils
n'étaient jadis en Angleterre et qu'ils ne sont encore actuellement dans les autres pays, il y a eu relâchement dans
la passion d'un des partis pour détruire et dans la bigoterie
aveugle de l'autre; néanmoins, même à notre époque et
même en Angleterre, il naît des dangers de ce fait qu'on ne
sait pas voir les deux faces des questions.

Les discours et les écrits des avocats des changements
politiques et sociaux ne sont qu'une énumération ininter-
rompue d'injustices, d'abus, de scélératesses et de cas de
corruption; on en garde l'impression qu'il suffirait de supprimer tout ce qui existe pour assurer un bon ordre de
choses. La conclusion implicite paraît toujours être, que
tous les gens en place constituant l'organisation régulatrice
sont seuls à blâmer de tout ce qui n'est pas bien, et que les
classes gouvernées sont sans reproche. « Voyez le mal que
vous font ces institutions, » dit le réformateur ardent. « Songez combien il faut que soient égoïstes les hommes qui
les maintiennent dans leur intérêt et à votre détriment, »
ajoute-t-il. Et il vous laisse le soin de tirer la conclusion
bien claire, que si on pouvait se débarrasser de ces hommes
égoïstes tout irait bien. Ni lui ni son auditoire ne voient qu'il
est essentiel d'avoir des arrangements régulateurs; que les
arrangements en question, avec tous leurs défauts, ont quelques mérites; que leurs vices ne viennent pas d'un égoïsme
particulier chez ceux qui les défendent et qui les font marcher, mais d'un égoïsme général — non moins prononcé chez
ceux qui se plaignent que chez ceux dont on se plaint. Un
gouvernement sans équité ne peut se soutenir que par l'appui
d'un peuple manquant proportionnellement d'équité dans
ses sentiments et dans ses actes. L'injustice ne peut pas
régner si la communauté ne fournit une certaine quantité
d'agents injustes. Un tyran ne tyrannise un peuple qu'à
condition que ce peuple soit assez mauvais pour lui fournir
des soldats qui se battront pour sa tyrannie, et qui maintien-

dront leurs frères dans l'esclavage. Une classe ne peut pas maintenir sa suprématie en achetant des votes, s'il ne se trouve des multitudes d'électeurs pour vendre leur voix. Il en est ainsi partout et à tous les échelons — la mauvaise conduite de ceux qui sont au pouvoir est corréla-tive à la mauvaise conduite de ceux sur qui s'exerce le pouvoir.

Les gens qui poussent au changement, sans avoir cons-cience que les maux qu'ils dénoncent ont leurs racines dans la nature commune à tous les hommes, n'ont pas cons-cience non plus que dans ce qu'ils voudraient rejeter il y a beaucoup de bon, méritant d'être conservé. Ceci est surtout vrai des croyances. La tendance à détruire n'est guère ac-compagnée de celle à construire. A entendre critiquer, il semble qu'il faille seulement dissiper les erreurs et qu'il soit inutile d'insister sur les vérités. On oublie que sous les formes mauvaises il y a un grand fonds de bonne substance. Ceux devant qui l'on condamne les formes, sans les pré-venir qu'il y a une substance bonne à conserver avec les formes perfectionnées, demeurent sans un système cohé-rent de préceptes de conduite; ils ne se doutent même pas de la nécessité de ce système.

De là vient la nécessité, reconnue ci-dessus, que ce qui existe soit activement défendu par des hommes convaincus de sa valeur, afin que ceux qui attaquent ne puissent pas détruire le bon avec le mauvais.

Qu'on nous permette de déclarer ici hautement une vé-rité déjà implicitement démontrée : l'étude scientifique de la sociologie mène à apprécier plus équitablement les diffé-rents partis, politiques, religieux et autres. La conception introduite et développée par la science sociale est à la fois radicale et conservatrice — radicale au-delà de tout ce que conçoit le radicalisme actuel ; conservatrice au-delà de tout ce que conçoit le conservatisme d'à-présent. Lors-qu'on a bien saisi la vérité que les sociétés sont des produits de l'évolution, dont les diverses structures et fonc-tions se modifient en temps et lieu, on devient convaincu que ce qui constitue, relativement à nos pensées et à nos sentiments modernes, de détestables arrangements, convenait à des conditions qui rendaient des arrangements meilleurs impossibles; il s'ensuit qu'on porte dans l'interprétation des tyrannies passées une tolérance dont s'indignerait le plus forcené de nos tories d'aujourd'hui. D'un autre côté, lorsqu'on a observé que le travail qui a amené les choses à leur phase actuelle se poursuit encore — non point avec une rapidité décroissante indiquant qu'on approche de la fin, mais avec une rapidité croissante laissant supposer une longue continuation et des transformations immenses — on devient convaincu que l'avenir lointain tient en réserve des formes de vie sociale supérieures à tout ce que nous avons jamais imaginé; il vous vient une foi surpassant celle du radical, dont le but est quelque réorganisation comparable aux organisations existantes. Les sociétés une fois conçues comme les produits d'une évolution naturelle, commençant par des types petits et simples qui ont une courte existence et disparaissent; s'avançant vers des types supérieurs, plus grands, plus complexes et de vie plus longue; arrivant à des types encore plus élevés analogues au nôtre, très-grands, très-complexes et très-durables; promettant de donner, après la mort des sociétés existantes, des types surpassant ceux d'à-présent — cette manière de voir suppose l'idée que des changements presque incommensurables sont possibles dans le cours lent des choses, mais que de courtes périodes de temps ne peuvent donner que de faibles portions de ces changements.

La théorie du progrès révélée par la sociologie étudiée en tant que science, est donc propre à modérer considérablement les espérances et les craintes des partis extrêmes. On voit clairement que l'organisation et la conduite d'une société sont déterminées par les propriétés de ses unités et que la société ne peut pas (les causes extérieures de perturbation mises à part) être changée substantiellement et d'une façon permanente sans que ses unités le soient également; il devient alors aisé de voir que des modifications importantes, opérées brusquement, ne sauraient produire grand effet. Le parti du progrès et celui de la résistance s'aperçoivent tous deux que les institutions existant à une époque quelconque ont des racines plus profondes qu'ils ne le supposaient — l'un des partis découvre que ces institutions, tout imparfaites qu'elles sont, conviennent temporairement, et l'autre parti découvre que leur maintien, autant qu'il est désirable, est en grande partie assuré par la nature humaine dont elles sont sorties ; il arrive alors nécessairement que les assaillants diminuent de violence et les défenseurs d'âpreté. Il est évident qu'autant qu'une doctrine peut influencer la conduite générale — ce qu'elle ne peut qu'à un degré relativement faible — la doctrine de l'évolution, dans ses applications à la société, est destinée à produire sur l'action comme sur la pensée un effet *modérateur*.

Certains lecteurs proposeront sans doute de tirer de là ce corollaire : peu importe ce que nous croyons et ce que nous enseignons puisque le travail de l'évolution sociale suivra son cours malgré nous. Je réponds que ce corollaire est vrai dans un sens, mais faux dans un autre. Il résulte sans doute de tout ce qui a été dit, qu'en supposant les conditions de milieu restées les mêmes, l'évolution d'une société ne pourra pas être détournée essentiellement de sa direction générale ; mais il en résulte aussi — (et là le corollaire est fautif) — que les pensées et les actions des individus étant des facteurs naturels, qui surgissent pendant le cours même de l'évolution et l'aident à avancer, on ne peut pas les négliger ; il faut les évaluer séparément, comme des accroissements de la force agrégée produisant le changement. En outre, ce corollaire, qui ici déjà induit partiellement en erreur, conduit dans une autre direction à des erreurs infiniment plus sérieuses. Le cours de l'évolution sociale est à la vérité prédéterminé dans son caractère général, à ce point que ses phases successives ne sauraient anticiper l'une sur l'autre ; par conséquent il n'y a pas d'enseignement ni de politique qui puisse lui faire dépasser une certaine vitesse normale, limitée par la vitesse de la modification organique chez les êtres humains ; il est néanmoins possible de troubler ce cours, ou de le retarder, ou de l'altérer. Nous allons encore avoir recours à l'analogie présentée par le développement individuel. Le développement d'un organisme d'après son type spécial suit un cours approximativement uniforme, prenant un temps assez déterminé ; on ne peut pas inventer de traitement qui le modifie ou l'accélère beaucoup ; le mieux qu'on puisse faire est de maintenir les conditions nécessaires à son développement. Rien de plus aisé au contraire que d'adopter un traitement qui l'atrophiera, le déformera, le détériorera d'une manière quelconque ; le travail de la croissance et du développement est très-souvent arrêté ou troublé, bien qu'il ne puisse être amélioré par des procédés artificiels. Il en est de même pour l'organisme social. Le bien qu'on peut faire en maintenant les conditions favorables au progrès social se réduit à permettre au progrès de suivre librement son cours ; néanmoins on peut faire un mal incalculable en troublant, déformant, comprimant, pour faire prévaloir une politique fondée sur des idées fausses. Une théorie vraie des phénomènes sociaux a donc, en dépit des apparences, un rôle très-important à jouer.

Nous ajouterons quelques mots à l'adresse de ceux qui trouveraient décourageantes nos conclusions générales. Les enthousiastes, ceux qui espèrent qu'en propageant une certaine croyance ou en donnant l'impulsion première à une certaine réforme, ils peuvent apporter rapidement de grandes améliorations à l'état de l'humanité, sentiront probablement qu'une doctrine montrant l'inanité de leurs espérances téméraires supprime du même coup le principal stimulant des efforts des hommes. Si le cours lent des choses peut seul amener de grands progrès dans l'état de l'humanité et qu'il doive inévitablement les amener, à quoi bon nous donner de la peine ?

Il est bien vrai que l'influence de la critique rationnelle tend à comprimer les espérances chimériques. Il est bon toutefois de savoir reconnaître la vérité. De même que pour passer de l'enfance à la maturité il n'existe pas de raccourci permettant d'éviter les fastidieuses lenteurs de la croissance et du développement, qui se poursuivent par une série d'accroissements insensibles ; de même, pour s'élever des formes inférieures de la vie sociale aux formes supérieures, il faut absolument passer par de petites modifications successives. Si nous contemplons l'ordre de la nature, nous voyons que partout de grands résultats sont amenés par l'accumulation d'actions très-faibles.

La surface de la terre a été modelée par des forces qui dans l'espace d'une année ne produisent presque nulle part de changements visibles. La multitude des formes organiques diverses procède d'un travail si lent, que dans les périodes de temps qui forment le champ de nos observations les résultats n'en sont presque jamais appréciables. Nous devons nous contenter de reconnaître ces vérités et y conformer nos espérances. La lumière qui tombe sur un cristal peut en altérer l'arrangement moléculaire, mais ce n'est que par la répétition de chocs presque innombrables. Avant que les ondulations successives de l'éther aient accru le mouvement rhythmique d'un élément de matière pondérable au point de le faire sortir de la combinaison où il était engagé et de le faire entrer dans une combinaison nouvelle, il faut que des millions de ces ondulations de l'éther se soient succédées, apportant chacune au mouvement primitif une accélération infinitésimale. De même, avant qu'il se produise dans la nature humaine ou dans les institutions humaines des changements ayant le caractère de permanence qui en fait une part de l'héritage de l'humanité, faut qu'il y ait eu des répétitions innombrables des pensées, des sentiments et des actions, de nature à amener ces changements. Cette marche ne peut être abrégée; il faut la suivre avec la patience nécessaire.

Ainsi, tout en admettant que des anticipations téméraires soient un stimulant nécessaire au fanatique, tout en reconnaissant que les illusions où il se complaît sont utiles parce qu'elles s'adaptent à sa nature propre et à sa fonction particulière, l'homme appartenant à un type plus élevé doit se contenter d'espérances plus bornées et en même temps il doit persévérer sans rien rabattre de ses efforts. Tout en comprenant combien peu, relativement, on peut faire, il estimera cependant que ce peu vaut la peine d'être fait — unissant ainsi l'énergie du philanthrope au calme du philosophe.

FIN

TABLE DES MATIÈRES

———

COULOMMIERS. — Typ. A. MOUSSIN

PUBLICATION SCIENTIFIQUE INTERNATIONALE

REVUE SCIENTIFIQUE

DE LA FRANCE ET DE L'ÉTRANGER

REVUE DES COURS SCIENTIFIQUES (DEUXIÈME SÉRIE)

PARAIT TOUS LES SAMEDIS

Philosophie des sciences. — Histoire scientifique. — Physique. — Chimie. — Astronomie. — Géologie. — Botanique. — Zoologie. — Physiologie. — Médecine et hygiène. — Anthropologie. — Géographie et voyages. — Sciences industrielles. — Sciences militaires. — Sciences sociales et politiques. — Congrès Scientifiques.

Voici les noms des principaux Collaborateurs dans les divers pays.

France. — MM. Claude Bernard. — H. Sainte-Claire-Deville. — De Quatrefages. — Dumas. — Wurtz. — Berthelot. — Broca. — Brongniart. — Chauveau. — Colonel Laussedat. — Colonel Usquin. — Baillon. — Bouley. — Pasteur. — Lorain. — Le Fort. — G. Ville. — P. Bert. — L. Dumont. — Boussingault. — Bouchardat. — Marey. — Mascart. — Janssen. — Ed. Perrier. — Hébert. — E. Blanchard. — A. Milne-Edwards. — Balbiani. — A. Gaudry. — Aimé Girard. — Schutzenberger. — A. Giard. — E. Faivre. — Fouqué. — Alglave, etc., etc.

Angleterre. — MM. Huxley. — Tyndall. — Herbert Spencer. — Sir J. Lubbock. — Sir W. Thomson. — W. B. Carpenter. — Ch. Darwin. — Abel. — E. J. Reed. — Liebreich. — Capitaine Noble. — W. Odling. — Stanley Jevons. — Normann Lockyer. — E. Burnet Tylor. — H. Fawcet, etc., etc.

Allemagne et Autriche-Hongrie. — MM. Virchow. — Helmholtz. — Hartmann. — Brücke. — Haeckel. — Littrow. — E. du Bois-Reymond. — Ludwig. — A. Ecker. — Rosenthal. — Schaafhausen. — O. Schmidt, etc., etc.

Belgique. Hollande. — MM. Van Beneden. — Plateau. — Bellynck. — Harting. — Baumhauer. — Gunning. — Dewalque. — D'Omalius d'Halloy. — Ed. Morren. — Gluge, etc., etc.

Scandinavie. — MM. Nordenskiold, Thomsen, etc., etc.

Italie. Suisse — MM. Moleschott. — De Saussure. — Soret. — Le P. Secchi. — R. Wolf. — De Saint-Robert, etc., etc.

Amérique. — MM. Agassiz. — Sterry-Hunt. — Salisbury, etc.

PRIX DE L'ABONNEMENT :

Paris	Six mois.	12 fr.	Un an.	20 fr.
Départements...	—	15	—	25
Étranger.......	—	18	—	30

Un numéro : 50 centimes.

LIBRAIRIE
GERMER BAILLIÈRE

CATALOGUE

DES

LIVRES DE FONDS

(N° 2)

OUVRAGES HISTORIQUES

ET PHILOSOPHIQUES

JANVIER 1875

PARIS

17, RUE DE L'ÉCOLE-DE-MÉDECINE, 17

COLLECTION HISTORIQUE DES GRANDS PHILOSOPHES

PHILOSOPHIE ANCIENNE

SOCRATE. **La philosophie de Socrate,** par M. Alf. FOUILLÉE. 2 vol. in-8. 16 fr.

PLATON. **La philosophie de Platon,** par M. Alf. FOUILLÉE. 2 vol. in-8. 16 fr.

— **Études sur la Dialectique dans Platon et dans Hegel,** par M. Paul JANET. 1 vol. in-8 . . . . 6 fr.

ARISTOTE (Œuvres d'). traduction de M. BARTHÉLEMY SAINT-HILAIRE.

— **Psychologie** (Opuscules) 1 v. . 10 fr.
— **Rhétorique.** 2 vol . . . . 16 f.
— **Politique.** 1 vol . . . . 10 fr.
— **Physique.** 2 vol . . . . 20 fr.
— **Traité du ciel.** 1 vol . . . . . . 10 fr.
— **Météorologie.** 1 vol . . . . . . 10 fr.
— **Morale.** 3 vol . . . . 24 fr.
— **Poétique.** 1 vol . . . . 5 fr.
— **De la production des choses.** 1 vol . . . . 10 fr.
— **De la logique d'Aristote,** par M. BARTHÉLEMY SAINT-HILAIRE. 2 vol. in-8 . . . . 10 fr.

ÉCOLE D'ALEXANDRIE. **Histoire critique de l'École d'Alexandrie,** par M. VACHEROT. 3 vol. in-8 . . . . . 24 fr.

— **L'École d'Alexandrie,** par M. BARTHÉLEMY SAINT-HILAIRE. 1 vol. in-8. 6 fr.

PHILOSOPHIE MODERNE

LEIBNIZ. **Œuvres philosophiques,** avec introduction et notes par M. Paul JANET. 2 vol. in-8 . . . . 16 fr.

MALEBRANCHE. **La philosophie de Malebranche,** par M. OLLÉ LAPRUNE. 2 vol. in-8 . . . . 16 fr.

VOLTAIRE. **La philosophie de Voltaire,** par M. Ern. BERSOT. 1 vol. in-12. 2 fr. 50

— **Les sciences au XVIIIe siècle.** Voltaire physicien, par M. Em. SAIGEY. 1 vol. in-8 . . . . 5 fr.

RITTER. **Histoire de la Philosophie moderne,** traduit par P. Challemel-Lacour. 3 vol . . . . 20 fr.

PHILOSOPHIE ÉCOSSAISE

DUGALD STEWART. **Éléments de la philosophie de l'esprit humain,** traduits de l'anglais par L. PEISSE. 3 vol. in-12. 9 fr.

W. HAMILTON. **Fragments de philosophie,** traduits de l'anglais par L. PEISSE. 1 vol. in-8 . . . . 7 fr. 50

— **La philosophie de Hamilton,** par J. STUART MILL. 1 vol. in-8 . . . . 10 fr.

PHILOSOPHIE ALLEMANDE

KANT. **Critique de la raison pure,** traduite par M. TISSOT, 2 vol. in-8. 16 fr.

— Même ouvrage, traduction par M. Jules BARNI. 2 vol. in-8 . . . . 16 fr.

— **Éclaircissements sur la critique de la raison pure,** traduits par J. TISSOT. 1 vol. in-8 . . . . 6 fr.

— **Critique du jugement,** suivie des *Observations sur les sentiments du beau*

et du sublime, traduite par J. BARNI. 2 vol. in-8 . . . . 12 fr.

KANT. **Critique de la raison pratique,** précédée des *fondements de la métaphysique des mœurs,* traduite par J. BARNI. 1 vol. in-8 . . . . 6 fr.

— **Examen de la critique de la raison pratique,** traduit par M. J. BARNI. 1 vol. in-8 . . . . 6 fr.

— **Principes métaphysiques du droit,** suivis du *projet de paix perpétuelle,* traduction par M. TISSOT. 1 vol. in-8. 8 fr.

— Même ouvrage, traduction par M. Jules BARNI. 1 vol. in-8 . . . . 8 fr.

— **Principes métaphysiques de la morale,** augmentés des *fondements de la métaphysique des mœurs,* traduction par M. TISSOT. 1 vol. in-8 . . . . . 8 fr.

— Même ouvrage, traduction par M. Jules BARNI. 1 vol. in-8 . . . . 8 fr.

— **La logique,** traduction par M. TISSOT. 1 vol. in-8 . . . . 4 fr.

— **Mélanges de logique,** traduction par M. TISSOT. 1 vol. in-8 . . . . 6 fr.

— **Prolégomènes à toute métaphysique future** qui se présentera comme science, traduction de M. TISSOT. 1 vol. in-8 . . . . 6 fr.

— **Anthropologie,** suivie de divers fragments relatifs aux rapports du physique et du moral de l'homme et du commerce des esprits d'un monde à l'autre, traduction par M. TISSOT. 1 vol. in-8. . 6 fr.

FICHTE. **Méthode pour arriver à la vie bienheureuse,** traduite par Francisque BOUILLIER. 1 vol. in-8 . . 8 fr.

— **Destination du savant et de l'homme de lettres,** traduite par M. NICOLAS. 1 vol. in-8 . . . . 3 fr.

— **Doctrines de la science.** Principes fondamentaux de la science de la connaissance, traduits par GRIMBLOT. 1 vol. in-8 . . . . 9 fr.

SCHELLING. **Bruno** ou du principe divin, trad. par Cl. HUSSON. 1 vol. in-8. 3 fr. 50

— **Idéalisme transcendantal.** 1 vol. in-8 . . . . 7 fr. 50

— **Écrits philosophiques** et morceaux propres à donner une idée de son système, trad. par Ch. BENARD. 1 vol. in-8. . 9 fr.

HÉGEL. **Logique,** traduction par A. VÉRA. 2e édition. 2 vol. in-8 . . . . 14 fr.

— **Philosophie de la nature,** traduction par A. VÉRA. 3 vol. in-8 . . . . . . 25 fr.

— **Philosophie de l'esprit,** traduction par A. VÉRA. 2 vol. in-8 . . . . . . 18 fr.

— **Esthétique.** 2 vol. in-8 traduite par M. BÉNARD . . . . 16 fr.

— **Introduction à la philosophie de Hégel,** par A. VÉRA. 1 v. in-8. 6 fr. 50

— **La dialectique dans Hégel et dans Platon,** par Paul JANET. In-8 . . . 6 fr.

BIBLIOTHÈQUE

DE

PHILOSOPHIE CONTEMPORAINE

Volumes in-18 à 2 fr. 50 c.

Cartonnés 3 fr.

—

M. Taine.

LE POSITIVISME ANGLAIS, étude sur Stuart Mill. 1 vol.

L'IDÉALISME ANGLAIS, étude sur Carlyle. 1 vol.

PHILOSOPHIE DE L'ART, 2e éd. 1 v.

PHILOSOPHIE DE L'ART EN ITALIE. 1 vol.

DE L'IDÉAL DANS L'ART. 1 vol.

PHILOSOPHIE DE L'ART DANS LES PAYS-BAS. 1 vol.

PHILOSOPHIE DE L'ART EN GRÈCE. 1 vol.

Paul Janet.

LE MATÉRIALISME CONTEMPORAIN. Examen du système du docteur Büchner, 2e édit. 1 vol.

LA CRISE PHILOSOPHIQUE. Taine, Renan, Vacherot, Littré. 1 vol.

LE CERVEAU ET LA PENSÉE. 1 vol.

PHILOSOPHIE DE LA RÉVOLUTION FRANÇAISE. 1 vol.

Odysse-Barot.

PHILOSOPHIE DE L'HISTOIRE. 1 vol.

Alaux.

PHILOSOPHIE DE M. COUSIN. 1 vol.

Ad. Franck.

PHILOSOPHIE DU DROIT PÉNAL. 1 vol.

PHILOSOPHIE DU DROIT ECCLÉSIASTIQUE. 1 vol.

LA PHILOSOPHIE MYSTIQUE EN FRANCE AU XVIIIe SIÈCLE. 1 vol.

Charles de Rémusat.

PHILOSOPHIE RELIGIEUSE. 1 vol.

Émile Saisset.

L'AME ET LA VIE, suivi d'une étude sur l'Esthétique franç. 1 vol.

CRITIQUE ET HISTOIRE DE LA PHILOSOPHIE (frag. et disc.). 1 vol.

Charles Lévêque.

LE SPIRITUALISME DANS L'ART. 1 vol.

LA SCIENCE DE L'INVISIBLE. Étude de psychologie et de théodicée. 1 vol.

Auguste Laugel.

LES PROBLÈMES DE LA NATURE. 1 vol.

LES PROBLÈMES DE LA VIE. 1 vol.

LES PROBLÈMES DE L'AME. 1 vol.

LA VOIX, L'OREILLE ET LA MUSIQUE. 1 vol.

L'OPTIQUE ET LES ARTS. 1 vol.

Challemel-Lacour.

LA PHILOSOPHIE INDIVIDUALISTE. 1 vol.

L. Büchner.

SCIENCE ET NATURE, trad. de l'allem. par Aug. Delondre. 2 vol.

Albert Lemoine.

LE VITALISME ET L'ANIMISME DE STAHL. 1 vol.

DE LA PHYSIONOMIE ET DE LA PAROLE. 1 vol.

Milsand.

L'ESTHÉTIQUE ANGLAISE, étude sur John Ruskin. 1 vol.

A. Véra.

ESSAIS DE PHILOS. HÉGÉLIENNE. 1 v.

Beaussire.

ANTÉCÉDENTS DE L'HÉGÉLIANISME DANS LA PHILOS. FRANÇ. 1 vol.

Bost.

LE PROTESTANTISME LIBÉRAL. 1 v.

Francisque Bouillier.
Du Plaisir et de la Douleur. 1 v.
De la Conscience. 1 vol.

Ed. Auber.
Philosophie de la médecine. 1 vol.

Leblais.
Matérialisme et Spiritualisme, précédé d'une Préface par M. E. Littré. 1 vol.

Ad. Garnier.
De la Morale dans l'antiquité, précédé d'une Introduction par M. Prévost-Paradol. 1 vol.

Schœbel.
Philosophie de la raison pure. 1 vol.

Beauquier.
Philosoph. de la musique. 1 vol.

Tissandier.
Des sciences occultes et du spiritisme. 1 vol.

J. Moleschott.
La Circulation de la vie. Lettres sur la physiologie, en réponse aux Lettres sur la chimie de Liebig, trad. de l'allem. 2 vol.

Ath. Coquerel fils.
Origines et Transformations du Christianisme. 1 vol.
La Conscience et la Foi. 1 vol.
Histoire du Credo. 1 vol.

Jules Levallois.
Déisme et Christianisme. 1 vol.

Camille Selden.
La Musique en Allemagne. Étude sur Mendelssohn. 1 vol.

Fontanès.
Le Christianisme moderne. Étude sur Lessing. 1 vol.

Saigey.
La Physique moderne. 1 vol.

Mariano.
La Philosophie contemporaine en Italie. 1 vol.

Letourneau.
Physiologie des passions. 1 vol.

Faivre.
De la Variabilité des espèces. 1 vol.

Stuart Mill.
Auguste Comte et la Philosophie positive, trad. de l'angl. 1 vol.

Ernest Bersot.
Libre philosophie. 1 vol.

A. Réville.
Histoire du dogme de la divinité de Jésus-Christ. 1 vol.

W. de Fonvielle.
L'Astronomie moderne. 1 vol.

C. Coignet.
La Morale indépendante. 1 vol.

E. Boutmy.
Philosophie de l'architecture en Grèce. 1 vol.

Et. Vacherot.
La Science et la Conscience. 1 vol.

Ém. de Laveleye.
Des formes de gouvernement. 1 vol.

Herbert Spencer.
Classification des Sciences. 1 v.

Gauckler.
Le Beau et son histoire.

Max Müller.
La Science de la Religion. 1 v.

Léon Dumont.
Haeckel et la théorie de l'évolution en Allemagne. 1 vol.

Bertauld.
L'ordre social et l'ordre moral. 1 vol.

Th. Ribot.
Philosophie de Schopenhauer. 1 vol.

Al. Herzen.
Physiologie de la volonté. 1 vol.

Bentham et Grote.
La Religion naturelle 1 vol.

BIBLIOTHÈQUE D'HISTOIRE CONTEMPORAINE

Volumes in-18, à 3 fr. 50 c. — Cartonnés, 4 fr.

Carlyle.

HISTOIRE DE LA RÉVOLUTION FRAN-
ÇAISE, traduite de l'angl. 3 vol.

Victor Meunier.

SCIENCE ET DÉMOCRATIE. 2 vol.

Jules Barni.

HISTOIRE DES IDÉES MORALES ET
POLITIQUES EN FRANCE AU
XVIIIᵉ SIÈCLE. 2 vol.

NAPOLÉON Iᵉʳ ET SON HISTORIEN
M. THIERS. 1 vol.

LES MORALISTES FRANÇAIS AU
XVIIIᵉ SIÈCLE. 1 vol.

Auguste Laugel.

LES ÉTATS-UNIS PENDANT LA
GUERRE (1861-1865). Souvenirs personnels. 1 vol.

De Rochau.

HISTOIRE DE LA RESTAURATION,
traduite de l'allemand. 1 vol.

Eug. Véron.

HISTOIRE DE LA PRUSSE depuis la
mort de Frédéric II jusqu'à la
bataille de Sadowa. 1 vol.

HISTOIRE DE L'ALLEMAGNE depuis
la bataille de Sadowa jusqu'à
nos jours, 1 vol.

Hillebrand.

LA PRUSSE CONTEMPORAINE ET SES
INSTITUTIONS. 1 vol.

Eug. Despois.

LE VANDALISME RÉVOLUTIONNAIRE.
Fondations litt., scientif. et
artist. de la Convention. 1 vol.

Bagehot.

LA CONSTITUTION ANGLAISE, trad.
de l'anglais. 1 vol.

LOMBARD STREET, le marché finan-
cier en Angl., tr. de l'angl. 1 v.

Thackeray.

LES QUATRE GEORGE, trad. de
l'anglais par M. Lefoyer. 1 vol.

Émile Montégut.

LES PAYS-BAS. Impressions de
voyage et d'art. 1 vol.

Émile Beaussire.

LA GUERRE ÉTRANGÈRE ET LA
GUERRE CIVILE. 1 vol.

Édouard Sayous.

HISTOIRE DES HONGROIS et de leur
littérature politique de 1790 à
1815. 1 vol.

Éd. Bourloton.

L'ALLEMAGNE CONTEMPORAINE. 1 v.

Boert.

LA GUERRE DE 1870-71 d'après le
colonel féd. suisse Rustow. 1 v.

Herbert Barry.

LA RUSSIE CONTEMPORAINE, traduit de l'anglais. 1 vol.

H. Dixon.

LA SUISSE CONTEMPORAINE, traduit de l'anglais. 1 vol.

Louis Teste.

L'ESPAGNE CONTEMPORAINE, journal d'un voyageur. 1 vol.

J. Clamageran.

LA FRANCE RÉPUBLICAINE. 1 vol.

E. Duvergier de Hauranne.

LA RÉPUBLIQUE CONSERVATRICE, 1 v.

H. Reynald.

HISTOIRE DE L'ESPAGNE, depuis la
mort de Charles III jusqu'à nos
jours. 1 vol.

HISTOIRE DE L'ANGLETERRE, depuis la mort de la reine Anne
jusqu'à nos jours. 1 vol.

L. Asseline.

HISTOIRE DE L'AUTRICHE, depuis
la mort de Marie-Thérèse jusqu'à nos jours.

FORMAT IN-8.

Sir G. Cornewall Lewis.

HISTOIRE GOUVERNEMENTALE DE
L'ANGLETERRE DE 1770 JUS-
QU'A 1830, trad. de l'anglais.
1 vol. 7 fr.

De Sybel.

HISTOIRE DE L'EUROPE PENDANT
LA RÉVOLUTION FRANÇAISE.
2 vol. in-8. 14 fr.

Taxile Delord.

HISTOIRE DU SECOND EMPIRE,
1848-1870.

1869. Tome Iᵉʳ, 1 vol. in-8. 7 fr.
1870. Tome II, 1 vol. in-8. 7 fr.
1872. Tome III, 1 vol. in-8 7 fr.
1874. Tome IV, 1 vol. in-8. 7 fr.
1874. Tome V, 1 vol. in-8. 7 fr.
1875. Tome VI et dernier. 7 fr.

REVUE Politique et Littéraire (Revue des cours littéraires, 2ᵉ série.)	REVUE Scientifique (Revue des cours scientifiques, 2ᵉ série.)

Directeurs : MM. Eug. YUNG et Ém. ALGLAVE

La septième année de la **Revue des Cours littéraires** et de la **Revue des Cours scientifiques**, terminée à la fin de juin 1871, clôt la première série de cette publication.

La deuxième série a commencé le 1ᵉʳ juillet 1871, et depuis cette époque chacune des années de la collection commence à cette date. Des modifications importantes ont été introduites dans ces deux publications.

REVUE POLITIQUE ET LITTÉRAIRE

La *Revue politique* continue à donner une place aussi large à la littérature, à l'histoire, à la philosophie, etc., mais elle a agrandi son cadre, afin de pouvoir aborder en même temps la politique et les questions sociales. En conséquence, elle a augmenté de moitié le nombre des colonnes de chaque numéro (48 colonnes au lieu de 32).

Chacun des numéros, paraissant le samedi, contient régulièrement :

Une *Semaine politique* et une *Causerie politique* où sont appréciés, à un point de vue plus général que ne peuvent le faire les journaux quotidiens, les faits qui se produisent dans la politique intérieure de la France, discussions de l'Assemblée, etc.

Une *Causerie littéraire* où sont annoncés, analysés et jugés les ouvrages récemment parus : livres, brochures, pièces de théâtre importantes, etc.

Tous les mois la *Revue politique* publie un *Bulletin géographique* qui expose les découvertes les plus récentes et apprécie les ouvrages géographiques nouveaux de la France et de l'étranger. Nous n'avons pas besoin d'insister sur l'importance extrême qu'a prise la géographie depuis que les Allemands en ont fait un instrument de conquête et de domination.

De temps en temps une *Revue diplomatique* explique au point de vue français les événements importants survenus dans les autres pays.

On accusait avec raison les Français de ne pas observer avec assez d'attention ce qui se passe à l'étranger. La *Revue* remédie à ce défaut. Elle analyse et traduit les livres, articles, discours ou conférences qui ont pour auteurs les hommes les plus éminents des divers pays.

Comme au temps où ce recueil s'appelait la *Revue des cours littéraires* (1864-1870), il continue à publier les principales leçons du Collége de France, de la Sorbonne et des Facultés des départements.

Les ouvrages importants sont analysés, avec citations et extraits, dès le lendemain de leur apparition. En outre, la *Revue politique* publie des articles spéciaux sur toute question que recommandent à l'attention des lecteurs, soit un intérêt public, soit des recherches nouvelles.

Parmi les collaborateurs, nous citerons :

Articles politiques. — MM. de Pressensé, Ernest Duvergier de Haüranne, H. Aron, Em. Beaussire, Anat. Dunoyer, Clamageran.

Diplomatie et pays étrangers. — MM. Albert Sorel, Reynald, Léo Quesnel, Louis Leger.

Philosophie. — MM. Janet, Caro, Ch. Lévêque, Véra, Léon Dumont, Fernand Papillon, Th. Ribot, Huxley.

Morale. — MM. Ad. Franck, Laboulaye, Jules Barni, Legouvé, Ath. Coquerel, Bluntschli.

Philologie et archéologie. — MM. Max Müller, Eugène Benoist, L. Havet, E. Ritter, Maspéro, George Smith.

Littérature ancienne. — MM. Egger, Havet, George Perrot, Gaston Boissier, Geffroy, Martha.

Littérature française. — MM. Ch. Nisard, Lenient, L. de Loménie, Édouard Fournier, Bersier, Gidel, Jules Claretie, Paul Albert..

Littérature étrangère. — MM. Mézières, Büchner.

Histoire. — MM. Alf. Maury, Littré, Alf. Rambaud, H. de Sybel.

Géographie, *Economie politique.* — MM. Levasseur, Himly, Gaidoz, Alglave.

Instruction publique. — Madame C. Coignet, M. Buisson.

Beaux-arts. — MM. Gebhart, C. Selden, Justi, Schnaase, Vischer.

Critique littéraire. — MM. Eugène Despois, Maxime Gaucher.

Ainsi la *Revue politique* embrasse tous les sujets. Elle consacre à chacun une place proportionnée à son importance. Elle est, pour ainsi dire, une image vivante, animée et fidèle de tout le mouvement contemporain.

REVUE SCIENTIFIQUE

Mettre la science à la portée de tous les gens éclairés sans l'abaisser ni la fausser, et, pour cela, exposer les grandes découvertes et les grandes théories scientifiques par leurs auteurs mêmes ;

Suivre le mouvemen des idées philosophiques dans le monde savant de tous les pays :

Tel est le double but que la *Revue scientifique* poursuit depuis dix ans avec un succès qui l'a placée au premier rang des publications scientifiques d'Europe et d'Amérique.

Pour réaliser ce programme, elle devait s'adresser d'abord aux Facultés françaises et aux Universités étrangères qui comptent dans leur sein presque tous les hommes de science éminents. Mais, depuis deux années déjà, elle a élargi son cadre afin d'y faire entrer de nouvelles matières.

En laissant toujours la première place à l'enseignement supérieur proprement dit, la *Revue scientifique* ne se restreint plus désormais aux leçons et aux conférences. Elle poursuit tous les développements de la science sur le terrain économique, industriel, militaire et politique.

Elle publie les principales leçons faites au Collége de France, au Muséum d'histoire naturelle de Paris, à la Sorbonne, à l'Institution royale de Londres, dans les Facultés de France, les universités d'Allemagne, d'Angleterre, d'Italie, de Suisse, d'Amérique, et les institutions libres de tous les pays.

Elle analyse les travaux des Sociétés savantes d'Europe et d'Amérique, des Académies des sciences de Paris, Vienne, Berlin, Munich, etc., des Sociétés royales de Londres et d'Édimbourg, des Sociétés d'anthropologie, de géographie, de chimie, de botanique, de géologie, d'astronomie, de médecine, etc.

Elle expose les travaux des grands congrès scientifiques, les Associations *française*, *britannique* et *américaine*, le congrès des naturalistes allemands, la Société helvétique des sciences naturelles, les congrès internationaux d'anthropologie préhistorique, etc.

Enfin, elle publie des articles sur les grandes questions de philosophie naturelle, les rapports de la science avec la politique, l'industrie et l'économie sociale, l'organisation scientifique des divers pays, les sciences économiques et militaires, etc.

Parmi les collaborateurs nous citerons :

Astronomie, météorologie. — MM. Leverrier, Faye, Balfour-Stewart, Janssen, Normann Lockyer, Vogel, Wolf, Miller, Laussedat, Thomson, Rayet, Secchi, Briot, Herschell, etc.

Physique. — MM. Helmholtz, Tyndall, Jamin, Desains, Carpenter, Gladstone, Grad, Boutan, Becquerel, Cazin, Fernet, Onimus, Bertin.

Chimie. — MM. Wurtz, Berthelot, H. Sainte-Claire Deville, Bouchardat, Grimaux, Jungfleisch, Mascart, Odling, Dumas, Troost, Peligot, Cahours, Graham, Friedel, Pasteur.

Géologie. — MM. Hébert, Bleicher, Fouqué, Gaudry, Ramsay, Sterry-Hunt, Contejean, Zittel, Wallace, Lory, Lyell, Daubrée.

Zoologie. — MM. Agassiz, Darwin, Haeckel, Milne Edwards, Perrier, P. Bert, Van Beneden, Lacaze-Duthiers, Pasteur, Pouchet Joly, De Quatrefages, Faivre, A. Moreau, E. Blanchard, Marey.

Anthropologie. — MM. Broca, De Quatrefages, Darwin, De Mortillet, Virchow, Lubbock, K. Vogt.

Botanique. — MM. Baillon, Brongniart, Cornu, Faivre, Spring, Chatin, Van Tieghem, Duchartre.

Physiologie, anatomie. — MM. Claude Bernard, Chauveau, Fraser, Gréhant, Lereboullet, Moleschott, Onimus, Ritter, Rosenthal, Wundt, Pouchet, Ch. Robin, Vulpian, Virchow, P. Bert, du Bois-Reymond, Helmholtz, Frankland, Brücke.

Médecine. — MM. Chauffard, Chauveau, Cornil, Gubler, Le Fort, Verneuil, Broca, Liebreich, Lorain, Axenfeld, Lasègue, G. Sée, Bouley, Giraud-Teulon, Bouchardat.

Sciences militaires. — MM. Laussedat, Le Fort, Abel, Jervois, Morin, Noble, Reed, Usquin.

Philosophie scientifique. — MM. Alglave, Bagehot, Carpenter, Léon Dumont, Hartmann, Herbert Spencer, Laycock, Lubbock, Tyndall, Gavarret, Ludwig.

Prix d'abonnement :

Une seule revue séparément	Six mois.	Un an.	Les deux revues ensemble	Six mois.	Un an.
Paris	12ᶠ	20ᶠ	Paris	20ᶠ	36ᶠ
Départements.	15	25	Départements.	25	42
Étranger.	18	30	Étranger.	30	50

L'abonnement part du 1ᵉʳ juillet, du 1ᵉʳ octobre, du 1ᵉʳ janvier et du 1ᵉʳ avril de chaque année.

Chaque volume de la première série se vend : broché		15 fr.
	relié	20 fr.
Chaque année de la 2ᵉ série, formant 2 vol., se vend : broché		20 fr.
	relié	25 fr.

Prix de la collection de la première série :

Prix de la collection complète de la *Revue des cours littéraires* (1864-1870), 7 vol. in-4................................ 105 fr.

Prix de la collection complète des deux *Revues* prises en même temps, 14 vol. in-4................................ 182 fr.

Prix de la collection complète des deux séries :

Revue des cours littéraires et *Revue politique et littéraire* (décembre 1863 — juillet 1875), 15 vol. in-4................ 185 fr.

— Avec la *Revue des cours scientifiques* et la *Revue scientifique*, 30 vol. in- .... 434 fr.

BIBLIOTHÈQUE SCIENTIFIQUE
INTERNATIONALE

Le premier besoin de la science contemporaine, — on pourrait même dire d'une manière plus générale des sociétés modernes, — c'est l'échange rapide des idées entre les savants, les penseurs, les classes éclairées de tous les pays. Mais ce besoin n'obtient encore aujourd'hui qu'une satisfaction fort imparfaite. Chaque peuple a sa langue particulière, ses livres, ses revues, ses manières spéciales de raisonner et d'écrire, ses sujets de prédilection. Il lit fort peu ce qui se publie au delà de ses frontières, et la grande masse des classes éclairées, surtout en France, manque de la première condition nécessaire pour cela, la connaissance des langues étrangères. On traduit bien un certain nombre de livres anglais ou allemands ; mais il faut presque toujours que l'auteur ait à l'étranger des amis soucieux de répandre ses travaux, ou que l'ouvrage présente un caractère pratique qui en fait une bonne entreprise de librairie. Les plus remarquables sont loin d'être toujours dans ce cas, et il en résulte que les idées neuves restent longtemps confinées, au grand détriment des progrès de l'esprit humain, dans le pays qui les a vues naître. Le libre échange industriel règne aujourd'hui presque partout ; le libre échange intellectuel n'a pas encore la même fortune, et cependant il ne peut rencontrer aucun adversaire ni inquiéter aucun préjugé.

Ces considérations avaient frappé depuis longtemps un certain nombre de savants anglais. Au congrès de l'Association britannique à Édimbourg, ils tracèrent le plan d'une *Bibliothèque scientifique internationale*, paraissant à la fois en anglais, en français et en allemand, publiée en Angleterre, en France, aux États-Unis, en Allemagne, et réunissant des ouvrages écrits par les savants les plus distingués de tous les pays. En venant en France pour chercher à réaliser cette idée, ils devaient naturellement s'adresser à la *Revue scientifique*, qui marchait dans la même voie, et qui projetait au même moment, après les désastres de la guerre, une entreprise semblable destinée à étendre en quelque sorte son cadre et à faire connaître plus rapidement en France les livres et les idées des peuples voisins.

La *Bibliothèque scientifique internationale* n'est donc pas une entreprise de librairie ordinaire. C'est une œuvre dirigée par les auteurs mêmes, en vue des intérêts de la science, pour la populariser sous toutes ses formes, et faire connaître immédiatement dans le monde entier les idées originales, les directions nouvelles, les découvertes importantes qui se font jour dans tous les pays. Chaque savant exposera les idées qu'il a introduites dans la science et condensera pour ainsi dire ses doctrines les plus originales.

On pourra ainsi, sans quitter la France, assister et participer au mouvement des esprits en Angleterre, en Allemagne, en Amérique, en Italie, tout aussi bien que les savants mêmes de chacun de ces pays.

La *Bibliothèque scientifique internationale* ne comprend pas seulement des ouvrages consacrés aux sciences physiques et naturelles, elle aborde aussi les sciences morales comme la philosophie, l'histoire, la politique et l'économie sociale, la haute législation, etc.; mais les livres traitant des sujets de ce genre se rattacheront encore aux sciences naturelles, en leur empruntant les méthodes d'observation et d'expérience qui les ont rendues si fécondes depuis deux siècles.

Cette collection paraît à la fois en français, en anglais, en allemand, en russe et en italien : à Paris, chez Germer Baillière ; à Londres, chez Henry S. King et Cᵉ ; à New-York, chez Appleton ; à Leipzig, chez Brockaus ; et à Saint-Pétersbourg, chez Koropchevski et Goldsmith ; à Milan, chez Dumolard.

EN VENTE :
VOLUMES IN-18, CARTONNÉS A L'ANGLAISE

J. TYNDALL. **Les glaciers et les transformations de l'eau**, avec figures. 1 vol. in-8. 6 fr.

MAREY. **La machine animale**, locomotion terrestre et aérienne, avec de nombreuses figures. 1 vol. in-8. 6 fr.

BAGEHOT. **Lois scientifiques du développement des nations** dans leurs rapports avec les principes de la sélection naturelle et de l'hérédité. 1 vol. in-8. 6 fr.

BAIN. **L'esprit et le corps.** 1 vol. in-8. 6 fr.

PETTIGREW. **La locomotion chez les animaux**, marche, natation, vol. 1 vol. in-8 avec figures. 6 fr.

HERBERT SPENCER. **La science sociale.** 1 vol. 6 fr.

VAN BENEDEN. **Les commensaux et les parasites dans le règne animal**, 1 vol. in-8, avec figures. 6 fr.

O. SCHMIDT. **La descendance de l'homme et le darwinisme.** 1 vol. in-8 avec figures. 6 fr.

MAUDSLEY. **Le Crime et la Folie.** 1 vol. in-8 6 fr.

Liste des principaux ouvrages qui sont en préparation :

AUTEURS FRANÇAIS

CLAUDE BERNARD. Phénomènes physiques et Phénomènes métaphysiques de la vie.
HENRI SAINTE-CLAIRE DEVILLE. Introduction à la chimie générale.
ÉMILE ALGLAVE. Physiologie générale des gouvernements.
A. DE QUATREFAGES. Les races nègres.
A. WURTZ. Atomes et atomicité.

BERTHELOT. La synthèse chimique.
H. DE LACAZE-DUTHIERS. La zoologie depuis Cuvier.
FRIEDEL. Les fonctions en chimie organique.
TAINE. Les émotions et la volonté.
ALFRED GRANDIDIER. Madagascar.
DEBRAY. Les métaux précieux.

AUTEURS ANGLAIS

HUXLEY. Mouvement et conscience.
W. B. CARPENTER. La physiologie de l'esprit.
RAMSAY. Structure de la terre.
SIR J. LUBBOCK. Premiers âges de l'humanité.
BALFOUR STEWART. La conservation de la force.
CHARLTON BASTIAN. Le cerveau comme organe de la pensée.

NORMAN LOCKYER. L'analyse spectrale.
W. ODLING. La chimie nouvelle.
LAWDER LINDSAY. L'intelligence chez les animaux inférieurs.
STANLEY JEVONS. Les lois de la statistique.
MICHAEL FOSTER. Protoplasma et physiologie cellulaire.
ED. SMITH. Aliments et alimentation.
K. CLIFFORD. Les fondements des sciences exactes.

AUTEURS ALLEMANDS

VIRCHOW. Physiologie pathologique.
ROSENTHAL. Physiologie générale des muscles et des nerfs.
BERNSTEIN. Physiologie des sens.

HERMANN. Physiologie de la respiration.
O. LIEBREICH. Fondements de la toxicologie.
STEINTHAL. Fondements de la linguistique.
VOGEL. Chimie de la lumière.

AUTEURS AMÉRICAINS

J. DANA. L'échelle et les progrès de la vie.
S. W. JOHNSON. La nutrition des plantes.

A. FLINT. Les fonctions du système nerveux.
W. D. WHITNEY. La linguistique moderne.

OUVRAGES
De M. le professeur VÉRA
Professeur à l'université de Naples.

INTRODUCTION
A LA
PHILOSOPHIE DE HÉGEL
1 vol. in-8, 1864, 2ᵉ édition.... 6 fr. 50

LOGIQUE DE HÉGEL
Traduite pour la première fois, et accompagnée d'une Introduction
et d'un commentaire perpétuel.
2 volumes in-8, 1874, 2ᵉ édition.   14 fr.

PHILOSOPHIE DE LA NATURE
DE HÉGEL
Traduite pour la première fois, et accompagnée d'une Introduction
et d'un commentaire perpétuel.
3 volumes in-8. 1864-1866........ 25 fr.
Prix du tome II... 8 fr. 50.—Prix du tome III... 8 fr. 50

PHILOSOPHIE DE L'ESPRIT
DE HÉGEL
Traduite pour la première fois, et accompagnée d'une Introduction
et d'un commentaire perpétuel.
1867. Tome 1ᵉʳ, 1 vol. in-8. 9 fr.
1870. Tome 2ᵉ, 1 vol. in-8. 9 fr.

Philosophie de la Religion de Hégel. 2 vol. in-8. (*Sous presse.*)

L'Hégélianisme et la philosophie. 1 vol. in-18. 1861. 3 fr. 50
Mélanges philosophiques. 1 vol. in-8. 1862.   5 fr.
Essais de philosophie hégélienne (de la *Bibliothèque de phi-
losophie contemporaine*). 1 vol.   2 fr. 50
Platonis, Aristotelis et Hegelii de medio termino doctrina.
1 vol. in-8. 1845.   1 fr. 50
Strauss. L'ancienne et la nouvelle foi. 1873, in-8. 6 fr.

RÉCENTES PUBLICATIONS

Qui ne se trouvent'pas dans les deux Bibliothèques.

ACOLLAS (Émile). **L'enfant né hors mariage.** 3ᵉ édition. 1872, 1 vol. in-18 de x-465 pages. 2 fr.

ACOLLAS (Émile). **Manuel de droit civil,** contenant l'exégèse du code Napoléon et un exposé complet des systèmes juridiques.

Tome premier (premier examen), 1 vol. in-8. 12 fr.
Tome deuxième (deuxième examen), 1 vol. in-8. 12 fr.
Tome troisième (troisième examen). 12 fr.

ACOLLAS (Émile). **Trois leçons sur le mariage.** In-8. 1 fr.50

ACOLLAS (Émile). **L'idée du droit.** In-8. 1 fr. 50

ACOLLAS (Émile). **Nécessité de refondre l'ensemble de nos codes,** et notamment le code Napoléon, au point de vue de l'idée démocratique. 1866, 1 vol. in-8. 3 fr.

Administration départementale et communale. Lois — Décrets — Jurisprudence, conseil d'État, cour de Cassation, décisions et circulaires ministérielles, in-4. 8 fr.

ALAUX. **La religion progressive.** 1869, 1 vol. in-18. 3 fr. 50

ARISTOTE. **Rhétorique** traduite en français et accompagnée de notes par J. Barthélemy Saint-Hilaire. 1870, 2 vol. in-8. 16 fr.

ARISTOTE. **Psychologie** (opuscules) traduite en français et accompagnée de notes par J. Barthélemy Saint-Hilaire. 1 vol. in-8. 10 fr.

ARISTOTE. **Politique,** trad. par Barthélemy Saint-Hilaire, 1868. 1 fort vol. in-8. 10 fr.

ARISTOTE. **Physique,** ou leçons sur les principes généraux de la nature, traduit par M. Barthélemy Saint-Hilaire. 2 forts vol. gr. in-8. 1872. 20 fr.

ARISTOTE. **Traité du Ciel.** 1866, traduit en français pour la première fois par M. Barthélemy Saint-Hilaire. 1 fort vol. gr. in-8. 10 fr.

ARISTOTE. **Météorologie,** avec le petit traité apocryphe : *Du Monde,* traduit par M. Barthélemy Saint-Hilaire, 1863. 1 fort vol. gr. in-8. 10 fr.

ARISTOTE. **Morale,** traduit par M. Barthélemy Saint-Hilaire. 1856, 3 vol gr. in-8. 24 fr.

ARISTOTE. **Poétique,** traduite par M. Barthélemy Saint-Hilaire, 1858. 1 vol. in-8. 5 fr.

ARISTOTE. **Traité de la production et de la destruction des choses,** traduit en français et accompagné de notes perpétuelles, par M. Barthélemy Saint-Hilaire, 1866. 1 vol. gr. in-8. 10 fr

AUDIFFRET-PASQUIER. **Discours devant les commissions de la réorganisation de l'armée et des marchés.** In-4. 2 fr. 50

L'art et la vie. 1867, 2 vol. in-8. 7 fr.

L'art et la vie de Stendhal. 1869, 1 fort vol. in-8. 6 fr.

BAGEHOT, **Lois scientifiques du développement des nations** dans leurs rapports avec les principes de l'hérédité et de la sélection naturelle. 1873, 1 vol. in-8 de la *Bibliothèque scientifique internationale*, cartonné à l'anglaise. 6 fr.

BARNI (Jules). **Napoléon Ier**, édition populaire. 1 vol. in-18. 1 fr.

BARNI (Jules). **Manuel républicain.** 1872, 1 vol. in-18. 1 fr. 50

BARNI (Jules). **Les martyrs de la libre pensée**, cours professé à Genève. 1862, 1 vol. in-18. 3 fr. 50

BARNI (Jules). Voy. KANT.

BARTHÉLEMY SAINT-HILAIRE. Voyez Aristote.

BARTHÉLEMY SAINT-HILAIRE. **La Logique d'Aristote.** 2 vol. gr. in-8. 16 fr.

BARTHÉLEMY SAINT-HILAIRE. **L'École d'Alexandrie.** 1 vol. in-8. 6 fr.

BAUTAIN. **La philosophie morale.** 2 vol. in-8. 12 fr.

CH. BÉNARD. **L'Esthétique de Hégel**, traduit de l'allemand. 2 vol. in-8. 16 fr.

CH. BÉNARD. **De la Philosophie dans l'éducation classique,** 1862. 1 fort vol. in-8. 6 fr.

CH. BÉNARD. **La Poétique**, par W.-F. Hégel, précédée d'une préface et suivie d'un examen critique. Extraits de Schiller, Goëthe, Jean Paul, etc., et sur divers sujets relatifs à la poésie. 2 vol. in-8. 12 fr.

BLANCHARD. **Les métamorphoses, les mœurs et les instincts des insectes**, par M. Émile BLANCHARD, de l'Institut, professeur au Muséum d'histoire naturelle. 1868, 1 magnifique volume in-8 jésus, avec 160 figures intercalées dans le texte et 40 grandes planches hors texte. Prix, broché. 30 fr.
Relié en demi-maroquin. 35 fr.

BLANQUI. **L'éternité par les astres**, hypothèse astronomique. 1872, in-8. 2 fr.

BORELY (J.). **Nouveau système électoral, représentation proportionnelle de la majorité et des minorités.** 1870, 1 vol. in-18 de XVIII-194 pages. 2 fr. 50

BORELY. **De la justice et des juges**, projet de réforme judiciaire. 1871, 2 vol. in-8. 12 fr.

BOUCHARDAT. **Le travail**, son influence sur la santé (conférences faites aux ouvriers). 1863, 1 vol. in-18. 2 fr. 50

BOUCHARDAT et H. JUNOD. **L'eau-de-vie et ses dangers,** conférences populaires. 1 vol. in-18. 1 fr.

BERSOT. **La philosophie de Voltaire.** 1 vol in-12. 3 fr. 50

ÉD. BOURLOTON et E. ROBERT. **La Commune** et ses idées à travers l'histoire. 1872, 1 vol. in-18. 3 fr. 50

BOUCHUT. **Histoire de la médecine et des doctrines médicales.** 1873, 2 forts vol. in-8. 16 fr.

BOUCHUT et DESPRÉS. **Dictionnaire de médecine et de thérapeutique médicale et chirurgicale**, comprenant le résumé de la médecine et de la chirurgie, les indications thérapeutiques de chaque maladie, la médecine opératoire, les accouchements, l'oculistique, l'odontechnie, l'électrisation, la matière médicale, les eaux minérales, et *un formulaire spécial pour chaque maladie*. 1873. 2ᵉ édit. très-augmentée. 1 magnifique vol. in-4, avec 750 fig. dans le texte. 25 fr.

BOUILLET (ADOLPHE). **L'armée d'Henri V. — Les bourgeois gentilshommes de 1871.** 1 vol. in-12. 3 fr. 50

BOUILLET (ADOLPHE). **L'armée d'Henri V. — Les bourgeois gentilshommes.** Types nouveaux et inédits. 1 vol. in-18. 2 fr. 50

BOUTROUX. **De la contingence des lois de la nature**, in-8, 1874. 3 fr. 50

BRIERRE DE BOISMONT. **Des maladies mentales**, 1867, brochure in-8 extraite de la *Pathologie médicale* du professeur Requin. 2 fr.

BRIERRE DE BOISMONT. **Des hallucinations, ou Histoire raisonnée des apparitions**, des visions, des songes, de l'extase, du magnétisme et du somnambulisme. 1862, 3ᵉ édition très-augmentée. 7 fr.

BRIERRE DE BOISMONT. **Du suicide et de la folie suicide.** 1865, 2ᵉ édition, 1 vol. in-8. 7 fr.

CHASLES (PHILARÈTE). **Questions du temps et problèmes d'autrefois.** Pensées sur l'histoire, la vie sociale, la littérature. 1 vol. in-18, édition de luxe. 3 fr.

CHASSERIAU. **Du principe autoritaire et du principe rationnel.** 1873, 1 vol. in-18. 3 fr. 50

CLAMAGERAN. **L'Algérie.** Impressions de voyage, 1874. 1 vol. in-18 avec carte. 3 fr. 50

CLAVEL. **La morale positive.** 1873, 1 vol. in-18. 3 fr.

Conférences historiques de la Faculté de médecine faites pendant l'année 1865. (*Les Chirurgiens érudits*, par M. Verneuil. — *Gui de Chauliac*, par M. Follin. — *Celse*, par M. Broca. — *Wurtzius*, par M. Trélat. — *Riolan*, par M. Le Fort. — *Levret*, par M. Tarnier. — *Harvey*, par M. Béclard. — *Stahl*, par M. Lasègue. — *Jenner*, par M. Lorain. — *Jean de Vier et les sorciers*, par M. Axenfeld. — *Laennec*, par M. Chauffard. — *Sylvius*, par M. Gubler. — *Stoll*, par M. Parrot.) 1 vol. in-8. 6 fr.

COQUEREL (Charles). **Lettres d'un marin à sa famille.** 1870, 1 vol. in-18. 3 fr. 50

COQUEREL (Athanase). Voyez *Bibliothèque de philosophie contemporaine.*

COQUEREL fils (Athanase). **Libres études** (religion, critique, histoire, beaux-arts). 1867, 1 vol. in-8. 5 fr.

COQUEREL fils (Athanase). **Pourquoi la France n'est-elle pas protestante?** Discours prononcé à Neuilly le 1ᵉʳ novembre 1866. 2ᵉ édition, in-8. 1 fr.

COQUEREL fils (Athanase). **La charité sans peur**, sermon en faveur des victimes des inondations, prêché à Paris le 18 novembre 1866. In-8. 75 c.

COQUEREL fils (Athanase). **Évangile et liberté,** discours d'ouverture des prédications protestantes libérales, prononcé le 8 avril 1868. In-8.   50 c.

COQUEREL fils (Athanase). **De l'éducation des filles,** réponse à Mgr l'évêque d'Orléans, discours prononcé le 3 mai 1868. In-8.
                                                                           1 fr.

CORLIEU. **La mort des rois de France** depuis François Ier jusqu'à la Révolution française, 1 vol. in-18 en caractères elzéviriens, 1874.   3 fr. 50

Conférences de la Porte-Saint-Martin pendant le siége de Paris. Discours de MM. *Desmarets* et *de Pressensé.* — Discours de M. *Coquerel,* sur les moyens de faire durer la République. — Discours de M. *Le Berquier,* sur la Commune. — Discours de M. *E. Bersier,* sur la Commune. — Discours de M. *H. Cernuschi,* sur la Légion d'honneur. In-8.   1 fr. 25

CORNIL. **Leçons élémentaires d'hygiène,** rédigées pour l'enseignement des lycées d'après le programme de l'Académie de médecine. 1873, 1 vol. in-18 avec figures intercalées dans le texte.   2 fr. 50

Sir G. CORNEWALL LEWIS. **Histoire gouvernementale de l'Angleterre de 1770 jusqu'à 1830,** trad. de l'anglais et précédée de la vie de l'auteur, par M. Mervoyer. 1867, 1 vol. in-8 de la *Bibliothèque d'histoire contemporaine.*   7 fr.

Sir G. CORNEWALL LEWIS. **Quelle est la meilleure forme de gouvernement?** Ouvrage traduit de l'anglais; précédé d'une Étude sur la vie et les travaux de l'auteur, par M. Mervoyer, docteur ès lettres. 1867, 1 vol. in-8.   3 fr. 50

DAMIRON. **Mémoires pour servir à l'histoire de la philosophie au XVIIIe siècle.** 3 vol. in-8.   12 fr.

DELAVILLE. **Cours pratique d'arboriculture fruitière** pour la région du nord de la France, avec 269 fig. In-8.   6 fr.

DELEUZE. **Instruction pratique sur le magnétisme animal,** précédée d'une Notice sur la vie de l'auteur. 1853. 1 vol. in-12.   3 fr. 50

DELORD (Taxile). **Histoire du second empire. 1848-1870.**
1869. Tome Ier, 1 fort vol. in-8.   7 fr.
1870. Tome II, 1 fort vol. in-8.   7 fr.
1873. Tome III, 1 fort vol. in-8.   7 fr.
1874. Tome IV, 1 fort vol. in-8.   7 fr.
1874. Tome V, 1 fort vol. in-8.   7 fr.
1875. Tome VI et dernier. 1 fort vol. in-8.   7 fr.

DENFERT (colonel). **Des droits politiques des militaires.** 1874, in-8.   75 c.

DOLLFUS (Charles). **De la nature humaine.** 1868, 1 vol. in-8.   5 fr.

DOLLFUS (Charles). **Lettres philosophiques.** 3e édition. 1869, 1 vol. in-18.   3 fr. 50

DOLLFUS (Charles). **Considérations sur l'histoire.** Le monde antique. 1872, 1 vol. in-8.   7 fr. 50

2

DUGALD-STEVART. **Éléments de la philosophie de l'esprit humain**, traduit de l'anglais par Louis Peisse, 3 vol. in-12.
9 fr.

DU POTET. **Manuel de l'étudiant magnétiseur.** Nouvelle édition. 1868, 1 vol. in-18.
3 fr. 50

DU POTET. **Traité complet de magnétisme**, cours en douze leçons. 1856, 3° édition, 1 vol. de 634 pages.
7 fr.

DUPUY (Paul). **Études politiques**, 1874. 1 v. in-8 de 236 pages.
3 fr. 50

DUVAL-JOUVE. **Traité de Logique**, ou essai sur la théorie de la science, 1855. 1 vol. in-8.
6 fr.

Éléments de science sociale. Religion physique, sexuelle et naturelle, ouvrage traduit sur la 7° édition anglaise. 1 fort vol. in-18, cartonné.
4 fr.

ÉLIPHAS LÉVI. **Dogme et rituel de la haute magie.** 1861, 2° édit., 2 vol. in-8, avec 24 fig.
18 fr.

ÉLIPHAS LÉVI. **Histoire de la magie**, avec une exposition claire et précise de ses procédés, de ses rites et de ses mystères. 1860, 1 vol. in-8, avec 90 fig.
12 fr.

ÉLIPHAS LÉVI. **La science des esprits**, révélation du dogme secret des Kabbalistes, esprit occulte de l'Évangile, appréciation des doctrines et des phénomènes spirites. 1865, 1 v. in-8.
7 fr.

FAU. **Anatomie des formes du corps humain**, à l'usage des peintres et des sculpteurs. 1866, 1 vol. in-8 et atlas de 25 planches. 2° édition. Prix, fig. noires.
20 fr.
Prix, figures coloriées.
35 fr.

FERRON (de). **Théorie du progrès** (Histoire de l'idée du progrès. — Vico. — Herder. — Turgot. — Condorcet. — Saint-Simon. — Réfutation du césarisme). 1867, 2 vol. in-18. 7 fr.

FERRON (de). **La question des deux Chambres.** 1872, in-8 de 45 pages.
1 fr.

EM. FERRIÈRE. **Le darwinisme.** 1872, 1 vol. in-18. 4 fr. 50

FICHTE. **Méthode pour arriver à la vie bienheureuse**, traduit par Francisque Bouiller. 1 vol. in-8.
8 fr.

FICHTE. **Destination du savant et de l'homme de lettres**, traduit par M. Nicolas. 1 vol. in-8.
3 fr.

FICHTE. **Doctrines de la science.** Principes fondamentaux de la science de la connaissance, trad. par Grimblot. 1 vol. in-8.
9 fr.

FLEURY (Amédée). **Saint Paul et Sénèque**, recherches sur les rapports du philosophe avec l'apôtre et sur l'infiltration du christianisme naissant à travers le paganisme. 2 vol. in-8. 15 fr.

FOUCHER DE CAREIL. **Leibniz, Descartes, Spinoza.** In-8.
4 fr.

FOUCHER DE CAREIL. **Lettres et opuscules de Leibniz.** 1 vol. in-8.
3 fr. 50

FOUCHER DE CAREIL. **Leibniz et Pierre le Grand.** 1 vol. in-8. 1874.
2 fr.

FOUILLÉE (Alfred). **La philosophie de Socrate.** 2 vol. in-8.
16 fr.

FOUILLÉE (Alfred). **La philosophie de Platon.** 2 vol. in-8.
16 fr.

FOUILLÉE (Alfred). **La liberté et le déterminisme.** 1 fort vol.
in-8. 7 fr. 50

FOUILLÉE (Alfred). **Platonis hippias minor sive Socratica,**
1 vol. in-8. 2 fr.

FRIBOURG. **Du paupérisme parisien,** de ses progrès depuis
vingt-cinq ans. 1 fr. 25

HAMILTON (William). **Fragments de Philosophie,** traduits de
l'anglais par Louis Peisse. 7 fr. 50

HÉGEL. Voy. p. 13.

HERZEN. **Œuvres complètes.** Tome Ier. *Récits et nouvelles.*
1874, 1 vol. in-18. 3 fr. 50

HERZEN. **De l'autre Rive.** 4° édition, traduit du russe par
M. Herzen fils. 1 vol. in-18. 3 fr. 50

HERZEN. **Lettres de France et d'Italie.** 1871, in-18. 3 fr. 50.

HUMBOLDT (G. de). **Essai sur les limites de l'action de
l'État,** traduit de l'allemand, et précédé d'une Étude sur la vie
et les travaux de l'auteur, par M. Chrétien, docteur en droit.
1867, in-18. 3 fr. 50

ISSAURAT. **Moments perdus de Pierre-Jean,** observations,
pensées, rêveries antipolitiques, antimorales, antiphilosophiques,
antimétaphysiques, anti tout ce qu'on voudra. 1868, 1 v. in-18. 3 fr.

ISSAURAT. **Les alarmes d'un père de famille,** suscitées,
expliquées, justifiées et confirmées par lesdits faits et gestes de
Mgr. Dupanloup et autres. 1868, in-8. 1 fr.

JANET (Paul). **Histoire de la science politique** dans ses rapports avec la morale. 2 vol. in-8. 20 fr.

JANET (Paul). **Études sur la dialectique** dans Platon et dans
Hegel. 1 vol. in-8. 6 fr.

JANET (Paul). **Œuvres philosophiques de Leibniz.** 2 vol.
in-8. 16 fr.

JANET (Paul). **Essai sur le médiateur plastique de Cud-
worth.** 1 vol. in-8. 6 fr.

KANT. **Critique de la raison pure,** précédé d'une préface par
M. Jules BARNI. 1870, 2 vol. in-8. 16 fr.

KANT. **Critique de la raison pure,** traduit par M. Tissot.
2 vol. in-8. 16 fr.

KANT. **Éléments métaphysiques de la doctrine du droit,**
suivis d'un Essai philosophique sur la paix perpétuelle, traduits
de l'allemand par M. Jules BARNI. 1854, 1 vol. in-8. 8 fr.

KANT. **Principes métaphysiques du droit** suivi du *projet de
paix perpétuelle;* traduction par M. Tissot. 1 vol. in-8. 8 fr.

KANT. **Éléments métaphysiques de la doctrine de la vertu**, suivi d'un Traité de pédagogie, etc. ; traduit de l'allemand par M. Jules BARNI, avec une introduction analytique. 1855, 1 vol. in-8. 8 fr.

KANT. **Principes métaphysiques de la morale**, augmenté des *fondements de la métaphysique des mœurs*, traduction par M. Tissot. 1 vol. in-8. 8 fr.

KANT. **La religion dans les limites de la raison**, traduit de l'allemand par J. Trullard. 1 vol. in-8. 7 f. 50

KANT. **La logique**, traduction de M. Tissot. 1 vol. in-4. 4 fr.

KANT. **Mélanges de logique**, traduction par M. Tissot, 1 vol. in-8. 6 fr.

KANT. **Prolégomènes à toute métaphysique future** qui se présentera comme science, traduction de M. Tissot, 1 vol. in-8. 6 fr.

KANT. **Anthropologie**, suivie de divers fragments relatifs aux rapports du physique et du moral de l'homme et du commerce des esprits d'un monde à l'autre, traduction par M. Tissot. 1 vol. in-8. 6 fr.

KANT. **Examen de la critique de la raison pratique**, traduit par J. Barni. 1 vol. in-8. 6 fr.

KANT. **Éclaircissements sur la critique de la raison pure**, traduit par J. Tissot. 1 vol. in-8. 6 fr.

KANT. **Critique du jugement**, suivie des *observations sur les sentiments du beau et du sublime*, traduit par J. Barni. 2 vol. in-8. 12 fr.

KANT. **Critique de la raison pratique**, précédée des *fondements de la métaphysique des mœurs*, traduit par J. Barni. 1 vol. in-8. 6 fr.

LABORDE. **Les hommes et les actes de l'insurrection de Paris** devant la psychologie morbide. Lettres à M. le docteur Moreau (de Tours). 1 vol. in-18. 3 fr. 50

LACHELIER. **Le fondement de l'induction.** 3 fr. 50

LACHELIER. **De natura syllogismi** apud facultatem litterarum Parisiensem, hæc disputabat. 1 fr. 50

LACOMBE. **Mes droits.** 1869, 1 vol. in-12. 2 fr. 50

LAMBERT. **Hygiène de l'Égypte.** 1873. 1 vol. in-18. 2 fr. 50

LANGLOIS. **L'homme et la Révolution.** Huit études dédiées à P.-J. Proudhon. 1867, 2 vol. in-18. 7 fr.

LE BERQUIER. **Le barreau moderne.** 1871, 2ᵉ édition, 1 vol. in-18. 3 fr. 50

LE FORT. **La chirurgie militaire** et les Sociétés de secours en France et à l'étranger. 1873, 1 vol. gr. in-8, avec fig. 10 fr.

LE FORT. **Étude sur l'organisation de la Médecine** en France et à l'étranger. 1874, gr. in-8. 3 fr.

LEIBNIZ. Œuvres philosophiques, avec une Introduction et des notes par M. Paul Janet, 2 vol. in-8. 16 fr.

LITTRÉ. Auguste Comte et Stuart Mill, suivi de *Stuart Mill et la philosophie positive*, par M. G. Wyrouboff. 1867, in-8 de 86 pages. 2 fr.

LITTRÉ. Application de la philosophie positive au gouvernement des Sociétés. In-8. 3 fr. 50

LORAIN (P.). Jenner et la vaccine. Conférence historique. 1870, broch. in-8 de 48 pages. 1 fr. 50

LORAIN (P.), L'assistance publique. 1871, in-4 de 56 p. 1 fr.

LUBBOCK. L'homme avant l'histoire, étudié d'après les monuments et les costumes retrouvés dans les différents pays de l'Europe, suivi d'une Description comparée des mœurs des sauvages modernes, traduit de l'anglais par M. Ed. BARBIER, avec 156 figures intercalées dans le texte. 1867, 1 beau vel. in-8, prix broché. 15 fr.

Relié en demi-maroquin avec nerfs. 18 fr.

LUBBOCK. Les origines de la civilisation. État primitif de l'homme et mœurs des sauvages modernes. 1873, 1 vol. grand in-8 avec figures et planches hors texte. Traduit de l'anglais par M. Ed. BARBIER. 15 fr.

Relié en demi-maroquin avec nerfs. 18 fr.

MAGY. De la science et de la nature, essai de philosophie première. 1 vol. in-8. 6 fr.

MARAIS (Aug.). Garibaldi et l'armée des Vosges. 1872, 1 vol. in-18. 1 fr. 50

MAURY (Alfred). Histoire des religions de la Grèce antique. 3 vol. in-8. 24 fr.

MAX MULLER. Amour allemand. Traduit de l'allemand. 1 vol. in-18 imprimé en caractères elzéviriens. 3 fr. 50

MAZZINI. Lettres à Daniel Stern (1864-1872), avec une lettre autographiée. 1 v. in-18 imprimé en caractères elzéviriens. 3 fr. 50

MENIÈRE. Cicéron médecin, étude médico-littéraire. 1862, 1 vol. in-18. 4 fr. 50

MENIÈRE. Les consultations de madame de Sévigné, étude médico-littéraire. 1864, 1 vol. in-8. 3 fr.

MERVOYER. Étude sur l'association des idées. 1864, 1 vol. in-8. 6 fr.

MEUNIER (Victor). La science et les savants.
1re année, 1864. 1 vol. in-18. 3 fr. 50
2e année, 1865. 1er semestre, 1 vol. in-18. 3 fr. 50
2e année, 1865. 2e semestre, 1 vol. in-18. 3 fr. 50
3e année, 1866. 1 vol. in-18. 3 fr. 50
4e année, 1867. 1 vol. in-18. 3 fr. 50

MICHELET (J.). **Le Directoire et les origines des Bonaparte.** 1872, 1 vol. in-8. 6 fr.

MILSAND. **Les études classiques** et l'enseignement public.
1873, 1 vol. in-18. 3 fr. 50

MILSAND. **Le code et la liberté.** Liberté du mariage, liberté
des testaments. 1865, in-8. 2 fr.

MIRON. **De la séparation du temporel et du spirituel.**
1866, in-8. 3 fr. 50

MORER. **Projet d'organisation de colléges cantonaux,**
in-8 de 64 pages. 1 fr. 50

MORIN. **Du magnétisme et des sciences occultes.** 1860,
1 vol. in-8. 6 fr.

MUNARET. **Le médecin des villes et des campagnes.**
4° édition, 1862, 1 vol. grand in-18. 4 fr. 50

NAQUET (A.). **La république radicale.** 1873, 1 vol. in-18.
3 fr. 50

NOURRISSON. **Essai sur la philosophie de Bossuet.** 1 vol.
in-8. 4 fr.

OGER. **Les Bonaparte** et les frontières de la France. In-18.
50 c.

OGER. **La République.** 1871, brochure in-8. 50 c.

OLLÉ-LAPRUNE. **La philosophie de Malebranche,** 2 vol. in-8.
16 fr.

PARIS (comte de). **Les associations ouvrières en Angleterre** (trades-unions). 1869, 1 vol. gr. in-8. 2 fr. 50
Édition sur papier de Chine : broché. 12 fr.
— reliure de luxe. 20 fr.

PUISSANT (Adolphe). **Erreurs et préjugés populaires.** 1873,
1 vol. in-18. 3 fr. 50

REYMOND (William). **Histoire de l'art.** 1874, 1 vol. in-8.
5 fr.

RIBOT (Paul). **Matérialisme et spiritualisme.** 1873, in-8.
6 fr.

RIBOT (Th.) **La psychologie anglaise contemporaine** (James
Mill, Stuart Mill, Herbert Spencer, A. Bain, G. Lewes, S. Bailey,
J.-D. Morell, J. Murphy). 1870, 1 vol. in-18. 3 fr 50

RIBOT (Th.). **De l'hérédité.** 1873, 1 vol. in-8. 10 fr.

RITTER (Henri). **Histoire de la philosophie moderne,** traduction française précédée d'une introduction par P. Challemel-
Lacour. 3 vol. in-8. 20 fr.

RITTER (Henri). **Histoire de la philosophie chrétienne**, trad. par M. J. Trullard. 2 forts vol. 15 fr.

RITTER (Henri). **Histoire de la philosophie ancienne**, trad. par Tissot. 4 vol. 30 fr.

SAINT-MARC GIRARDIN. **La chute du second Empire.** In-4. 4 fr. 50

SALETTA. **Principe de logique positive**, ou traité de scepticisme positif. Première partie (de la connaissance en général). 1 vol. gr. in-8. 3 fr. 50

SARCHI. **Examen de la doctrine de Kant.** 1872, gr. in-8. 4 fr.

SCHELLING. **Écrits philosophiques** et morceaux propres à donner une idée de son système, traduit par Ch. Bénard. In-8. 9 fr.

SCHELLING. **Bruno** ou du principe divin, trad. par Husson. 1 vol. in-8. 3 fr. 50

SCHELLING. **Idéalisme trancendantal**, traduit par Grimblot. 1 vol. in-8. 7 fr. 50

SIÈREBOIS. **Autopsie de l'âme.** Identité du matérialisme et du vrai spiritualisme. 2e édit, 1873, 1 vol. in-18. 2 fr. 50

SIÈREBOIS. **La morale fouillée** dans ses fondements. Essai d'anthropodicée. 1867, 1 vol. in-8. 6 fr.

SOREL (ALBERT). **Le traité de Paris du 20 novembre 1815.** Leçons professées à l'École libre des sciences politiques par M. Albert SOREL, professeur d'histoire diplomatique. 1873, 1 vol. in-8. 4 fr. 50

SPENCER (HERBERT). Voyez p. 3.

STUART MILL. Voyez page 3.

THULIÉ. **La folie et la loi.** 1867, 2e édit., 1 vol. in-8. 3 fr. 50

THULIÉ. **La manie raisonnante du docteur Campagne.** 1870, broch. in-8 de 132 pages. 2 fr.

TIBERGHIEN. **Les commandements de l'humanité**, 1872, 1 vol. in-18. 3 fr.

TIBERGHIEN. **Enseignement et philosophie.** 1873, 1 vol. in-18. 4 fr.

TISSOT. Voyez KANT.

TISSOT. **Principes de morale**, leur caractère rationnel et universel, leur application. Ouvrage couronné par l'Institut. 1 vol. in-8. 6 fr.

VACHEROT. **Histoire de l'école d'Alexandrie.** 3 vol. in-8.
24 fr.

VALETTE. **Cours de Code civil** professé à la Faculté de droit
de Paris. Tome I, première année (Titre préliminaire — Livre
premier). 1873, 1 fort vol. in-18.   8 fr.

VALMONT. **L'espion prussien.** 1872, roman traduit de l'anglais. 1 vol. in-18.   3 fr. 50

VÉRA. **Strauss. L'ancienne et la nouvelle foi.** 1873, in-8.
6 fr.

VÉRA. **Cavour et l'Église libre dans l'État libre**, 1874,
in-8.   3 fr. 50

VÉRA. **Traduction de Hégel.** Voy. le catalogue complet.

VILLIAUMÉ. **La politique moderne**, traité complet de politique.
1873, 1 beau vol. in-8.   6 fr.

WEBER. **Histoire de la philosophie européenne.** 1871,
1 vol. in-8.   10 fr.

L'Europe orientale. Son état présent, sa réorganisation, avec
deux tableaux ethnographiques, 1873. 1 vol. in-18.   3 fr. 50

Le Pays Jougo-Slave (Croatie-Serbie). Son état physique et politique, 1874. in-18.   3 fr. 50

**L'armée d'Henri V. — Les bourgeois gentilshommes
de 1871.** 1 vol. in-18.   3 fr. 50

L'armée d'Henri V. — Les bourgeois gentilshommes,
types nouveaux et inédits. 1 vol. in-18.   2 fr. 50

L'armée d'Henri V. — L'arrière-ban de l'ordre moral.
1874, 1 vol. in-18.   3 fr. 50

Annales de l'Assemblée nationale. Compte rendu *in extenso*
des séances, annexes, rapports, projets de loi, propositions, etc.
Prix de chaque volume.   15 fr.
     Trente volumes sont en vente.

Loi de recrutement des armées de terre et de mer, pro-
mulguée le 16 août 1872. Compte rendu *in extenso* des trois
délibérations. — Lois des 10 mars 1818, 21 mars 1832,
21 avril 1855, 1er février 1868. 1 vol. gr. in-4 à 3 colonnes.
12 fr.

Administration départementale et communale. Lois, décrets, jurisprudence (conseil d'État, cour de cassation, décisions
et circulaires ministérielles). in-4.   8 fr.

ENQUÊTE PARLEMENTAIRE SUR LES ACTES DU GOUVERNEMENT
DE LA DÉFENSE NATIONALE

DÉPOSITIONS DES TÉMOINS :

TOME PREMIER. Dépositions de MM. Thiers, maréchal Mac-Mahon, maréchal Le Bœuf, Benedetti, duc de Gramont, de Talhouët, amiral Rigault de Genouilly, baron Jérôme David, général de Palikao, Jules Brame, Clément Duvernois, Dréolle, Rouher, Piétri, Chevreau, général Trochu, J. Favre, J. Ferry, Garnier-Pagès. Emmanuel Arago, Pelletan, Ernest Picard, J. Simon, Magnin, Dorian, Ét. Arago, Gambetta, Crémieux, Glais-Bizoin, général Le Flô, amiral Fourichon, de Kératry.

TOME DEUXIÈME. Dépositions de MM. de Chaudordy, Laurier, Cresson, Dréo, Ranc, Rampont, Steenackers, Fernique, Robert, Schneider, Buffet, Lebreton et Hébert, Bellangé, colonel Alavoine, Gervais, Bécherelle, Robin, Muller, Boutefoy, Meyer, Clément et Simonneau, Fontaine, Jacob, Lemaire, Petetin, Guyot-Montpayroux, général Soumain, de Legge, colonel Vabre, de Crisenoy, colonel Ibos, Hémar, Frère, Read, Kergall, général Schmitz, Johnston, colonel Dauvergne, Didier, de Lareinty, Arnaud de l'Ariége, général Tamisier, Baudouin de Mortemart, Ernault, colonel Chaper, général Mazure, Bérenger, Le Royer, Ducarre, Challemel-Lacour, Rouvier, Autran, Esquiros, Gent, Naquet, Thourel, Gatien-Arnoult, Fourcand.

TOME TROISIÈME. Dépositions militaires de MM. de Freycinet, de Serres, le général Lefort, le général Ducrot, le général Vinoy, le lieutenant de vaisseau Farcy, le commandant Amet, l'amiral Pothuau, Jean Brunet, le général de Beaufort-d'Hautpoul, le général de Valdan, le général d'Aurelle de Paladines, le général Chanzy, le général Martin des Pallières, le général de Sonis, le général Crouzat, le général de la Motterouge, le général Fiéreck, l'amiral Jauréguiberry, le général Faidherbe, le général Paulze d'Ivoy, Testelin, le général Bourbaki, le général Clinchant, le colonel Leperche, le général Pallu de la Barrière, Rolland, Keller, le général Billot, le général Borel, le général Pellissier, l'intendant Friant, le général Cremer, le comte de Chaudordy.

TOME QUATRIÈME. Dépositions de MM. le général Bordone, Mathieu, de Laborie, Luce-Villiard, Castillon, Debusschère, Darcy, Chenet, de La Taille, Baillehache, de Grancey, L'Hermite, Pradier, Middleton, Frédéric Morin, Thoyot, le maréchal Bazaine, le général Boyer, le maréchal Canrobert, le général Ladmirault, Prost, le général Bressoles, Josseau, Spuller, Corbon, Dalloz, Henri Martin, Vacherot, Marc Dufraisse, Raoul Duval, Delille, de Laubespin, frère Dagobertus, frère Alcas, l'abbé d'Hulst, Bourgoin, Eschassériaux, Silvy, Le Nordez, Gréard, Guibert, Périn; errata et note à l'appui de la déposition de M. Darcy, annexe à la déposition de M. Testelin, note de M. le colonel Denfert, note de la Commission.

RAPPORTS :

TOME PREMIER Rapport de M. *Chaper* sur les procès-verbaux des séances du Gouvernement de la Défense nationale. — Rapport de M. *de Sugny* sur les événements de Lyon sous le Gouvernement de la Défense nationale. — Rapport de M. *de Rességuier* sur les actes du Gouvernement de la Défense nationale dans le sud-ouest de la France.

TOME DEUXIÈME. Rapport de M. *Saint-Marc Girardin* sur la chute du second Empire. — Rapport de M. *de Sugny* sur les événements de Marseille sous le Gouvernement de la Défense nationale.

TOME TROISIÈME. Rapport de M. le comte *Daru*, sur la politique du Gouvernement de la Défense nationale à Paris.

TOME QUATRIÈME. Rapport de M. *Chaper*, sur l'examen au point de vue militaire des actes du Gouvernement de la Défense nationale à Paris.

TOME CINQUIÈME. Rapport de M. *Boreau-Lajanadie*, sur l'emprunt Morgan. — Rapport de M. *de la Borderie*, sur le camp de Conlie et l'armée de Bretagne. — Rapport de M. *de la Sicotière*, sur l'affaire de Dreux.

TOME SIXIÈME. Rapport de M. *de Rainneville* sur les actes diplomatiques du Gouvernement de la Défense nationale. — Rapport de M. *A. Lallié* sur les postes et les télégraphes pendant la guerre. — Rapport de M. *Delsol* sur la ligne du Sud-Ouest. Rapport de M. *Perrot* sur la défense nationale en province. (4ᵉ *partie*.)

Prix de chaque volume... 15 fr.

RAPPORTS SE VENDANT SÉPARÉMENT

DE RESSÉGUIER. Les événements de Toulouse sous le Gouvernement de la
Défense nationale. In-4. 2 fr. 50
SAINT-MARC GIRARDIN. — La chute du second Empire. In-4. 4 fr. 50
DE SUGNY. — Les événements de Marseille sous le Gouvernement de la Défense
nationale. In-4. 10 fr.
DE SUGNY. — Les événements de Lyon sous le Gouvernement de la Défense
nationale. In-4. 7 fr.
DARU. — La politique du Gouvernement de la Défense nationale à Paris. In-4. 15 fr.
CHAPER. — Examen au point de vue militaire des actes du Gouvernement de
la Défense à Paris. In-4. 15 fr.
CHAPER. — Les procès-verbaux des séances du Gouvernement de la Défense na-
tionale. In-4. 5 fr.
BOREAU-LAJANADIE. — L'emprunt Morgan. In-4. 4 fr. 50
DE LA BORDERIE. — Le camp de Conlie et l'armée de Bretagne. In-4. 10 fr.
DE LA SICOTIÈRE. — L'affaire de Dreux. In-4. 2 fr. 50

ENQUÊTE PARLEMENTAIRE

SUR

L'INSURRECTION DU 18 MARS

édition contenant *in-extenso* les trois volumes distribués à l'Assemblée nationale.

1° RAPPORTS. Rapport général de M. Martial Delpit. Rapports de MM. *de Meaux*,
sur les mouvements insurrectionnels en province; *de Massy*, sur le mouvement insurrectionnel à Marseille; *Meplain*, sur le mouvement insurrectionnel à Toulouse;
de Chamaillard, sur les mouvements insurrectionnels à Bordeaux et à Tours; *Delille*,
sur le mouvement insurrectionnel à Limoges; *Vacherot*, sur le rôle des municipalités;
Ducarre, sur le rôle de l'Internationale; *Boreau-Lajanadie*, sur le rôle de la presse
révolutionnaire à Paris; *de Cumont*, sur le rôle de la presse révolutionnaire en province; *de Saint-Pierre*, sur la garde nationale de Paris pendant l'insurrection; *de
Larochetheulon*, sur l'armée et la garde nationale de Paris avant le 18 mars. — Rapports de MM. *les premiers présidents de Cour d'appel* d'Agen, d'Aix, d'Amiens, de
Bordeaux, de Bourges, de Chambéry, de Douai, de Nancy, de Pau, de Rennes, de
Riom, de Rouen, de Toulouse. — Rapports de MM. les *préfets* de l'Ardèche, des
Ardennes, de l'Aude, du Gers, de l'Isère, de la Haute-Loire, du Loiret, de la Nièvre,
du Nord, des Pyrénées-Orientales, de la Sarthe, de Seine-et-Marne, de Seine-et-Oise,
de la Seine-Inférieure, de Vaucluse. — Rapports de MM. les chefs de légion de gen-
darmerie.

2° DÉPOSITIONS de MM. Thiers, maréchal Mac-Mahon, général Trochu, J. Favre,
Ernest Picard, J. Ferry, général Le Flô, général Vinoy, Choppin, Cresson, Leblond,
Edmond Adam, Mettuval, Hervé, Bethmont, Ansart, Marseille, Claude, Lagrange,
Macé, Nusse, Mouton, Garcin, colonel Lambert, colonel Gaillard, général Appert,
Gerspach, Barral de Montaud, comte de Mun, Floquet, général Cremer, amiral
Saisset, Schœlcher, Tirard, Dubail, Denormandie, Vautrain, François Favre, Bellaigue,
Vacherot, Degouve-Denuncque, Desmarest, colonel Montaigu, colonel Ibos, général
d'Aurelle de Paladines, Roger du Nord, Baudouin de Mortemart, Lavigne, Ossude,
Ducros, Turquet, de Plœuc, amiral Pothuau, colonel Langlois, Luening, Danet,
colonel Le Mains, colonel Valbre, Héligon, Tolain, Fribourg, Dunoyer, Testu, Corbon,
Ducarre.

3° PIÈCES JUSTIFICATIVES. Déposition de M. le général Ducrot. Procès-verbaux
du Comité central, du Comité de salut public, de l'Internationale, de la délégation des
vingt arrondissements, de l'Alliance républicaine, de la Commune. — Lettre du
prince Czartoryski sur les Polonais. — Réclamations et errata.

**Édition populaire contenant in extenso les trois volumes distribués
aux membres de l'Assemblée nationale.**

Prix : **16** francs.

COLLECTION ELZÉVIRIENNE

Lettres de Joseph Mazzini à Daniel Stern (1864-1872), avec une lettre autographiée. 3 fr. 50

Amour allemand, par MAX MULLER, traduit de l'allemand. 1 vol. in-18. 3 fr. 50

La mort des rois de France depuis François Ier jusqu'à la Révolution française, études médicales et historiques, par M. le docteur CORLIEU, 1 vol. in-18. 3 fr. 50

Libre examen, par LOUIS VIARDOT. 1 vol. in-18. 3 fr. 50

L'Algérie, impressions de voyage, par M. CLAMAGERAN. 1 vol. in-18. 3 fr. 50

La République de 1848, par J. STUART MILL, traduit de l'anglais par M. SADI CARNOT, 1 vol. in-18. 3 fr. 50

BIBLIOTHÈQUE POPULAIRE

Napoléon Ier, par M. Jules BARNI, membre de l'Assemblée nationale. 1 vol. in-18. 1 fr.

Manuel républicain, par M. Jules BARNI, membre de l'Assemblée nationale. 1 vol. in-18. 1 fr.

Garibaldi et l'armée des Vosges, par M. Aug. MARAIS. 1 vol. in-18. 1 fr. 50

Le paupérisme parisien, ses progrès depuis vingt-cinq ans, par E. FRIBOURG. 1 fr. 25

ÉTUDES CONTEMPORAINES

Les bourgeois gentilshommes. — L'armée d'Henri V, par Adolphe BOUILLET. 1 vol. in-18. 3 fr. 50

Les bourgeois gentilshommes. — L'armée d'Henri V. Types nouveaux et inédits, par A. BOUILLET. 1 v. in-18. 2 fr. 50

Les Bourgeois gentilshommes. — L'armée d'Henri V. L'arrière-ban de l'ordre moral, par A. Bouillet. 1 vol. in-18. 3 fr. 50

L'espion prussien, roman anglais par V. VALMONT, traduit par M. J. DUBRISAY. 1 vol. in-18. 3 fr. 50

La Commune et ses idées à travers l'histoire, par Edgar BOURLOTON et Edmond ROBERT. 1 vol. in-18. 3 fr. 50

Du principe autoritaire et du principe rationnel, par M. Jean Chasseriau. 1873. 1 vol. in-18. 3 fr. 50

La République radicale, par A. NAQUET, membre de l'Assemblée nationale. 1 vol. in-18. 3 fr. 50

PUBLICATIONS

DE L'ÉCOLE LIBRE DES SCIENCES POLITIQUES

ALBERT SOREL. **Le traité de Paris du 20 novembre 1815.**
— I. Les cent-jours. — II. Les projets de démembrement. —
III. La sainte-alliance. Les traités du 20 novembre, par M. Albert
SOREL, professeur d'histoire diplomatique à l'École libre des
sciences politiques. 1 vol. in-8 de 153 pages. 4 fr. 50

RÉCENTES PUBLICATIONS SCIENTIFIQUES

AGASSIZ. **De l'espèce et des classifications en zoologie.**
1 vol. in-8. 5 fr.

ARCHIAC (D'). **Leçons sur la faune quaternaire**, professées
au Muséum d'histoire naturelle. 1865, 1 vol. in-8. 3 fr. 50

BAIN. **Les sens et l'intelligence**, trad. de l'anglais, 1874
1 vol. in-8. 10 fr.

BAGEHOT. **Lois scientifiques du développement des nations.** 1873, 1 vol. in-4, cartonné. 6 fr.

BÉRAUD (B.-J.). **Atlas complet d'anatomie chirurgicale
topographique**, pouvant servir de complément à tous les ouvrages d'anatomie chirurgicale, composé de 109 planches représentant plus de 200 gravures dessinées d'après nature par
M. Bion, et avec texte explicatif. 1865, 1 fort vol. in-4.

Prix : fig. noires, relié. 60 fr.
— fig. coloriées, relié. 120 fr.

Ce bel ouvrage, auquel on a travaillé pendant sept ans, est le
plus complet qui ait été publié sur ce sujet. Toutes les pièces dis-
séquées dans l'amphithéâtre des hôpitaux ont été reproduites
d'après nature par M. Bion, et ensuite gravées sur acier par les
meilleurs artistes. Après l'explication de chaque planche, l'auteur
a ajouté les applications à la pathologie chirurgicale, à la médecine
opératoire, se rapportant à la région représentée.

BERNARD (Claude). **Leçons sur les propriétés des tissus vivants** faites à la Sorbonne, rédigées par Emile ALGLAVE, avec 94 fig. dans le texte. 1866, 1 vol. in-8. 8 fr.

BLANCHARD. **Les Métamorphoses, les Mœurs et les Instincts des insectes,** par M. Emile Blanchard, de l'Institut, professeur au Muséum d'histoire naturelle. 1868, 1 magnifique volume in-8 jésus, avec 160 figures intercalées dans le texte et 40 grandes planches hors texte. Prix, broché. 30 fr.
Relié en demi-maroquin. 35 fr.

BLANQUI. **L'éternité par les astres,** hypothèse astronomique, 1872, in-8. 2 fr.

BOCQUILLON. **Manuel d'histoire naturelle médicale.** 1871, 1 vol. in-18, avec 415 fig. dans le texte. 14 fr.

BOUCHARDAT. **Manuel de matière médicale,** de thérapeutique comparée et de pharmacie. 1873, 5e édition, 2 vol. gr. in-18. 16 fr.

BOUCHUT. **Histoire de la médecine et des doctrines médicales.** 1873, 2 vol. in-8. 16 fr.

BUCHNER (Louis). **Science et Nature,** traduit de l'allemand par A. Delondre. 1866, 2 vol. in-18 de la *Bibliothèque de philosophie contemporaine.* 5 fr.

CLÉMENCEAU. **De la génération des éléments anatomiques,** précédé d'une Introduction par M. le professeur Robin. 1867, in-8. 5 fr.

Conférences historiques de la Faculté de médecine faites pendant l'année 1865 (*les Chirurgions érudits,* par M. Verneuil.—*Guy de Chauliac,* par M. Follin.—*Celse,* par M. Broca. — *Wurtzius,* par M. Trélat. — *Rioland,* par M. Le Fort.— *Leuret,* par M. Tarnier. — *Harvey,* par M. Béclard. — *Stahl,* par M. Lasègue. — *Jenner,* par M. Lorain. — *Jean de Vier,* par M. Axenfeld. — *Laennec,* par M. Chauffard. — *Sylvius,* par M. Gubler.— *Stoll,* par M. Parot). 1 vol. in-8. 6 fr.

DELVAILLE. **Lettres médicales sur l'Angleterre.** 1874, in-8. 1 fr. 50

DUMONT (L.-A.). **Hæckel et la théorie de l'évolution en Allemagne.** 1873, 1 vol. in-18. 2 fr. 50

DURAND (de Gros). **Essais de physiologie philosophique.** 1866, 1 vol. in-8. 8 fr.

DURAND (de Gros). **Ontologie** et psychologie physiologique. Études critiques. 1871, 1 vol. in-18. 3 fr. 50

DURAND (de Gros). **Origines animales de l'homme**, éclairées par la physiologie et l'anatomie comparative. Grand in-8, 1871, avec fig. 5 fr.

DURAND-FARDEL. **Traité thérapeutique des eaux minérales** de la France, de l'étranger et de leur emploi dans les maladies chroniques. 2ᵉ édition, 1 vol. in-8 de 780 p. avec cartes coloriées. 9 fr.

FAIVRE. **De la variabilité de l'espèce.** 1868, 1 vol. in-18 de la *Bibliothèque de philosophie contemporaine.* 2 fr. 50

FAU. **Anatomie des formes du corps humain**, à l'usage des peintres et des sculpteurs. 1866, 1 vol. in-8 avec atlas in-folio de 25 planches.

    Prix : fig. noires. 20 fr.

    — fig. coloriées. 35 fr.

W. DE FONVIELLE. **L'Astronomie moderne.** 1869, 1 vol. de la *Bibliothèque de philosophie contemporaine.* 2 fr. 50

GARNIER. **Dictionnaire annuel des progrès des sciences et institutions médicales**, suite et complément de tous les dictionnaires. 1 vol. in-12 de 600 pages. 7 fr.

GRÉHANT. **Manuel de physique médicale.** 1869, 1 volume in-18, avec 469 figures dans le texte. 7 fr.

GRÉHANT. **Tableaux d'analyse chimique** conduisant à la détermination de la base et de l'acide d'un sel inorganique isolé, avec les couleurs caractéristiques des précipités. 1862, in-4, cart. 3 fr. 50

GRIMAUX. **Chimie organique élémentaire**, leçons professées à la Faculté de médecine. 1872, 1 vol. in-18 avec figures. 4 fr. 50

GRIMAUX. **Chimie inorganique élémentaire.** Leçons professées à la Faculté de médecine, 1874, 1 vol. in-8 avec fig. 5 fr.

GROVE. **Corrélation des forces physiques**, traduit par M. l'abbé Moigno, avec des notes par M. Séguin aîné. 1 vol. in-8. 7 fr. 50

HERZEN. **Physiologie de la Volonté**, 1874. 1 vol. de la *Bibliothèque de Philosophie contemporaine.* 2 fr. 50

JAMAIN. **Nouveau Traité élémentaire d'anatomie descriptive et de préparations anatomiques.** 3ᵉ édition, 1867, 1 vol. grand in-18 de 900 pages, avec 223 fig. intercalées dans le texte. 12 fr.

JANET (Paul). **Le Cerveau et la Pensée.** 1867, 1 vol. in-18 de la *Bibliothèque de philosophie contemporaine.* 2 fr. 50

LAUGEL. **Les Problèmes** (problèmes de la nature, problèmes de la vie, problèmes de l'âme), 1873, 2ᵉ édition, 1 fort vol. in-8. 7 fr. 50

LAUGEL. **La Voix, l'Oreille et la Musique.** 1 vol. in-18 de la *Bibliothèque de philosophie contemporaine.* 2 fr. 50

LAUGEL. **L'Optique et les Arts.** 1 vol. in-18 de la *Bibliothèque de philosophie contemporaine.* 2 fr. 50

LE FORT. **La chirurgie militaire** et les sociétés de secours en France et à l'étranger. 1873, 1 vol. gr. in-8 avec figures dans le texte. 10 fr.

LEMOINE (Albert). **Le Vitalisme et l'Animisme de Stahl.** 1864, 1 vol. in-18 de la *Bibliothèque de philosophie contemporaine.* 2 fr. 50

LEMOINE (Albert). **De la physionomie et de la parole.** 1865. 1 vol. in-18 de la *Bibliothèque de philosophie contemporaine.* 2 fr. 50

LEYDIG. **Traité d'histologie comparée de l'homme et des animaux,** traduit de l'allemand par M. le docteur LAHILLONNE. 1 fort vol. in-8 avec 200 figures dans le texte. 1866. 15 fr.

LONGET. **Traité de physiologie.** 3ᵉ édition, 1873, 3 vol. gr. in-8. 36 fr.

LONGET. **Tableaux de Physiologie.** Mouvement circulaire de la matière dans les trois règnes, avec figures. 2ᵉ édition, 1874. 7 fr.

LUBBOCK. **L'Homme avant l'histoire,** étudié d'après les monuments et les costumes retrouvés dans les différents pays de l'Europe, suivi d'une description comparée des mœurs des sauvages modernes, traduit de l'anglais par M. Ed. BARBIER, avec 156 figures intercalées dans le texte. 1867. 1 beau vol. in-8, broché. 15 fr.
Relié en demi-maroquin avec nerfs. 18 fr.

LUBBOCK. **Les origines de la civilisation,** état primitif de l'homme et mœurs des sauvages modernes, traduit de l'anglais sur la seconde édition. 1873, 1 vol. in-8 avec figures et planches hors texte. 15 fr.
Relié en demi-maroquin. 18 fr.

MAREY. **Du mouvement dans les fonctions de la vie.** 1868, 1 vol. in-8, avec 200 figures dans le texte. 10 fr.

MAREY. **La machine animale,** 1873, 1 vol. in-8 avec 200 fig. cartonné à l'anglaise. 6 fr.

MOLESCHOTT (J.). **La Circulation de la vie,** Lettres sur la physiologie en réponse aux Lettres sur la chimie de Liebig, traduit de l'allemand par M. le docteur CAZELLES. 2 vol. in-18 de la *Bibliothèque de philosophie contemporaine.* 5 fr.

MUNARET. **Le médecin des villes et des campagnes,** 4ᵉ édition, 1862. 1 vol. gr. in-18.   4 fr. 50

ONIMUS. **De la théorie dynamique de la chaleur dans les sciences biologiques.** 1866.   3 fr.

QUATREFAGES (de). **Charles Darwin et ses précurseurs français.** Étude sur le transformisme. 1870, 1 vol. in-8.   5 fr.

RICHE. **Manuel de chimie médicale.** 1874, 2ᵉ édition, 1 vol. in-18 avec 200 fig. dans le texte.   8 fr.

ROBIN (Ch.). **Journal de l'anatomie et de la physiologie** normales et pathologiques de l'homme et des animaux, dirigé par M. le professeur Ch. Robin (de l'Institut), paraissant tous les deux mois par livraison de 7 feuilles gr. in-8 avec planches.
    Prix de l'abonnement, pour la France.   20 fr.
    —   pour l'étranger.   24 fr.

ROISEL. **Les Atlantes.** 1874, 1 vol. in-8.   7 fr.

SAIGEY (Émile). **Les sciences au XVIIIᵉ siècle.** La physique de Voltaire. 1873, 1 vol. in-8.   5 fr.

SAIGEY (Émile). **La Physique moderne.** Essai sur l'unité des phénomènes naturels. 1868, 1 vol. in-18 de la *Bibliothèque de philosophie contemporaine.*   2 fr. 50

SCHIFF. **Leçons sur la physiologie de la digestion,** faites au Muséum d'histoire naturelle de Florence. 2 vol. gr. in-8.   20 fr.

SPENCER (Herbert). **Classification des sciences.** 1872, 1 vol. in-18.   2 fr. 50

SPENCER (Herbert). **Principes de psychologie,** trad. de l'anglais. Tome Iᵉʳ. 1 vol. in-8.   10 fr.

TAULE. **Notions sur la nature et les propriétés de la matière organisée.** 1866.   3 fr. 50

TYNDALL. **Les glaciers et les transformations de l'eau.** 1873, 1 vol. in-18 avec figures cartonné.   6 fr.

VULPIAN. **Leçons de physiologie générale et comparée du système nerveux,** faites au Muséum d'histoire naturelle, recueillies et rédigées par M. Ernest BRÉMOND. 1866, 1 fort vol. in-8.   10 fr.

VULPIAN. **Leçons sur l'appareil vaso-moteur** (physiologie et pathologie). 2 vol. in-8. 1875.   16 fr.

ZABOROWSKI. **De l'ancienneté de l'homme,** résumé populaire de la préhistoire. 1ʳᵉ partie. 1 vol. in-8.   3 fr. 50

— Deuxième partie. 1 vol. in-8.   5 fr. 50

PARIS. — IMPRIMERIE DE E. MARTINET, RUE MIGNON, 2